제2판

관광서비스

최동열 저

기문사
KIMOONSA
www.kimoonsa.co.kr

머리말

서비스는 현대기업 경영의 중심축이다. 고객만족과 감동서비스를 제공하지 못하는 기업은 존재하기 힘든 세상이 된 것이다.

서비스 중에서도 최고급이며 기준이 되는 서비스가 관광서비스이다. 사회의 여러 영역에서 관광부문의 서비스를 모델로 기업서비스 혁신을 도모하는 것을 보면 알 수 있을 것이다.

관광서비스는 인적 서비스에 대한 의존도가 무척 높다.

본서는 이 점에 주목하여 실용학문적 차원에서 접근하였다. 관광사업 현장에서 활동하게될 관광서비스전문가를 육성하는데 기여하기를 바라고 기본소양과 매너를 몸에 익힐 수 있는 기본서가 되도록 엮었다.

따라서 본서는 관광서비스 실무현장에서 가장 기초적으로 필요한 서비스자세와 실무에 대한 내용을 주로 담고 있다. 대학의 관광학 전공 학생들이 관광학 각론을 익히기 전의 기본서로서 역할을 수행할 것이며 또한, 관광서비스기업의 실무현장에서 서비스전문가를 육성하는데 기초서비스교육서로서 활용이 가능할 것이다.

본서는 이번에 개정판을 내기는 하지만, 아직도 부족한 점이 너무 많다. 본서의 완성도를 높이는 제언과 고견을 항상 기대하겠다.

2008년 1월

저자 씀

[차 례]

제1편 서비스란?

제1장 서비스의 개념

제2장 고객과 서비스

제3장 고객만족 서비스경영

제2편 기본서비스실무

제5장 서비스요원의 마음가짐

제3편 관광 기초서비스

제13장 호텔객실 서비스

제14장 식음료 서비스

[제1편]

서비스란?

제1장 서비스의 개념

제2장 고객과 서비스

제3장 고객만족 서비스경영

제4장 서비스 품질관리와 경영전략

제1장 서비스의 개념

제1절 서비스의 어원과 정의

1. 서비스의 발전과 중요성

1) 서비스의 발전

일반적으로 현대사회를 서비스(service)사회라 칭한다. 현대를 사는 우리는 각종 서비스와 함께 묻혀 지내고 있다는 의미이다. 미래의 경제 · 사회는 서비스의 비중이 폭발적으로 증가될 것이다. 서비스 없이는 아무 것도 존재할 수 없으며, 어떤 일도 진행될 수 없는 세상이 되는 것이다. 우리 사회가 서비스사회 혹은 서비스 경제에서 벗어날 수 없는 사회 또는 문화구조를 갖고 있기 때문이다.

푹스(Fuchs)는 서비스경제는 GNP의 절반 이상이 서비스분야에서 일어나는 경제라고 말하고 있다. 우리나라도 서비스부문이 GNP의 60%를 넘어선지 오래되었다. 이미 고도서비스 경제화시대가 정착된 것이다. 전세계적으로도 서비스산업이 전체산업의 약 60%를 차지하고 있으며 선진국일수록 그 비율은 높다. 세계는 지금 수입의 증가, 도시화, 선분화, 고학력화로 인한 고객들의 서비스 구매욕구의 증대로 서비스산업이 매우 빠른 속도로 성장하고 있다. 서비스의 경제적 공헌을 개념화, 계량화하려는 노력, 서비스를 통한 강력한 경쟁력 우위를 확보하려는 기업활동 등에 기반하여 서비스는 또한 경제의 중심축이 되었다.

경제 · 사회의 구조가 유형가치(物財)가 주체인 사회는 후진(後進)형 사회라고 한다. 후진형 사회에서는 기술, 지식, 정보, 디자인 등이 수준낮게 평가된다. 노동의 양에 비해 노동력이 넘쳐 효율이 필요없기 때문이다. 하지만 경제수준이 일정단계에 이르면 효율성이 요구되는 사회로 변화하게 된다. 그 결과 인적 · 기능적 서비스를 중심으로 하는 서비스업이 등장하게 되고 일반기업에서도 서비스부문의 비중이 증대하게 된다. 이러한 추세에도 불구하고 서비스산업은 일부에서나마 부수적인(secondary) 산업으로 이해되고 있는데, 이는 전통적인 경제 논리로 서비스를 이해하려는 데에 따른 문제점으로 보인다.

선진화된 산업사회에서는 전문 · 분업화가 진전되고, 국민소득 향상으로 국민의 생활수요가 다양해진다. 또한 학력수준의 향상으로 문화적 소비가 증대되며 자아실현의 고차원적인 욕구가 대두되게 된다. 이처럼 고도화된 복합적인 소비행동이 서비스재를 더 중하게 여기는 성향으로 변화된 것이다. 따라서 현대사회에서는 아무리 좋은 제품일지라도 서비스가 더해졌을 때 비로소 그 가치가 빛을 보게 된다. 기술 · 디자인 · 기획 등의 소프트한 가치가 상대적으로 상승하게 된 것이다. 기업의 경영관리도 유통 · 판매 · 개발 등과 같은 서비스부문의 역할이 증대되었다. 소프트(soft)한 가치 즉, 서비스부문이 상대적으로 확충된다는 것이다.

우리 한국사회도 선진고도산업화 되면서 국민총생산(GNP)에서의 사회간접자본 및 서비스산업의 비중이 확대되고 있다. 서비스산업의 취업자 수도 해마다 증가하여 전체 취업자 수의 절반 이상을 차지하고 있다. 가계지출의 비용구성에 있어서도 문화적 · 사회적 · 자기실현적인 고차원의 욕구가 대두되어 레저(leisure)관련, 문화관련 비중이 늘고 있다. 결과적으로 우리 사회도 서비스부문이 선진국 수준이 되었으며, 앞으로 이 부문이 더욱 확충될 것으로 예측된다.

2) 관광서비스의 의의

관광서비스는 관광기업 또는 관광부문에서의 서비스영역을 지칭하는 용어이다.

관광부문의 서비스는 일반 서비스와는 달리 인적서비스에 의존하는 비중이 매우 크다. 때문에 관광서비스는 이 부문에서 종사하는 서비스요원이 관광부문의 고객 즉, 관광객 만족을 위한 친절서비스를 실천할 수 있도록 하는 데 포커스가 맞춰져야 한다. 결론적으로 말하면 관광서비스는 관광부문에 종사하는 서비스요원들의 인적서비스를 중심으로 구성된다고 볼 수 있다. 본서는 실용학문적 차원에서 관광 전문 영역의 전문 서비스요원을 육성하는 데 기여할 수 있도록 서비스요원들의 기본 소양과 매너를 몸에 익히는 데 중점을 두고 편집하였다.

서비스 중에서도 최고급서비스를 지향하고 있는 것이 관광부문의 서비스이다. 원래 관광사업이란 일정한 투자내용에 대하여 보다 나은 서비스를 제공하여 수익증대를 기하는 사업이다. 그렇기 때문에 일반적인 경영에 해당되는 이른바 생산관리를 위한 서비스, 생활필수 서비스 등과는 근본적으로 그 영역을 달리하고 있다. 관광서비스를 구매하는 고객들이 관광서비스를 찾는 것은 바로 그 고급화된 서비스 가치이기 때문이다. 따라서 관광서비스는 고급서비스를 지향하며 고급서비스를 판매하기 위해서 존재한다고 할 수도 있다. 결국 다른 영역의 일반 서비스와는 달리 고객감동의 고품질 서비스가 관광서비스의 목표이며 관광기업의 생사를 좌우하게 된다.

관광부문의 고급서비스는 또한 모든 서비스의 기준이 되며 서비스의 표준이 된다. 그리고 새로운 서비스를 개발하거나 발전시켜나가는 것도 관광서비스의 몫이다. 때문에 일반기업 또는 공무원 사회에서조차 표준화된 관광서비스를 도입하려고 러시를 이루고 있는 것이다. 관광서비스부문에 몸담고 있는 우리들은 이점을 잊어서는 안되며 항상 인적 서비스부문의 리더로서 바른 자세를 갖추고 모범을 보여야 될 것이다.

3) 서비스의 국제화

국제사회는 나날이 빠른 속도로 변하고 있다. 이에 발맞춰 국제 경제사회도 급속한 변화의 모습을 보이고 있다. 유럽이 단일시장으로 통합되고 이에 맞서 미국과 캐나다, 멕시코는 북미자유무역협정(NAFTA)을체결하였다. 아시아권과 환태평양

권 등에서도 여러 대응책의 일환으로 경제교류협정을 맺고 있다. 경제단위가 국가와 국가의 주체에서 지역공동체 단위로 옮겨지고 있으며 국가간 자유무역협정도 확대되고 있다. 매체론자인 캐나다의 맥루한은 우리사회를 지구촌시대라고 불렀다. 국가의 개념을 뛰어넘어 세계공동체를 예고하고 세계를 하나의 촌락으로 본 것이다. 그만큼 지리적으로나 시간적으로 국제무대가 좁아지고 있다는 의미이다.

문제는 국제사회의 글로벌화(globalization) 추세가 가속화되면서 국경 없는 무한경쟁시대에 들어서고 있다는 데 있다. 국제적인 경쟁시대에 서비스재(財)를 통한 자국의 이익을 확보하려는 노력의 증대로 이 부문의 국제적인 경쟁도 가속이 붙고 있는 추세이다. 또한 서비스부문의 국제화 · 세계화 지향속도는 더욱 빨라질 것으로 보인다. 국제사회에서 서비스가 표준화 또는 일원화되고 있는 것이다. 서비스문화가 하나로 통합된다는 의미이고 표준화된 국제서비스는 세계 어느 곳에서도 통하는 시대가 되었다는 것이다. 한편으로는 각 국가의 독특한 서비스재가 인기를 누리고 있기도 하며 지역의 독특한 서비스재가 관광상품으로서 더욱 진가를 발휘할 것으로 예측되기도 한다. 지구촌시대에 서비스의 국제화는 다음과 같은 측면에서 관리해야 된다.

(1) 서비스 노하우의 해외진출

서비스 노하우(know-how)의 해외진출을 통한 외화획득과 우리 서비스문화의 세계화를 추진해야 한다. 서울 S호텔의 호텔서비스 노하우의 해외진출을 통한 외화획득은 이미 오래된 일이다. 우리 나라의 서비스 수준도 이미 세계 굴지의 서비스 기업들과 어깨를 나란히 하고 있으며 일면으로는 독특성을 인정받고 있다는 증거이다. 앞으로 시대가 발전하면 할수록 국제사회가 무역외수지에 더욱 관심을 가지게 될 것이다. 서비스 노하우의 해외진출은 우리 문화를 세계화하면서 소중한 외화도 획득하게돼 일거양득의 효과를 누리는 것이 된다.

(2) 서비스의 국제경쟁력 구축

개방화 시대의 현대 국제사회에서 살아남기 위해서는 서비스 분야에서도 국제적인 경쟁력을 갖춰야만 된다. 보호무역이니 무역장벽이니 하는 말은 이미 구시대의 유물이 된지 오래되었기 때문이다. 앞으로는 시장개방에 의연하게 대처해야 하며 기존 시장의 잠식을 걱정하기보다는 그들과 경쟁해서 이길 수 있는 서비스 노하우 개발에 박차를 가해야 할 것이다.

(3) 국제적인 서비스 매너 숙시

지구가족화 시대에 적응할 수 있는 국제적인 서비스 매너를 익혀야 한다. 세계가 한 가족이요 한 울타리에서 생활하는 지구가족화시대에 우리의 서비스도 세계화되어야 한다. 세계의 모든 사람들이 스스럼없이 교류하게될 21세기에는 서비스 부문도 세계적인 표준화의 필요성이 한층 더 증대된다. 이에 발맞춰 우리의 서비스 매너도 국제화되어야 할 것이다. 국제적인 서비스 매너를 익혀 지구가족화시대에 국제사회로부터 소외당하는 일이 있어서는 안될 것이다.

2. 서비스의 중요성

1) 서비스의 중요성

미국의 유통업체 노드스트롬사는 개점 이후 자산규모를 7배 이상 급성장시켰고, 광고예산은 동종산업의 평균수준(매출액의 약 5%)보다 훨씬 적지만(매출액의 약 1.5%) 단위매장당 매출액은 백화점 중 최고로서 업체 평균수준에 비해 3배정도 높게 나타났다. 이렇게 고성장 할 수 있었던 원동력은 무엇일까? 그건 바로 타의 추종을 불허하는 '서비스' 였다.

싱가폴의 싱가폴 항공과 태국 방콕의 오리엔탈호텔도 '서비스' 하나로 중무장하고 세계 제일의 생산성과 성장률을 이어가고 있다.

서비스가 이처럼 사업 성공의 중심으로 대두되게 된 근본적인 이유는 어디에 있는가? 다름아닌 고객들의 요구가 달라졌기 때문이다. 현대사회의 고객들은 다른 무엇보다도 더 서비스 수준에 의해 상품을 구매하고 있기 때문이다.

(1) 고객의 소비성향 변화와 서비스

소득수준 및 사회문화수준이 높아지면서 소비자 자본주의(consumer capitalism)가 대두되고 "나는 소비한다. 고로 존재한다"는 소비개념의 변화를 가져오게 되었다.

현대사회 고객의 소비성향 변화

(상품 선택기준이) 양에서	→	(상품 선택기준이) 질로
물건의 풍부함에 대한 욕구에서	→	마음의 풍부함에 대한 욕구로
유형재에서(하드 지향에서)	→	무형재로(소프트 지향으로)
물체재화 중심에서	→	정보재화 중심으로
대량생산 · 대량소비에서	→	다품종 소량생산, 차별화 소비로
획일화, 표준화에서	→	개성화, 다양화로
타인 지향에서	→	자기 지향으로
대중으로부터(다수 지향으로부터)	→	개인으로(소수 지향으로)
외형중심에서	→	본질중심으로
소극적에서	→	적극적 건강지향으로
수동적 소비에서	→	창조적 소비로
필수적 이동에서	→	레저형 이동으로
합리적에서(이성 지향에서)	→	문화지향으로(감성 지향으로)

위 표의 설명처럼 고객의 소비성향은 서비스가치를 선호하는 쪽으로 빠른 속도로 변해가고 있다. 또한 소비생산(Prosumer: Producer+Consumer) 개념이 대두되어 소비의 개념이 공급에 대응되는 단순개념에서 다차원의 형태를 취하게 되었다. 이에 따라 고객의 소비행태가 물적 충족에서 심적 충족으로 변해 가고 있으며

사회구조가 다양화, 세분화되면서 고객 계층 또한 다양화되고 있다. 결국 고객들의 의식이 서비스부문의 필요도를 높이고 있는 것이다. 따라서 기업경영도 소비행태의 변화에 맞춰 서비스부문에 더 많은 투자를 하지 않으면 안되게 되었다. 서비스의 관심제고를 통한 고객만족 경영 즉, 서비스마케팅 컨셉트가 중요하게 되었다.

(2) 서비스가 없는 재화는 없다

산업이 고도로 발전, 성숙되면 서비스가 없는 어떤 재화(財貨)도 존재할 수 없게 된다. 소비자들의 욕구가 개성화 · 다양화되기 때문이다. 각기 다른 소비자를 만족시킬 상품의 생산을 위해서는 서비스가치가 필수적으로 요구된다는 것이다. 어떤 종류의 상품도 서비스가치가 더해지지 않고서는 상품이 될 수 없게 된다.

(3) 서비스 재화가 물재의 가치보다 높이 평가된다

고객들의 서비스에 대한 관심도가 증대되면서 유형의 물재 가치보다 서비스 가치가 훨씬 높게 평가된다. 때에 따라서는 서비스재의 가치가 물재의 가치보다 수십배에 달하는 경우도 있다. 양복의 경우를 보면 옷감의 가격보다 몇배에 달하는 디자인, 재단 등의 가치가 존재한다. 노하우와 지적소유권의 가치가 증대되는 것도 같은 측면에서 설명이 가능하다.

(4) 선진화 사회의 기준이 된다

흔히 서비스업종에 종사하는 비율이 70% 이상일 때 선진화사회라고 한다. 바꾸어 말하면 선진화가 되면 서비스산업화가 진전된다는 것이다. 그리고 서비스산업화가 이룩되어야만 선진화 대열에 낄 수 있다는 의미이기도 하다. 이처럼 서비스는 선진화 사회를 판가름하는 기준이 되었다.

2) 관광서비스의 중요성

(1) 최고급 · 숙련 · 전문화된 서비스 요구한다

일반인들은 '관광서비스 = 고급서비스'로 인식한다. 서비스부문의 모델이요, 대표인 것이다. 우리나라의 경우 관광사업은 일정수준 이상의 서비스를 제공하는 고급의 이미지를 담고 있다. 관광호텔을 일반 호텔 또는 숙박시설과 비교해서도 그렇거니와 식당의 경우에도 관광사업 지정을 받은 관광식당은 일반 레스토랑보다는 더 고급서비스를 제공하는 품위 있는 곳이라는 이미지를 갖고 있는 것으로 보아도 알 수 있다. 때문에 관광서비스기업은 이러한 이미지에 걸맞게 최고급의 전문화된 서비스를 제공해야 한다.

(2) 차별화된 고급서비스를 요구한다

관광서비스도 같은 서비스이지만 배달 · 수송서비스, 정보기술서비스, 은행서비스, 의료서비스, 법률서비스 등의 업무처리 서비스와는 차별화된 고급서비스를 요구한다.

(3) 철저한 준비를 요하는 서비스이다

일반서비스는 생활필수차원의 서비스이지만, 관광서비스는 자아실현욕구를 충족코자하는 고객을 대상으로 서비스를 판매하는 서비스이기 때문에 준비되지 않으면 상품성이 없는 것이다.

(4) 관광서비스는 모방이 쉽지 않다

관광서비스기업의 상품에서 물재(物財), 즉 제품이나 인테리어 기물 음식 등의 유형적인 가치재(財)는 모방이 쉽지만 서비스재(財)는 모방이 쉽지 않다. 유형적 가치재인 물리적 환경에 대한 기술은 이미 널리 사용되고 있는 상태이다. 따라서 관광서비스기업의 제품차별화 전략은 서비스재에 의해서 가능하며 고객들도 물리적 환경보다는 빈틈없이 만족과 감동을 주는 서비스 환경을 더 선호한다.

3. 서비스의 어원(語源) 및 정의

초기 서비스(Service)에 관한 연구는 경제학적 차원의 접근으로써 탈공업사회의 단계로 지목되는 1960년대 미국의 퓌크스(Fuchs, 1968) 등에 의하여 시작되었다. 서비스는 주로 마케팅부문에서 개념이 정립되어 왔는데, 서비스마케팅의 이론 접근은 1960년 미국 마케팅협회(AMA)의 '서비스의 제반 개념에 대한 정의 확립' 등 서비스의 특성과 본질의 연구에서 시작되었다. 1970년대에는 점차 서비스의 필요성이 강조되는 방법론적 연구, 1980년대에는 서비스의 체계나 전략수립에 관한 연구활동이 두드러진 편이었다. 특히 서비스마케팅이 본격적으로 대두됨으로 인한 주요쟁점은 기본적 이해의 관점에서 제품과 서비스의 차이와 유사성에서 시작되어 본질과 정의에 따른 서비스 특징에 관한 문제로 확대되어 왔다. 제품과 서비스의 양자간에는 내부적으로는 이질적이나 외부적으로는 동질성이 많다는 점, 즉 큰 차이라기 보다는 유사성이 훨씬 크고 상호 혼재(混在)되어 있다는 점에 관심을 보이게 되었다.

또한 서비스에 대한 연구가 점차 활발하여 짐에 따라 기존의 무형서비스에 대한 관심에서 물적 서비스의 재인식과 서비스의 배달과정과 같은 기술적, 시스템적 서비스의 폭에 이르기까지 확대되어 왔다. 이는 종래의 관심이 인간중심과 물적 중심의 서비스에서 생산성 고취나 능률을 높이는 등 여러 면에 운영의 중요성을 인식하여 활용코자 하는 시스템 · 환경적 측면의 서비스로 확대되고 있음을 나타낸 것이다.

1) '서비스'의 어원과 유래

문헌자료에 의하면 서비스라는 말은 14세기부터 시작되었다고 한다. 웹스터 사전(Webster Dictionary)에서 'Service'의 유래는 '노예의 상태'란 뜻의 라틴어 'Servitium'과 '노예'를 뜻하는 프랑스어 'Servus(쎄흐브스)'에서라고 한다. 즉, 'Service'란 '노예가 주인에게 충성을 바쳐 거든다'는 의미에서 출발하였음을 알 수 있다. 이것이 점차 발전되어 상대를 위한 봉사를 의미하게 되었고, 현대에 이르러서는 무형의 가치로 전 산업영역에서 중심축 역할을 수행하는 서비스산업을 지칭하는 뜻으로 변화되었다.

2) 서비스의 사전적 어의

(1) 미국에서의 어의

① 고용인의 상태 또는 직업

② 고용, 특히 공적인 고용, 특정한 곳에서 일하는 사람의 직업

③ 육 · 해 · 공군과 같은 군대의 분야

④ 선행, 기도 등과 같은 예배식

⑤ 공적인 숭배, 종교적인 의식, 종교적 의식을 위한 음악의 작곡

⑥ 다른 사람을 돕거나 이익이 되게 하는 행위

⑦ 타인을 위해서 하는 일이나 업무 또는 직업

⑧ 우호적인 도움, 직업적인 도움 또는 친절

⑨ 음식물을 서빙하는 행위 또는 태도

⑩ 호텔이나 레스토랑, 가게 등에서 고객에게 쏟는 정성

⑪ 서빙하는데 사용되는 용구 또는 물품

⑫ 음식을 담는 접시, 연장, 기구

⑬ 전력, 물, 운송, 배달 등과 같은 것을 이용하는 사람들에게 제공하는 체계나 방법

⑭ 장비를 구매하는 사람에게 상인이나 제조업자에 의해 제공되는 설치, 유지, 수선 등의 일

⑮ 테니스 등에서 볼을 서빙하는 행위나 방법, 또는 서브(serve)할 차례

⑯ 숙녀를 사랑하는 사람으로서의 헌신

⑰ 숫동물을 암컷과 짝짓게 하기 위해 하는 행위, 동물농장

⑱ 영장을 보내는 것에 의해서와 같은 법률적 행위의 법적 통지

⑲ 필요한 수요를 공급하거나 어떤 필요한 일을 하는 조직이나 사업

⑳ 옛날의 하인

(2) 우리나라에서의 어의

① 봉사, 접대, 근무

② 이바지, 시중

③ 개인적으로 다른 사람을 위해서 여러 가지로 시중을 드는 일

④ 재화를 생산하지 않으나 그것을 운반, 배급하거나 생산, 소비에 필요한 노무를 제공하는 일

⑤ 장사에게 손님을 접대하고 편의를 제공하는 것

⑥ 장사에게 값을 감해 주든지 덤을 붙여 주든지 하여 고객에게 이익을 베푸는 것

⑦ 가게 등에서 값을 싸게 하거나 경품을 붙여서 파는 일, 또는 경품을 주는 일

⑧ 고객에게 편의를 주고 상품매입에 만족을 주는 것

⑨ 물질적 생산과정 이외에서 작용하는 노동의 총칭, 운수업 · 상업 · 자유업 등

⑩ 애프터서비스를 하는 것

(3) 사전적 어의의 종합

① 호텔이나 레스토랑 등의 업체에서 고객을 상대로 쏟는 정성, 근무, 접대, 봉사 등을 말한다.

② 재화를 생산하지 않으나 그것을 운반 · 배급하거나 생산 · 소비에 필요한 노무를 제공하는 것(기획, 사무, 디자인, 기술, 능력 등)을 말한다.

③ 타인을 위해서 하는 일이나 업무 또는 직업으로 소유권 이전 이외의 거래대상 · 경제활동, 즉, 무형의 재화, 용역(用役), 독립서비스업을 말한다.

④ 활동, 편익, 만족을 말한다. '물재(제품)+서비스(활동, 편익, 만족제공)=상품'이 되는 것의 서비스 의미를 말한다.

⑤ 경제활동 중에서 값을 감해 주든지 제값 어치의 물건 외에 더 얹어 주든지 하여 고객에게 이익을 베푸는 것

이를 정리하면, 우리나라에서 서비스란 용어가 '①접대, ②봉사, ③편익, ④용역, ⑤무료(덤)' 등의 의미로 사용되고 있음을 알 수 있다.

3) 학자들의 정의

(1) 서비스의 속성을 중심으로 한 주장

① W. J. Regan : 생산과 소비의 불가분성은 대부분의 서비스에서 나타나는 동시 발생적 생산과 소비를 지칭하는 것으로 재화는 먼저 생산되고 후에 소비되는 반면, 서비스는 먼저 판매되고 후에 생산과 동시에 소비된다. (생산과 소비의 동시성)

② R. C. Judd : 서비스란 교환의 대상이 유형의 재화 이외의 거래로서 소유권 이전이 불가능한 것이다. (무형성)

③ J. M. Rathmell : 서비스란 시장에서 판매되는 무형의 제품이다. 이때 유형과 무형의 구분방법은 손으로 만질 수 있는가 여부이다. (무형성)

④ J. M. Carmen & E. Langeard : 예를 들어, 이발, 항공, 여행과 같은 서비스의 경우 고객이 생산현장에 있어야 하기 때문에 불가분성은 구매자가 생산과정과 밀접한 관련을 갖는다. (생산과 소비의 동시성)

⑤ 野村 清 : 서비스란 이동과 정보의 창조 · 전달이라는 기능과 가치로서 형성되는 무형의 가치 또는 그 용역을 총칭하는 말이다. (무형성)

(2) 서비스의 활동성 및 실용성을 중심으로 한 주장

① AMA(American Marketing Association) : 서비스란 판매를 위하여 제공되거나 혹은 상품판매에 수반되는 제활동으로서 통신, 수송, 이용객서비스, 수선 및 정비서비스, 신용평가업 등을 말한다.

② J. M. Carman & K. P. Uhl : 서비스란 판매자측에 가치를 가져다주는, 또는 유형재와는 독립적으로 거래되는 경우도 있는 무형물, 만족 또는 유용한 제활동이다.

③ R. M. Bessom : 서비스란 소비자에게 가치 있는 편익이나 만족을 주기 위해서 제공되는 모든 행위로써 소비자가 스스로 수행할 수 없거나 수행하지 않아도 대신 선택할 수 있는 행위이다.

④ K. J. Blois : 서비스란 현재의 형태에 물리적 변화를 가하지 않으면서 편익과 만족을 산출하는 판매를 위해 제공되는 행위이다.

⑤ L. L. Berry : 서비스는 활동, 퍼포먼스, 또는 노력이다.

⑥ W. J. Stanton : 서비스란 소비자나 업무상의 이용자에게 판매될 경우 욕망에 대한 만족을 가져오는 무형의 활동이며, 유형재나 타서비스의 판매와는 독립적으로 인식되는 것이다.

⑦ K. P. Uhl & G. D. Upah : 서비스란 거래과정에서 발생한 다른 경제주체에 의해 수행되는 행위, 혹은 다른 경세주제에로의 소유권 이전을 수반하지 않고 사용 거래되는 설비 · 제품 · 행위의 제공으로서 무형성을 가지고 저장되거나 수요될 수 없는 것이다.

⑧ W. J. Stanton : 서비스란 소비자인 고객에게 판매되어질 경우 고객의 욕구충족을 수반하는 무형의 활동이며, 유형재나 타 서비스 판매와 결부하지 않고 독립적으로 인식되어지는 것이다.

(3) 유형재와의 복합적인 효용과 편익을 중심으로 한 주장

① J. B. Say : "부(富)의 본질은 효용이며 생산이란 물질의 창조가 아니라 효용의 창조이다." 고 주장하며 물질적 부와 나란하게 비물질적 부를 주장하면서 후자를 '서비스' 라는 용어로 표현하였다.

② G. L. Shostack : 시장실체는 유형적 재화와 무형적 서비스로 구성되어 있으며, 어떤 기회에 의해 그 실체가 변화될 수 있다.

③ P. Kotler : 서비스란 한쪽이 상대편에게 제공하는 효용이나 그에 따른 행위로서 본질적으로 무형성을 갖고 소유권 이전행위를 수반하지 않는다. 서비스의 생산은 유형제품에 연결될 수도 있고, 그렇지 않을 수도 있다.

④ D. I. Riddle : 서비스란 서비스 수혜자를 위하여 또는 수혜자에 있어서 일종의 변화를 가져오는 시간 · 장소 · 형태의 효용을 제공하는 경제활동을 말한다.

⑤ P. Kotler & Armstrong : 서비스란 상대방에게 제공될 수 있는 행위 또는

효익을 의미하며, 기본적으로 무형적이며, 소유권이전이 불가능하며, 유형재와 결부되는 경우도 있다.

(4) 기 타

① T. Levitt : 서비스란 '인간이 인간에 대한 봉사' 라고 하면서 서비스의 공업화를 주장함. (서비스의 공업화를 강조)

② 김성혁

i) 서비스는 2자간(dyadic)의 상황에서 육체면 · 정신면의 통합으로서 발휘되는 인간적 활동이다. (서비스산업론)

ii) 관광서비스란 관광기업 및 조직이 고객의 욕구를 충족시키기 위해서 제공되는 모든 인간적 활동이다. (관광서비스)

③ 채서묵(관광서비스개론) : 관광활동 내에 고객인 관광객을 위해 제공되거나 부수되는 욕구충족의 주체적이고 핵심적인 것으로 소득에 의해 소비자효용이 일어나기보다는 행위나 성과에 의해 효용이 나타나는 소유권의 이전이 수반되지 않은 무형행위 또는 편익의 총체이다.

④ 오정환(서비스산업론) : 경제사회에는 유형 · 무형의 다양한 가치물이 유통되고 있어, 이 중에 유형의 가치물을 재화(財貨)라 부르고 있다. 그러나 무형의 가치물이라 함은 관광객을 안내하고, 사람이나 재화를 수송하기도 하고, 정보를 수집 · 조사하기도 하고, 통신하기도 하는 일이다. 그러나 그 자체로는 물재(物財)가 될 수 없고, 다만 이동, 정보의 창조, 정보의 전달이라고 하는 기능과 가치로서 형성되는 무형의 가치 또는 그 용역을 총칭하여 서비스라고 말할 수가 있다.

⑤ 차길수(서비스기업의 인간관계관리) : 서비스산업이란 사람 · 제품 · 정보를 주변환 대상으로 하여 각종의 경제활동을 수행하는 기업의 군으로 정의하면서, 서비스란 사람 · 제품 · 정보를 주변환 대상으로 한 생산공정 그 자체를 상품화한 것이다.

여러 학자들의 주장이 다양한 만큼이나 서비스의 개념 정의는 복잡하다.

현대사회에서 서비스는 너무 널리 사용되고 있는 언어이다보니 서비스의 개념을 명확하게 정의하기란 극히 어려운 문제이다. 서비스 자체가 매우 다양하고 복합적인 특성을 지니고 있으며, 서비스란 용어가 우리 주변의 어디서나 적용되고, 밀접한 관계를 갖고 우리 생활과 공존하고 있기 때문이다.

또한 서비스재와 물재가 적절히 혼용되어 있기 때문에 한계를 명확히 한다는 것은 거의 불가능하다고 볼 수 있다. 따라서 서비스는 포괄적 개념으로 이해하는 것이 중요하다고 본다.

4. 관광서비스의 개념

관광서비스의 정의를 몇 마디로 한정하기는 어려우나 연구의 편의상 3가지 측면에서 고찰해 볼 수 있다.

첫째, 기능적 정의는 '관광기업의 수입증대에 기여하기 위한 종사원의 헌신 · 봉사하는 자세와 업무에 대해 최선을 다한다는 태도, 즉 세심한 봉사정신이다.'

둘째, 비즈니스적 정의는 '관광기업활동을 통하여 고객인 관광객이 호감과 만족감을 느끼게 함으로써 비로소 가치를 낳는 지식과 행위의 총체이다.

셋째, 구조적 정의는 '관광기업이 기업활동을 함에 있어서 관광객의 요구에 맞추어 소유권의 이전이 없이 제공하는 상품적 의미의 무형의 행위 또는 편익의 일체를 말한다.'

이와 같은 관광 서비스는 관광지를 구성하는 제요소, 주변환경적 분위기, 관광객 자신의 사전 이미지 등과 불가분의 관계 하에서 인적 · 물적 서비스가 혼합되어 존재하는 개념이다.

관광업과 같은 환대업에 있어서의 서비스란 여러 가지의 다양한 의미를 가지는 용어이지만 어떠한 관광업종이든지 간에 영업효과의 극대화를 위하여 고객에게 제공되는 고급 용역을 지칭한다고 할 수 있다.

결국 전문서비스의 하나인 관광서비스는 관광사업의 영업효과에 직접 관련되는 촉매요소로서 작용하는 정신적 배려행위인 것이다. 이처럼 관광사업에 있어서 관광서비스라고 하면 관광종사원의 업무상의 서비스를 칭하는 것이 일반적인 예이다.

이상을 토대로 관광서비스의 개념을 정리하면 "관광활동 내에 고객인 관광객을 위해 제공되거나 부수되는 욕구충족의 주체적이고 핵심적인 것으로 소득에 의해 소비자효용이 일어나기보다는 행위나 성과에 의해 효용이 나타나는 소유권의 이전이 수반되지 않은 무형행위 또는 편익의 총체이다.

5. 서비스의 본질

서비스는 한 부분에서 다른 곳으로 제공되어지는 본질적으로 무형의 것이고 어떤 소유권도 발생되지 않는 활동이나 편익이다.

서비스와 유형재(有形財)는 본질적인 차이가 명확하지만 반면에 밀접한 상호관계 또한 갖고 있다.

1) 무형의 재화

경제학대사전에 소비의 대상이 되는 것을 재(財 : commodity)라고 부르고 이것은 재화(goods)와 서비스(service)의 두 종류로 분류된다. 수송, 이발, 마사지, 교육 등과 같이 무형의 용역을 서비스재로 분류한다. 일반 재화가 유형이고, 서비스재가 무형의 특성을 지닌 것이다.

일반적으로 학자들은 거의 이 무형성을 가장 중요한 서비스의 기본 특성으로 다른 특성보다 먼저 지적하고 있다. 무형이라는 것이 서비스의 본질이고, 서비스의 본질이 무형인 것이다.

2) 활동과 편익

'서비스'는 판매에 제공되는 것이나, 혹은 재화의 판매에 관련하여 공급된 활동(activities), 편익(benefits), 혹은 만족(satisfaction)의 현상을 말한다.

"물재의 형태(form)에 물리적 변화(physical change)를 일으키지 않고, 편익과 만족을 갖고 판매와 더불어 이루어지는 활동이 서비스이다"라는 주장도 있다.

하버드대학의 사서(W. E. Sasser)교수는 공중이 구하는 것이 무엇이고, 편익와 활동을 공급하기 위한 기세, 설비, 종업원의 역할이나, 조직화되어진 시스템 또는 의무에 의한 행위 또는 타인을 위한 노동이 서비스라고 한다.

편익의 제공이라는 것은 호텔이나 모텔의 서비스를 가리키고, 활동이라는 것은 연극이나 시장조사 활동 등을 가리키고 있다. 행위나 노동에는 진찰이나 청소 등이 있지만, 그는 서비스를 시스템 혹은 공연(performance)이라고 하는 개념으로 파악하고 있다.

조직화된 시스템이라고 하는 것을 호텔에서 생각하면, 건물, 각종설비, 서비스 요원 등이 유기적으로 결합하여 호텔이라는 시스템을 형성하고 있다는 것이다. 서비스라는 것은 바로 이러한 시스템이라고 하지만, 그러나 고객이 돈을 지불하고 구입하는 것은 시스템 그것 자체가 아니고, 그의 시스템에서 생긴 산출물(out-put)일 것이다.

3) 재화의 소유권이전 이외의 거래대상

미국의 쥬드(R. C. Judd)는 유형재와 서비스의 구별에 쉬운 정의를 제창하고 있다. 즉, 시장에서 팔 수 있는 서비스 유형상품의 소유권 이전 이외를 거래 대상으로 한다. 기업 혹은 사업가에 의한 시장 거래를 말하고 있다.

물재의 거래에는 소유권의 이전이 따르지만, 서비스에는 그러한 현상이 필요 없다는 말이다. 말하자면 소유권 이전의 유무(有無)로 구별하면 재화와 서비스의 개념에 대한 이해가 빠를 것이다. 물품 리스(lease)도 소유권의 이전이 불가능하므로 서비스이다.

4) 비재화 생산활동

서비스라는 것은 일반적으로 물질적 재화를 생산하는 노동과정 이외로 기능적인 노동을 넓게 포괄하는 개념이다.

경제학자 클라크(Green Clark)가 지금으로부터 40여년 전에 제1차, 제2차 산업에 포함되지 않은 잔여의 부분(residual sector)을 제3차 산업이라고 부른 이래, 오늘날까지 이 분류가 기초가 되어 정착하고 있다. 제3차 산업의 공통 특징은 재화생산을 행하지 못하는 점에 있다.

그러나 그 경계선은 애매하다. 공장의 기계수리와 공장내의 청소는, 이것을 공장 노동자가 행하는 경우에 물재생산의 노동과정에 포함되는 것이 타당하다고 하지만, 이것을 전문업자에게 외주(外注)한 경우 서비스라고 생각하는 것이 일반적이다. 비재화생산의 산업을 제3차 산업이라 하고, 제3차 산업을 서비스산업이라고 하는 방법이 일반적이다.

제2절 서비스의 특성

1. 서비스의 일반적인 특성

1) 무형성

제품은 유형적이나 서비스는 무형적이다. 카세트와 같은 제품들은 실체적인 존재를 사용함으로써 고객이 만족을 느낄 수 있으나 교육이나 콘서트와 같은 서비스는 실체를 찾기 어렵다.

서비스는 필연적으로 무형적이기 때문에 고객에게 견본(sample)을 제시하기가 불가능하여 고객이 구입하기 전에는 미각(taste), 지각(feel), 시각(see), 청각(hear), 후각(smell) 등을 통한 사전감지가 불가능하다.

서비스는 유형성(service' s tangibility)을 증가시키고, 또한 서비스 자체보다도 고객이 서비스로부터 얻을 수 있는 편익을 강조해야 한다. 예를 들어 보안회사는 노동력을 팔고 있으나 안전을 강조해야 한다. 항공사는 비행기 좌석을 판매하나 휴가여행의 안락함이나 편리함 등을 광고해야 한다.

(1) 인식이 곤란하다

서비스재는 무형성의 특성으로 인하여 손에 쥐고 감지할 수 있는 유형의 재화보다도 상대적으로 인식이 어렵다. 따라서 서비스는 공급자로부터 제공받기 전에는 그 서비스의 질을 인식하기가 곤란하다.

예를 들면 사전에 호텔의 서비스나 영화의 내용을 소비자에게 제시할 수 없고 유럽여행 상품을 제시하지 못하는 어려움이 있다는 것이다. 그리고 사후에도 마음 속으로만 인식이 가능하기 때문에 어려움이 있다.

(2) 소유권 이전이 불가능하다

서비스재는 무형이기 때문에 사용권과 이용권은 있지만 소유권은 인정되지 않는다. 기술과 저자권 등도 사용자가 저작권자에게 사용과 이용에 대한 수수료를 지불하고 거래하는 것은 가능하지만 물재(物財)처럼 소유권 자체를 거래하지는 못한다. 호텔의 서비스, 여행사의 서비스 모두 마찬가지이다.

한편 서비스재는 사용 후에 향수(享受) 내지 기억으로 남아 오래 지속된다. 그리고 이는 얼미 후에 소멸해 버리므로 결국 서비스재는 사용 내지 이용되는 것이지 소유되는 것이라고 볼 수는 없다.

(3) 모방이 쉽다

서비스는 제품과 달리 무형이기 때문에 특허를 내기 어렵다. 그로 인하여 경쟁자가 바로 모방할 수 있는 단점을 갖고 있다. 예를 들어, 한 관광호텔에서 고객관리카드제(VIP카드제)를 시행하자 다른 호텔들도 모두 고객관리카드를 발급하게 되고 이를 방지하기는 어렵다.

2) 생산 · 전달 · 소비의 동시성

물질적 실체를 미리 만들어 놓고 고객에게 제공하는 제품의 경우, 생산, 유통, 고객의 소비에는 시차가 있게 마련이다. 반면 서비스는 생산과 전달 · 소비가 동시에 이루어진다. 때문에 보관이나 저장이 불가능하며, 장소적 · 시간적인 제약도 많이 받게 된다. 생산성 향상을 위한 공업화나 표준화의 가능성이 없는 것은 아니나 수요의 장소적 · 시간적 분산성이 크기 때문에 항상 일정한 한계가 존재한다. 따라서 생산에서 독립된 유통이 존재할 수 없는 점이 서비스기업이 수행하는 경영활동의 한 특징이 된다.

미리 제조된 자동차를 구입한 고객은 시험운전 후 만족 또는 불만족을 느끼게 된다. 그러나 미용이나 이발과 같은 서비스는 미리 만들어 놓을 수 없다. 고객이 미용실이나 이발소를 방문해야 비로소 서비스를 받을 수 있어 생산 · 전달 · 소비가 동시에 발생하게 된다. 서비스는 그 원천이 인간이든 기계이든 간에 그 원천으로부터 분리될 수가 없는 것이다.

(1) 시간과 공간의 제한을 받는다

제품은 변질되어 가치가 떨어지지 않는 한 본래의 상태대로 창고에 보관했다가 필요한 시기에 판매할 수 있다. 하지만 어떤 특정의 시간과 특정의 공간에 존립하는 '기능의 현실과정' 이 서비스이다. 즉 서비스재는 어떤 시간과 공간에 제공되고 곧 소멸된다.

예를 들면 항공기의 좌석은 정해진 시간에 규정좌석이하는 제한을 받게 된다. 레스토랑도 점심시간의 좌석수는 시간과 공간의 제한을 받는 것이고 호텔의 객실도 당일의 객실수는 사정이 같게 된다.

(2) 수요의 관리가 중요하다

제품을 제조하는 업체는 비수기에 재고를 비축하여 성수기에 대비할 수 있으나 비행기 좌석이나 호텔방과 같은 서비스는 재고를 가질 수 없으므로 시설에 대해 초과된 수요는 영원히 사라져 버리게 된다.

따라서 서비스 기업은 공급시설의 능력관리가 우선적으로 필요하다. 만약 원가의 대폭적인 증가 없이 서비스 능력을 향상시킬 수 없다면 예약이나 성수기가 아닌 시점으로 수요를 유도하는 수요관리가 필요하다.

(3) 계획생산이 어렵다

서비스기업의 경우에는 가전제품 제조업자처럼 계획생산을 한다는 것이 거의 불가능하다. 제조업의 계획생산은 예측이 정확히 맞지 않더라도 재고가 가능하기 때문에 큰 부담이 없다. 그러나 서비스는 고객의 주문에 의거 생산하는 체재이기 때문에 계획생산이 어렵고, 재고처리 또한 불가능하기 때문에 계획생산은 더욱 어렵게 된다. 예를 들어 호텔의 연회장에 행사예약이 많았다고 하자. 당연히 수요가 많을 것으로 예측하여 생산체재를 확충하게 될 것이다. 이때, 서비스요원 수는 아르바이트 요원으로 증감하면서 어느 정도 생산수준의 균형을 도모할 수 있지만, 판매장소를 판매량에 맞추어 넓혔다 줄였다 할 수는 없는 것이기 때문에 고충이 따르게 된다.

시계열 분석과 예약에 의거 일부 계획생산이 가능한 서비스업의 경우에도 고객의 기호와 습관에 따라 제약을 받는 경우가 많다. 예를 들어 단체관광객들과 같이 행사를 주관하는 TC(Tour Conductor)라 할지라도 여행상품 서비스에 대한 계획생산을 정확히 할 수는 없다. 고객들의 개성을 예측할 수가 없기 때문이다.

(4) 거래현장에서만 구매가 가능하다

서비스재는 거래현장 내에서만 구입이 가능하다. 즉 서비스재는 고객이 직접 참여하지 않고서는 거래가 불가능하기 때문이다. 서비스재는 배달을 의뢰할 수도 대리인을 통한 구매도 불가능하다. 오직 본인이 현장에서 확인 · 평가(가치, 성격, 태도, 모양, 가격, 취향성, 적절성, 유익성 등)한 후에 구입을 결정하여야 한다.

(5) 유통과 검수과정이 없다

서비스재는 생산과 소비가 동시에 이루어지고 순간에 소멸되므로 유통이 불가능하다. 단지 정형화, 이미지화된 개념 또는 정보류만이 기능으로서 흐름을 통하여 공급정보와 수요정보(정보지)가 각각의 존재를 알리며, 기회나 욕구 등이 생성 될 수 있도록 노력할 수는 있다.

서비스재는 불량품을 골라내는 검수과정 또한 없다. 따라서 불량상품이 생산되지 않도록 충분한 사전 대비가 필요하다. 일단 불량품이 생산된다면 곧바로 고객에게 전달되어 버리기 때문이다.

3) 서비스 형태의 다양성

서비스는 누가, 언제, 어디서, 어떻게 제공하는가에 따라서 고도의 다양성을 지니고 있다. 서비스는 또한 다양한 고객의 요구를 충족시켜야 하기 때문에 다양하게 된다. 이발과 같은 서비스의 경우에는 고객이 원하는 바가 고객에 따라 다를 수 있으므로 서비스 기업은 서비스 및 서비스 전달의 표준화를 이룩하기 어렵다. 특히 비행기 승무원의 서비스는 비행기에 따라, 수행자에 따라, 고객에 따라 달라질 수 있다. 미리 서비스에 대한 규격을 완벽하게 정하는 것이 어려우므로 서비스 제공자에 대한 교육이 서비스 기업에서 매우 중요하다. 맥도날드의 햄버거 대학, 신라호텔의 서비스교육센타 등은 다양한 고객들에 대한 다양한 서비스교육의 중요성을 파악한 서비스 기업들이 설립한 교육기관들이다.

서비스 구매자는 서비스재의 다양성을 미리 알고 서비스 제공자를 선정하기 전에 자주 다른 사람들과 의견을 나누어야 한다. 그리고 서비스기업들은 서비스요원의 선발과 교육 · 훈련에 있어 좀더 신중한 투자를 해야 되고, 고객의 만족을 충족시켜주기 위한 제안과 불평시스템을 활용하고, 소비자의 구매조사를 실시하여 질이 좋은 서비스를 개발하면서 소비자를 확보해야 한다.

(1) 서로 이질적이다

서비스는 서로 이질적이기 때문에 표준화한다는 것은 불가능하다. 즉 똑같은 서비스 제공과정에서도 그 소비자에게 주는 서비스는 서로 다른 형태로 제공되게 마련이며 고객의 입장에서도 같은 서비스에 대한 느낌이 모두 다르게 받아들이게 된다.

예를 들어 관광호텔의 경우, 각각의 숙박객에게 서비스의 질을 똑같이 제공할 수 없고, 자동차 수리공 또한 자동화된 기계를 이용하여 수리하더라도 그 서비스의 질은 똑같이 할 수는 없다.

(2) 요금의 차이가 많다

서비스재는 표준화가 어렵고 다양하게 나타나기 때문에 표준가격은 때때로 무의미하게 된다. 서비스가격은 서비스의 가능여부에 따라 그 가치가 좌우되므로 생산자측의 결정이라기 보다는 고객측의 결정력이 강하다고 볼 수 있다. 따라서 고객의 판단 여하에 따라 상품가격에 대한 차이가 많게 된다.

(3) 전문 서비스요원이 필요하다

다양한 고객의 욕구를 만족시키는 서비스를 생산하여 제공하기 위해서는 전문성을 지닌 숙련된 서비스요원이 필요하다. 고객의 욕구가 다양하게 나타나는 서비스일수록 더욱 그렇다.

4) 소멸성

점심 시간에 레스토랑의 좌석을 채우지 못하면 그 좌석은 다시 판매할 수 없다. 서비스는 한 번 발생하고 바로 소멸되기 때문이다. 창고에 저장했다가 다시 판매한다는 것도 어렵다.

서비스는 순간적으로 시간과 공간에 존재할 수 있지만, 사용 후에 그 자체가 소멸되기 때문에 반복사용이 불가능하다. 식사 후에 '포만감'이 남고, 여행 후에 '추억'이 남기는 하나, 이는 서비스재의 일과성(一過性)에 불과하다. 결국 서비스는 소멸된다.

이와 같은 특성에 따라 고객의 서비스에 대한 수요에 큰 변동이 있을 때 서비스 기업에는 문제가 발생한다. 예를 들어, 호텔이나 이발소의 시설이 고객의 양보다 규모가 크다면 과투자로 자원의 효율적인 운영을 할 수 없다. 반대로 고객의 수요가 시설 규모를 초과한다해도 수요를 충족시킬 수 없게되고 판매의 기회는 영원히 사라지게 된다. 따라서 서비스 기업은 시설의 기획이 중요하며 경우에 따라서는 수요를 시설에 맞게 유도하는 것도 중요하다. 이를 조정하는 것이 예약기능이다.

(1) 저장이 불가능하다

서비스는 소멸성을 지니고 있기 때문에 생산물에 대한 저장이나 재고가 불가능하다. 서비스는 이처럼 재고가 불가능하므로 계획생산이나 주문생산을 하여야 하는 어려움이 따르게 된다.

호텔의 객실은 오늘 판매하지 못하면 영원히 소멸된다. 항공좌석도 정해진 일시에 판매되지 않는다면 저장판매는 불가능하게 된다. 그래서 서비스기업은 예약시스템이 중요하다.

(2) 본래대로 환원될 수 없다

물재의 경우 전매가 가능하고 본래대로 복원이 될 수 있으나, 서비스재는 한번 제공되면 근본의 것으로 환원될 수 없는 것이다. 서비스가 본래의 성질을 이미 변형시키게 되고 소멸되기 때문에 한 번 변형되면 다시는 원형으로 돌이킬 수 없게 된다.

(3) 일과성의 특징을 지닌다

서비스재는 일정시간과 공간에 존재하고 사용과 동시 사라져 버리므로 일회의 수수(授受)로 소멸되고 만다. 말하자면 '그때 그 시장만의 상품'으로서 일체의 반복사용이 불가능한 것이다.

5) 서비스주체와 객체의 양존성

서비스재는 서비스재만으로 존재할 수 없다. 원천적인 서비스주체와 객체인 서비스 대상의 양자가 존재함으로 비로소 서비스재가 존립하게 된다. 서비스란 서비스주체로부터 서비스대상으로 움직이면서 본질적으로 양자가 의존하고 있는 것이다. 가령 물재는 물재만으로 존재할 수 있지만 유용한 기능을 발휘하기 위해서는 서비스를 내포하지 않을 수 없다. 즉 물재도 결국은 사용되기 위하여 존재한다는 것이다.

이 부분에 내해서는 다음 장의 서비스의 존재 형식에서 자세히 설명된다.

2. 관광서비스 상품의 특징

'관광서비스' 도 광의로는 '서비스' 에 속하기 때문에 서비스의 일반적인 특성은 대동소이하다. 여기에서는 관광서비스 상품이 가지고 있는 고유의 특징과 고객만족 방안에 대해 다루고자 한다.

1) 인적 서비스에 대한 높은 의존성

관광상품을 구매하는 고객들은 정성어린 인적서비스에 가장 관심을 갖는다. 때문에 관광서비스 상품은 무형의 서비스 구성요소 중 인적서비스 요소의 비중이 매우 크다. 호텔의 분위기가 아무리 좋아도 서비스요원들의 가사(家事)적이고 인정어린 서비스가 동반되지 않는다면 고급 시설들은 무의미해지기 마련이다. 감동받을 만한 관광지로 여행팩키지를 구성했더라도 가이드의 자상한 안내서비스가 없다면 여행객들은 감동 받지 못하게 된다.

관광서비스는 타인을 위하여 베풀거나 섬기는 것, 즉 이 섬김, 봉사가 가장 높은 차원의 서비스일 것이다. 이 봉사와 공헌이라는 말속에는 혼과 정신이 깃들어 있는 것이다. 이 관광서비스의 개념은 손님에게 기쁨, 애정, 만족을 느끼게 하는 것으로 서비스는 마음이요, 정(情)이다. 서비스가 곧 정이라는 뜻에서 서비스를 만남의 상징으로 본다. 그래서 인간에게는 인간과의 만남, 물건과의 만남, 그리고 시스템과의 만남이 있는데 이 때 마음 속 깊이 와 닿는 정과 같은 것이 바로 관광서비스라고 할 수 있다.

환대산업인 관광산업의 인적서비스는 중요성을 아무리 강조해도 지나치지 않다. 고객의 다양한 욕구를 충족시키기 위해서는 여러 분야에서 다수의 서비스 전문요원이 필요하다. 이에 따른 인건비의 부담이 관광기업의 경영상 부담이 크다. 따라서 서비스의 기계화가 가능한 부분은 자동화(컴퓨터화)를 통해 경영부담을 극복하도록 하고, 접객서비스요원이 꼭 요구되는 부분은 철저한 사전 교육을 통해 서비스 품질관리에 만전을 기해야 될 것이다.

2) 고급지향의 물리적 서비스

관광상품을 구성하고 있는 물리적 환경은 고급을 지향한다. 관광상품을 구매하는 고객들은 그 순간만이라도 최고의 대접을 받고 싶어하고 감동적인 분위기에 젖기를 원하게 된다. 비록 비싼 대가를 치르고서라도 편안하고 그윽한 분위기를 원하는 부분이 많다.

물론 저렴하고 실용적인 관광상품을 원하는 관광객들도 있지만 이들도 관광상품의 물리적 환경은 최소한 보통보다는 높은 수준이기를 희망한다. 그리고 대부분의 고객들은 관광상품을 구매하는 환경이 잘 갖추어져 자신의 자존심을 지켜주기를 원하게 된다. 특히 관광호텔을 이용하는 고객들은 일반 호텔과의 차별화된 고급 서비스 환경을 요구하고 고객들은 분위기를 구매하게 된다. 항공기의 인테리어, 레스토랑의 인테리어도 중요하다. 여행사도 고객과 접하게 되는 안내데스크의 레이아웃과 인테리어가 중요하다. 관광버스도 일반버스보다는 고급스러워야 한다.

3) 관광수요의 계절성

대부분의 관광상품은 계절의 지배를 받는다. 계절성은 매년, 매월, 매주 시기와 시간대에 따른 관광수요의 변동을 말한다. 즉, 시기와 시간대에 따른 성수기와 비수기의 변환이 심하다는 의미이고, 수요가 불규칙적이다 는 의미이다. 때문에 고급 서비스를 제공하기 위한 시설투자와 인력관리에 어려움을 겪게된다. 이러한 관광 수요는 성수기일지라도 또한 수요예측이 어렵다. 자연 적정한 투자안을 내기가 어렵게 된다.

계절성에 영향을 받는 상품에 대한 대책은 비수기의 활용방안과 활성화를 강구하는 것이다. 스키리조트의 여름기간의 활용방안으로 기업체의 연수원으로 활용하고 잔디 썰매장으로 개조하여 운영하는 것, 해수욕장의 겨울철 활용방안으로 겨울 바다의 낭만을 즐길 수 있도록 하는 것, 항공좌석의 평일이용객 증대방안으로 평일과 낮 시간대 이용객에 대한 할인율을 적용하는 것, 비휴가철에 여행사의 매출증대를 위해 패키지할인상품을 개발하는 것, 관광호텔의 비수기 타개책과 주중객실 판매율을 높이기 위해 기업체와 사회단체를 유치하고 주중할인혜택을 적용하는 방안 등이 계절성을 극복하는 대안이라고 할 것이다. 관광서비스 공급자는 또한 이익의 주기적인 상승과 하락을 염두에 두면서 그에 따라 생산능력을 조절해야 한다.

4) 타 관광서비스 상품과의 상호보완성

관광상품을 구매하는 고객 즉, 관광객은 한 가지 관광서비스 상품만을 구매하지는 않는다. 여행상품을 이용하여 제주도에 관광을 간다고 하자. 수송서비스로 항공기나 여객선을 이용하게 되고, 제주도 내에서는 관광버스를 이용하게 된다. 숙박서비스로 관광호텔이나 콘도미니엄을 이용하게 된다. 식음료서비스로 레스토랑과 바 등을 이용하고, 오락서비스로 게임 룸과 놀이시설, 나이트클럽 등을 이용하게 된다. 기념품 판매서비스를 통해 관광기념품을 구입하고, 여행안내원의 안내서비스도 제공받게 된다.

이처럼 관광서비스는 타 관광서비스 상품과 상호보완적인 성격을 지닌다. 어느 한 부분이라도 잘못되면 다른 영역까지 연쇄적으로 타격을 받게 된다. 때문에 관광서비스는 관련 서비스 상품끼리 협조관계에 있으므로 긴밀히 잘 협력해야 한다. 그래서 관광상품을 패키지 투어 서비스(package tour service)라고 한다.

5) 고객의 직접참여에 의해서만 서비스 창출

관광서비스를 받기 위해서는 고객이 참여해야 한다. 그리고 고객의 참여정도가 높을수록 고객은 더욱 더 개별적인 서비스를 요구하게 된다. 관광서비스는 서비스의 주체와 대상 모두가 사람일 경우에만 성립된다. 즉 사람을 위해서 존재하는 것이 관광서비스인 셈이다. 관광서비스가 최고급서비스라는 점은 바로 여기에서 출발한다. 현대에 이르러 서비스는 다양하게 분화되고 있지만, 관광서비스는 전통적인 대 고객서비스 기능을 이어오고 있다.

관광분야에 종사하고 있는 서비스요원들은 관광서비스가 가장 전통적인 서비스이고 가장 고급서비스라는 데서 자부심과 긍지를 가져야 하며 사명의식 또한 다짐해야 할 것이다.

한편 관광서비스는 가장 어렵고 힘든 서비스이기도 하다. 서비스의 객체 즉, 대상이 고급 서비스를 기대하는 고객들이기 때문이다. 그들의 욕구를 만족시킨다는 것이 결코 쉬운 일이 아니다. 1인 10색을 띄는 관광서비스 고객 모두에 만족된 서비스를 제공하기 위해서는 사전 준비가 중요하고 이는 끊임없는 자기개발과 교육훈련을 통해 다져야 할 것이다.

3. 제품과 서비스의 결합

일반적으로 서비스를 생산 · 제공하는 기업을 서비스업으로, 제품(物財)을 생산 · 제공하는 기업을 제조업으로 정의하고 있으나 이는 맞지 않다. 특히 오늘날의 기업들은 서비스기업과 제조기업으로 확실하게 구별하는 것이 불가능하다. 거의 모든 제품의구매는 촉진적 역할을 하는 서비스의 구매를 동반하고 있으며, 거의 모든 서비스의 구매는 촉진적 역할을 하는 제품의 구매를 동반하고 있기 때문이다.

레스토랑이나 약국은 일반적으로 서비스업으로 분류하고 있다. 하지만 약국에서 약을 구입하는 경우에는 약이라는 제품을 사는 것이며, 레스토랑에서도 음식이라는 제품을 사 먹는 것이다. 라디오를 구매하는 경우에도 라디오 기기라는 제품에 판매서비스와 라디오 청취라는 서비스를 같이 구입하는 것이다. 이처럼 현대의 모든 상품은 제품과 서비스가 혼재되어 있음을 알 수 있다. 이를 명확히 구분하기란 어려운 것이다.

고객들은 제품과 서비스가 혼재되어 있는 상품을 구매하게 된다. 따라서 효과적으로 서비스를 이해하기 위해서는 고객과 판매자가 지각하는 상품의 여러 요소를 잘 파악해야 한다. 레스토랑에서 식사를 하는 경우에 고객들은 ①음식, 음료, 식기류와 같은 물리적 항목들 ②맛, 향기, 서브, 분위기 등과 같은 감각적 편익 ③안락감, 안정감, 자존심과 같은 심리적 편익 등이 혼재되어있는 상품을 구매한 것이 된다. 이때 모든 요소 중 어느 요소가 고객에게 더 중요한 가를 파악해야지 단순하게 물리적 요소만 중요시하는 것은 위험한 발상이 된다.

〈그림 1-1-1〉 물재(物財)와 서비스재(財)의 결합상태(%)

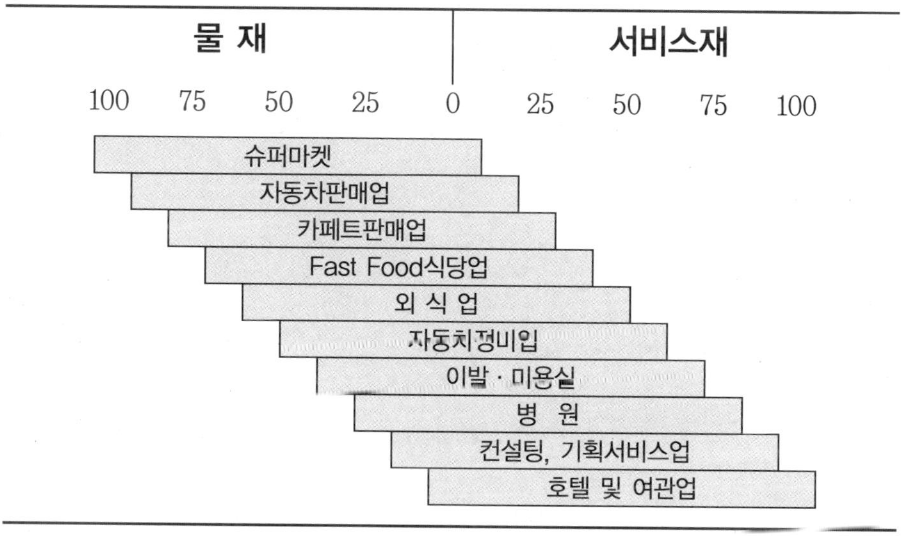

* 자료 : Earl W. Sasser

기술에 의존하는 일반적 제품인 자동차, 가전제품과 같은 상품도 전시 · 판매서비스, 배달서비스, 애프터서비스(유지보수서비스)와 같은 고객서비스가 매출액 증진에 큰 영향을 미치게 된다. 아무리 우수한 제품이더라도 자동차업체나 가전업체의 서비스가 나쁘다면 상품의 판매신장을 기대하기는 어려울 것이다. 제조 기업도 때로는 서비스가 제품보다 더 중요할 수도 있다. 세계적인 컴퓨터 제조회사인 IBM은 제조회사로 분류되고 있으나 27만 명의 서비스요원들 중 반 이상이 일반 고객들을 접견하는 서비스 업무에 종사하고 있다.

제2장 고객과 서비스

제1절 고객이란?

고객이 없으면 기업도 없고 서비스도 없다. 그래서 '고객서비스' 라고 묶어서 칭하기도 한다. 이처럼 서비스는 고객에 의해서, 그리고 고객을 위해서 존재하는 것이다. 고객을 위한 최상의 서비스를 제공하기 위해서는 서비스의 목적이자 주체인 고객에 대한 개념을 명확히 파악해야 한다. 서비스 주체를 알아야 주체인 고객이 만족하고 감동하는 서비스를 생산 · 제공할 수 있기 때문이다.

좁은 의미의 고객은 단순히 우리의 상품과 서비스를 구매하거나 이용하는 손님을 지칭하는 말이지만, 넓은 의미의 고객은 상품을 생산하고 이용하며 서비스를 제공하는 일련의 과정에 관계된 자기 이외의 모든 사람을 지칭한다. 즉, 현대사회에서는 나 말고는 모두가 고객인 셈이다.

1. 어원적 정의

1) 한자 어원적 정의

고객이라는 용어를 한자어로 풀이해 보면 그 뜻을 쉽게 이해할 수 있다.

〈표 2-1〉 고객(顧客)의 한자어원적 의미

한자	뜻	한자 사전의 여러 의미
顧	돌아볼 고	돌보다, 생각하다, 찾아보다, 사랑하다, 보살피다
客	손님 객	사람, 상객(上客), 단골손님, 손님

고객은 한자어로 '顧客'이라고 쓴다. '顧'자는 '돌아본다'는 뜻을 갖고 있는데, 한자 사전을 보면 더 많은 의미가 있다. 예를 들면 '돌아보다', '생각하다', '찾다', '사랑하다', '보살피다' 등이 있다. 그리고 '客'자는 '손님'이라는 뜻을 갖고 있는데, 한자 사전에는 '사람', '上客(지위가 높은 손님)', '단골손님', '손님' 등으로 풀이되어 있다.

따라서 한자어원적으로 고객은 「불특정한 다수의 사람을 상객(上客)으로 모시고 단골 손님으로 만들어 항상 돌보고, 생각하고, 찾아보고, 사랑하고, 보살펴야 하는 존재」라고 정의할 수 있다.

2) 「우리말 큰사전」의 어의

국어사전에 의하면 「顧客」은 '단골손님', '상객(上客)', '영업상의 손님'이라고 정의되어 있다. 즉, 일반적인 손님보다는 더 자주 이용하는 손님으로 더 귀하게 여겨야할 손님이라는 의미이다(우리말큰사전, 2005).

3) 「웹스터사전」(Webster's)의 어의

(1) Guest

① 다른 가정에서 환대 받는 사람, 방문자(visitor).

② 레스토랑, 극장 등에서 주인으로서 역할을 하는 다른 사람에 의해 환대(대접) 받는 사람

③ 호텔, 레스토랑 등의 보수를 지불하는 손님(customer)

④ 클럽, 협회 등의 환대를 받는 비회원

⑤ 특별한 초대에 의해 나오거나 프로그램을 수행하는 사람

⑥ 주인(host)에 해를 끼치지 않거나 해치지 않는 동물

⑦ 다른 둥지나 거주지에서 사는 동물, 곤충

'Guest'는 'Host'의 반대개념으로 초내받은 손님, 환대 받을 손님, 귀하게 여겨야할 손님이란 의미이다. 경제 주체로서 사용되는 'Guest'의 의미는 고급 서비스를 제공하는 환대산업에서의 고객을 지칭하는 용어라고 할 수 있다. 때문에 이 용어(Guset)는 관광호텔과 고급 레스토랑에서 주로 많이 사용된다. 하지만 요즈음에는 서비스의 중요성을 인지한 일반 서비스기업에서도 널리 사용되는 경향이 있다.

(2) Customer

① 구매하는 사람. 특히 공공시설물로부터 규칙적으로 구매하거나 단골이 되는 사람

② (구어) 거래가 있는 사람

③ 손님 · 단골고객 · 고객 · 거래처 등의 의미

'Customer'란 용어는 기업들에게 구매자를 단순히 끌어들이기보다는 고객을 개발하고 키워나가는 것이 더욱더 필요하다는 사실을 절실하게 느끼게 한다. 'Customer'라는 용어의 어원은 'Custom'이다. 옥스퍼드 영어사전의 정의에 따르면 'Custom'은 '어떤 물건이나 대상을 습관화하는 것' 혹은 '습관적으로 행하는 것'을 의미한다.

즉 고객이라는 것은 우리에게서 습관적으로 물건을 사는 사람을 의미한다. 여기서 'Customer'란 것은 일정 기간, 여러 번 구매와 상호작용을 통해 형성되는 것이다. 접촉이나 반복구매를 한 적이 없는 사람은 고객이 아니라 단지 구매자에 불과하다. 진정한 의미에서 고객은 오랜 시간에 걸쳐 키워진다.

(3) Consumer

① 소비하는 사람 또는 사물

② 개인적인 필요를 위해 상품이나 서비스를 구매하고, 되팔거나 되팔기 위해 다른 상품을 생산하는데 사용하지 않는 사람

③ 생산자(producer)의 반대말

'Consumer' 는 최종 소비자를 지칭하는 용어이다. 중간 도매상이나, 제조업자, 재생산업자가 구매를 한 경우에는 사용하지 않는 용어이다. 이 용어는 단순히 'Producer' 에 대응되는 말이다. 현대 서비스사회에서는 고객이라는 의미로 널리 사용되지 않는 용어이다.

(4) Client

① (변호사 펀드매니저 등의) 의뢰인

② (상인의) 고객, 단골손님

③ 복지 사업가 등의 도움을 받는 사람

④ (로마 귀족의) 예속 평민, 부하(=dependant)

⑤ 종속국 의존국(=client state)

⑥ 서버로부터 정보를 받는 네트워크상의 컴퓨터

2. 고객개념의 변화와 고객서비스

고객의 개념은 시대에 따라 많은 변화가 있어 왔다.

〈표 1-2-2〉 시대적 변화에 따른 고객의 개념

수요 · 공급	고객의 개념	고객의 개성	서비스 이념
수요 〉 공급	고객은 봉(苦客 : 귀찮은 손)	10인 1색	강압 서비스
수요 = 공급	고객은 소비자(固客 : 평범한 손)	10인 10색	평범 서비스
수요 〈 공급	고객은 왕(顧客 : 단골 손)	1인 10색	고객만족 서비스
수요 《 공급	내부고객과 외부고객 대응	1인 100색	최적 서비스

〈표 1-2-2〉에서 보듯이 상품의 공급에 비해 수요가 월등히 넘치던 시대(고대)에는 고객은 한낮 봉으로 '귀찮은 손님'(苦客)의 수준에 머물러 있었다. 당시에는

기업경영의 주안점이 대량생산이었다. 시장의 소비자는 서로 자기에게만 상품을 달라고 하는 귀찮은 존재일 뿐이었다. 현대사회에서도 일시적으로나마 성수기 때가 되면 고객이 귀찮은 존재로 전락하는 경우가 있지 않은가? 이처럼 고객이 어떤 대접을 받느냐 하는 것의 기준은 수요 · 공급과 밀접한 관계가 있음을 알 수 있다. 이 당시는 공급자, 즉 생산자가 시장을 주도했기 때문에 서비스는 강압적이었다.

산업혁명 이후 기계화 · 자동화 생산체제를 발판으로 대량생산시대에 들어서면서 수요와 공급이 비슷해지기 시작했다. 수요와 공급이 일치하던 시대(근대)에는 고객은 그저 소비자일 뿐이라는 '고정된 손님'(固客)의 수준에 머물렀다. 하지만 이 때부터 고객의 위치가 조금씩 상향조정되기 시작했다. 서비스의 수준은 고객들 간의 차별없는 평등서비스를 제공하는 수준으로 발전하게 된 것이다.

그러나 수요보다 공급이 넘치는 시대(현대)로 들어서면서 '고객은 왕' 이라는 개념이 도입되기 시작했고, 고객은 비로소 '돌보아야 할 단골손님'(顧客)으로 자리매김되었다. 고객은 가장 높고, 가장 소중하고, 가장 존귀한 존재로서 인식되기에 이른 것이다. 고객이 원하는 서비스를 제공해 고객만족을 도출해 내기 위한 노력이 다양하게 시도되고 있다.

고객들이 1인 100색의 색깔을 지니게 될 미래에는 진정한 고객만족 서비스를 생산하기 위한 내부고객지향의 마케팅 컨셉이 도입되어야 한다. 좁은 의미의 고객은 단순히 우리의 상품과 서비스를 구매하거나 이용하는 손님을 지칭하는 말이지만, 넓은 의미의 고객은 상품을 생산하고 이용하며 서비스를 제공하는 일련의 과정에 관계된 자기 이외의 모든 사람을 지칭한다. 즉 나 말고는 모두가 고객인 셈이다. 즉 미래의 서비스는 내 · 외부고객 상호관계 속에서 고객만족과 감동의 고품질 서비스라는 결과를 얻을 수 있게 된다. 고객 개개인에게 그들에게 맞는 최적합 서비스를 제공하는 것이 최고의 과제로 등장될 것이며, 이는 내부고객의 서비스문화 향상을 통해서만 가능하게 될 것이다.

소비는 단순히 생산개념에 대칭되는 개념이 아니라 이제는 소비를 통해서 쾌락과 사회적 지위 · 권위 · 위신을 나타내 줄 뿐 아니라 소비과정을 통해서 타인과 자신의 존재를 차별화시켜 나가고자 하는 방향으로 변해가고 있다.

〈표 1-2-3〉 고객개념(소비자에서 생활자로)의 변화

소비자의 개념	생활자의 개념
• 경제순환과정에서의 소비단위	• 인간적 가치와 생활을 창조하는 생산단위
• 단편적인 단일상품 구매자	• 다수 상품의 조합에 의한 라이프스타일 구매자
• 소득 등의 경제력이 중요	• 욕구, 기대, 태도, 가치관 등의 심리적 변인이 중요
• 수동적이고 단편적인 생활형성	• 능동적이고 종합적인 생활설계
• 관리적 마케팅의 대상으로 수동적 의존적 특성	• 사회적 마케팅에의 관심증대
• 생태환경에 무관심	• 생태환경의 보호, 개선에 큰 관심
• 경제적 가치의 추구	• 비경제적 가치의 추구
• 생산과 소비의 논리	• 레저, 복지의 논리

*자료 : 임붕영 이지호

3. 일반적인 개념정의

현대 서비스사회에 이르러 고객에 대해 많은 사람들이 독특한 용어를 사용하여 그 개념을 정의하고 있다.

호화호텔산업의 대부인 '세자르 릿츠(Cesar Ritz)'는 'Guest is always right.'이라고 했다. 즉 '고객은 항상 정당하다'라는 의미이다. 죤 에이커 IBM회장은 '고객은 황제이다'라고 했으며, 일본의 SONY사에서는 '고객은 신(神)이다'라고 했다. 세계적인 마케팅학자인 피터 드럭커와 현대호텔산업의 아버지인 스타틀러는 '고객은 왕이다'라고 했다. 데이비드 오길비는 '고객은 아내이다'라며 아내처럼 소중히 생각해야 한다는 점을 강조했으며, 토마스 피터스는 '고객은 외국인이다'라고 했다. 그리고 LG사에서는 '고객은 최종결재권자(사장)이다'라고 했다.

이상과 같이 근대를 넘어 현대에는 고객을 황제, 아내, 외국인, 신, 왕 등으로 표현하고 있다. 고객의 모든 생각이나 요구는 이유 없이 정당하다고 표현하게 된 이유는 어디에 있는가? 고객이 기업 경영의 도구가 아니라 기업 경영의 목표이고 중

심이 되어 있음을 나타내는 것이다.

4. 내부고객과 외부고객

1) 내부고객 서비스 마인드

내부고객이란 우리가 하고 있는 서비스업무로부터 지원을 받는 사람들이나 부서들 또는 조직들을 지칭하는 말이다. 내부고객을 가지고 있지 않은 사람은 혼사서 모든 일을 처리하는 개인밖에 없다. 이와 같은 내부고객들은 상호관계 속에 협조하면서 서비스 가치를 생산하게 된다.

호텔에서의 총무부서와 구매부서 직원들은 영업 서비스를 담당하고 있는 다른 직원들의 후생복지와 원재료 조달을 하는 데 필요한 지원서비스를 제공함으로서 서비스 가치를 생산하는 데 상호관계를 수행하고 있다.

여행사에서 인사부서와 경리부서는 중심축인 고객서비스를 생산하여 제공하고 있는 영업직 직원들의 인력지원과 현금출납관리를 통해 간접적인 지원서비스를 제공하고 있다.

또한 모든 서비스요원들에게는 적어도 한 사람 이상의 내부고객 즉 상사가 있으며, 경영자들에게는 자신들이 감독하는 사람들이 내부고객이 된다. 서비스요원들의 요구를 만족시킬 책임이 경영자들에게 있기 때문이다.

서비스기업은 내부지향 마케팅(internal marketing)을 한다. 탄탄한 내부고객관리 마인드가 우선되어야만 고객만족서비스를 생산하고 제공할 수 있다. 내부고객을 소홀히 하면 부서 이기주의에 빠질 수 있고, 그렇게 되면 외부고객에게 제공하는 상품과 서비스의 질이 나빠지게 된다.

〈그림 1-2-1〉 내부고객 상호서비스 관계도

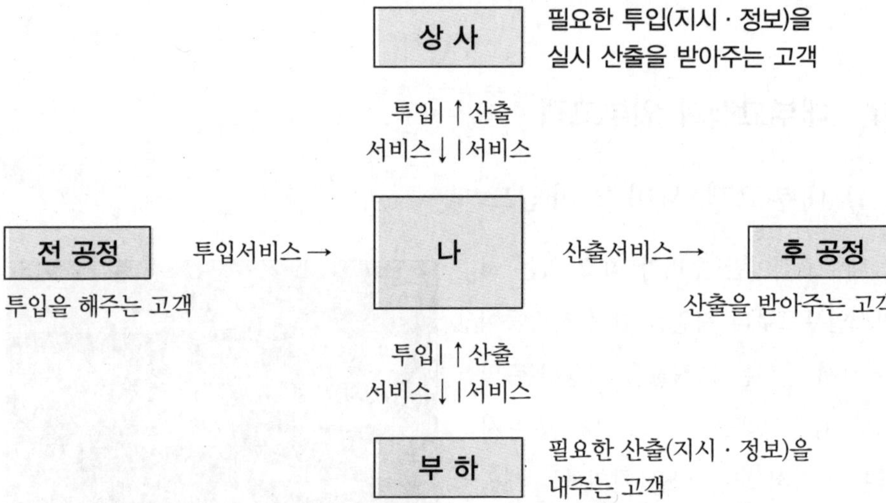

*가로관계는 직능별 상호 내부고객, 세로는 계층별 상호 내부고객 관계이다.

부드러운 표정으로 자연스런 서비스를 제공할 수 있어야만 고객만족 서비스가 된다. 이와 같은 서비스는 군대식의 경직된 자세로는 이룰 수 없다. 정감있고 따뜻한 서비스는 자신감에서 비롯된다. 서비스요원이 자신감을 갖을 수 있도록 항상 격려하고 보살펴야 될 것이다. 고객만족보다 앞서 서비스요원 만족이 우선한 이유는 이 때문이다.

(1) 상사 고객에 대한 서비스

① 보고는 신속 · 정확하게 한다.

② 상사의 지시를 책임감을 갖고 처리한다.

③ 부정적 사고, 소극적 자세를 탈피한다.

④ 매사에 창의적인 업무 처리를 위해 노력한다.

⑤ 상사가 정확한 의사 결정을 할 수 있도록 돕는다.

⑥ 근무 시간과 약속 시간을 철저히 지킨다.

⑦ 행선지를 명확히 알리고 외출한다.

⑧ 상사의 조언과 충고는 겸허하게 받아들인다.

⑨ 불신과 자만심을 추방한다.

⑩ 예스 맨(Yes Man)이 되지 않는다.

(2) 부하 고객에 대한 서비스

① 업무 지시는 명확히, 결재는 신속하게 처리한다.

② 책임과 권한을 부여하고 신뢰하여 자질 향상을 위해 노력한다.

③ 더 열심히 일하도록 격려하고 아끼며 약속을 철저히 이행한다.

④ 책임을 회피하지 않는 소신 있는 업무 처리를 한다.

⑤ 회의는 적게, 짧게 한다.

⑥ 퇴근 시간 임박해서 업무 지시를 하지 않는다.

⑦ 편견이나 고정 관념을 갖지 않는다.

⑧ 고압적인 언사나 거친 말투를 삼간다.

⑨ 사적인 업무 지시를 하지 않는다.

⑩ 본인이 없는 곳에서 비방하지 않는다.

2) 외부고객 서비스 마인드

외부고객은 우리 서비스기업의 상품과 서비스를 유통시키거나 최종적으로 사용하는 사람들이나 조직들이다. 이것은 물론 '고객'이라는 용어에 대한 전형적인 정의이다.

외부고객은 상품과 서비스가 존재해야 될 근거를 제시해주는 기준이며 목적이다. 또한 외부고객은 내부고객이 협동하여 제공된 서비스에 만족했다면 가치생신·지원고객에세 보상을 아끼지 않게 된다. 즉, 외부고객도 서로의 필요에 의해 내부고객과의 상호관계를 유지하게 된다는 의미이다.

3) 내·외부고객 통합서비스

사실 내부고객과 외부고객은 편의상 구분했을 뿐이지 어떤 벽이나 막힘이 있어서는 안된다. 왜냐하면 가치의 흐름이 원활해야 유기적인 관계가 유지될 수 있고 고객만족이 이루어지기 때문이다. 따라서 가치 생산고객, 가치 전달고객, 가치 사용고객은 모두가 고객이라는 한 울타리 안에서 서로 고객이 되는 것이다.

〈그림 1-2-2〉 내부고객과 외부고객 서비스 순환도

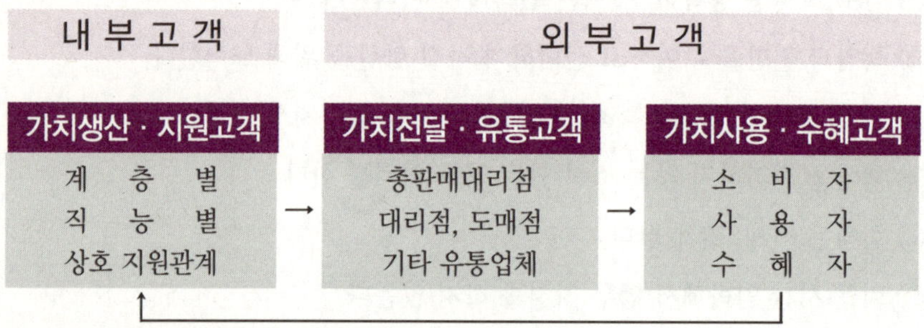

*화살표의 방향은 서비스의 흐름과 수혜과정을 나타낸 것이다.

내 · 외부고객들에게 좋은 서비스를 제공하는 가장 중요한 이유는 우리 자신을 기분 좋게 만들기 때문이다. 우리 자신이 행한 서비스 행동이 결실(보상)을 가져다 주거나 또는 손실(처벌)을 피하게 해주는 것이다. 그리고 내 · 외부고객에게 좋은 서비스를 제공하면 업무의 종류가 무엇이든 간에 관계없이 좋은 서비스를 제공하는 사람은 그들이 속한 조직이 주는 보상에 추가하여 심리적인 이득도 본다.

만일 우리가 자신의 직무에 만족스러워 하지 않고 있거나 실망하고 있다면 우리가 제공하고 있는 서비스를 한 번 객관적으로 검토해봐야 한다. 대부분의 경우에 우리가 업무로부터 느끼는 만족수준은 내 · 외부고객이 우리를 상대하면서 느끼는 만족수준을 그대로 반영하기 때문이다. 열악한 서비스를 제공하는 것은 우리 스스로를 혹독하게 다루는 것과 마찬가지라고 할 수 있을 것이다.

4) 내부지향 마케팅과 고객서비스

1990년대 이후 새롭게 등장한 마케팅이론이 바로 내부지향 마케팅(internal marketing)이다. 그 이전에는 마케팅이라면 외부지향 마케팅(external marketing)만을 의미했다. 마케팅 전략의 대부분을 외부 고객에게 포커스를 맞춘 것이다.

내부지향 마케팅이란 내부고객인 서비스요원을 지향하는 마케팅을 지칭하는 말이다. 서비스요원을 만족시킬 수 있을 때 이들을 통해서 고객을 만족시킬 수 있다는 개념으로 '서비스요원의 만족 없이는 고객만족도 없다'는 새로운 마케팅 철학에서 유래된 신종 이념이다. 서비스기업의 마케팅은 내부지향 마케팅을 기반으로 한 외부지향 마케팅이라야 진정한 의미의 고객만족을 이룰 수 있다.

특히, 관광서비스와 같은 인적서비스의 비중이 큰 서비스산업에서의 서비스요원의 만족은 기업의 성패에 직접적인 요인이 된다. 관광서비스기업의 경우 고객이 시설이나 인테리어 분위기 등의 물리적 환경보다는 서비스요원의 언행, 옷차림, 교육, 매너 등을 통해서 서비스 품질을 평가하는 기준으로 삼기 때문에 서비스요원의 만족이야말로 서비스 품질을 나타내 줄 수 있는 직접적인 요인이 된다.

따라서 질 높은 서비스를 생산하기 위해서는 서비스기업에서 서비스요원에 대한 안정과 만족 등 근무조건이 충족될 때 가능할 것이다. 결국 내부지향 마케팅의 핵심은 서비스요원에 대한 투자를 증대해 사기진작과 근로의욕을 충족시킴으로써 스스로 참여의욕과 대 고객 서비스 품질을 개선시키도록 유도하는 데 있다. 학자들에 따라서는 '관광마케팅은 곧 내부지향 마케팅이다.'라는 주장을 펼치기도 한다. 주로 인적서비스에 의존하고 있는 관광서비스기업의 마케팅은 내부지향 마케팅이 최신의 수단이기 때문이다.

제2절 서비스의 존재방식 및 부가서비스

1. 서비스의 존재방식

일본의 노무라(野村淸)교수는 서비스의 존재방식은 다음과 같다고 주장한다. 이 세상에 존재하는 이용 가능한 제 자원을 광의의 '물건(物件)' 이라고 부르고 물건에는 인간, 물건, 시스템의 3가지가 있다 가정한다. 그것들을 구체적으로 살펴보면 다음과 같다.

① 인간 : 물질과 생물 중에서 별도로 취급

② 물건 : 물질과 생물(물, 공기, 암석, 식물, 동물 등의 자연적인 것, 도구, 기계, 배, 건축물, 제품 등의 인공적인 것)

③ 시스템 : 구체물이 아닌 추상물(언어, 조직, 정보, 기술, 수식 등)

오늘날 존재하는 이용 가능한 자원은 모두 위 세 가지 물건 중 어느 쪽에든 속하게 된다. 그리고 서비스는 그 자신만으로 존재할 수는 없다. 반드시 서비스를 생성하는 원천으로서 물건과 대상이 되는 물건이 있어야만 한다. 결론적으로 서비스는 〈표 1-2-4〉와 같이 서비스 주체인 물건과 서비스 대상인 물건이 있을 때만 존재가 가능하다.

여기서 서비스의 주체가 되는 물건의 일부는 고객과 직접적인 관련성이 없게 보인다. 그러나 결국 서비스는 궁극적으로 고객을 위해 존재하고 있으며, 여러 서비스절차를 거치고 있을 뿐이다. 서비스의 최종적인 주체는 고객인 것이다.

〈표 1-2-4〉 서비스의 존재형태

서비스의 주체 →	서비스 →	서비스 대상(객체)
(물건)	(유용한 기능의 동작)	(물 건)
사람이	세탁한다.	더러운 내의를
가정부가	청소한다.	파견된 집안을
교사가	가르친다.	학생을
텔레비전이	방송을 한다.	시청자에게
경비보장시스템이	안전을 지킨다.	계약가정의
노동자의	노동에 의해서	
기계설비의	사용에 의해서	제품이 된다.
기술노하우의	활용에 의해서	

2. 핵심서비스와 부가서비스

서비스 개념을 선택할 때 과거에는 주로 핵심서비스에만 초점을 맞추었다. 그러나 핵심서비스는 경쟁업체에서 바로 모방할 수 있다. 또한 서비스가 성숙된 업계에서는 서비스의 품질도 비슷해지며, 가격도 비슷해짐에 따라 가격과 핵심서비스만으로는 차별화를 이룰 수 없게 되었다. 부가서비스가 차별화의 원동력으로, 때로는 경쟁무기로 등장한 것이다.

항공사의 핵심서비스는 여행자들을 목적지에 안전하게 도착하는 것이다. 그러나 이러한 핵심서비스를 기준으로 하여 항공사를 선택하는 고객은 거의 없다. 오히려 대부분의 고객들은 예약의 편의, 공항에서의 신속한 체크인, 기내식의 품질, 화물수송의 완벽함 등과 같은 부가서비스를 기준으로 항공사를 선택하고 있다.

관광서비스 상식

페더럴 익스프레스사의 부가서비스

작은 소포의 익일(翌日) 배달이라는 서비스 개념을 처음 시도하였던 페더럴 익스프레스는 5년동안 거의 독점업체의 특권을 누릴 수 있었다. 당시의 경쟁업체들은 일부 지역의 한정된 루트에만 익일 배달을 보장하였는데, 익일 배달에 대한 수요가 많은 편이어서 페더럴 익스프레스의 익일 배달사업은 성공적으로 이루어질 수 있었다.

그러나 항공화물 수송사업의 경쟁이 치열해짐에 따라 다른 경쟁업체들도 소포의 익일 배달을 수행하게 되었다. 즉, 경쟁업체들도 동일한 핵심서비스를 제공하게 된 것이다. 이에 따라 선도위치를 유지하고 프라이엄 가격을 받기 위해 페더럴 익스프레스의 경영층은 또 다른 서비스의 차별화에 대한 필요성을 느끼게 되었다.

결국 경영층은 '서비스'를 '고객들이 구매하면서 지각하는 모든 활동과 반응'으로 결론짓고 고객들에게 좋은 반응을 도출하는 서비스를 생산하는데 주력하였다. 또한 핵심서비스에서의 차별화가 어렵기 때문에 부가서비스를 통한 차별화의 중요성을 인식하게 되었다.

페더럴 익스프레스의 핵심서비스는 소포의 익일 배달이지만, 부가 서비스는 정보와 조언의 제공, 전화를 통한 주문 접수, 포장지와 주소를 기입하는 레이블의 제공, 소포의 픽업, 배달서류의 제공, 정확한 대금 청구, 문제점의 해결, 분실 화물의 추적 등이다. 이러한 부가서비스들은 직접적으로 수익을 올릴 수 있는 서비스들은 아니지만 고객의 입장에서 필요한 부수적인 서비스들로서 경쟁 기업과의 차별화를 이룩할 수 있는 방안들이다.

1) 부가서비스의 중요성

부가서비스는 서비스업체뿐 아니라 제조업체에서도 중요한 경쟁무기가 될 수 있다. 과거의 우리 나라 가전업체에서 시장 점유율이 1위였던 업체가 애프터서비스의 중요성을 파악한 2위 업체에게 1위를 넘겨주었던 것은 유명한 실화이다. 현재는 애프터서비스가 비슷하여 짐에 따라 1위 경쟁의 양상은 달라지고 있다. 제조업체들의 제품 성능과 가격이 비슷하여짐에 따라 서비스가 차별화의 원동력이 되고 있다. 즉, 부가서비스를 경쟁무기로 삼고 있는 실정이다.

서비스 업종에서는 최종 상품인 핵심서비스뿐 아니라 효과적인 대응과 같은 부가서비스가 더욱 중요하게 여겨진다. 예를 들어, 호텔에 투숙하여 인터넷을 하고자 전화선을 살펴보았는데 노트북에 연결할 수 없도록 되어 있다면 어떻게 되겠는가? 앞서가는 호텔들은 폭증하는 통화량을 해결하기 위해 인터넷 전용회선을 각 객실에 설치하고 있는 데 전화선으로 연결조차 하지 못한다면 최악의 대응이 되는 것이다. 원가절감을 위해 전화 수신시스템을 설치하지 않는다면 분명히 고객을 잃게 될 것이다. 비즈니스맨들의 수요가 많은 상용호텔의 경우라면 인터넷 전용회선을 설치하지 않아 부가서비스를 제공할 수 없다면 핵심서비스가 아무리 뛰어나더라도 성공할 수 없을 것이다.

2) 부가서비스의 장점과 발전

핵심서비스는 경쟁자에 의해 신속하게 모방될 수 있으므로 고객들에게 차별화와 부가가치를 제공하려면 부가서비스를 이용해야 한다. 특히, 핵심서비스의 경쟁력을 향상시킬 수 있는 부가서비스들을 같이 팩키지하는 것이 필요하다.

부가서비스를 통한 경쟁의 또 다른 장점으로는 핵심서비스의 개발에는 많은 시간과 연구비용의 투자가 필요하나 부가서비스는 상대적으로 적은 시간과 적은 연구비용의 투자로 가능하다.

역사적으로도 성숙산업에서 핵심서비스의 혁신은 그렇게 쉽지 않았으나 부가서비스에서는 많은 발전이 있었다. 예를 들어, 호텔업계의 핵심서비스의 발전은 스위트(Suite) 호텔과 같은 개념으로 1969년도에 개발되었으나 그 이상의 핵심서비스의 발전은 없었다. 반면에 나이트 까운과 세면도구의 무료 제공, 익스프레스 체크아웃, 팩스와 같은 사무자동화 기기의 설치 등과 같은 부가서비스의 개발에는 많은 발전이 있었다.

3) 부가서비스를 통한 차별화 전략

부가서비스는 경쟁의 차별화를 이룩하는 원동력이 될 수 있지만 부가서비스를 개발하기에 앞서 핵심서비스부터 개발해야 한다. 만약 기업이 핵심서비스에서 실패하면 기업은 생존에 실패하기 마련이다. 예를 들어, 항공사에서 안전사고가 발행한다거나 엉뚱한 곳에 착륙한다면 그 항공사의 부가서비스가 아무리 뛰어나더라도 고객은 그 항공사를 이용하지 않을 것이다. 우선적으로 핵심서비스를 완벽히 구축하고 부가서비스를 해야 한다.

핵심서비스가 구축되면 기업의 생존에 필요한 부가서비스를 개발해야 한다. 정보안내, 주문접수, 대금청구, 문제해결 등은 비록 부가서비스이지만 이러한 부가서비스들이 제대로 수행되지 않는다면 그 기업은 쇠퇴할 수 있으므로 중요하다. 부가서비스의 차별화 전략은 다음과 같이 수행한다.

첫째, 경쟁전략의 차별화를 이룩할 수 있는 부가서비스들의 종류를 파악하고 이를 전략적으로 이용할 수 있도록 서비스 전달시스템을 디자인한다. 둘째, 경쟁전략의 기초가 될 수 있는 서비스 속성에 대한 고객분석과 경쟁분석을 통해 다른 기업이 수행하지 않거나 미미하게 수행하는 부가서비스를 파악한다.

그러나 이러한 차별화 전략을 수행함에 있어서 부가서비스의 차별화가 다른 경쟁 기업들에 의해 모방되기 전에 얼마나 지속될 수 있는가를 우선 판단해야 한다. 고객을 기쁘게 하고 경쟁자로부터 기업을 차별화하기 위해 설계된 기발한 부가서비스들은 쉽게 모방되며, 고객은 이러한 서비스를 점차 당연한 것으로 받아들이게 된다. 이에 따라 계속적인 부가서비스의 개발이 필요하다.

예를 들어, 호텔의 객실에 조립식 다리미대를 설치하는 아이디어를 개발하여 고객에게서 좋은 호응을 얻게 되자 다른 호텔에서도 이 아이디어를 곧바로 모방하였으며, 고객들은 이를 당연한 것으로 받아들이게 되었다. 어떤 호텔에서는 스팀다리미를 갖추기도 하며, 어떤 호텔에서는 무료 세탁서비스를 제공하기도 하였다. 이러한 결과로 고객들은 다리미세트가 없으면 왜 없느냐고 항의까지 하게 된다. 이와 같은 이유로 부가서비스는 끊임없이 개발해야만 한다.

4) 부가서비스의 관리

부가서비스를 수행하는데 있어서 유의하여야 할 점들은 다음과 같다. 첫째, 각각의 부가서비스가 완벽하게 수행되어져야 한다. 둘째, 고객의 관점에서 부가서비스가 제대로 수행되고 있는가를 주기적으로 검토해야 한다. 셋째, 핵심서비스가 부가서비스로 인하여 더 가치를 발휘하는가를 검토하는 것이 필요하다.

부가서비스에 대한 가격은 어떻게 결정할 것인가? 일반적으로 부가서비스를 무료로 제공하는 것이 고객에게 가장 타당한 정책이나 부가서비스를 제공하는 비용이 커짐에 따라 가격을 정해야 되는 경우도 발생한다. 부가서비스의 가격에 대한 정책은 다음의 세 가지로 분류될 수 있다.

① 부가서비스 개별로 부가한다.

② 부가서비스들 몇 종류를 한데 묶어서 패키지로 하나의 가격을 부과한다.

③ 고객에게 메뉴 스타일로 부가서비스의 가격을 제공하고 고객이 선택하도록 한다.

3. 벤치마킹을 통한 부가서비스 개발

1) 벤치마킹의 개념

벤치마킹(benchmarking)이란 창조적인 모방행위로 불리어지고 있다. 경영혁신의 한 방법으로서 비슷한 업종과 시장성을 갖고 있는 우량기업을 선정하여 바람직한 부분을 모방하고 배워 자기 서비스기업의 실정에 맞게 수용해나가는 과정이 바로 벤치마킹이다.

벤치마킹은 그 대상에 따라서 다음과 같이 세 가지로 나눌 수 있다.

(1) 내부적 벤치마킹

내부적 벤치마킹은 유사한 기능을 수행하는 기업 내의 다른 부서, 사업부, 지역에서의 활동 및 성과를 연구대상으로 한다.

연구관련 데이터의 수집이 용이하고, 다각화된 우수기업에는 효과가 큰 반면, 보는 시각이 근시안적으로 될 수 있다.

(2) 경쟁적 벤치마킹

경쟁적 벤치마킹은 동종업종의 경쟁사를 연구대상으로 하는 데, 가전 3사와 서울권 특1급 12개 호텔 및 아웃바운드 10대 여행업 그리고 3개의 맥주회사 및 제록스사와 캐논사의 관계가 대표적인 예이다. 경쟁사의 성과와 능력의 비교평가 및 관련정보의 지속적인 입수가 가능한 반면, 경쟁사의 핵심적인 정보입수가 용이하지 않으면서 과열된 경쟁으로 인해 문제가 발생될 소지가 많다.

(3) 기능적 벤치마킹

기능적 벤치마킹은 제품과 서비스 및 프로세스에서 가장 앞선 성과를 나타내고 있는 타업종을 연구대상으로 하는 데, 서울의 A은행이 객장의 창구분위기를 신사동의 한 커피숍처럼 꾸미고, 서비스는 친절하기로 소문난 경주 H호텔 일식당 수준으로 하며, 무인점포는 일본의 산와은행을 타깃으로 잡아 시행한 것이 대표적인 예이다.

이 방법은 혁신적인 기회발견이 용이하고, 관련 D/B(자료)의 이용이 가능하며, 변화가 용이한 반면, 타 업종을 대상으로 한 벤치마킹이기에 상이한 환경으로 인하여 적용하기가 용이하지 않고, 정보의 활용이 제한적이며, 시간이 많이 걸린다.

2) 부가서비스 개발을 위한 벤치마킹

서비스기업에서 부가서비스 개발을 위한 벤치마킹은 먼저 부가서비스로 인기를 누리고 있는 동종 업종의 '소문난 부가서비스는 무엇이 다른가?', 그리고 왜 고객들은 그 부가서비스를 좋아하는지를 분석하는 데서 출발해야 한다.

부가서비스 개발을 위한 벤치마킹에서 경계해야할 점은 경쟁 서비스기업에서 성공한 부가서비스라고 해서 무작위로 도입하는 것이다. 자기 기업에서 소화할 수 없으며 특성에 적합하지 않은 데도 도입하게 되면 오히려 역효과만 낳게 된다. 벤치마킹은 무조건 모방이 아니라 창조적 모방으로 받아들일 수 있는 부분을 수용해서 기존의 자기기업의 특성 및 스타일과 결합시켜나가야 성공을 거둔다.

부가서비스는 타기업에서 쉽게 모방해가기 때문에 개발의 고삐를 늦추어서는 경쟁업체에 뒤지게 된다. 그리고 부가서비스는 차별화전략과 경쟁력제고를 위해 개발하기 때문에 타 기업에서 이미 사용하고 있는 부가서비스는 더 이상 고객만족을 끌어내지 못하게 된다. 이와 같은 이유에서 부가서비스 개발에 벤치마킹은 아주 유용한 전략이 된다.

제3절 서비스 인카운터

서비스 인카운터(service encounter)는 서비스 연구 분야 중 하나로써 Normann에 의해 "진실의 순간(moment of truth)" 또는 "결정적 순간"으로 서비스 마케팅 관점에서 처음으로 소개되었다. 그 이후 서비스 학자들에 의해 주요 연구 대상이 되어 오면서 스칸디나비아 항공사(SAS) 사장인 얀 칼슨(Jan Carlzon)에 의해 더욱 널리 알려져 왔다. Normann은 스페인의 투우용어인 "결정적 순간"을 서비스에 적절히 적용하였는데, 투우사가 사전에 아무리 완벽한 훈련과 준비를 갖추었더라도 소와 맞붙는 결정적인 접전의 순간에 잘못된 판단과 오류를 범하게 되면 돌이킬 수 없는 낭패를 가져올 수 있다는 것이다.

다시 말하면 서비스 기업이 아무리 훌륭한 서비스자원을 갖추었다하더라도 고객과 접촉하는 짧은 순간에 고객에게 깊은 인상을 주지 못한다면 서비스 시대에 살아가는 현 시점에서는 서비스 실패로 보아야 할 것이고, 실패한 서비스를 다시 회복시키기 위해서는 많은 비용과 시간이 소비된다고 할 수 있을 것이다. 결국, 서비스 기업은 고객과의 접촉 시점에서 서비스의 모든 것을 보여줄 수 있는 기회로 삼아야 되고 이 순간을 "결정적 순간" 또는 "진실의 순간"으로 인식해야 할 것이다.

1. 서비스 인카운터의 개념과 중요성

1) 서비스 인카운터(service encounter)의 개념

서비스 인카운터(service encounter)는 많은 학자들의 다양한 연구에 의해 학문의 범위 및 영역도 상당히 포괄적이고 그 정의 또한 다소 차이를 보이고 있다. 하지만 본 서에서는 많은 학자들이 주장하는 보편적인 내용에 근거를 두고 기술함으로써 객관성을 높이고자 했다.

서비스 인카운터(service encounter)는 여러 서비스 연구에서 수년간 다루어 왔던 서비스이론의 한 부분으로서 좀 더 세분화 된 개념이라고 할 수 있다. 즉, 서비스에 대한 연구가 숲에 대한 연구라면 서비스 인카운터(service encounter)에 관한 연구는 각각의 나무에 대한 연구라고 표현해도 될 것이다.

서비스 인카운터(service encounter)의 정의에 있어서, 여러 학자들의 연구를 토대로 설명하자면 크게 2가지로 구분되어진다. 먼저, 제조업과 서비스 산업체에서 독특하게 일어나는 현상으로써 소비자와 특정서비스가 직접적으로 상호작용하는 순간이라고 정의하였다. 또 다른 정의는 소비자와 서비스 제공자 즉, 두 사람만의 상호작용으로 정의 하였다. 앞서 내용을 보면 전자의 정의는 그 개념을 광의적으로 해석한 것으로써 서비스 인카운터(service encounter)를 소비자와 서비스 제공자와의 상호작용뿐만 아니라 그 시점에 존재하는 물리적 환경 및 기타 가시적 요소들을 모두 포함시키고 있다. 반면에 후자의 정의는 소비자와 직접 대면하면서 서비스 생산에 참여하는 이른바 서비스 제공자 또는 일선 근로자와의 접촉이라는 대인적 요소만으로 제한하였다. 이렇게 다소 차이가 있는 서비스 인카운터(service encounter)의 정의를 두고, 다른 후속 연구자들의 연구들을 검토한 결과 Berry와 Parasuraman, Bitner, Hui와 Bateson 등 외 대부분 학자들은 서비스 인카운터(service encounter)를 전자의 정의와 같이 광의적 개념으로 정의하였다.

따라서 이상의 연구들을 종합해 볼 때 서비스 인카운터(service encounter)는 전자의 정의와 같이 광의적 개념으로 이해하는 것이 바람직한 것으로 판단된다. 아울러, 서비스 인카운터(service encounter)란 소비자와 서비스의 만남, 소비자와 서비스와의 접촉으로 설명할 수 있으며, 다시 말하면 서비스 생산과정에 참여하는 서비스(인적, 물적)와 소비자가 서로 접촉하는 순간적인 접점으로서, 서비스 기업에 대한 잊지 못할 깊은 인상을 갖게 되는 매우 중요한 순간이며, 서비스 수행과정에서 필연적으로 발생하는 중요한 순간이라고 설명할 수 있다.

2) 서비스 인카운터(service encounter)의 중요성

서비스 마케팅의 최근 중요한 관심사의 하나가 성공적인 마케팅활동을 위해서 구매자와 판매자간 상호접촉의 중요성을 크게 인식하고 있다. 이는 곧 서비스산업에서의 서비스 인카운터(service encounter)가 서비스 마케팅에서 핵심요소로 부각되고 있다고 할 수 있다.

또, 관광산업에서는 특성상 고객과의 접촉빈도가 상당히 많이 발생된다는 점에서 서비스 인카운터(service encounter)는 관광산업의 가치 및 이미지에 큰 영향을 미치게 되므로 고객만족 경영의 핵심서비스라고 할 수 있다. 뿐만 아니라 서비스를 구성하는 서비스 부문에서도 전체서비스(total service)의 질(quality)을 향상시키는데 그 중요성과 중심성은 매우 비중 있게 나타나고 있다.

2. 서비스 인카운터의 유형과 특징

1) 서비스 인카운터(service encounter)의 유형

서비스 인카운터(service encounter)는 서비스 제공기업과 고객간 상호작용하는 매순간마다 발생하는 것으로써 다음과 같이 원격 인카운터(remote encounter), 전화 인카운터(phone encounter), 대면 인카운터(face-to-face encounter)로 분류하고 있다. 따라서 고객이 서비스 기업과 관계를 맺을 경우 이들 세 가지 접점중의 하나 혹은 모두를 경험할 수 있다. 또한 인카운터에 대한 연구가 기존의 대면 인카운터에서 전화·원격 인카운터로 발전하고 있다는 것이 하나의 특징이다. 특히 인터넷상에서의 서비스 인카운터는 고객과 직접적인 상호작용을 토대로 이루어지기 때문에 관계지향적인 일대일 인카운터 성격이 가장 강하다고 볼 수 있다.

(1) 원격 인카운터(remote encounter)

원격 인카운터(remote encounter)는 서비스업체의 직접적인 인적 접촉 없이 서비스 기업과 접촉하는 경우를 말한다. 예를 들면 ATM시스템을 이용하여 은행과 거래하거나, 통신판매를 통해 우편 주문서비스를 받는다거나 인터넷을 통한 주식거래 등이 여기에 해당된다.

특히 기존의 대인 인카운터(Interpersonal Encounter Relationship)는 인터넷의 발전으로 급격한 감소변화를 가져오고 있다. 심지어 어떤 경우에는 대인 인카운터를 중단해 버리기까지 하고 있다. 이러한 현실적인 변화로 인터넷서비스의 접점은 원격 인카운터(remote encounter)의 대표적인 형태로 나타나고 있고, 기술발달로 인해 기업과의 접촉횟수도 급격하게 증가시키고 있다. 따라서 원격 인카운터(remote encounter)는 과학과 기술의 발달에 의해 소비자들의 이용측면에서의 기능이 날로 발전되어 고객이 지각하는 서비스 품질은 첨단시스템에서의 기술수준에 의한 편의성과 신속성에 중점을 두어야 할 것이다.

(2) 전화 인카운터(phone encounter)

전화 인카운터(phone encounter)는 최종소비자와 기업이 가장 빈번히 발생하는 경로이다. 고객들이 각종 정보에 대한 문의 및 주문 등을 전화로 하기 때문이다. 따라서 고객의 음성만을 인식하기 때문에 고객이 지각하는 서비스 품질은 음성의 어조, 음색, 종사원의 전문지식수준, 효율적인 소비자 문제해결이 중요한 판단기준이 된다.

현대의 기업들은 서비스와 판매기능을 통합하는 커뮤니케이션 통로로서 전화 인카운터(phone encounter)가 이루어지는 콜센터를 증가시켜 왔는데, 콜센터는 소비자와 관련된 정보원 및 상호작용의 통로로써 그 중요도는 점점 더 증가하고 있다. 전화에 의한 호텔 예약, 항공사의 예약, 유통업체의 주문 등이 여기에 해당한다.

(3) 대면 인카운터(face-to-face encounter)

대면 인카운터(face-to-face encounter)는 고객과 서비스 기업의 종사자와의 직접적인 인간적 접촉이 일어나는 경우를 의미한다. 이것은 업종을 불문하고 고객과 접촉하는 모든 종사원들의 언어적 행동이나 비언어적 행동인 감성 및 태도나 몸짓, 복장 등에 의해 서비스 품질이 결정된다. 아울러 고객도 서비스 종사원과 상호작용하는 순간에 서비스 품질 수준을 결정하는 역할을 담당하게 된다. 특히 관광기업처럼 환대산업의 구조를 갖추고 있는 서비스 산업체는 인적 서비스가 많은 비중을 이루고 있는 만큼 대면 인카운터가 매우 중요하게 작용하고 있다.

2) 서비스 인카운터(service encounter)의 구성요소

〈그림 2-3-1〉 서비스 인카운터의 구성 모델

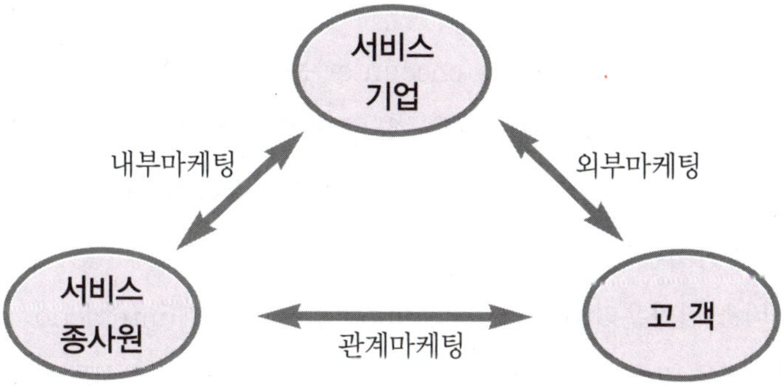

서비스 인카운터(service encounter)의 구성요소는 고객, 서비스종사원, 서비스기업의 3가지로 구성된다고 할 수 있다. 따라서 서비스 기업과 시비스 종사원의 서비스 생산 프로세스(process)에 고객이 활동적으로 참여함으로써 이들 모두의 상호작용을 통해 서비스 접점이 형성된다.

먼저 고객의 입장에서는 서비스조직과 서비스종사원과의 상호작용을 통해서 지불된 가치만큼의 실제 서비스의 기능과 그 서비스가 제대로 수행되는가에 관심을 갖게 되므로 고객에게 있어 서비스 질은 가장 중요하다고 할 수 있다.

다음은 서비스 종사원이 서비스 기업의 동기부여에 따라 고객과의 상호작용에 참여하는데 서비스 제공이나 판매가 직무의 주요 요소가 된다. 이들은 고객이 좋은 서비스를 받는 것에 관심이 높고, 기업의 제약이나 관심부족으로 자신이 질 높은 서비스를 제공할 수 없을 때 과업에 대한 성과도 낮아지게 된다. 따라서 서비스 종사원은 서비스 인카운터(service encounter)를 통해 과업 지향적 성과 외에 자신의 직무에 대한 만족을 갖게 되는 것도 중요한 특징이라고 볼 수 있다.

끝으로 기업의 입장에서는 서비스 종사원들에게 질 높은 서비스 인카운터(service encounter)를 창출할 수 있도록 동기부여를 해 줌으로써, 고객의 재 구매 향상 및 구전효과 등으로 매출 증대 및 이직률 감소라는 기업의 궁극적 목적을 달성할 수 있다.

3) 서비스 인카운터(service encounter)의 특징

서비스 인카운터(service encounter)의 특징은 다음과 같이 4가지로 정리할 수 있다.

첫째, 서비스 인카운터(service encounter)는 양자간(dyadic)에 있다. 과거의 연구들은 주로 고객 아니면 종사원 어느 한 쪽의 역할과 만족에 치우쳐서 연구되어져 왔다. 하지만 지금의 연구들은 양쪽의 관계를 분석하기 때문에 고객과 서비스 종사원 모두의 참여를 중요시 한다.

둘째, 서비스 인카운터(service encounter)는 상호관계(interaction)이다. 아무리 좋은 시스템을 갖추고 있더라도 서비스 제공자와 고객간의 서로 밀접한 상호작용이 없으면 좋은 서비스는 이루어질 수 없다.

셋째, 서비스 인카운터(service encounter)는 역할수행(role performance)적 특성이 있다. 일반사회에서 만날 때와는 달리 특정한 신분이 붙으면 그 신분에 걸맞는 역할을 기대하게 된다는 것이다. 예를 들어 간호원, 운전기사, 판매원이라는 신분이 붙으면 그에 맞는 역할을 기대하게 된다는 것이다.

넷째, 서비스 인카운터(service encounter)는 사람과 사람(person to person)의 만남이다. 인간상호작용은 고객의 서비스에 대한 만족에 커다란 역할을 한다. 사람간의 만남이기 때문에 개인의 감정이나 기분이 품질지각에 많은 영향을 준다.

3. 서비스 인카운터의 사례

매리앗 호텔은 고객충성도에 영향을 미치는 서비스 인카운터(service encounter)를 조사한 결과 상위 5개중의 4개가 고객이 투숙하는 최초의 10분 동안에 발생한다는 것을 발견하고 "최초 10" 전략을 수립하였다.

스칸디나비아 항공사(SAS) 얀 칼슨(Jan Carlzon)사장은 "진실의 순간"을 도입하여 항공사 고객이 직원과 접촉하는 단 15초간의 서비스 접점관리를 철저히 한 결과, 적자에 허덕이는 스칸디나비아 항공사(SAS)를 흑자경영으로 전환시키는데 성공했고 3년 만에 "Transport World"지에서 "올해의 항공사"로 선정되기까지 하였다.

또한 병원의 경우에는 간호사와의 서비스 인카운터(service encounter)가 환자의 만족도에 결정적인 영향을 미치는 중요한 요소임을 증명하기도 하였다.

디즈니사는 고객과의 첫 대면에 대한 중요도를 인식해서 매표소에 대한 투자를 대폭 늘렸고, 놀이공원의 고객들이 1회의 이용에 대략 74번의 서비스 인카운터(service encounter)를 경험하게 된다고 추정하고, 이 중 어느 하나에서라도 인카운터에 실패하게 되면 전체에 대한 평가가 부정적으로 인식된다고 하였다.

1) 호텔에서의 서비스 인카운터

호텔의 경우는 다른 서비스산업체에 비하여 서비스 접점이 비교적 길고 연속적이라고 할 수가 있다. 이는 고객에게 일상생활의 연장이 되는 주택이나 사무실의 역할을 제공함으로써 발생하는 호텔서비스의 독특한 특징이라고 할 수 있다.

〈그림 2-3-2〉 호텔 서비스 인카운터 단계도

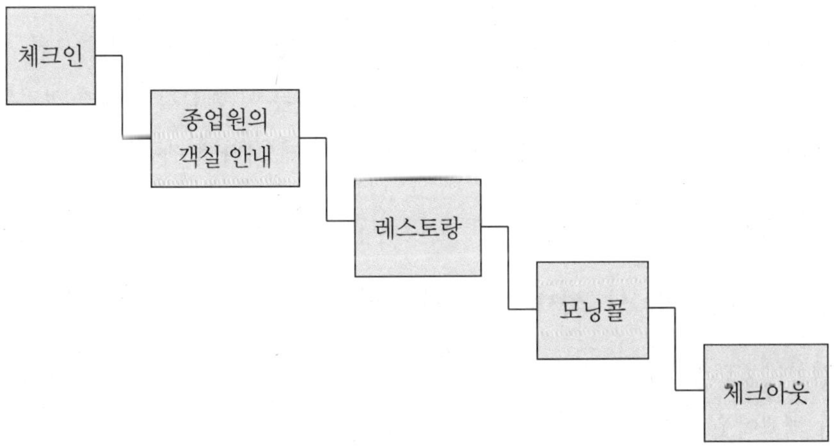

자료: V. A. Zeithmal & M. J. Bitner, Service Marketing, p.131.

호텔에서의 서비스 접점을 살펴보면 후론트에서 체그 인 하고, 벨맨이 객실로 안내하고, 레스토랑에서 식사를 하고, 모닝콜을 부탁하고, 체크아웃 하는 등의 보편적인 활동의 순간이라 할 수 있다.

호텔 서비스 인카운터를 그림으로 나타내면 〈그림2-3-2〉와 같다.

인적서비스가 주종을 이루고 있는 호텔의 경우 고객이 서비스 요원과 상호접촉을 하는 시간에 특히 주의를 기울여야 한다. 고객이 서비스에 대해 받는 인상은 서비스요원과의 짧은 상호작용에 의해서 종종 결정된다. 아무리 시설투자를 많이 하고 과다한 홍보를 할지라도 프론트 클럭의 접객태도나 전화교환에서 서비스 실패를 가져온다면 고객은 곧 그 호텔의 서비스를 부정적으로 인식하게 된다.

고객이 기업의 서비스 품질을 경험하게 되는 곳이 바로 서비스 접점인데, 서비스 접점은 고객만족, 재 구매 의사, 구전효과에 많은 영향을 미친다. 그렇기 때문에 서비스조직의 관점에서 볼 때 서비스 접점은 서비스 제공자의 고품질을 보여주고 고객 애호도를 증가 시킬 수 있는 기회가 된다.

그러므로 예약직원의 상냥함, 투숙 및 퇴숙 절차, 도어맨 및 벨맨 서비스, 객실의 쾌적함, 식당 및 헬스클럽 등의 시설이나 서비스, 비즈니스 서비스, 컨시어지의 안내, 전화교환, 주차서비스 등은 모두 호텔서비스의 이미지를 결정하는 "진실의 순간"을 이루고 있는 것이다. 이 진실의 순간 하나하나는 그 자체로써 중요한 서비스 상품이고 호텔은 고객이 서비스 품질의 잣대로 삼는 이 핵심적 서비스 접점들을 집중적으로 관리하여 자신의 서비스 우위를 고객에게 나타낼 귀중한 기회로 활용해야 할 것이다.

2) 객실 이용 시 서비스 인카운터

객실이용고객이 호텔에 도착하기 전부터 시작되어 도착 후 객실을 이용하면서부터 체크아웃 이후까지의 전 과정에서 이루어진다. 즉, 호텔고객의 객실 이용 시 서비스 인카운터(service encounter)는 도착하기 전에 고객의 접근성을 높여주는 수단으로 예약서비스와 차량서비스에서 이루어지게 되고, 호텔 현관에 들어서기 전에 호텔의 첫인상을 결정짓는 건물외관 및 조경, 인적서비스로서 도어맨 서비스

등에서 인카운터가 이루어진다. 현관과 프론트 데스크에서는 인적 서비스를 통한 인카운터와 객실에서는 설비중심의 물적 서비스 인카운터가 이루어지고, 체크 아웃의 경우 주로 시스템적 서비스 인카운터가 이루어진다.

〈표 2-3-1〉 객실이용 시 서비스 인카운터 단계도

고객 ▼	예약서비스(우편, 전화, 팩스, CRS 등), 차량서비스, 건물 외관 및 조경 서비스, 주차시설 서비스
호텔도착 ▼	주차서비스, 도어맨서비스
현관 ▼	체크인 서비스, 벨맨 서비스, GRO(Guest Relation Office)서비스
프론트 (Check-in) ▼	프론트 서비스, 벨맨 서비스, 메시지 서비스, 캔디서비스, 엘리베이터 및 에스컬레이터 서비스
객실 ▼	하우스키핑 서비스, 룸서비스, 실내장식 및 분위기 서비스, 전망서비스, 전망서비스, 어메니티(침실 및 욕실비품, 데스크 탑, F&B, 오디오, 조명등)서비스, 냉난방서비스, 모닝콜서비스, 의료서비스, 맛사지서비스, 비즈니스센터 서비스, 라운드리 서비스
프론트 (Check-out) ▼	벨맨 서비스, 포디서비스, 회계서비스, VIP 카드제도 서비스, 회원제도 서비스, 후불제도 서비스, 할인 및 무료서비스, 알선 서비스(컨시에르지 서비스 등), 수하물 및 분실물 보관 서비스
출발	체그아웃 서비스, 차량서비스

3) 레스토랑 이용 시 서비스 인카운터

레스토랑 이용시의 서비스 인카운터는 고객이 레스토랑에 도착하기 전부터 시작되어 도착 후 레스토랑을 이용하고, 그리고 카운터에서 계산을 한 이후까지의 전 과정에서 서비스 인카운터가 이루어지게 된다. 레스토랑 이용 시 서비스 인카운터는 먼저 도착하기 전에 고객의 접근성을 높여주는 수단으로 예약서비스와 차량서비스에서 이루어지게 된다. 레스토랑에 도착하여서는 건물외관 및 조경, 업장 종사원의 주문서비스 등에서 인카운터가 이루어지게 되며, 레스토랑의 이용이 끝나게 되면 주로 시스템적 서비스 인카운터가 이루어진다.

〈표2-3-2〉 레스토랑 이용 시 서비스 인카운터 단계도

고객 ▼	예약서비스(우편, 전화, 팩스, CRS 등), 차량서비스, 현관 및 접객서비스
도착 ▼	주차시설 서비스, 주차 서비스, 건물외관 및 조경서비스
현관 ▼	안내서비스
착석 (seating) ▼	테이블세팅(재떨이, 성냥, 빌 스탠드 등)서비스, 실내장식, 분위기서비스, 음악서비스, 상품구색서비스, 이벤트, 특선메뉴서비스, 냉난방 서비스, 주문서비스, 특별할인, 세트메뉴 서비스
식사 ▼	음료서비스, 식사서비스(테이블서비스, 카운터서비스),꽃, 캔들서비스, 페이징서비스, 버싱(bussing)서비스, 화장실서비스
카운터 ▼	회계서비스, VIP카드제도 서비스, 회원제도 서비스, 후불제도 서비스, 할인 및 무료서비스, 알선서비스
출발	차량 서비스

제3장 고객만족 서비스경영

제1절 고객만족 서비스

1. 고객만족을 위한 서비스

고객만족(CS : Customer Satisfaction)이란 고객의 욕구(needs)와 기대(expect)에 최대한 부응하여 그 결과로서 상품과 서비스의 재구입이 이루어지고, 아울러 고객의 신뢰감이 연속적으로 이어지는 상태를 말한다. 즉 기대에 대한 실제 서비스가 만족을 느낄 만큼의 수준에 이르렀을 때 고객이 받는 감정상태인 것이다.

피터 드럭커(P. Drucker) 교수는 기업의 목적은 이윤추구에 있는 것이 아니라 고객창조에 있으며, 기업의 이익이란 고객만족을 통해서 얻는 부산물이라고 강조하면서 기업의 절대적 사명이 고객만족인을 주장했다.

고객만족을 위한 서비스를 창조해야 할 필요성은 〈그림 1-3-1〉과 같이 고객이 만족을 하면 매출증가로 이어지게 되어 상품과 서비스가 존속하며 발전할 수가 있고, 고객이 불만족하면 매출이 감소하여 상품서비스의 필요성이 상실되어 존재할 수 없기 때문이다. 또한 고객불만(complain)이 발생하더라도 원만하게 잘 대처하면 더 큰 고객만족을 이룰 수 있다. 반면 적시에 적절하게 대응하지 못하면 더 큰 불만족고객을 양산하게 된다.

〈그림 1-3-1〉 고객만족을 위한 서비스를 창조해야 되는 이유

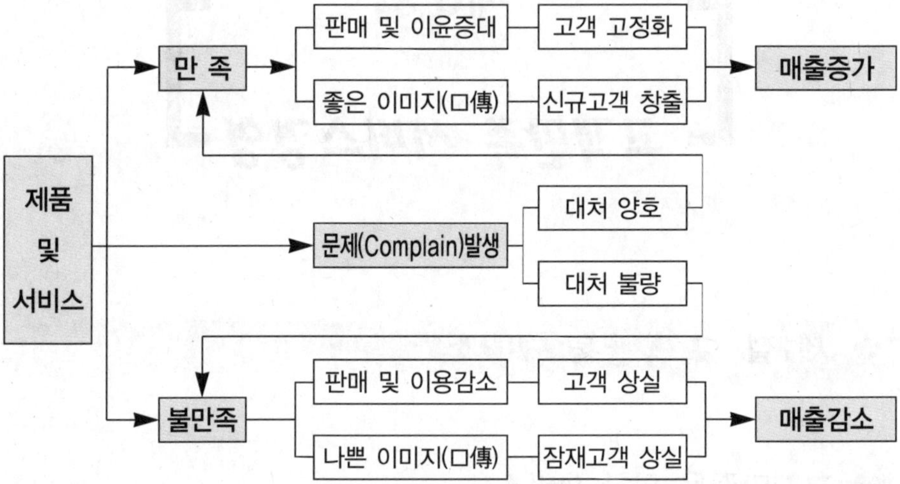

고객이 없으면 기업과 서비스는 그 존재가치가 없는 것이다. 기업의 사회적 역할과 의의가 아무리 바뀌고 새로워졌다 해도 기업과 서비스가 존속할 수 있는 근거는 고객이다.

고객이 없으면 기업은 망하고, 서비스도 소멸한다. 이것은 너무 당연한 이야기이지만, 그만큼 소중한 이야기이다. 아무리 좋은 서비스를 생산할 수 있는 능력과 힘을 가지고 있어도 고객이 없다면 그 서비스는 만들 필요가 없다. 설령 아무리 우수하고 좋은 서비스를 만들었다 하더라도 서비스를 구매할 고객이 외면한다면, 그 서비스는 잘못된 것이며, 결국 사회적 가치를 잃게 될 것이다.

서비스에 대응되는 고객은 그만큼 중요하다. 그래서 서비스가 존재하는 1차적인 존재가치와 목적을 '고객만족을 위한 서비스 창조' 라고 할 수 있다.

고객은 서비스를 구매하고, 그 돈으로 서비스기업의 성장을 보장해 줄 뿐 아니라, 서비스기업이 생산해야 할 서비스상품이 어떤 것이 되어야 할지 가리켜 주는 안내자이기도 하다.

고객은 자신의 필요와 요구에 맞아야 서비스상품을 구입한다. 그리고 정(情)이나 과거의 관계에 얽매이지도 않는다. 한 번 구입했다고 영원한 고객이 되는 것도

아니다. 오로지 자신의 필요와 요구에 따라, 제품과 서비스의 성능과 질에 따라 구입한다.

2. 서비스기업의 실천과제

1) 서비스기업의 마케팅

현대적 서비스 마케팅은 소비자의 욕구충족과 복지사회건설에 기여하고, 서비스기업의 존속과 발전을 꾀하는 새로운 활동이다. 그러므로 기업활동에 참여하고 있는 모든 사람들은 우선 '고객 제일주의,' '고객 중심주의'로 사고방식을 바꿔야 한다. 그리고 나서 기업의 전부서가 고객욕구의 파악을 통한 서비스 상품관리를 해야 한다. 고객만족을 위해서는 고객이 원하는 서비스를 제공해 주어야 하기 때문이다. 그 결과 고객만족을 통한 기업목표, 즉 이윤창출과 계속기업으로의 존속 등을 달성할 수가 있다.

(1) 고객 중심주의

서비스기업은 고객이 원하는 서비스상품을 생산 · 제공해야 한다. 현대의 고객들은 기업이 임의로 생산 · 판매하는 상품으로는 만족을 느낄 수가 없다. 고객만족이 없다면 결국 고객이 외면한다는 것이고, 그 기업은 생존할 수 없게 되는 것이다. 고객 중심주의의 사고(思考)는 서비스상품의 생산 이전단계부터 고객의 욕구와 필요를 파악하여 고객이 원하는 상품을 생산해 제공한다는 것을 의미한다. 그래야 고객들로부터 좋은 반응을 얻게 되고, 서비스기업은 번성이 가능하게 될 것이다.

(2) 고객의 다양한 욕구충족에 기여

풍요로운 사회에 서비스기업은 더욱 분발해야 한다. 고객의 욕구가 매우 다양하기 때문이다. 모든 고객을 충족시킬 수 있는 사회적 · 문화적 · 심리적 욕구에 대한 정보를 수집 · 분석하여 기대치 이상의 서비스상품을 제공해야 한다. 물론 상품의 생산 · 판매 · 사후관리에 이르기까지 변함없는 서비스를 제공해야 한다.

(3) 전사적 · 통합적 서비스 시스템 구축

고객에게 만족스러운 계획 · 생산 · 광고 · 판매 · 사후관리 서비스 등을 제공하기 위해서는 전사(全社)의 통합적인 서비스망을 구축해야 한다. 고객 서비스활동은 영업 · 판매부서의 힘만으로 부족하기 때문이다. 기업의 존속과 성장을 위해서는 전사 · 통합적인 서비스망의 유기적인 협조체계가 필수이다. 그래야만 국경 없는 무한경쟁의 치열한 경쟁사회에서 고객만족을 이끌어 낼 수 있기 때문이다.

2) 기본적인 실천과제

첫째, 전직원이 고객을 존중하고 중시하는 기업풍토를 조성해야 한다. 아울러 '고객만족 실현' 이라는 최우선목표에 따라 경영혁신을 해야 한다. 그러기 위해서는 전직원이 '고객 제일주의' 로 의식을 전환하고 철저하게 정신무장해야 한다.

둘째, 상품 및 서비스에 대한 고객평가내용에 따라 기업의 경영체제가 이루어져야 할 시기이므로 기업활동은 고객만족을 통한 기업목표를 달성할 수 있도록 전개해야 한다.

셋째, 고객만족을 창출하기 위해서는 고객접점을 통해 고객정보를 획득하고 고객이 원하는 상품 및 서비스를 제공해야 하므로, 각종 고객정보를 종합적으로 분석하여 해당부문에 피드백시킬 수 있는 시스템이 필요하다.

3) 고객만족 반응에 따른 과제

(1) '고객기대〈고객결과' 의 경우

서비스 품질관리가 아주 잘 된 경우에 해당된다. 또한 서비스기업의 기대하고 있는 목표달성이 잘 수행되고 있는 최상의 상태이다. 고객은 그 서비스상품을 반복

구매를 하게 되며, 이용을 고정화한다. 이러한 고객의 기업에 대한 선호도를 유지하기 위해서는 계속적으로 고객욕구를 파악하여 고객만족을 지속시키거나 높여 나가야 한다.

(2) '고객기대=고객결과'의 경우

이 때는 두 가지의 행동변화가 나타난다. 첫째, 동일 서비스 상품이 다른 서비스 기업에서 생산 · 제공되지 않는 경우로서 고객은 처음에는 불안정한 심리상태를 보이다가 우리 상품을 대체 상품으로 이용하게 되는 이탈화 현상을 보인다. 또는 마땅한 대체 상품이 없는 경우 할 수 없이 반복구매를 하게 된다. 그러나 이러한 경우 대체 상품이나 새로운 경쟁 상품이 나온다면 이것이 고객의 욕구를 자극하게 되고 결국 고객을 모두 빼기게 된다.

둘째, 경쟁 서비스기업이 있는 경우로서, 고객은 점차 경쟁 서비스기업의 서비스 상품에 관심을 갖으며 이동 구매하게 된다. 이러한 예는 A호텔은 이용하다가 우연한 계기로 B호텔을 이용하게 되었는데 무엇인가 색다르다고 느끼고 더 나은 만족감을 얻었을 때 A호텔에서 B호텔로 옮겨가는 경우처럼 흔히 찾아볼 수 있다.

(3) '고객기대〉 고객결과'의 경우

고객은 불쾌하고 실망하게 된다. 경쟁 서비스업체의 상품이나 대체 상품으로 옮겨간다. 이렇게 되면 기업은 더 이상의 발전은커녕 존재까지도 흔들리게 된다. 따라서 어떤 대책이나 경영상의 혁신이 없이는 경쟁에서 밀리게 되며 결국 서비스 상품 시장에서 영원히 도태 당하게 된다.

제공한 서비스 상품에 불평(complain)을 갖는 경우라면 고객은 묵묵히 이탈하거나 클레임(claim)을 제기하게 된다. 고객이 클레임을 제기했을 때, 서비스 기업의 대응에 따라 두 가지의 행동변화를 나타낸다. 첫째, 고객의 불평토로시 신속하게 고객불만을 해소시켜주면, 고객은 서비스 기업에 대한 신뢰감을 회복함과 아울러 오히려 선호도가 높아진다. 둘째, 서비스 기업의 대응이 나쁘면 고객은 상품 자체뿐 아니라 모든 것에 대한 불만과 불신을 갖게 되고, 이러한 감정은 다른 고객들에게까지 영향을 미쳐 서비스 기업은 그 생존까지 위협받게 된다.

3. 고객만족 10대 포인트

'팔리지 않는 시대' 에도 분명히 팔리는 상품이 존재한다. 고객을 만족시키는 상품은 '팔리지 않는 시대' 에도 팔린다는 것이다. 고객만족은 고객에게 최대의 서비스를 제공하는 것이다.

첫째, 고객의 욕구를 파악하고 능동적으로 대처하라.

근대심리학은 인간을 움직이게 하는 7대 욕구로 식욕 · 안락욕 · 이성욕 · 생존욕 · 우월욕 · 경쟁욕을 들고 있다. 인간은 일단 욕구(needs)가 발생되면 어떤 형태로든 이를 채우려 하고, 이 때 욕구가 제대로 충족되지 않으면 불만을 느끼게 된다. 욕구충족이란 고객의 마음속 긴장을 풀어주는 것이다. 따라서 판매라는 것도 고객의 욕구를 자극하여 물건을 팔고 그 물건의 가치를 통해 고객의 욕구를 충족시키는 과정이라고 볼 수 있다. 고객은 욕구충족의 만족감을 얻기 위해 그들의 현금을 지불하는 것이다.

둘째, 고객의 심리에 민감해라.

어떻게 하면 고객이 상품을 사도록 만들 것인가? 고객이 상품을 사게 되는 것을 구매동기라고 하며, 구매동기를 이끌어 내는 것을 구매심리라고 한다. 구매심리는 대체로 몇 가지 유형으로 나눌 수 있는데, 우선은 모든 사람들이 갖고 있는 소유욕을 자극하는 것이며, 다음은 우월감이나 사회경쟁에서의 승리감을 갖도록 자극하는 것이다. 그리고 마지막 남이 갖고 있는 것을 갖고 싶어하는 모방욕구를 자극하는 것이다.

셋째, 고객이 보고 듣고 냄새맡고 맛보고 만져보게 하라.

상품을 구매할 때 고객은 복잡한 심리변화의 과정을 거치게 된다. 그 과정에서 고객은 우선 상품을 눈으로 보고 흥미를 느끼며, 소리가 나는 것을 들어보고, 향기가 있는 것이면 냄새를 맡고, 먹는 것은 맛을 본다. 그리고 만지거나 두드려 보기도

하고, 상품의 용도에 대하여 상상을 하며, 동일한 용도의 타제품과 비교하여 가격 · 품질 등을 검토한 뒤 확신이 서면 지갑을 열고 돈을 지불한다.

넷째, 고객에게 주목받는 서비스기업을 만들라.

휘황찬란하면서도 눈에 잘 띄는 간판, 외부에서도 속이 훤히 들여다 보이는 통유리, 그 통유리를 통해 노출된 풍부한 상품, 깔끔한 정찰카드 · 쇼카드 등 모든 것이 완벽하여 고객으로부터 주목받는 서비스 기업을 만드는 것이 중요하다. 즉 '고객을 유혹하는 서비스기업' 이 되어야 한다는 것이다.

다섯째, 고객에게 친절한 서비스요원이 되어라.

잘 교육되고 훈련된 판매원(단정한 복장, 깨끗한 용모, 능숙한 화술, 몸에 밴 상냥, 풍부한 상품지식을 갖춘 판매원)이 고객에게 친절을 베푼다면 쉽게 매상을 올릴 수 있을 것이다. 특히 고객이 한 가지 상품을 집중적으로 만지고 있거나, 한 상품에 대하여 질문을 하거나, 상품과 광고 팜플렛을 비교할 때에는 구매결심의 찬스이므로 효과적으로 접근하여 고객의 식견을 칭찬하고, 상품의 특징이나 사용방법을 설명하고, 구매결정을 이끌어내도록 해야 한다.

여섯째, 고객의 사후관리를 철저히 한다.

'한 번 고객은 영원한 고객' 이다. 친절한 응대로 쾌적한 구매가 이루어졌다면 고객은 자기가 구매한 서비스기업에 대한 좋은 이미지를 가지게 된다. 이처럼 고객이 1회성으로 끝나지 않고 반복구매를 할 수 있도록 하여 단골고객으로 만드는 것이 중요하다. 따라서 상품을 판매한 것으로 판매원의 임무가 끝나는 것이 아니다. 자신이 판매한 상품에 대하여 애프터서비스는 물론, 포장과 배달 등 사후관리에 최대한의 열의를 갖고 정성을 다해야 한다.

일곱째, 고객에게 많은 정보를 제공하라.

항상 고객의 입장에 서서 생각하고, 고객이 가장 궁금해 하는 것이 무엇인가를 파악해야 한다. 알뜰 구매정보, 신상품정보, 효과적으로 상품의 기능을 활용하는 방법, 앞으로의 소비 패턴 등이 고객에게는 모두 훌륭한 정보가 된다.

여덟째, 고객의 불만을 잘 들어라.

서비스기업을 찾는 고객들이 100%의 만족감을 느끼기란 그리 쉬운 일이 아니다. 따라서 고객의 불만을 잘 들어 주는 것이 중요하다. 불평을 잘 들어준다는 사실만으로도 고객은 상당부분 불만을 해소하게 되기 때문이다. 아울러 고객의 불평을 경청하고 난 이후에는 불만사항을 원인별로 파악, 사실을 솔직히 인정하고, 구구한 변명을 늘어 놓기보다 책임지고 해결하는 진지한 노력이 필요하다.

아홉째, 고객이 친밀감을 느끼는 서비스기업을 만들어라.

고객이 친밀함을 느끼는 서비스기업을 만들기 위해서는 다음의 원칙에 따라 고객의 불만을 처리하는 습관을 가져야 한다.

① 고객의 입장에서 불만을 보고 냉정히 대처하라.

② 잘못을 시인하되, 변명하지 말라.

③ 고객의 불만은 아무리 사소한 것이라도 확인하라.

④ 고객의 불만은 신속 · 정확하게 처리하라.

⑤ 고객의 편에서 생각하라.

⑥ 비공식적인 창구라 해도 성실하게 접수하라.

⑦ 흥분한 고객에게는 시간 · 장소 · 접수자를 변화시켜라.

⑧ 다소 손해를 보더라도 타협하라.

열째, 고객으로부터 받은 이익의 일부를 고객에게 돌려 주어라.

적당한 간격을 두고 적은 폭의 세일을 실시하는 것이 바람직하다. 세일을 통해 값싸고 좋은 상품을 취급하는 서비스기업이라는 이미지를 계속해서 만들어 가는 것이 중요하다. 연간 1~2회 우수고객에 대한 선물증정, 연간 3~4회 경품증정행사 등을 실시하는 것도 이탈가능성이 있는 고객을 끌어 들이고, 단골고객으로 만드는 데에 좋은 방법이 될 수 있다.

제2절 고객감동 서비스와 친절

1. 고객감동 서비스를 위한 실천과제

고객만족(CS : Customer Satisfaction) 시대에서 고객감동(CE:Customer Emotion) 서비스시대로 변화되고 있다. 만족수준에서 한 등급 위인 감동적인 서비스 수준으로의 변화를 의미한다.

미국의 제16대 대통령이었던 링컨(Abraham Lincoln)이 1963년 11월 게티즈버그국립묘지 설립 기념식 연설 중에서 "국민에 의한, 국민을 위한 국민의 정부는 지상에서 영원히 사라지지 않을 것이다" 라는 불멸의 말을 인용하여 고객감동 서비스를 설명하면 다음과 같다.

고객감동 서비스란?

① BY the Guest : 고객 감동도 조사(Needs)에 의해

② OF the Guest : 상품, 서비스, 행동의 질을 혁신하여

③ FOR the Guest : 내부고객과 외부고객을 감동시키는 것을 말한다.

첫째, 고객을 존중하고 중시하는 마인드를 조성해야 한다. 아울러 '고객감동 실현' 이라는 최우선 목표에 따라 기업이 경영혁신을 가속해야 한다. 무엇보다도 서비스요원들이 '고객제일주의' 로 의식을 전환하고 철저하게 정신 무장하는 것이 중요하다.

둘째, 상품 및 서비스에 대한 고객평가 내용에 따라 기업의 경영체제가 이루어져야 한다. 기업활동이 고객감동을 통한 기업목표를 달성할 수 있도록 전개해야 한다는 것이다.

셋째, 고객감동을 창출하기 위해서는 고객접점을 통해 고객정보를 획득하고 고객이 원하는 상품과 서비스를 제공해야 한다. 각종 고객정보를 종합적으로 분석하여 해당 부문에 피드백 시킬 수 있는 시스템이 필요하다.

2. 고객감동 서비스를 위한 변화

저자가 경주에 있는 H호텔에 학생들을 데리고 '호텔체험 투어'를 간 적이 있다. 그 호텔의 식음료부 책임자가 2시간에 걸쳐 H호텔의 '신서비스 운동'에 대해 소개했다. 특강을 마치며 그는 의미 있는 한 마디를 했다. "서비스 교육의 목표는 빠른 시간 내에 편안하고 여유 있는 서비스를 제공할 수 있도록 만드는 것이다." 그가 호텔업계에서 20여 년간 근무하면서 내린 결론이었다.

서비스교육은 고객감동 서비스가 목표인데 고객감동 서비스는 특별한 데에 있는 것이 아니다. 경직되고 딱딱한 서비스는 고객과의 관계를 부드럽게 하지 못해 결국 불편한 서비스가 된다. 편안하고 여유 있는 서비스가 고객을 편하게 만들어

〈표 1-3-1〉 경주 현대호텔의 신서비스 운동

① 눈높이 서비스
고객에 무릎을 꿇고 주문을 받는 서비스를 말한다. 고객과 눈높이를 맞추어 고객이 올려 보는 수고를 덜어 주는 서비스이다.

② Plus One Service
고객에게 하나 더 만족을 돌려 주는 서비스이다.

③ One Step Ahead Service
한 발짝 앞선 서비스로 고객의 욕구를 미리 감지해 앞서 가는 서비스를 제공하는 운동이다.

④ Eye Contact Service
고객이 시야에 들어오면 계속해서 미소 띤 자세를 유지하는 서비스 운동이다.

⑤ 서비스 실명제
서비스요원이 책임감을 갖고 일하자는 운동이다. 명찰에 사진도 넣고, 고객이 쉽게 이름을 확인할 수 있도록 크기도 대폭 키웠다.

고객만족을 끌어낼 수 있다. 그리고 여유 있는 서비스를 제공하려면 매사에 자신감이 차 있어야 가능하다. 이는 그 업무에 대해 충분히 알고 있어야 되며 숙달되지 않고서는 불가능하다. 때문에 서비스교육은 자신감 있고 여유 있는 서비스를 제공할 수 있도록 숙달시키는 것이라 할 수 있다. 그의 말에는 이와 같은 메시지가 담겨있었다.

고객감동 서비스는 특별한 것이기보다는 평범하게 고객의 가려운 곳을 미리 찾아 긁어주는 것과 같다. 고객을 위하는 마음가짐과 진심 어린 배려가 무엇보다 중요하다. 고객은 이처럼 서비스요원과 부담 없는 관계에서 편안하게 서로를 위하는 과정에서 감동을 얻게 된다.

1) 고객감동 서비스를 위한 새로운 도전

(1) 기능중심의 조직을 고객지향 조직으로 개편한다.

① 고객을 위한 일을 최우선으로 한다.

② 고객과의 접점을 가장 중시한다.

③ 사내 고객 개념을 실천한다.

④ 시간 단축을 위한 과정 개선

⑤ 고객만족도로써 직원을 평가한다.

〈그림 1-3-2〉 고객감동 서비스의 역피라미드 조직

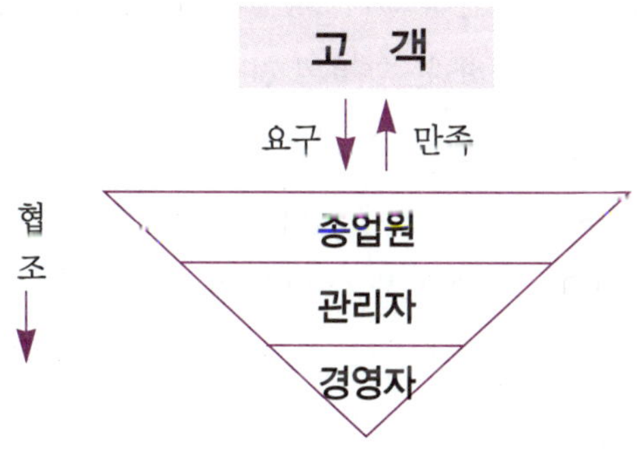

(2) 가장 좋은 상품을 가장 싼 가격으로 가장 신속하게 제공한다.

① 귀 : 고객의 소리를 경청한다.

② 머리 : 고객 감동을 위해 창조적으로 생각한다.

③ 손 : 고객 서비스 기회를 놓치지 않는다.

④ 가슴 : 고객을 위한 혁신의 의지를 갖는다.

⑤ 마음 : 고객에 대한 열정을 갖는다.

⑥ 발 : 고객을 향해 경쟁사보다 한발 앞서 간다.

2) 고객감동 서비스를 위한 마음가짐

① 나는 항상 고객께 감사한다.

② 나의 행동과 대화는 고객 입장에서 고객을 위해서 한다.

③ 고객의 기쁨이 나의 기쁨이요, 고객의 감동이 곧 나의 감동이다.

④ 나는 고객을 향한 사랑과 열정을 가지고 즐거운 마음으로 일한다.

⑤ 나는 고객과 만남을 통한 새로운 가치를 발견하며 아름다운 서비스문화를 창조한다.

3) 고객감동 서비스마케팅 자세

고객감동은 큰 격식이나 없던 서비스를 개발하는 데 있지 않다. 말 그대로 고객을 따뜻이 대하고 고객과 친해질 수 있는 무드를 만들어 나가는 데 있는 것이다. 만인을 충족시킬 수 있는 서비스는 분명 없다. 하지만 만인에게 인정받을 수 있는 서비스는 분명 우리 가슴속에 존재한다. 그것은 진실에서 우러나오는 가식 없는 미소, 따뜻한 몸가짐, 격의 없는 말 한마디와 같은 평범한 것들이 아니겠는가. 만인에게 공감을 줄 수 있는 가슴속의 서비스 즉, 인정 어린 서비스, 진심 어린 서비스가 바로 고객감동 서비스마케팅의 자세라 할 수 있을 것이다.

① 고객의 이용(구매) 행위를 '자신의 문제를 해결해 주는 해결책으로 이해한다.

② 시장 상황 변화에 적극 대처하려는 능동적 자세를 취한다.

③ 고객의 관점에서 고객의 관심사와 욕구를 이해하기 위해 경청하려는 태도를 갖는다.

④ 고객을 유인할 수 있는 차별화 포인트를 발견하고 활용한다.

⑤ 서비스 마케팅 개념을 명확히 이해한다.

⑥ 고객을 감동시킬 수 있는 프로그램을 개발하고 활용한다.

4) '100－1=0'이 되는 서비스

과거에는 백 번 잘하고 한 번 잘못해도 99번은 잘했다고 칭찬 받던 시대였다. 100사람에서 한 명이 실수하고 99명이 잘하면 99명은 잘했으니까, 99%는 훌륭하다고 평가받기도 했다.

그러나 현대의 서비스사회에서는 모든 종업원들이 제 아무리 고품질의 서비스를 연출했다 해도 한 사람의 불친절, 단 한 번의 실수가 그 서비스기업의 서비스품질을 0점으로 만든다. 이처럼 서비스는 한 번 또는 한 사람의 실수로 모든 것을 헛되게 만드는 속성으로 변했다. 언제나 빈틈없이 그리고 한 사람도 실수함이 없이 최선을 다해야 하나의 완성된 고객감동 서비스가 된다.

3. 고객감동을 위한 친절서비스

1) 친절서비스의 개념

(1) 고급서비스의 개념

고객이 감동하는 서비스를 제공하기 위해서는 서비스 질에 대한 논의가 먼저 선행되어야 한다. 하지만 서비스는 아주 복잡한 구조를 가지고 있기 때문에 서비스 질을 한마디로 정의하기란 상당히 어렵다. 그럼에도 불구하고 마틴(Martin:1986)은 서비스의 유형에 관계없이 고급 서비스란 두 가지의 기본적인 요소를 가지고 있어야 한다고 주장한다. 즉, 제품을 고객에게 전달하는 데 필요한 기술적 시스템(technical systems), 다시 말해서 서비스 절차를 말하고 또 하나는 서비스요원의

고객에 대한 친절한 마음가짐(conviviality)이라고 주장했다.

고객을 감동시키고 유지하기 위해서는 서비스 절차와 친절의 개념을 구분하는 것이 중요하다. 먼저 서비스 절차는 어떤 행위에 대하여 명확하게 확립되고, 측정 가능한 기준들로 구성되는 시스템이다. 따라서 서비스는 어떠한 상황하에서도 모든 고객들에게 제공되도록 되어 있다. 예를 들어 레스토랑의 경우 모든 서비스요원들은 고객에게 인사하고 주문을 받으며 제안판매하며, 음식을 제공하고 그리고 돈을 받을 수 있도록 교육되어져야 한다. 여기에서 중요한 것은 서비스요원들이 메뉴판을 가지고 주문 받기에 앞서 고객에게 친절한 행동을 보이도록 해야 한다는 점이다.

스미스(Smith : 1992)는 고품질 서비스를 제공하자면 메뉴얼(Manual)에 의한 서비스로서 기초를 몸에 배어나게 하고 나서 품질 높은 서비스를 터득해야 한다고 주장하고 있다. 즉, 고객을 대할 때는 '이렇게 하라', '미소지으며 인사하라', '접객용어를 바르게 사용하라' 등을 가르치고 그대로 하게끔 하는 것이 메뉴얼화 서비스라고 할 수 있다. 관광서비스 기업이 성공하기 위해서는 서비스 수준을 높여서 매뉴얼 서비스 이상의 서비스, 다시 말하면 고품질의 서비스를 제공할 수 있어야 한다. 바로 이 개념을 친절이라는 개념으로 설명될 수 있다.

(2) 친절의 어원과 개념

친절은 영어로 'Kindness' 또는 'Hospitality' 라고 한다. 친절은 원래 '동식물의 종자를 가리키는 말(kind)' 로서 종자가 다른 것을 '카인드가 다르다' 고 하고 같은 것을 '카인드이다' 고 한다. 이처럼 종자를 나타내는 말이 친절이 되었다. 다시 말하면 종자(種子)를 달리하는 것끼리 사이좋게 지내는 것이 친절이라는 의미이다. 친한 사이끼리 잘 지내는 것도 당연하지만 종자가 다른 것(모르는 사람)끼리도 잘 지내는 것이 친절이라는 것이다. 즉, 고객은 각양각색이지만 상이한 입장과 처지를 메워 주는 노력이 친절이라는 것이다.

친절은 우정의 산물로서 웹스터 사전(webster dictionary)에서는 친절을 '다른 사람의 특정한 필요와 욕구에 대한 배려와 우호적이고 관대한 대접' 이라고 정의한다. 친절은 어떤 방법으로 상대방의 생활을 편안하게 해주는 행동인 것이다. 결국 친절이라는 것은 상대방의 자존심을 고양시켜주는 역할을 하는 것이 된다.

친절은 고객의 기대를 초과하는 인간 상호간의 배려행위로서, 감정이 이입되어 있고, 자발적이며, 지도 가능하고, 기업의 운영기준을 넘어선 행동들이고, 또 선도하는 모델을 가지고 있어야 한다. 이 상호간 배려행위로서 친절은 이해 증진되거나 격려되어질망정, 항상 교육되어질 수 있다는 보장은 없는 것이다. 다행히도 대부분의 사람들은 감정을 잘 표현할 수 있는 능력이 있는 사람도 있고, 없는 사람도 있다. 친절한 사람은 만들어지지만은 않는다. 다시 말하면 친절이라는 것은 선천적인 측면이 강하다는 것이다.

"친절이 몸에 밴 서비스요원은 교육되어지는 것이 아니라 태어나는 것이다"라는 말도 친절의 선천성에서 비롯된 것이다. 하지만 제아무리 교육을 시켜도 받아들일 자세가 되어 있지 않으면 안 된다는 의미로 보아야 된다.

친절이 몸에 밴 서비스요원은 타고난 천성이 중요하다고 하나 개발하고 노력하는 과정이 지속된다면 천성도 바꿀 수 있을 것이다.

2) 친절서비스의 기본요소

스미스(Smith)는 '친절은 다섯 가지의 기본적인 요소를 만족시켜야 한다' 고 주장한다. 스트레스 하에서의 친절, 고객의 요청에 대한 대응의 신속성, 고객 필요의 예상 후 처리, 불평의 처리 그리고 자기 통제력이다. 이 요소들은 관광서비스 기업의 유형에 관계없이 지녀야 될 친절서비스의 기본요소이다.

(1) 스트레스(Stress)하에서의 서비스

스트레스를 받지 않았을 때 사람들에게 친절을 베풀고 미소짓는 일은 쉬운 일이다. 그러나 고객들은 스트레스를 받는 상황에 있는 서비스요원들로부터도 친절한 서비스를 원한다. 고객들이 북적대는 시간에 서비스요원들은 스트레스를 많이 받게 된다. 고객이 많아서 바쁜 시간에 평소와 다른 요구를 고객이 하게 되면 스트레스 때문에 고객에게 바람직하지 못한 행동을 하게된다. 결국 컴프레인(complain)을 낳게 되는데 이래서는 곤란하다. 친절한 서비스요원은 스트레스와 관계없이 고객들에게 친절하게 행동해야 한다.

최일선에서 고객과 직접 접촉하는 접객서비스요원들에게 훈련되어야 할 '친절한 행동' 에는 네 가지가 있다.

① 고객의 눈을 자연스럽게 쳐다본다.

② 고객에게 따뜻하고 성심 성의껏 미소짓는다.

③ 고객에게 말을 먼저 하되, 간결하고 비업무적이며 진지하게 한다.

④ 떠날 때는 고객에게 감사의 뜻을 전한다.

네 가지 친절한 행동, 즉 고객이 왔을 때 먼저 주시하고, 미소지으며, 비업무적인 말로 고객의 관심을 사고, 서브 후에는 항상 '감사합니다' 라는 말을 사용하도록 해야 한다. 중요한 점은 모든 접객서비스요원이 고객을 대면할 때면 비록 스트레스를 많이 받는 가장 분주한 시간일지라도 고객이 감동 받을 수 있는 고급 서비스를 제공하도록 위의 네 가지 친절한 행동에 대해 훈련시켜야 한다.

(2) 신속한 서비스

친절 서비스를 나타내는 두 번째 요소는 고객의 요청에 대한 신속한 대응이다. 신속한 서비스는 고객의 필요에 즉각적인 행동을 취함으로써 빠르게 처리하고 있다는 느낌이 들도록 하는 것이다. 거의 모든 고객들은 자신의 요구가 신속히 처리되기를 희망한다. 그렇기 때문에 친절서비스를 위해서는 신속한 대응을 생활화하도록 훈련시켜야 한다.

특히 컴프레인이 발생했을 때 신속한 대응이 고객의 불만을 해소하는 데 크게 기여한다고 한다. 그리고 불만이 해소된 고객들 중 95%가 원래의 좋은 고객관계로 회복된다고 한다.

(3) 고객을 앞서가는 서비스

고객이 원하는 것을 고객이 요청하기 전이나, 필요하지만 미처 깨닫지 못했을 때 서비스요원이 미리 찾아서 제공하는 서비스를 말한다. 고객감동을 위해서는 이처럼 능동적인 서비스를 제공해야 한다. 근무 중에는 항상 고객에게 필요한 것이 무엇인가를 살피고 고객보다 앞서서 대응해야 할 것이다.

예를 들어, 레스토랑에서 어린이가 아이스크림을 먹고 있을 때 서비스요원이 미리 냅킨을 가져다준다면 어린이의 엄마는 무척 감사하게 생각할 것이다. 고객들은 이와 같은 작은 정성에 감동 받고 매우 친절하다고 느끼게 될 것이다.

(4) 적극적인 불평처리

통계에 따르면 많은 불만족 고객 중 3~4%만이 불만을 토로하며, 44%는 참고 넘겨버리며, 56% 이상은 그저 말없이 다른 경쟁업체로 거래를 바꾼다고 한다. 결국 불만을 토로해주는 3~4%의 고객이 서비스를 개선시키고 업체를 살리는 역할을 하는 소중한 고객인 것이다.

관광서비스 전문가들은 불평이 단골고객을 만들 수 있는 절호의 기회라는 것을 알고 있다. 고객이 불평을 간직하고 떠나기 전에 불만을 해소해 주어야 한다. 불평을 고객의 입장에서 적극적으로 처리해 주면 고객의 부정적인 구전(口傳)을 방지하게 되고, 고객과 보다 더 친밀한 인간관계를 형성할 수도 있다. 더 나아가 긍정적인 구전으로 자동적인 판촉효과도 기대할 수 있게 된다.

불평을 해소시키는 방법은 여러 가지가 있는데 그 중 주의 깊게 경청하고, 사과하고, 즉시 시정하는 방법 등이 있다. 불평처리에 있어서 중요한 것은 호의적인 상황으로 어떻게 돌이키느냐 하는 것이다. 이 방법은 고객과 좀더 밀접한 관계를 맺게 해주는 방법이다. 예를 들면 불평을 토로한 고객의 연락처를 메모한 뒤 추후 만족보상을 위한 후속조치로써 고객에게 편지 · 전화 또는 팩스를 보내거나 방문한다. 또는 선물을 동봉한 우편을 이용하는 것도 인상적이 될 것이다. 불평불만처리 방법에 관해서는 본 서 제11장에서 자세히 다루고 있다.

(5) 자기통제 서비스

친절 서비스를 위한 마지막 요소는 최악의 상태에서의 자기통제(self- control) 서비스이다. 무례하거나, 불합리하거나, 화난 고객을 대응할 때도 태도 변화 없이 서브한다는 것이다. 진정한 서비스요원은 상대의 나쁜 감정에 자신이 휘말리지 않고 침착하게 그리고 친절하게 대응할 수 있어야 한다. 진정한 서비스 정신은 상대방 입장에서 상대방을 이해하고 상대방의 편에 서 주는 것이기 때문이다.

말은 쉽지만 서비스요원이 이를 실천한다는 것은 쉬운 일이 아니다. 끊임없는 자기 수련이 필요하다. 고객을 감동시키는 친절서비스는 이와 같은 최악의 조건하에서도 고객에게 미소지으며 응대하는 것이다. 그래서 서비스요원은 아무나 할 수 있는 것이 아니다. 더군다나 최고급을 지향하는 관광서비스는 더욱 그렇다. 자기 자신을 통제할 수 있는 덕을 갖춘자만이 할 수 있는 일인 것이다.

3) 친절과 불친절서비스

세계 모든 나라가 하나의 공동체로 단일화되어 가는 시대에는 지구촌 모든 사람과 더불어 살아갈 줄 아는 친절이 있어야 한다. 세계화 서비스기업은 고객 감동을 실현하는 것이며 고객 감동은 친절 서비스가 뿌리이다. 친절 서비스 없이 고객을 감동시키려고 하는 것은 물 없는 고기와 같고, 공기 없는 세상과 다를 바 없다.

이처럼 남과 가까이 사귀고 모든 사람과 더불어 살아가는데 윤활유 역할을 하는 것이 친절이다.

(1) 친절은 생존, 불친절은 멸망

친절한 서비스는 고객을 편안하게 하고, 고객에게 기쁨을 주며, 행복하게 해준다. 결국 친절한 서비스는 서비스기업의 단골고객을 많이 창출하게 만들고 무한 경쟁의 파고를 넘어 생존하게 해준다.

반면 불친절한 서비스는 고객에게 불편을 주고, 불쾌하게 만들고, 불행감을 맛보게 한다. 결국 고객을 잃게 되어 서비스기업은 망하게 된다.

(2) 친절한 서비스요원의 특성

① 사고 : 긍정적 사고, 개방적 사고, 인내적 사고

② 행동 : 예의바른 행동, 능동적 봉사 활동, 자율적 행동

(3) 불친절한 서비스요원의 특성

① 사고 : 부정적 사고, 폐쇄적 사고, 즉흥적 사고

② 행동 : 무례한 행동, 피동적 이기적 행동, 타율적 행동

4) LG전자의 '미스터리고객' 제도

1997년 외부의 리서치업체에 의뢰, 직원들의 전하친절도를 평가하는 '미스터리전화' 제도를 시행했던 LG전자가 1998년에는 고객모니터요원을 선정, 고객과 만나는 직원의 친절도를 체크하는 '미스터리고객' 제도를 도입했다. 현장직원들의 친절 실천사례를 인사고과의 최우선 기준으로 삼겠다는 의도인 것이다.

5) 공기업의 고객감동 친절서비스

'마음을 파는 서비스' 의 바람은 불친절의 대명사였던 공기업체에까지 불고 있다.

"짝짝짝 짝짝짝 짝짝짝짝 짝짝짝"

"서비스 서비스 고객만족 서비스"

"스마일 스마일 고객만족 서비스"

"서비스 스마일 고객감동 최고다. 아!"

"우리지점 파이팅!"

한국담배인삼공사의 전국 지점에서 출근직후 터져 나오는 구호다. 직원들은 빙 둘러서서 구호를 복창하며 소매상들에 대한 친절서비스를 다짐한다.

기업체들을 상대로 친절교육을 실시하고 있는 서울 서비스매너연구원의 안진헌 소장은 "서비스의 본질은 항상 마음이지요. 소비 심리가 위축되고 마음까지 황폐해진 소비자들의 마음을 사로잡기 위해 기업들이 갖춰야 할 최고의 경쟁력은 친절입니다."라고 주장한다.

제3절 고객만족 서비스경영

1. 고객만족 서비스 경영이란?

고객만족 서비스경영은 고객에게 기쁨과 만족을 주는 고객지향 최우선 경영 형태 전환하여 한 번 고객이 되면 평생고객이 될 수 있도록 신뢰관계를 이뤄가는 것을 한다.

2. 고객만족 서비스경영의 이점

IBM의 존 에이커즈 회장은 "만일 우리의 사업영역에서 고객을 가장 만족시킨다면 사업상 중요한 다른 모든 것들은 저절로 성취될 것이다."라고 했다. 고객만족만 이끌어 낸다면 모든 것을 얻은 것이나 다름없다는 의미이다. 고객만족 서비스경영의 이점은 다음과 같다.

(1) 불필요한 지출이 감소된다

경쟁사와 힘을 겨루기보다는 고객의 니즈(needs)를 찾아가고, 고객의 기회 변화를 예측하기 때문에 불필요한 투자를 방지할 수 있다.

특히 과다한 매스미디어를 이용한 광고를 하지 않더라도 고객에게 접근할 방법을 알 수 있는 것이다. 사실 광고야말로 가장 큰 낭비이다. 고객의 기호를 잘 파악하고 그들이 무엇을 원하는가 정확히 안다면 굳이 비싼 광고비를 들이지 않아도 고객 가까이 다가갈 수 있다.

(2) 높은 가격을 유지할 수 있다

고객들은 처음에는 바가지 쓸까봐 가격을 깍지만 만족하면 제가격을 준다. 만족한 고객은 가격에 민감하지 않다. 때문에 더 높은 가격을 유지할 수 있다.

(3) 고객의 제품선호도가 높아진다

만족한 고객은 같은 상표의 재구매 의도가 높다. 따라서 기업은 안정적인 수익 확보 및 장기성장을 기대할 수 있다.

(4) 판매비용을 절감할 수 있다

만족한 고객이 다시 그 회사의 상품을 찾는 것은 주위의 권유가 아니라, 자발적인 의지에 의한 것이므로 판매원은 파는데 드는 시간과 노력을 절감할 수 있다.

(5) 구전 광고효과가 크다

만족한 고객은 주변사람들에게 구매를 유도하는 구전효과가 있다. 즉, 구전광고를 기대할 수 있다는 것이다. 가까운 친구나, 친척이 권유하는 상품은 그 신뢰도가 높다는 것을 감안해 볼 때 만족한 고객의 구전광고야말로 광고효과가 무척 크다. 입에서 입으로 전달되는 구전효과는 직접적으로 주변사람 23명에게, 간접적으로 250명에게 두고두고 전달된다고 한다.

그런데 유의해야 할 사항은 불만족한 경우 그 전달속도가 만족한 경우보다 빠르게 전달된다는 점이다. 따라서 만족한 고객의 좋은 구전효과도 중요하지만, 불만족한 고객의 나쁜 구전을 막는 것도 무척 중요한 사항이다.

3. 고객은 무엇으로 만족하는가?

고객은 무엇으로 만족하는가? 직접적인 요소로는 상품과 서비스 그리고 간접적인 요소로는 기업이미지의 총화에 의해 고객만족이 결정된다. 예전에는 '고객만족' 하면 상품의 품질이 전부인 것으로 생각했다. 즉, 상품의 Hard적 가치로서 품질 · 기능 · 성능 · 효율 · 가격 등이 어느 정도 고객에게 흡족하고 영향을 끼치면 나름대로 성공기업이라는 얘기를 들었다. 그러나 오늘날 고객만족에서는 상품의 하드적 가치는 단지 일부분일 뿐이다.

현대의 까다로운 소비자는 그것만으로는 만족하지 않는다. 상품의 소프트적가치, 디자인이나 포장 · 컬러 · 편리성 등이 점점 더 중요한 부분으로 자리잡고 있다. 또한 상품이 베푸는 부가적 서비스도 큰 영향으로 미친다. 구매시 점포분위기나 쾌적한 쇼핑환경 등이 제대로 갖추어 있지 않으면, 고객만족을 얻을 수 없다. 이제 상품면에서는 각 기업들이 그렇게 많이 차이를 보이지 않는다. 결국 판매시 접객서비스가 기업의 성공에 보다 큰 영향을 끼치는 시대이다. 서비스요원의 접객매너, 복장, 언어, 미소, 상품지식, 신속하고 융통성 있는 대응능력 등이 고객에게 큰 감동을 준다.

애프터서비스나 라이프스타일에 대한 정보제공 서비스 등 신속한 고객정보의 제공도 고객만족의 일부분으로 자리잡고 있다.

한편, 간접적인 요소인 기업이미지도 차츰 중요한 고객만족의 요소로 자리잡고 있다. 사회의 공헌활동이나 요즘 관심이 높은 환경 보호활동 등을 큰 예로 들 수 있는데, 기업의 이미지는 고객에게 오랫동안 영향을 끼친다는 점에서 소홀하게 여길 부분이 아니다. 만일 상품이나 서비스가 아무리 훌륭하더라도 사회나 환경에 악영향을 끼치는 일을 한다면, 고객이 기업을 평가하는 데 치명적인 요소로 작용할 수 있다.

제4절 고객만족 서비스경영 체계

1. 고객만족의 전제조건

(1) 소비자의 욕구에 대한 본질적인 이해가 필요

이는 소비자가 본질적으로 추구하는 기본적인 욕구가 무엇인가, 기업은 소비자의 어떤 욕구를 만족시켜야 하는가 라는 문제를 먼저 결정하는 것을 의미한다.

(2) 목표고객의 선택

모든 고객들은 기본적으로 구매동기, 구매관습, 구매행동 등이 각각 다르다. 그러므로 어떠한 유형의 소비자를 상대로 기업활동을 할 것인가를 선택해야 한다. 업계 전체의 일등이란 말은 요즘과 같이 빨리 변하는 시장여건에서는 중요한 것이 아니다. 선택한 시장에서의 일등이 바로 최고를 의미한다.

(3) 제품이나 메시지를 목표고객에 따라 차별화

고객들의 욕구가 다양하므로, 기업의 마케팅활동도 서로 다른 소비자의 속성에 맞추어 제공되어야 선택된 목표소비자들의 만족감을 느낄 수 있다.

2. 고객만족 경영의 Framework

고객만족경영의 실천을 위해서는 기존 경영 체계의 모든 부분에서 고객만족개념을 접합시켜야 한다. 이를 위해서는 고객만족 경영의 3원칙이 필요하다.

(1) 경영활동중에 고객만족이 최우선되어야 한다

기존에는 시장점유율을 높여 이익지향이나 비용절감적인 경영이 우선되었으나, 고객 만족경영에서는 항상 고객위주로 생각하는 발상이 지배적이다.

(2) 고객접점을 중요시해야 한다

고객과의 접점에 있는 종업원의 불친절과 비협조는 그 회사 전체에 나쁜 인상을 주게 된다. 반면에 그들이 보이는 신실한 반응에 고객들은 그 기업 전체를 평가한다. 더구나 고객과 접촉하는 시간의 길고 짧음이 아니라, 단 한순간이라도 고객에게 최선을 다하는 자세로 임한다면 고객은 큰 만족을 맛보게 될 것이다. 최일선 종업원의 고객지향이야말로 고객만족경영으로 가는 지름길이다. 그들이 고객에게 어떤 도움이 되며, 어떻게 대해야 하며, 자신들의 중요성에 대해 정확히 판단을 하고 있어야 한다.

(3) 고객만족도를 정기적으로 측정해야 한다

고객만족도를 정기적으로 측정하여, 그 결과에서 문제점을 찾아내고 이를 개선하기 위한 활동에 주력해야 한다. 이 같은 고객만족경영의 사이클이 반복 활용됨으로써 고객의 만족도가 높아지는 것이다.

3. 고객만족의 5대 혁신

고객만족이란 몇 사람이 한 두 가지만을 개선한다고 이룩되는 것은 아니다. 기업전체의 전원이 참여하는 전사적인 혁신이 있어야 한다.

(1) 기업문화의 혁신

고객 지향적인 마인드를 전직원이 갖고 내가 고객을 위해 무엇을 할 것인가를 생각해야 한다. 그리고 그 다음 공정(부서)이 고객이라는 후공정 고객개념으로 확산되어야 한다. 또한 고객접점에 있는 현장요원들을 우대하는 기업풍토를 만들어 가야 한다.

(2) 상품혁신

근본적으로 고객만족형의 상품이 개발되어야 경쟁력을 갖게 된다. 상품을 개발하는 전문가들이 고객의 니즈(needs)에 의해 컨셉트(concept)를 추출하고 이를 상품화하여야 차별화가 될 수 있다.

(3) 생산혁신

대량생산을 한다고 반드시 저원가를 실현하는 것은 아니다. 제품 하나하나가 원가 계산상으로는 싸게 생산된 것 같지만 팔리지 않으면 그것은 재고가 되는 것이다. 고객의 니즈(needs)의 변화와 시장의 수요에 유연하게 적응할 수 있는 생산체제에서 무결점 제품을 만들어야 하는 두 가지 어려운 숙제를 동시에 풀어야 한다.

(4) 기업혁신

고객과의 접점에서 고객만족에 결정적인 영향을 끼치는 사람들의 의식개혁과 태도변화이다. 고객밀착형의 영업과 판매점 운영, 고객에게 감동을 주는 서비스에 의해 경쟁사를 압도해 고객을 만족시켜야 한다.

(5) 관리혁신

기업은 사람의 힘으로 운영되기 때문에 종업원들의 만족을 위한 관리제도의 혁신과 업무처리 방법의 개선이 뒤따라야 한다.

위의 5대 혁신은 집에 비유된다. 제품, 생산, 영업, 기업문화는 기둥에 해당된다고 볼 수 있다. 이들 네 개의 기둥이 얼마나 튼튼하고 균형있게 버티어주느냐에 따라 집의 크기(매출)에 영향을 주게 된다.

관리혁신은 기둥을 받치고 있는 밑바닥이 된다. 얼마나 터가 튼튼하게 잘 다져졌느냐에 따라 얼마나 큰 기둥을 세울 수 있느냐가 결정된다. 고객만족이란 집(기업)을 크고 튼튼하게 지을수록 그 집 속에 고객들이 들어올 수 있고 오래살 수 있게 될 것이다.

4. 영업서비스 혁신

1) 제품력과 판매력의 균형

서비스기업의 제품은 뛰어나지만, 판매력(판매 서비스)이 부족하다면 판매력 만큼 밖에 안 팔릴 것이다. 따라서 제품력과 판매력의 조화가 중요하다. 이것이 원하는 시장에서 성공할 수 있는 무기가 되는 것이다.

이제는 고객밀착형 판매촉진이 이루어져야 진정한 고객만족으로 한 걸음 더 나설 수 있는 현실이다. 고객과의 밀착이 이루어지지 않는다면, 어느새 고객은 경쟁사로 달아나 버린다. 고객은 결코 기다리지 않는다. 기업 스스로가 다가가야만 한다. 전자제품의 공급이 부족하던 70년대 대리점 앞에 줄서서 제품을 사가려고 아우성치던 고객들의 모습을 회상하는 기업들이 아직도 많이 있다. 다시는 이같은 호황은 돌아오지 않는다. 없어서 못 팔던 시절의 성공담에 잠겨 까다로워진 고객의 욕구를 만족시키지 못한다면 그 기업의 갈 길은 너무나 분명하다.

2) 판매촉진에서 구매촉진으로

우리는 '판매촉진' 이라는 말을 자주 사용하는데, 사실은 고객이 구매하도록 돕는다는 뜻인 '구매촉진' 이 옳은 표현이다.

'판매촉진' 은 푸시(push)적 의미가 강하다. 즉, 밀어붙이기식 판매를 의미한다. 이것은 고객의 기호나 욕구에 접근하는 방식보다는 판매우선에 치우치게 된다. 그러나 '구매촉진은 풀(pull)적인 의미로 끌어당기는 적극적이고 협조하는 분위기로 판매를 유도해 나간다.' '고객을 돕는다' 는 의지를 표현하는 판매방식이다.

고객밀착형의 '구매촉진' 을 이루기 위해서는 몇 가지 선행되어야 할 사항이 있다. 고객은 필요하지 않는 것을 억지로 받아들이지 않는다. 오늘날 고객을 우리 기업쪽으로 끌어당기기 위해서는 이 세가지를 주의깊게 살펴보아야 한다.

가. 차별화된 촉진 방법이어야 한다.

국내의 경쟁사와 차별화된 전략으로 고객에게 다가가야 한다. 경쟁사와 같은 방법으로 시도하거나, 뒤따라간다면 결국 돈만쓰고 효과는 별로 없는 손해를 맛보게 될 것이다.

나. 여러 가지 촉진방법을 연계시켜야 한다.

그저 한 두 가지의 촉진방법으로 실시한다면, 결과는 흡족하게 나타날 수 없다. 체계적인 방법을 가지고 지속적인 연결로 고객에게 이미지업 시켜야 한다.

다. 표적고객에게 집중화해야 한다.

구매촉진을 위해 지원할 자원이 무궁무진한 것은 아닐 것이다. 누구에게, 어떤 고객에게 보내는 메시지인가를 분명히 해야 한다. 즉, 표적고객을 향해 집중적인 공략을 펴부어야 하다는 말이다.

기업이 또는 상품이 가지고 있는 고객 데이터베이스로 집중될 수 있는 촉진방법을 지속적으로 실행할 때, 비로소 고객밀착형 구매촉진이 성공할 수 있는 것이다. 앞으로 고객 데이터베이스를 강화해야 하는 것은 당연한 명제이다.

직접적인 고객접근방식인 우편발송(DM)도 표적고객을 정해 지속적인 정보로 집중적으로 공략해야 한다.

만족한 고객이나, 전문가의 입을 통한 구전광고도 무시할 수 없다. 입과 입을 통한 커뮤니케이션은 신뢰면에서 강한 힘을 가지고 있다. 특시 산업제품처럼 사용자나, 전문가, 기존고객의 의견이 강하게 작용하는 부문에는 구전광고의 역할을 강조해야 된다.

고객과의 1대1 접촉이라는 강점을 지닌 전화를 이용한 텔레마케팅의 중요성도 요즘들어 점점 높아지고 있다. 고객데이터베이스의 구축이라는 점에서 볼 때 그 효능이 뛰어나다.

5. 감동적인 서비스경영

1) 서비스에 의한 차별화

고객만족은 제품의 기능적인 점과 부가적인 서비스에 의해 평가받는다. 제품의 차별화는 몇 개월 못 가 뒤따라오는 경쟁사와 비슷해지기 마련이다. 요즘은 제품의 차별화만 고집해 고객을 사로잡기 어렵다. 따라서 제품과 부가적인 서비스를 포함하여 '고객만족'을 꾀할 때 비로소 성공할 수 있다. 상품의 개념이 핵심상품에서 실체상품으로 다시 증폭상품으로 발전되고 있다. 결국 핵심제품에 대한 경쟁사와의 비교는 고객에게 큰 차별화를 가져다주지 못한다고 해도, 증폭상품이나 대한 경쟁사와의 비교는 고객에게 큰 차별화를 가져다주지 못한다고 해도, 증폭상품이나 부가상품으로 진정한 고객만족을 이룰 수 있다. 서비스, 세일즈맨십, 보증, 할부판매, 애프트서비스와 같은 부가적인 서비스는 쉽게 모방할 수 있는 상품이 아니다. 이는 기업의 근본적인 차이가 발생할 수 있는 부분이며, 새로운 혁신과 태도로 기업의 살길을 찾을 수 있는 중요한 요소들이다.

더구나 고도의 기술과 제품이 인간성 상실이라는 병폐를 낳고 있는 요즘 사회에서는 인간미 넘치는 서비스는 고객에게 큰 감동을 준다. 인간적인 접촉이야말로 가장 안정적이며, 영속적이다.

경영진은 서비스를 제공하는 최일선에서 일하는 현장서비스요원을 격려하고 지원을 아끼지 않아야 한다. 현장서비스요원에게 많은 권한을 이양해 고객의 입장, 심리상태, 요구에 신속하고 알맞은 대응을 할 수 있도록 체계화해야 한다. 이런 일은 서비스가 훌륭하다는 인상을 고객의 마음 속에 심어주고, 더 나아가 계속해서 그 회사를 찾고 싶어지는 마음을 갖게 만든다.

회사의 서비스 조직시스템은 조직의 편의에 맞춰서가 아니라, 고객의 편의를 위해 설계되어야 한다. 인력, 시설, 기업방침 그리고 커뮤니케이션을 위한 모든 과정 등은 전부 고객의 욕구를 충족시키기 위한 프로그램으로 마련해 놓는다.

사실 고객서비스를 위한 사고방식은 단순하다. 이해 또한 어렵지 않다. 그러나 보다 중요한 것은 이를 현실화하는 것은 그리 쉽지 않다는 것이다. 바로 현장서비스요원 그리고 관리자, 경영자 스스로가 '내가 책임진다'는 책임감으로 무장해 이 과제를 풀어나가야 한다.

2) 입체적인 서비스 제공

우리는 서비스하면 고장났을 때 고쳐주는 애프트서비스를 생각한다. 그러나 서비스는 A, B, C, D 네가지를 입체적으로 제공함으로써 고객을 감동시킬 수 있다. A는 사후서비스(after service), B는 사전서비스(before service), C는 정보제공서비스(communication service), D는 기쁨을 주는 서비스(delight service)를 의미한다.

이들 A, B, C, D 서비스는 고객만족에 상호보완적이며, 결합할수록 상승효과를 갖는다. 따라서 기업은 회사 전반적인 서비스 시스템을 반영하여 각 서비스맨들이 각자의 행동에서 이 개념을 실시할 수 있는 방안을 연구할 수 있다.

3) 사전 사후 고객관리 서비스

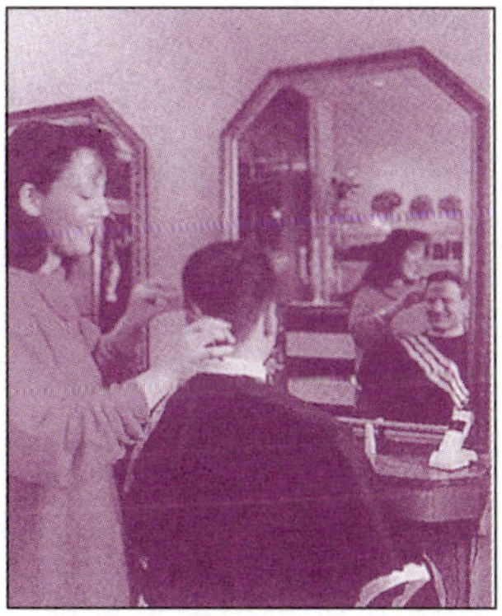

고객서비스에 상당한 부분을 차지하는 것이 애프트서비스이다. 판매후의 지원활동은 고객과의 관계를 강화할 수 있는 좋은 기회로 생각되기 때문이다. 또한 고객입장에서는 '고객보호'라는 측면내에서 바람직하게 받아들인다. 그러나 진정한 고객보호는 사전서비스에서부터 이루어져야 한다. 물론 애프터서비스의 효율성을 배제하자는 의미는 아니다.

좀 더 철저한 고객보호를 위해서는 제품개발 초기단계에서부터 고객의 욕구와 불만을 수용하는 적극성을 보여야 한다는 것이다. 사실 애프터서비스는 단적으로 볼 때 소비자가 불만을 호소해 올 때 달려가는 소방차의 역할이다. 비포서비스의 적극성보다는 앉아서 기다리는 수동적인 태도로 해석할 수 있다.

'팔았으니까 일단 끝났다'라는 인식도 개선되어야 한다. 꼭 고장이 나거나, 문제가 생겨 달려가는 A/S가 아닌, 진정으로 고객을 위한 서비스와 정보제공 그리고 고객이 만족을 느낄 때까지 책임을 가진다는 판매후 지원활동은 "아직도 판매중"이라는 기업의 의지를 표명하는 실이기도 하다.

성공한 기업은 제품개발 기획단계에서부터 판매후 지원활동에 적합하게 제품을 설계하며, 고객만족을 극대화하기 위해 제품설계와 판매후 지원활동에 대해 종합적인 접근방법을 취하는 지속적인 고객관리를 한다.

4) 고객의 기쁨을 위한 커뮤니케이션 서비스

'커뮤니케이션 서비스'는 잠재적인 불만사항을 가능한 최소화시키는 서비스를 말한다. 고객의 잠재적인 불만사항을 고객과의 커뮤니케이션을 통해 먼저 찾아내 불만내용을 서비스상품 개선에 적극적으로 활용하는 것이다. 고객 개인단위로 적절한 보상을 해 주어서 고객만족을 꾀하기도 하며, 고객불만의 원인이 무엇인가를 분석하고 기업이 제공하지 못한 고객의 니즈(needs)가 무엇인가를 분석, 파악하기도 한다.

고객에게 기쁨을 주는 커뮤니케이션 서비스는 다음과 같은 몇 가지 방법을 취할 수 있다. 예를 들면 만족하지 못한 고객불편신고서를 서비스상품구입시 제공하거나 무료상담전화를 실시한다.

즉, 고객이 기대하지 않은 플러스 알파(+α)서비스를 제공하는 것이다. 대우자동차는 24시간 정비서비스를 시행하여 저녁에 차를 맡기고 퇴근하면 아침에 찾을 수 있도록 하고 있다. 삼성전자에서는 서비스방문을 간 서비스맨이 고객이 요구하지 않은 또 다른 제품에 대해서도 사전점검을 해준다. 비록 간단하지만 고객을 기쁘게 하는 일이 될 것이다.

제4장 서비스 품질관리와 경영전략

제1절 서비스 품질관리

서비스기업에서 제공한 서비스가 경쟁사에 비해 고객을 만족시킬 수 없다면 그 서비스기업은 살아 남을 수 없게 된다. 고객의 만족은 서비스품질 수준에 따라 경정된다고 할 수 있는데, 결국 이 수준은 고객이 평가하는 서비스품질에 달려 있다고 볼 수 있다. 따라서 관광서비스기업은 서비스품질에 대해 평가를 생활화함과 아울러, 고객이 서비스품질이 불량하다고 지각하게 만드는 서비스품질상의 문제점과 원인들을 확인해야만 한다. 날로 경쟁이 치열한 현실 속에서 고객의 구미에 맞는 서비스 품질을 제공해야만 생존할 수 있기 때문이다.

미국에서는 '말콤 발드리지상' (The Malcolm Baldrige National Quality Award)을 제정하여 고객만족성을 세노화하고 있으며, 1992년 10월 리츠칼튼호텔이 서비스 품질경영에 대한 인성을 받아 관광호텔 중에서는 첫 번째로 수상하였다. 최근 우리나라에서도 품질관리활동의 주요 시정방향(是正方向)의 하나로 서비스부문에서의 품질관리의 적극직 도입을 제시하고 있다. 그러나 국내에서 이러한 움직임은 일부 관광시비스기업에 국한된 현상일 뿐, 대개의 서비스기업에서는 서비스 품질경영에 대한 인식부족으로 좀더 체계적인 품질경영의 도입이 절실한 실정이다.

이와 관련하여 우리나라에서는 1975년부터 '품질관리상'을 제정하여 시행하고 있다. 품질관리활동을 전사적으로 추진함으로써 품질경영체계를 확립하고 품질향상과 원가절감 및 생산성 향상에 성공한 기업을 포상하기 위하여 제정된 상으로 국내기업의 품질관리발전에 기여함을 목적으로 하고 있다. 품질관리상의 시간적범위는 현재 중심적이고 수상 자체를 보증의 차원에서 평가하였는데, 1993년 '품질관리상'을 폐지하고 '품질경영상'을 제정하게 되었으며, 이는 품질경영활동을 효율적으로 추진하여 기업의 체질개선은 물론, 품질향상 및 생산성 제고에 현저한 성과를 올린 우수한 기업을 발굴 · 포상함으로써 품질경영 확산에 기여함을 목적으로 하고 있다.

1. 서비스 품질관리의 필요성과 특성

1) 서비스 품질관리의 필요성

관광서비스기업의 서비스 품질경영에 대한 필요성은 대개 세 가지로 제안할 수 있다.

첫째, 관광서비스기업이 무한경쟁의 치열한 국제경쟁에서 살아 남고 서비스 수준이 세계적으로 일류급이 되기 위해서는 이와 관련된 서비스 품질경영수준도 뛰어난 경지에 올라야 하며, 이러한 최고의 고객만족을 목표로 고객이 요구하는 서비스를 제공하는 경영시스템으로서의 전사적 품질경영(TQM : Total Quality Management)에 관한 개념화의 작업이 필요하다.

둘째, 관광서비스기업에서 제공하는 서비스의 품질은 고객의 만족 및 불만족과 직결되므로 관광서비스기업의 경쟁력 대응이나 시장점유율, 다른 경영전략변수와 상호 보완관계에서 매우 중요한 전략적 요소로 인식되고 있다.

셋째, 관광서비스기업의 물적 · 인적 시스템은 서비스상품을 구성하는 중요한 요인인데, 그 중에서 서비스요원의 사기와 태도는 관광서비스기업을 이용하는 고객만족도에 결정적인 역할을 하고 있으므로, 고객만족을 위해서는 서비스요원의 만족이 필수불가결한 조건이 될 수 있다.

2) 서비스 품질의 특성

(1) 서비스 품질은 제품의 품질보다 평가가 더 어렵다.

고객들이 제품(goods)을 구입할 때는 품질을 평가할 수 있는 많은 유형적 단서인 스타일 · 견고성 · 색상 · 포장 등을 가지게 되나, 서비스를 구입하는 경우에는 품질을 평가할 수 있는 유형적 단서가 거의 없으므로 구매하는 소비자들은 어떤 다른 단서에 의존해야만 한다. 대부분의 서비스는 무형적이고, 실체(objects)라기 보다는 수행(performance)이므로 품질을 획일화 · 표준화할 수 있는 정밀한 제조명세서가 거의 불가능하며, 또 테스트하거나 저장과 측정할 수가 없다. 이러한 서비스의 무형성 때문에 서비스 관리자는 고객들이 어떻게 서비스를 지각하고 서비스 품질을 평가 · 인식하는지 이해하기가 힘들게 된다.

(2) 서비스 품질의 수준은 기대와 실제와의 비교를 통해 얻어진다.

지각된 서비스 품질의 수준은 고객의 기대와 실제 서비스의 수행과의 비교를 통해서 얻어질 수 있다. 즉 서비스 품질은 전달되는 서비스 수준이 고객의 기대와 얼마나 잘 일치하는지에 대한 평가 · 측정치가 된다는 것이다.

(3) 서비스 품질은 서비스 제공과정도 중요하다.

서비스 품질의 평가는 단지 서비스의 산출결과만으로 이루어진 것이 아니라 서비스의 전달과정(process of service delivery)에 대한 평가와도 연관되어 있다. 서비스품질은 서비스 자체의 결과와 관련된 품질과 서비스가 어떻게 전달되어지느냐에 관한 질로 양분된다는 것이다. 서비스의 직접적인 수행자에 대해 대상자가 느끼는 차이의 발생 이전에 관리적 측면에서 발생하는 전달체계의 인식차이 등이 서비스 품질에 대한 고객의 지각에 영향을 미친다고 한다.

(4) 주서비스보다 부가서비스가 서비스 품질에 영향을 더 미친다.

서비스의 수행결과 대상고객에게 남는 것(핵심〈주〉서비스 : 항공사의 서비스 결과에 의한 고객의 이동)이 경쟁업체와 비슷한 수준일 경우, 서비스의 기능이 어떻게 전달되느냐에 관한 것(부가서비스 : 예약처리, 최신시설, 승무원의 태도 등)이 고객이 느끼는 서비스 품질의 만족 또는 불만족에 더욱 중요하게 영향을 미치게 된다.

2. 서비스 품질관리의 의의(意義)

1) 피틀의 주장

피틀(Pittle)은 서비스 품질이란 값이 비싸거나 높은 수준의 혜택을 의미하는 것은 결코 아니며, 고객 자신에게 맞는 수준의 서비스를 제공하고, 적시적기에 고객의 요구조건을 갖추는 것으로 이해했다. 서비스 품질에 대한 평가는 서비스 품질 자체와는 차이가 있다.

즉 고객의 입장에서 서비스를 어떻게 받아들이느냐에 따라 평가는 다를 수 있다. 서비스 품질은 관광서비스기업의 이미지를 형성하며, 이 이미지는 고객이 서비스기업을 선정하는 데 중요한 역할을 한다.

2) 국제표준기구의 정의

국제표준기구(International Standard Organization : ISO)는 "품질은 표현되었거나 내재되어 있는 욕구를 만족시키기 위한 제품, 혹은 서비스의 능력과 관련된 제품, 또는 서비스의 특성과 특징의 총체"라고 정의하며, 경영자의 지도력 아래 품질을 경영의 최우선과제로 하고, 고객만족의 확보를 통한 기업의 장기적인 성공은 물론, 기업구성원과 사회 전체의 이익에 기여하기 위해 경영활동 전반에 걸쳐 모든 구성원의 참가와 총제적 수단을 활용하는 전사적인 경영관리체계를 갖추는 것이라고 했다. 이를 통해서 볼 때도 서비스 품질은 고객에 의해 정의되며, 이를 통하여 진정한 고객만족을 창출할 수 있다는 것을 알 수 있다.

3) 파라슈라만의 정의

파라슈라만(Parasuraman)은 고객이 인식한 서비스 품질을 "서비스기업이 제공해야 한다고 느끼는 고객들의 기대와 서비스를 제공한 기업의 성과에 대한 고객들의 인식을 비교하는 데서 나오는 것이다" 라고 정의하였다. 즉 서비스 품질은 서비스기업이 제공하는 물적 · 인적 시스템으로서 전사적 서비스에 대하여 소비자의 지각과 기대 서비스의 차이가 갖는 정도와 방향을 나타내는 것이라고 설명하고 있는 것이다.

4) 루이스와 붐의 정의

루이스와 붐(Lewis & Booms)에 따르면 "서비스 품질은 제공된 서비스 수준이 고객의 기대를 얼마나 잘 만족시키는지를 측정하는 것으로, 고객의 기대를 일치시키는 것을 의미한다"고 주장했다.

서비스 품질이란 한 마디로 고객이 서비스기업을 이용하기 전에 기대한 서비스와 이용한 후에 인식한 서비스 수준간의 차이인 만족도라고 할 수 있다.

여러 학자들의 정의에서 비추어 본 결과 〈그림 1-4-1〉과 같이 서비스 품질은 고객이 나름대로 설정한 서비스 품질의 평가요소에 대입하여 기대한 서비스와 실제고객이 지각한 서비스와의 차이에서 결정된다고 볼 수 있다. 즉 고급서비스 품질이란 결국 고객이 기대한 수준의 서비스를 제공해 주어야 한다는 것이고, 이것은 고객이 원하는 바를 사전에 숙지하여 고객에게 접객서비스를 해야 한다는 의미가 된다.

〈그림 1-4-1〉 서비스 품질의 모형도

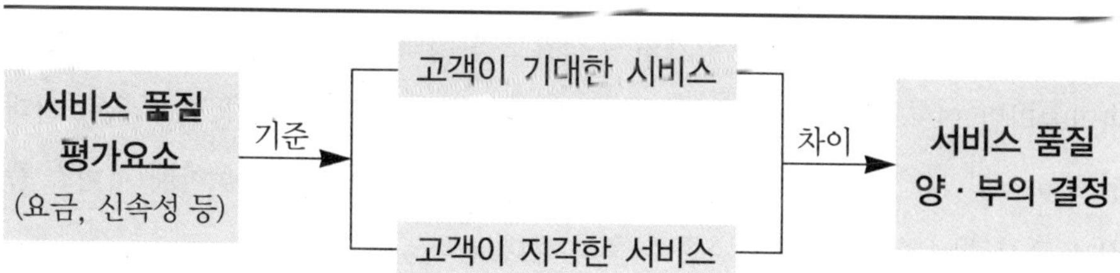

3. 서비스 품질평가

1) 서비스 품질평가의 의의

고객들에게 만족된 서비스를 제공하기 위해서는 계속적으로 고객의 서비스 품질지각을 평가함과 아울러 서비스 품질개선을 위해 서비스 품질상의 문제점과 원인들을 찾아내야만 한다.

서비스 품질의 문제점과 원인들은 흔히 서비스 제공자측에서 발견할 수 있는데, 이들의 결함은 고객이 서비스 품질을 낮게 지각하게 만드는 원인이 된다. 만약 서비스 품질을 제공하는 기업측에 있어서 그 문제점을 정확히 확인할 수 있다면 이를 개선·보완하여 고품질의 서비스를 고객에게 제공할 수 있는 기회가 될 것이다.

2) 서비스 품질평가과정

고객들이 서비스 품질을 평가할 때, 그들이 기대한 서비스와 그들이 받고 있는 서비스를 나름대로의 서비스의 속성(기준)을 통해 비교한다. 즉 서비스 품질은 고객이 기대한 서비스와 실제 수행된 서비스간의 불일치 정도의 크기에 달려 있는 것이다. 따라서 고객들이 대상 서비스기업에서 실제로 제공받는 서비스에 대해 주관적으로 느끼는 정도가 서비스를 제공받기 전에 기대했던 정도에 미치지 못한다면 고객에게 있어 서비스의 품질은 낮게 인식되어 품질이 좋지 않은 것으로 평가될 것이다.

3) 서비스 품질평가의 구성요소

서비스 품질이 가지고 있는 특성으로 인하여 품질관리가 쉽지 않으며, 서비스 품질의 평가 또한 쉽지 않다. 평가의 구성요소를 정의하는 것은 물론 더욱 어렵다. 파라슈라만 연구팀(Parasuraman)은 서비스상품에 대한 서비스 품질은 우선 기대된 서비스와 지각된 서비스의 차이와 비교를 통해 결정된다는 개념 아래 서비스 품질을 구성하는 최종 5가지 요소를 다음과 같다고 하였다.

① 실체성(tangibles) : 물적 시설, 장비, 서비스요원의 외모, 커뮤니케이션 매체 등

② 신뢰성(realizably) : 믿을 수 있고 정확하게 약속된 서비스를 수행할 수 있는 능력

③ 응대성(responsiveness) : 기꺼이 고객을 돕고 신속한 서비스를 제공하는 것

④ 확신성(assurance) : 서비스요원들 지식과 예절, 신뢰와 믿음을 줄 수 있는 능력

⑤ 공감대(empathy) : 고객에게 개인적으로 신경을 써주며 고객의 문제에 관심을 갖는 것

〈표 1-4-1〉서비스 품질의 평가기준(구성요소)

연구자	수	평가기준내용
PZB	5	유형성, 반응성, 신뢰성, 확신, 관심
Johnston	17	접근성, 외형, 사용가능성, 청결, 안락, 의사소통, 경쟁력, 정중성, 친근성, 신축성, 신뢰, 반응, 안정, 주의관심, 헌신, 기능성, 통합성
Walker	4	제품신뢰성, 품질환경, 분배시스템, 인간적 서비스
Gronroos	6	전문성 · 기술, 태도 · 행동, 접근성 · 신축성, 신뢰성 · 믿음, 회복, 명성 · 신용
Armistead	2	시간 · 무결점 · 신축성, 스타일 · 안정성 · 조정
고상동	5	쾌적성, 편의성, 신뢰성, 친절성, 위치성
김인호 외	4	유형성, 신뢰성, 친절성, 감정이입
이주형	3	신뢰 · 설득 · 반응성, 유형성, 공감성
고승익	5	높은 수준의 서비스, 정보, 편리성, 가격수준, 부대시설

(1) 신 뢰 성

고객들이 서비스 품질평가에 있어 가장 중요하게 생각하는 면은 신뢰성이다. 포럼 코퍼레이션의 선임부사장 포터-브로트만(Jemmifer Potter-Brotman)은 정직하면 신뢰는 단시간 내에 쌓을 수 있다고 이야기한다. 예를 들어 고객이 월요일에 물건을 배달해 달라고 하는데, 수요일 이전까지 어려울 경우, 그 사정을 솔직히 털어 놓는 것이 고객의 신뢰를 얻고, 나아가 장기적인 거래관계를 쌓는 데 도움이

된다. 고객은 서비스기업의 입장을 충분히 동조할 수 있지만, 서비스기업이 지키지 못할 약속을 하거나, 기대감을 저버리거나, 해결할 수 없는 지경에 이르는 문제를 발생시키는 것 등은 참지 못한다.

(2) 응 대 성

근래 들어 고객들의 응대성에 대한 인식도 많이 성장하였다. 과거의 고객들은 문제나 요구사항에 신속하게 응대히 주는 것만을 원했다. 하지만 현대의 고객들은 문제가 일어나기 전에 그 문제에 대하여 예상할 수 있기를 바라며, 일어날 수 있는 문제에 대해 솔직하게 알려 주기를 원한다. 간단히 말해 응대성은 이제 구매 이전의 시점까지 포함한다. 문제를 신속하게 해결하기에 앞서, 서비스기업은 애당초 그러한 문제가 발생하지 않도록 해야 서비스 품질의 좋은 평을 얻을 수 있다는 것이다.

(3) 확신성 · 실체성 · 공감대

확신성 · 실체성 · 공감대는 신뢰성과 응대성에 밀접히 연결되어 있다. 신뢰성과 응대성을 보여 주는 서비스기업은 서비스요원들의 지식수준이나 고객의 문제에 대한 공감대 형성의 능력을 이미 보여준 것이며, 시간이 지남에 따라 실체성은 상대적으로 덜 중요해지며, 더 긍정적으로 수용되는 개념이 된다. 고객이 서비스 상품을 신뢰하고 서비스요원들의 응대성에 대해 긍정적으로 평가하면, 그 고객은 서비스 품질을 아주 좋게 평가할 확률이 매우 높다.

결국 이러한 서비스 품질평가 구성요소는 서비스 품질과 관련된 제반개념들을 체계적으로 이해할 수 있는 틀을 제공하여 주고, 고객이 서비스 품질을 어떻게 인식하고 평가하는 지를 명확히 파악함으로써 고객에 대한 서비스 품질 향상에 많은 도움을 줄 수 있으며, 고객들이 대상 기업에서 제공받는 서비스에 대한 만족여부의 평가가 이루어질 수 있을 것이다.

즉 오늘날 관광서비스 기업들은 고객들의 서비스 기대(expectation)를 일관되게 충족시켜 주었을 때에만 서비스 품질에 대한 좋은 평판을 얻을 수 있고 고객을 계속 확보할 수 있다. 지금까지는 관광서비스 기업의 경영진이 고객들의 요구는 무시한 채 독단적인 계획 하에서 시설투자를 하고 서비스 표준(service standard)을 선정 · 운영해 왔었다. 결국 고객들은 만족을 느끼지 못하게 되고 거래를 줄이게 되어 기업운영에 어려움을 직면하는 경우가 많았다. 앞으로는 위의 '예' 처럼 고객의 관점에서 서비스 표준을 설정하고 서비스 품질의 구성요소를 찾아 수시로 평가하여 서비스 품질의 수준을 높이는 데 관심을 가져야 할 것이다.

4. 직무만족 · 고객만족과 서비스 품질관리

1) 직무만족과 서비스품질 향상

서비스품질을 높이는 것은 직접적이든 간접적이든 직무만족과 밀접한 관계가 있으며 이는 곧바로 고객만족에 영향을 미치게 된다. 특히 조직내의 어떤 요인이 서비스품질에 장애가 되는지를 파악하는 것은 서비스품질 향상을 추진하는 데 있어 도움이 될 것이다.

칼 알브레이트(Carl Albrecht)는 고객에게 양질의 서비스를 제공하기 위해서는 조직내부의 갈등을 제거함을 강조하였다. 고객에게 우수한 서비스품질로 평가받기 위해서는 기업이 서비스에 적합한 우수한 조직형태를 갖춰야할 뿐만 아니라, 서비스품질에 문제를 일으키는 조직내의 문제점을 제품지향적인 정신구조와 관료주의적인 시스템, 방침, 절차 그리고 조직간의 세력권 다툼을 들고 있다. 따라서 기업이 서비스품질의 성공을 위해서는 직무와 조직, 시스템, 방침, 질자 등을 고객의 관점에서 끊임없이 계속적으로 재검토 · 재평가해야 할 것이다. 체이스와 보웬(Chase, Bowen)은 서비스품질에 영향을 미치는 조직내의 문제점을 좀더 포괄적으로 다루어 시스템의 문제로서 지원부서와 고객접촉부서와의 협조, 서비스의 일관성, 종사원 훈련, 표준화의 적절한 정도, 종사원의 태도, 관리자 · 종사원의 관계, 올바른 과업배정 등 27개 항목을 제시하였다.

2) 직무만족이란?

일반적으로 서비스요원의 직무만족은 각 개인의 조직내에서 맡고 있는 직무를 수행하면서 느끼고 감지하는 개인의 만족 정도를 나타낸 것으로 볼 수 있는데, 서비스요원이 느끼는 만족 정도는 개인의 능력과 자질, 수행하고 있는 업무에 대한 적응력, 조직체 내에서의 여러 가지 조직환경과 절대적인 관계가 있고, 직무만족을 조직성과를 예측하는 데 중요한 지표가 될 뿐 아니라 개인의 욕구와 조직의 목적을 통합하는 데서도 중요한 역할을 할 수 있다.

한편 직무만족에 영향을 미치는 요인은 상당히 많고 복잡한데, 크게 개인적 요인과 직무적 요인으로 나누어 살펴볼 수 있다. 먼저 개인적 요인은 조사 대상자의 연령, 성, 교육수준, 근무기간 등 인구통계적 요인과 개성, 능력 등의 개인적 특성 등이 포함된다. 직무적 요인에는 직무에 대한 흥미, 직무의 자주성, 중요성 등 직무자체 요인과 승진기회, 급여, 직무보장, 구성원간의 인간관계 및 커뮤니케이션, 직원복지 등 직무와 관련된 전반적 환경이 포함될 수 있다. 특히 최근에는 조직내 커뮤니케이션의 중요성이 강조되고 있다.

3) 홀트의 연구

홀트(Holt)는 각각 4개의 레스토랑에 근무하는 웨이터와 웨이트리스의 직무만족을 평가하고 직무강화요인을 설명하기 위해서 72명의 웨이터와 웨이트리스, 34명의 간부(supervisor)를 대상으로 설문조사를 실시하였다. 홀트의 연구는 직무강화요인의 인식에 관한 인구통계적 특성과 종사원의 만족에 영향을 미치는 요인을 중점적으로 파악하였는데, 만족요인으로는 능력활용, 독창성, 도덕성, 독자성, 다양성, 권위, 책임성, 사회적 지위, 회사정책, 상사와 부하와의 관계, 안정성, 임금,

작업조건, 승진, 상사의 지식능력, 동료관계, 직무수행능력, 인정, 성취감, 활동성 등을 조사하였다.

연구 결과 첫째, 직무란 개인의 경제적인 지위, 사회적인 지위, 자기자신 그리고 전체적인 생활의 만족을 결정하는 데 중요한 요소이고, 둘째, 대부분의 구성원들은 직무에 대하여 약80% 정도가 전반적으로 만족을 표시하였는데, 절반 정도는 그들에게 기회가 주어진다면 직업을 바꿀 의사도 있다고 밝히고 있으며, 마지막으로 직무만족은 신체적, 정신적인 건강과도 깊은 관계가 있다는 것을 밝히고 있다.

서비스 기업의 품질경영은 서비스 품질의 개선 활동에 대한 서비스요원의 참여를 전제로 하고 있으며 그들의 잠재력을 충분히 활용하기 위한 조직구조를 필요로 한다. 크리스텐센 등(Krestensen et al.)의 연구에 의하면 서비스요원의 품질과 관련된 제안을 하도록 유도하는 제도로서 금전적 보상, 제안건수에 대한 기준의 설정, 수상제도, 경쟁, 교육, 훈련, 보너스시스템 등을 들고 있다.

양질의 호텔 서비스 품질을 고객에게 전달하기 위해서는 고객의 기대와 요구에 부응하는 서비스를 제공해야 하며, 훌륭한 인적 서비스 품질은 서비스요원의 마음가짐 여부에 따라 결정된다. 결국 서비스요원의 직무만족과 서비스 품질 향상은 밀접한 관계가 있다는 점을 명심하고 서비스 기업 경영진은 서비스요원의 직무만족에 우선 관심을 가져야 한다..

1) 서비스 품질경영수준과 고객만족 · 직무만족

박정화 · 김홍범 연구 결과 첫째, 서비스의 품질관리수준은 고객만족에 유의적인 영향을 미친다고 한다. 이를 통하여 각 서비스 기업은 고객의 만족도를 높이기 위한 나름대로의 방안을 도출할 수 있을 것이다.

둘째, 서비스의 품질경영수준은 서비스요원의 직무만족과 유의한 관계를 갖고 있다. 품질경영 수준에 따른 서비스요원 직무만족의 차이에서 가장 두드러진 패턴은 소수의 직무만족 요인들을 제외하고는 대부분이 유의한 차이를 보이고 있다는 것이다. 특히 서비스 품질경영의 수준에 따라 전반적으로 서비스요원의 경제적요인이나 외재적 요인보다는 내재적 요인에 의해 직무만족을 가져온다는 것으로 나타났다. 이는 서비스 품질경영 요인의 개발을 통해 비교적 높은 직무만족을 가져올 수 있음을 의미하며, 직무환경의 조정을 통해 직무충실을 기대할 수도 있다는 것을 나타낸다.

서비스 품질이 고객만족 및 서비스요원 직무만족과 유의적인 영향을 미치는 것으로 나타났다. 서비스 기업은 품질경영을 성공적으로 도입하여 추진하고 운용하기 위해서는 추진력과 조직관리체계, 품질경영성과, 고객지향관리 등을 필수적인 기본요소로 관리해야 한다는 것을 알 수 있다. 즉, 서비스 품질경영은 제안제도의 실시나 형식적인 분임조 활동에 의해서 달성되는 것이 아니라 최고경영자의 개인적 의지와 정열, 기업의 경영이념과 전략을 바탕으로 체계적이고 조직적으로 추진해 나가야 할 것이다.

5. 고객만족을 위한 서비스 품질관리

1) 서비스 품질향상을 위한 3분류

고객만족(CS: Customer Satisfaction)을 위한 서비스 상품은 아래와 같이 3부문으로 구성되어 있다. 3가지 부문 모두의 원만한 결합이 하나의 완성된 서비스 상품이 된다. 서비스 품질을 향상시키기 위해서는 3부문의 통합관리 체계가 잘 이루어져야 한다.

Service Q(Quality)=Hard Ware Q+Soft Ware Q+Human Ware Q

(1) 하드웨어(Hard Ware) 품질관리

서비스 상품에는 분위기를 연출하는 인테리어, 레스토랑의 음식, 관광호텔의 객실, 관광버스의 상태 등의 품질관리를 하게 되는 데 이 것이 서비스의 하드웨어 품질이다. 고객의 필요와 욕구 등을 각종 시장조사나 정보를 통해 정확하게 파악하여 상품에 반영시킴으로써 고객만족도를 향상시킨다.

(2) 소프트웨어(Soft Ware) 품질관리

서비스 상품에서 소프트웨어 품질은 영업서비스 품질을 지칭하는 말이다. 고객이 현장사원 등과 접하는 환경과 분위기를 잘 갖추었다면 그에 걸맞은 접객 서비스를 제공해야 한다. 서비스 상품을 고객만족 쪽으로 실현하기 위한 서비스 자세가 소프트웨어 품질관리이다. 고객에게 상품과 서비스를 제공하기까지의 모든 영업활동은 고객지향적으로 전개하여 고객만족도 향상에 기여하도록 한다.

(3) 휴먼웨어(Human Ware) 품질관리

서비스 상품 중 고객을 존중하고 인간적인관계를 형성하는 것이 휴먼웨어이다. 가식이 아닌 신심으로, 마음속으로부터 우러나오며, 인간적인 정이 물씬 풍기는 서비스를 제공하도록 하는 것이 휴먼웨어 품질관리이다.

고객의 입장에서 고객을 위한 정성어린 마음과 인간미가 넘치는 서비스 상품을 제공한다면 고객에게 만족과 감동을 주게 될 것이다. 기계적이고, 일상적이고, 형식적인 마음가짐은 고객을 감동시키지 못한다.

고객을 감동시키는 서비스 품질관리를 위해서는 3가지 품질이 서로 유기적인 관계로 연결되어야 한다. 그 중 서비스 품질은 고객과 직접적으로 접촉하면서 관리되는 것이므로 가장 중요하다. 경쟁사 간의 상품 차별화가 어려운 성숙된 시장여건에서는 서비스 품질의 만족도에 따라 고객만족도의 크기가 좌우된다.

2) 고품질 서비스의 제공이란?

상품마다 품질이 다르듯이 서비스에도 질 높은 서비스가 있다. 이러한 질 높은 서비스의 제공은 고객만족 경영의 기본이다.

그러면 고품질 서비스란 무엇인가?

이것은 적극적이고 계속적으로 고객의 잠재된 욕구(seeds), 현재욕구(needs), 보다 강한 욕구(wants)를 만족시키기 위해 차별화된 서비스 제공으로 만드는 하나의 서비스 상품이다.

고객만족(CS : Customer Satisfaction)전략도 '고객에게 고품질 서비스를 제공하여 만족감 · 행복감을 주어 고객을 우리 서비스 기업의 신규고객화함으로써 수익을 높이는 신경영전략' 인 것이다.

3) 일선 서비스요원의 중요성

고객만족을 위한 서비스 품질관리에 심혈을 기울이는 서비스 기업들은 처음부터 끝까지가 고객만족이므로 고객이 가장 중요하다고 볼 수 있다. 따라서 고객과 가장 가까이서 서비스 상품을 생산하는 일선 서비스요원의 역할이 매우 중요한 것이다.

(1) 일선 서비스요원이 중요한 이유

① 고객욕구와 각종 고객정보를 신속히 수집하여 관련 부서로 피드백 하는 일을 담당하므로 중요하다.

② 고객의 욕구와 불만에 대해 적극적으로 대응하고 해소하는 일을 담당하므로 중요하다.

③ 고객과 직접 만나는 현장사원이 능동적이고 적극적으로 대응해야할 책임이 있으므로 중요하다.

④ 고객의 마이너스 감정을 플러스 감정으로 전환시키고 서운한 마음을 어루만져 주어야 하므로 중요하다.

(2) 서비스 현장 중시 마인드

서비스 현장이란 이익을 창출하는 곳이요, 고객을 상대하거나 고객과 가까이 있는 곳이며, 고객과의 문제점 및 애로사항을 해결해 주는 곳을 말한다. 서비스 현장경영에 실패하면 기업자체의 실패를 의미하는 것이므로 아래와 같이 서비스 현장중시 마인드를 지녀야 한다.

① 서비스 현장에서 업무처리, 해결의 판단기준을 찾는다.

② 서비스 현장 중심으로 생각하고 실천한다.

③ 상품기획시 서비스 현장의 사정을 최우선적으로 고려한다.

④ 모든 업무는 서비스 현장을 중심으로 전개한다.

⑤ 서비스 현장의 문제는 즉시 해결한다.

⑥ 서비스 현장을 기업경영의 목적 · 목표로 삼는다.

⑦ 서비스 현장을 밀착 관리한다.

⑧ 경영진은 서비스 현장과 자주 접함으로써 현장감각을 익힌다.

⑨ 모든 직원은 서비스 현장을 알고 업무에 임한다.

⑩ 이론적 접근도 중요하지만 서비스 현장을 직시한다.

제2절 서비스 경영전략

모든 고객들을 대상으로 모든 서비스를 제공하는 것은 고객을 감동시키는 서비스 전략이 될 수 없을 뿐 아니라 기업을 파멸의 길로 이끌 수 있다. 고객 계층을 선택하고 선택된 고객 계층을 상대로 탁월한 서비스를 제공해야 한다.

많은 사람들이 피자가게와 같은 서비스업체를 개설하여 성공할 수 있으리라 생각하고 있으나 대부분의 시도는 서비스 경영전략의 부재로 인해 실패로 끝나고 만다. 고객을 선택하고, 제공할 서비스를 창출하고, 운영전략을 세우며, 서비스 전달 시스템을 디자인하는 서비스 전략이 체계적으로 수립되어야 한다.

1. 서비스 경영계획

1) 고객계층 선택

고객을 선택하는 것이 서비스 기업 경영전략의 첫 번째 과제이다. 페더럴 익스프레스는 빠른 소포배달을 필요로 하는 고객을 대상으로 24시간 배달사업에 착수하여 성공하였다. 사우스웨스트 항공은 텍사스 주변 도시들을 왕복하는 단거리 비

즈니스 여행자를 대상으로 항공사업을 시작하였다.

이와 같이 고객을 선택하는 것은 기본적인 전략이나 많은 기업들은 모든 고객들에게 서비스해야 된다고 오판하고 있다. 고객을 선택하는 것은 몇 가지 원칙에 따라야 한다.

첫째, 고객 계층들을 구분해야 한다. 어떤 인자에 의해 고객 계층들이 구분될 수 있나? 나이, 소득 등의 인구통계학적 요소인가? 라이프 스타일인가? 과거에는 인구통계학적 요소를 주로 이용했으나 이제는 라이프스타일과 같은 심리학적 요소들이 더 중요시되고 있다. 두 사람이 있는데 모두 35세의 대학원 졸업자로 월수입이 200만원이더라도 실제로 라이프스타일이 다를 수 있다. 한 사람은 주택구입을 목표로 저축을 하는 것과 같이 검소한 생활을 할 수 있으면 또 한 사람은 승용차를 구입하고 레저활동을 지향할 수 있을 것이므로 단순한 인구통계학이 아닌 라이프스타일과 같은 심리적 소비취향이 고객 계층선택의 근거가 되어야 한다.

둘째, 각 고객 계층의 욕구는 무엇인가를 파악해야 한다. 각 고객 계층의 욕구가 충족되고 있나? 어떻게 충족되고 있나? 어떤 기업들이 이들을 대상으로 사업을 하고 있나? 경쟁은 상대적이므로 경쟁 기업이 고객의 욕구를 만족시키지 못하거나, 해당 서비스 기업이 더 탁월하게 고객의 욕구를 충족시킬 수 있는 계층들을 파악해야 한다.

셋째, 서비스 기업이 목표로 할 고객 계층을 선택해야 한다. 선택된 고객 계층의 크기는 사업을 정당화 할 만큼 큰 시장인가? 중요 고객 계층의 공통적인 성격은 무엇인가? 흔히 최고 경영층의 비전으로 표현되고 있는 것과 같이 때로는 경영층의 결심이 필요하다. 프로그레시브 보험의 피터 루이스(Peter Lewis) 사장은 다른 보험회사에서 보험수령이 기각된 운전자를 대상으로 보험업에 진출하였다. '과거에 사고가 많은 사람일지라도 결혼을 하여 자녀가 있는 경우, 미래에는 사고의 확률이 낮아질 것이다' 와 같은 사항들을 데이터베이스를 이용하여 추출함으로써 다른 회사가 위험하다고 생각하지만 실제적으로는 위험이 낮은 고객 계층들을 선택하고 있다. 또한 루이스 사장은 모터사이클 보험에도 참여하였다.

마크 트웨인 뱅크쉐어즈(Mark Twain Bancshares)의 창립자인 아담 아론슨(Adam Aronson) 회상은 고객들이 마치 집에서 흥미롭게 담소하는 것과 같은 분위기를 갖고 은행을 이룩하였다. 신뢰도가 높은 소수의 고객들을 대상으로 규모가 큰 거래를 하는 것을 비전으로 중기업의 경영층과 부유층을 고객 계층으로 선택하였다. 이들은 기존 은행에서 차별화 된 서비스를 받고 싶어하며, 재무 능력이 탁월하므로 이들을 대상으로 하는 서비스 산업은 사업적인 타당성도 높았다.

영국의 퍼스트 다이레트(first direct) 은행은 영국의 15%의 고객이 영업점에 방문하지 않고 거래를 원하는 것을 파악하고 이들에게만 초점을 맞추어 은행을 창립하였다. 즉, 모든 고객을 대상으로 하지 않고 선택된 고객 계층만을 상대로 탁월한 서비스를 제공한 것이다.

서비스 기업의 고객은 제조업체의 고객과는 다르므로 체계적인 연구가 필요하다. 첫째, 서비스 기업의 고객은 기대를 갖고 서비스에 참여하고 있으므로 서비스 기업은 고객이 기대를 만족시켜야 생존할 수 있다. 둘째, 서비스 기업은 고객이 갖고 있는 잠재적인 욕구를 충족시켜야 한다. 욕구(needs)는 기대(expectation)와 달리 고객이 분명하게 표명하기 어려우므로 이를 잘 파악하고 있다. 셋째, 제조업체의 고객과는 달리 서비스 기업의 고객은 서비스에 직접 참여하고 있으므로 서비스 기업은 고객의 능력을 이용하는 서비스, 전달시스템, 직무방식을 디자인할 수 있다.

2) 제공할 서비스의 결정

선택된 고객 계층에 어떤 서비스를 제공할 것인가? 서비스를 결정하는 것은 고객을 선택하는 것과 마찬가지로 서비스 기업의 중요한 선택요소가 된다. 모든 서비스들을 탁월하게 제공할 수 있으면 가장 좋을 것이나 이러한 서비스 경영전략은 실패에 이르기 쉽다. 시어즈 백화점은 제품을 저렴한 가격으로 판매함으로써 성장할 수 있었으나 고급 상품을 구매하는 고객들을 대상으로 고급 브랜드를 판매하는 전략을 병행하다가 재정적으로 큰 실패를 겪었다. 고급 브랜드를 취급함으로써 재고

비용과 관리비용이 상승하여 저가격을 유지할 수 없어 저가격을 선호하는 고객 계층은 할인점으로 빼앗겼으며 설사가상으로 기업의 이미지가 저가격으로 뿌리 박혀 있어 고급품을 찾는 고객들은 시어즈 백화점을 방문하지 않았다.

고객에게 제공할 서비스를 결정하기 위해서는 다음과 같은 질문에 대한 답변을 연구해야 할 필요성이 있다. 고객에게 제공되는 서비스의 주요 요소는 무엇인가? 이러한 요소들에 대해 고객 계층이 어떻게 받아들이나? 해당 기업의 서비스에 대한 고객의 지각도는 경쟁기업과 차별화 되고 있나? 서비스를 뿌리 내리기 위한 서비스 전달방식의 디자인, 서비스의 디자인, 마케팅 방식에 필요한 자원과 노력은 투자에 비하여 매출이나 이익을 증대시킬 만한 가치가 있나? 서비스결정은 제품이나 서비스를 독특하게 만드는 것보다는 고객을 위한 결과에서 출발되어야 하며 이러한 서비스 개념은 사업성이 있어야 한다.

서비스 결정은 서비스에 대한 정의와 비전을 설정하는 것으로 축약될 수 있다. 딜럭스 코포레이션(deluxe corporation)은 '48시간 이내에 납품하고 실수가 없음' 을 서비스에 대한 비전으로 설정하였다. 간단히 빨간색과 검은색만 들어 있는 개인 수표책 1권이건 합병에 수반된 금융 증빙서류의 변경이건 딜럭스사의 직원이나 고객들은 주문한 시점에서 48시간 이내에 출판, 인쇄, 출하되는 것을 당연하게 여기고 있다. 맥도날드는 패스트푸드 음식점이므로 모든 고객서비스들을 완벽하게 수행할 수는 없으나 'QSVC : 품질, 서비스, 가치, 청결함' 으로 비전을 표현하고 있다. 서비스 정의와 비전은 단순한 슬로건이 아니라 선택된 고객에게 가치가 높은 서비스 개념을 구체화 한 것이다.

제공할 서비스를 선택할 때 과거에는 주로 핵심서비스에만 초점을 맞추었다. 그러나 경쟁업체가 나타남에 따라 핵심서비스는 바로 모방이 될 수 있다. 또한 서비스가 성숙된 업계에서는 서비스의 품질도 비슷하여지며, 가격도 비슷하여짐에 따라 가격과 핵심서비스만으로는 차별화를 이룰 수 없게 되었다. 이에 따라 부가서비스가 차별화의 원동력으로, 때로는 경쟁무기로 등장하게 되었다.

3) 운영전략 수립

운영전략은 서비스 기업운영의 매크로 전략에 해당되는 서비스 정책과 방식에 관련된 전략이다. 서비스 제품, 금융, 마케팅, 조직, 인적자원, 컨트롤의 주요 요소들은 어떻게 구성되어야 하며 어디에 중점을 두어야 하는가? 어디에 투자가 필요한가? 서비스 품질과 코스트를 어떻게 컨트롤해야 하나? 측정, 인센티브, 보상제도는 어떻게 구현 되야 하나? 경쟁 기업과 비교해서 서비스의 품질, 원가의 구성, 생산성, 서비스 제공자의 사기와 충성도에서 어떠한 차이가 있어야 하나?

소수의 대규모 거래를 하고 있는 고객들과 거래하고 있으므로 마크 트웨인 뱅크쉐어즈의 운영전략은 다음과 같이 고객과의 관계를 향상시키는 관계정립에 기초를 두고 있다.

첫째, 마크 트웨인 뱅크쉐어즈의 영업점은 고객의 사무실이나 가정과 같은 분위기를 창출한다. 영업점에는 고객들이 별로 없으며 안락 의자와 같이 편한 분위기를 제공하는 가구가 배치되어 있다. 일부 영업점들에서는 부엌과 주방장까지 있어 식사를 즐길 수도 있다. 아론슨 회장은 사무실에서 인생의 대부분을 보내고 있으므로 가정보다 더 편한 분위기에서 즐겁게 업무를 할 수 있게 되어야 한다고 주장하고 있다.

둘째, 고객이 경영층을 겸하고 있다. 마크 트웨인 뱅크쉐어즈는 미주리주에서 주로 운영되고 있으며 미주리주는 은행이 지점을 개설할 수 없게 법규로 규제되어 있다. 이에 따라 마크 트웨인 뱅크쉐어즈는 35개 영업점에 모두 사장과 임원신들이 있다. 총 300명의 임원들이 있으며 이들은 모두 고객으로 구성되어 있다. 즉, 임원들이 고객이므로 이들은 당연히 마크 트웨인 뱅크쉐어즈를 이용하는 은행거래자들로 영업점은 인정된 수익원을 갖고 있다.

셋째, 탁월한 경영능력을 가진 인적자원 경영능력을 가진 인적자원을 확보하기 위해 노력하고 있다. 유수대학의 경영학 석사들을 채용하고 있으며 이들에게 서비스 개념을 소개하고 높은 직위를 부여함으로써 탁월한 인적자원을 확보 할 수 있다. 회장이 직접 면담을 하며, 채용된 신입사원들은 2~3년의 인턴사원 과정을 거쳐 30세 이전에 영업점의 사장으로 취임시킨다. 젊은 영업점 사장들은 젊은 고객들과 거래를 하는데 크게 기여하고 있다.

넷째, 지원체제를 확립하며 제한된 분야에서의 권한위임을 통해 서비스요원들의 동기를 부여시킨다. CD 등의 가격을 엄격하게 통제하여 이를 준수하도록 하고 있는 것과 같이 영업점의 젊은 사장들은 경쟁은행의 중간관리자급에 해당되는 권한만 갖고 있으나 그들 스스로는 권한이 많이 이양되어 있다고 생각한다. 즉, 본사에서 꼭 필요한 제도는 반드시 준수될 수 있도록 하되, 임원진의 구축, 고객 계층의 구축 등은 위임되어 있어 영업점의 사장들은 권한이 이양되어 있다고 간주하고 있으며 권한이 이양된 부문들에서 더 탁월하게 성취도를 높일 수 있도록 노력하고 있다.

2. 서비스 경영전략의 시행

1) 서비스 전달시스템

서비스 전달시스템은 서비스가 고객에게 제공되는 방법에 대한 디자인을 의미한다. 서비스 전달시스템의 특징은 무엇인가? 서비스 전달시스템에 있어 서비스요원의 역할, 기술, 서비스, 기기, 배치, 절차들의 세부적인 사항은 어떻게 조직되어 있나? 피크 타임을 대비하여 평상시설의 능력은 어느 정도 되어야 하나? 품질 유지, 경쟁 기업과의 차별화, 경쟁 기업에 대한 장애요인으로 어떤 것이 서비스 전달시스템에 필요한가?

서비스 전달시스템의 구축은 그날 그날의 운영체계를 디자인하는 것으로 고객에게 서비스를 제공하는 방식을 규정하는 것이다. 페더럴 익스프레스가 24시간 배달이라는 상품을 구현하기 위해 중앙에 물류센터를 구축하고 모든 도시들에서 중앙으로 연계되게 배달시스템을 디자인한 것이 대표적인 서비스 전달시스템의 디자인 사례이다. 이런 시스템은 어떤 도시에서 다른 도시들로 배달할지라도 그 도시들과 중앙의 물류센터만 연계되면 기존의 체계를 바꾸지 않고도 목표를 달성할 수 있는 장점을 갖고 있다. 마크 트웨인 뱅크쉐어즈는 서비스 전달시스템인 영업점에서 고객이 가정이나 집무실과 같은 느낌을 갖도록 고객의 제2의 사무실로 활용 가능하게 영업점을 디자인하였다.

서비스 전달시스템을 구축하기 위해서는 적합한 기술이 이용되어야 한다. 사우스웨스트 항공은 예약시스템과 좌석 배정시스템 없이도 신속하게 고객을 비행기에 탑승시키고 있다. 번호를 기입한 플라스틱 보딩을 선착순으로 고객에게 제공함으로써 고객은 좋은 좌석을 차지하기 위해 빨리 비행기에 탑승하게 된다. 퍼스트다이렉트 은행은 영업점 없이 전화를 통해 영업을 하고 있으므로 통신기술이 서비스 전달시스템의 중요 요소이다. 특히, 안전을 위해 합법적인 고객인가를 확인할 수 있게 어머니의 결혼 전의 이름, 생일을 제외한 고객의 기념일, 현주소를 제외한 기념주소를 물어보고 있다. 이런 절차가 통신과 데이터베이스를 통하여 빨리 조회될 수 있도록 만들었다.

서비스 전달시스템이 고객의 입장에서 디자인되었나를 파악하기 위해서는 다음의 두 가지 측면에서 조사할 수 있다. 첫째, 고객과의 접점(moment of truth)에서 우리 기업이 다른 기업보다 더 나은 선택이라는 것을 고객이 느낄 수 있게 되어 있나 검증해야 한다. 즉, 고객과의 접점에 대한 리스트를 만들어 보고 각 접점에서 고객의 입장이나 경쟁 기업과 비교하여 장점과 단점을 분석하는 것이 필요하다.

둘째, 고객의 서비스 사이클에 따라 서비스 전달시스템을 평가한다. 일반적으로 기업은 기업 입장에서 서비스 전달시스템을 디자인하고 있으므로 기업의 입장에서는 탁월한 시스템이 될 수 있으나 고객 입장에서는 불충분할 수 있다. 서비스 사이클은 고객이 필요성의 인지에서부터 비롯히여 서비스를 요청하여 제공받고 지불할 때까지 전 과정을 의미한다. 고객의 입장에서 서비스 전 과정을 검토하여 개선의 여지가 없나 살펴보아야 한다.

운영전략에 맞추어 서비스 전달시스템이 구축되었나를 확인하기 위해서는 다음과 같은 질문들을 고려해야 한다.

① 전략 수행상의 필요사항들이 서비스 전달시스템으로 충족되나?

② 그렇지 않다면 어떤 점이 변화되어야 하나?

③ 운영전략, 서비스 전달시스템이 조화되기 위하여 무엇이 필요하나?

예) 고품질, 고생산성, 저원가, 높은 사기

④ 이런 것들이 경쟁 기업의 진입장벽으로 작용할 수 있나?

2) 일반기업과 초일류 서비스기업의 차이

앞에서 언급된 서비스 경영전략의 프레임워크의 요소들을 일반 기업과 초일류 서비스 기업들이 어떻게 개발하고 있나 살펴보면 다음과 같은 차이점들을 파악할 수 있다.

(1) 고객 계층의 선택

일반 기업들은 나이, 교육과 같은 인구통계학적으로 고객 계층을 선택하고 있으나 초일류 서비스 기업들은 고객의 사고방식이나 행동양식과 같은 라이프스타일을 통하여 고객 계층을 분류하고 있다.

(2) 포지셔닝

일반 기업은 서비스의 차별화를 위해 포지션을 설정하고 있으나 초일류 서비스 기업은 고객의 욕구와 경쟁 기업의 서비스 제공을 고려하여 총체적으로 포지션을 설정하고 있다.

(3) 서비스개념 일반

기업은 고객 욕구의 만족을 위해 어떤 서비스가 필요한가를 정의하여 서비스를 제공하는데 초점을 맞추고 있으나 초일류 서비스 기업은 고객의 성취도에 초점을 맞추고 있다. 즉, 일반 기업은 드릴을 판매하고 있다고 생각하고 있으나 초일류 기업은 고객이 구멍을 쉽게 뚫을 수 있게 해야 된다고 생각한다.

(4) 가치 · 비용 레버리지

일반기업은 원가절감이나 고품질의 제공 중에서 하나를 선택하고 있으나 초일류 서비스 기업은 고품질과 저원가를 동시에 추구하고 있다. 즉, 고객이 느끼는 편익이 지불하는 비용보다 크면 추구할만한 가치가 있다고 생각한다.

(5) 운영전략

일반 기업은 최저의 원가로 서비스를 제공하는 것을 운영의 과제로 삼고 있으나 초일류 서비스 기업은 가치-비용의 레버리지 개념에 입각하여 운영하고 있다.

(6) 전략 · 시스템 통합

일반 기업은 업무절차의 표준화를 중요하게 간주하고 있으나 초일류 서비스 기업은 인적자원의 개발을 통해 고객과의 접점에서 서비스요원은 권한을 갖고 대응할 수 있도록 인적자원까지 디자인의 대상으로 삼고 있다.

(7) 서비스 전달시스템

일반 기업은 서비스 전달 방식으로 서비스 전달시스템을 디자인하고 있으나 초일류 서비스 기업은 고객의 성취도를 증대시키기 위한 품질의 증대방식으로 서비스 전달시스템을 디자인하고 있다.

3) 효과적인 서비스전략

서비스 전략수립은 단순히 서비스 개념을 모호하게 정의하는 것이 아니라 앞에서 언급된 요소들을 구체적으로 살펴보는 과정이다. 즉, 누구에게 어떤 서비스를 어떤 방식으로 제공할 것인가에 대한 검토로 '고객이 왜 우리 기업을 선택해야 되는가?' 에 대한 답변이 제시되어야 한다.

효과적인 서비스 전략이 되기 위해서는 전략수립 과정에서 다음과 같은 점들이 반복적으로 검토되어야 한다.

① 구체적이고 실제적이어야 한다.

② 서비스요원이 이해하기 쉽고, 실행 가능해야 한다.

③ 고객이 기꺼이 돈을 지불하려는 것에 초점을 맞추어야 한다.

④ 중요 부문의 경우 고객 입장에서 경쟁 기업과 차별화 되어야 한다.

⑤ 고객에게 설명하기 쉽게 되어야 한다.

제3절 서비스기업의 경영혁신

1. 서비스기업의 과제

1) MOT의 중요성

MOT(Moment of Truth : 결정적 순간)에 고객이 접하게 되는 기업 시스템은 서비스 품질의 일부분이라고 할 수 있다. MOT란 고객이 서비스기업과 접촉하는 순간으로, 서비스기업의 서비스요원들은 약 15초 이내에 우리 매장을 방문한 것이 고객에게는 최상의 선택이었다는 것을 증명해 주어야 한다. 첫인상이 그만큼 중요하다는 의미이다.

2) 전략적인 접근

치열한 경쟁과 다변화하는 고객의 욕구변화에 창조적으로 대응하기 위해서는 서비스에도 전략적인 접근이 이루어져야 한다. 많은 사람들이 적은 투자로 여행사를 설립할 수 있다 하여 여행사를 개설하면 돈을 벌 수 있다고 생각하나, 실제적으로 파산할 확률도 상당히 높다. 전략적으로 뚜렷이 차별화되지 않은 서비스기업은 더 나은 서비스를 전달하는 경쟁기업이 출현하면 도태되게 마련이기 때문이다.

3) 고객만족

서비스기업의 지상과제는 고객만족에 있다. 서비스기업에서 기업위주의 운영은 더 이상 용납되어서는 안된다. 서비스는 무형적이므로 기업의 성취도는 고객의 판단, 즉 고객의 만족에 의하여 결정된다. 고객이 만족하면 저절로 수익을 올릴 수 있으므로 서비스기업의 최고목표는 고객만족이며 수익은 그 다음 과제라고 할 것이다.

4) 접객종사원

고객과의 친밀한 관계유지가 기업문화로 정착되어야 한다. 특히 직접적으로 고객과 접촉하면서 서비스를 생산 · 판매하는 최일선종사원의 서비스 정신과 창출능력이 서비스기업의 성공에 중요한 변수가 된다.

5) 물리적인 분위기의 중요성

서비스가 창출되는 공간이라고 할 수 있는 설비 · 기기 · 인테리어 등과 같은 물리적인 분위기가 중요하다. 때로는 서비스의 품질을 바로 평가할 수 없으므로 시설과 같은 물리적인 분위기를 서비스의 품질을 평가하는 대체적인 변수로 생각하는 고객이 많이 있다. 예를 들어 비행기 좌석에 껌이 붙어 있는 것을 발견하면 비행기의 안전에 의문을 품는 고객도 있게 된다.

6) 고객의 개별적인 특성에 대한 대응의 중요성

서비스의 창출과정은 고객과 서비스요원 또는 물리적 환경(시스템 포함)과의 상호작용이므로 서비스의 창출과정에는 고객의 개별적인 특성에 대한 대응이 중요하다. 이에 따라 이질적인 서비스가 창출될 수 밖에 없다. 즉 서비스 품질의 균일성을 보장하기 어렵다. 관광호텔의 서브요원은 1인 10색을 지닌 고객과 상품의 종류와 시간에 따라 고객에게 적합한 서비스를 제공해야 한다.

2. 고객지향적 기업문화

기업문화는 조직구성원이 '공통적으로 생각하는 방법, 행동하는 패턴의 체계'로써 제품 · 판매 · 서비스 활동에 대한 전략을 수립할 때 이를 지원하고 뒷받침하는 역할을 한다. 기업문화가 고객지향적이라면 제품과 판매서비스들은 서로 조화와 균형을 이루어 '고객만족'이라는 기업의 목표를 더욱 강화시켜 줄 것이다. 또한 기업의 자원(자금, 기술, 조직력)을 고객만족을 극대화하는 방향으로 효율적으로 배분시켜 주는 역할을 한다.

고객지향경영에 바람직한 관리자는 다음과 같은 능력을 갖추어야 한다.

① 고객서비스에 대한 개념, 서비스 방침과 목표달성의도를 계속하여 전달하고 납득시켜 준다.

② 고객만족실현을 위해 솔선수범하여 일의 모범을 보인다.

③ 고객만족경영을 위해 어떤 행동이 바람직한 것인가를 설명하고, 좋은 행동을 칭찬한다.

④ ③과 같은 풍토가 회사 내의 행동규범이 되게 만든다.

⑤ 서비스 기획과 목표달성을 위해 무엇을 해야 하는가를 염두에 둔다.

⑥ 부하의 잘못됨을 바르게 잡아 주어 신뢰감을 얻는다.

[제2편]

기본서비스 실무

제5장 서비스요원의 마음가짐

제1절 서비스요원의 마음가짐과 일반적 조건

1. 서비스요원의 마음가짐

1) 마음가짐의 의의

인적 서비스 품질은 그 마음을 어떻게 갖느냐에서 출발한다. 그 때문에 마음가짐은 서비스 품질의 뿌리이며 샘이라고 한다.

관광서비스업에 근무하는 서비스요원은 한 사람 한 사람이 자기 직장의 대표가 되는 것이므로 강한 자주정신을 가져야 한다. 그리고 고객의 마음의 문을 열자면 무엇보다도 호감을 주는 표정과 선한 마음가짐을 지니도록 하는 것이 가장 중요한 과제이다.

예의 바르고 정중한 서비스는 마음의 표현이다. 마음 속에 가지고 있는 바를 겉으로 표현하는 것이다. 올바른 마음을 가지고 있으면 서비스 품격을 바로 지킬 수가 있다. 예스러운 마음을 가지면 표정과 말과 행동이 예스러울 것이며 정중한 서비스로 이어지게 된다. 하지만 마음이 고약하고 부정적이면 그 말과 행동이 무례해지며 질 낮은 서비스로 이어질 것이다.

2) 서비스요원의 기본적인 마음가짐

① 모든 일에 정성스러운 마음을 가져야 한다. 마음을 정성스럽게 가지면 밖으

로 나타나는 모든 것이 정성스러워진다.

② 모든 것을 사랑하는 어진 마음을 갖는다. 미워하고 사악하면 그 표정이 일그러지고 말이 사나워진다.

③ 모든 일에 공경하고 너그러움을 앞세운다. 공경하면 아름답고 너그러우면 따르는 이가 많아질 것이다.

④ 모든 일에 조심하고 삼가는 마음을 갖는다. 조심하면 공손해지고 삼가면 실수가 적은 법이다.

⑤ 욕심을 버리고 사양하는 마음을 가져야 한다. 욕심이 없으면 마음이 편하고 사양하면 남과 나누어 가질 것이 있다.

⑥ 스스로 잘잘못을 가려 부끄러워할 줄을 알아야 한다. 남이 말하기 전에 스스로 규율하는 자율성을 지녀야 한다.

⑦ 항상 감사하고 넉넉한 마음을 가져야 한다. 감사하면 풍족하고 마음이 넉넉하면 부족한 것이 없다.

⑧ 믿음을 앞세워 의심을 품지 않는다. 내가 남을 믿으면 남이 나를 의심하지 않는다.

⑨ 모든 일을 예절에 맞게 해야겠다는 마음을 간직한다. 마음 속에 예를 품으면 밖으로 나타나는 모든 일이 예스럽다.

2. 서비스요원의 기본정신

서비스요원으로서 갖추어야할 정신적 요건은 투철한 직업관과 올바른 정신자세이며, 접객 업무를 성실히 수행하기 위한 전문지식의 습득을 위해 부단히 노력을 기울이는 것이다.

1) 봉사성(Service)

서비스는 환대산업의 주요상품이므로 식당 및 연회부문 근무자는 고객에게 형식에 치우친 사무적이고 수동적인 서비스를 해서는 안되며 항상 마음에서 우러나오는 최상의 친절로 고객서비스에 임해야 한다.

2) 청결성(Cleanness)

청결성은 공공위생(public sanitation)과 개인위생(private sanitation)으로 나눌 수 있다. 공공위생은 고객이 이용하는 공공장소와 제반시설 및 집기류 등의 청결상태에 고객이 불편을 느끼지 않도록 깨끗하게 유지해야 한다. 개인위생은 자기자신의 청결을 의미하며 철저한 위생관념으로 고객이 신선감과 쾌적함을 느낄 수 있도록 해야 한다.

3) 능률성(Efficiency)

모든 업무의 능률을 올리기 위해 서비스요원들은 매사에 적극적이고 능동적인 자세로 일을 수행해야 하며 업무의 흐름을 숙지하여 효과적으로 일을 처리할 수 있도록 기능을 향상시켜야 한다.

4) 경제성(Economy)

경제성이란 최소의 경비지출로 최대의 영업이익을 얻고자 함을 말한다. 모든 서비스요원은 항상 절약정신과 주인의식을 갖고 직무와 관련하여 운영에 소요되는 고정경비와 변동경비의 지출을 최대한 절감하여 이익증대에 이바지해야 한다.

5) 정직성(Honesty)

정직성은 인간의 근본정신 중 가장 참된 것이라 할 수 있으며 서비스요원으로서의 정직한 행동은 고객들에게 신뢰감을 갖게 하여 회사의 명예와 지속적 영업신장에 크게 기여하게 된다.

6) 환대성(Courtesy & Hospitality)

서비스는 환대정신이 가장 중요하므로 서비스요원들은 정중하고 반가운 태도로 고객을 맞이하고 항시 즐거운 마음으로 고객을 대해야 한다. 이것은 서비스요원으로서의 사명이기도 하다.

제2절 서비스요원의 정신자세

1. 서비스가치에 대한 편견과 진의

1) 서비스가치에 대한 편견

현대 경제사회는 서비스경제화가 일반화를 넘어서 물재(物財)의 가치보다 중시되는 사회가 되었다. 그런데도 불구하고 서비스부문에 대한 부정적 시각을 가지고 있는 사람이 아직도 많다. 서비스에 대한 부정적 견해가 잔존하는 배경을 살펴보면 다음과 같다(차길수).

(1) 인적서비스를 주종관계적 시중으로 인식

아직도 많은 사람들이 서비스라는 용어가 생겨났던 옛 시대의 사고방식에서 벗어나지 못하고 있다. 인적 서비스는 과거 계급사회에서 노예나 하인이 주종관계에서 봉사와 시중을 하는 것으로 인식하는 것이다. 특히 문제시되는 것은 서비스를 복종 · 종속의 의미로 받아들여 '상대방에게 노예근성 비슷하게 맹목적으로 순종하는 것' 이라고 전근대적인 관점에서 생각하는 경우가 많다는 사실이다.

이러한 전근대적인 사고방식이 아직까지도 사람들의 인식 속에 자리잡고 있기 때문에 서비스를 제공하는 측은 비굴한 느낌을 갖고 서비스를 제공 받는 측은 거만한 태도를 취하게 되는 것이다.

(2) 서비스는 경제의 부수적인 부문으로 인식

서비스는 산업의 발전과정에서 자동적으로 수반되는 결과이므로 경제의 부수적인 부문일 뿐이며, 서비스 생산은 노동 집약적인 성격을 띠고 있을 뿐 아니라 생산성도 낮고, 고용측면에서도 타산업 희생의 대가로서 성장한 결과라고 하는 등의 입증되지 않은 주장들이 마치 진실인 것으로 받아들여지고 있다.

더욱이 우리 나라와 일본의 경우 서비스를 '댁까지 배달은 서비스로 제공합니다.' 처럼 공짜 또는 덤의 뜻으로도 사용되고 있다. 서비스의 가치를 하찮게 여기고 있는 것이다.

이로 인하여 서비스기업의 종사원들은 바른 직업의식을 갖지 못해 의욕적이고 적극적인 자세에서 업무에 임하지 못하는 경향이 있다.

2) 서비스가치의 변화

현대에 이르러 서비스는 단순히 제조업이나 타산업의 부수적인 활동이 아니라 사회에 절대적으로 필요한 부문이며, 경제의 중심부에 위치하고 있는 것으로 되었다. 또한 서비스부문은 1차 산업과 2차 산업에서의 생산활동을 원활히 하는 역할뿐만 아니라 생산활동을 가능케 하며, 오히려 서비스가치가 물재의 가치보다 훨씬 소중히 취급받는 사회가 되고 있다는 사실을 인식하게 되었다.

따라서 서비스요원들은 21세기는 서비스가 중심이 되는 시대라는 책임감을 가지고 자신의 직무에 임해야 한다. 자신의 역할에 따라 자신의 가징과 자신이 속해 있는 기업, 더 나아가 국가와 국제사회의 윤택한 삶이 결정된다는 점을 바르게 깨달아야 한다.

2. 서비스요원의 개념과 중요성

1) 서비스요원의 개념

고객서비스는 고객에 대응하는 서비스요원을 필수적으로 요구한다. 여기에서 서비스요원에 대한 개념을 정리해 두고자 한다.

붐과 비터(Booms B. H. & M. J. Biter)에 의하면 서비스요원이란 참여자 믹스의 하위믹스라 할 수 있으며 일반적으로 참여자믹스란 고객의 지각에 영향을 미치는 모든 인간적인 관계자를 의미한다. 이와 같은 참여자믹스의 구성요소로서는 기업의 서비스요원과 기업의 물리적 서비스환경에서 존재하는 다른 고객들로 대별할 수 있다.

즉, 서비스요원이란 기업의 서비스를 고객들에게 직접 제공하는 일선 근로자를 말하며, 이들은 서비스기업의 생산역할을 담당할 뿐만 아니라 고객 접촉역할도 담당한다. 고객감동을 위한 친절 서비스의 최일선 종사원이 바로 서비스요원인 것이다.

2) 서비스요원의 역할과 중요성

고객서비스는 고객에 대응하는 서비스요원을 필수적으로 요구한다.

관광산업을 포함한 전통적인 서비스산업이 국가 경제에서 차지하는 중요성이 증대하고 상품판매와 관련된 서비스부문의 비중이 증대되면서 서비스요원들은 기업에 대하여 고객이 갖게 되는 이미지를 형성하는 데 필수적인 요인이 되었고 기업의 성패를 결정하는 중심적인 역할을 하고 있다.

그론루(Gromroos)에 의하면 고객과 서비스요원과의 상호작용을 통하여 서비스기업이 고객에게 제공하는 서비스상품은 기술적 질과 기능적 질의 두 가지 요소로 분류할 수 있다는 것이다. 여기에서 기술적인 질이란 서비스기업과의 상호작용 중에서 고객이 제공받는 것을 의미한다. 예를 들면 호텔의 객실, 식당의 음식 등을 의미한다. 한편 기능적인 질이란 서비스의 기술적인 요소가 어떻게 전달되는가를 의미한다. 고객들은 서비스상품의 두 요소를 동시에 인식하고 평가하기 때문에 서비스요원의 역할은 고객들이 인식하는 서비스의 질에 미치는 영향은 상당하다고 설명하고 있다.

즉, 일선 서비스요원들은 고객의 욕구와 사고를 잘 이해하고 반응함으로써 고객들이 기업과 반응하는 과정에서 생기는 만족도를 증가시킬 수 있으며, 고객의 만족도가 높아지면 반복구매활동이 증가하고 긍정적인 구전(口傳 : word-of-mouth

관광서비스 상식

싱가포르 항공의 친절 서비스정신

정부 지분이 54%나 되는 공기업이면서도 서비스 하나로 성공을 거둔 기업을 들라면, 단연코 싱가포르 항공이다. 민간 기업들이 부러워할 정도의 유연함과 투철한 서비스 정신을 무기로 싱가포르 항공은 아시아 시장에서 덩치 큰 일본 항공사를 누르고 수익률 1위를 차지하고 있기 때문이다.

그렇다면 싱가포르 항공의 성공 비결은 무엇일까? 그것은 두 말할 것도 없이 친절하고 섬세한 서비스이다. 특히 몸에 꽉 끼는 전통 의상을 입은 가냘픈 여승무원들의 우아한 미소가 여행객들을 자석처럼 끌어들인다.

communication)이 발생한다. 결국 해당 서비스 기업의 시장점유율과 순이익이 증가하게 된다. 일선 서비스요원들은 이처럼 중요한 일을 담당하고 있는 것이다.

3. 서비스요원의 정신자세 유형과 서비스 수준

일선 서비스요원의 역할이 매우 중요하다고 했다. 고객의 마음을 감동시키기위해서는 서비스 품질의 수준을 높이는 데 서비스요원들이 기여해야 된다. 이는 친절하고 적극적이며 정중한 서비스를 생산함으로써 가능하다. 서비스요원이 이처럼 고급서비스를 생산하기 위해서는 일에 임하는 정신자세가 중요하다. 모든 행동의 출발은 마음가짐이기 때문이다. 고객을 맞는 일을 의욕적이면서 신나게 하는냐, 못하느냐 하는 것도 일에 임하는 정신자세 여하에 따라 결정된다.

일반적으로 서비스요원이 자신의 직무에 임하는 정신자세는 다음의 3가지 유형으로 분류할 수 있다.

1) 제1의 유형 : 계급사회 또는 전근대적 서비스 마인드

(1) 고객과의 관계에 대한 서비스요원의 인식

제1의 유형은 과거 계급사회에서나 있음직한 사고를 서비스요원들과 고객들이 여전히 지니고 있는 상태의 경우이다. 고객과의 관계에 대해 서비스요원과 고객 모두 주종관계(主從關係), 종적관계(縱的關係), 상하관계(上下關係)로 생각한다.

제1유형의 서비스요원은 항상 자기 자신을 비하하고 부끄럽게 생각한다. 자신의 일을 하찮게 생각하고 언제든 기회만 되면 전직(轉職)하겠다는 생각을 갖는다. 고객은 마치 아랫사람 다루듯 거만하게 함부로 대하며 무시한다.

〈그림 2-5-1〉 제1유형 서비스마인드 관계

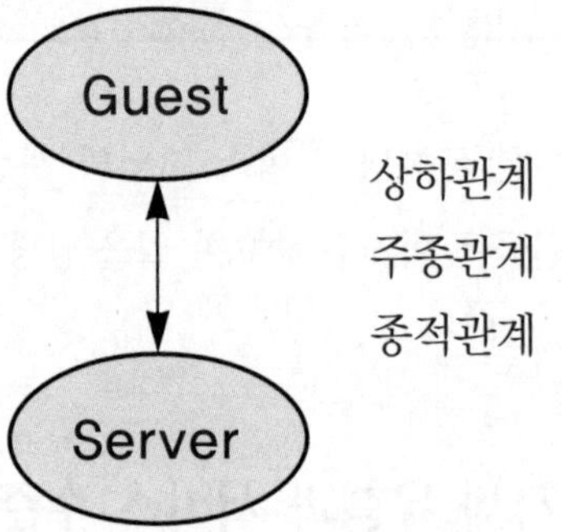

(2) 서비스요원의 태도

① 매사에 불평불만 투성이며 부정적이다.

② 자신의 직업을 부끄럽게 생각하고 항상 비굴감을 느끼며 자존심 상해한다.

③ 일은 수동적으로 마지못해서 하며, 관리가 소홀해지면 근무가 태만해진다.

④ 용모나 자세도 바르지 못하고 빈틈이 많다.

⑤ 얼굴의 표정은 미소가 없고 밝지 못하다.

(3) 고객의 자세

① 매우 거만하며 우쭐해 한다.

② 마치 하인을 다루듯 서비스요원을 무시하며 함부로 대한다.

③ 서비스요원의 서브를 가볍게 여기며 비웃는다.

④ 서비스요원의 서브를 아주 불만족스럽게 여긴다.

(4) 서비스 품질의 수준

불쾌하고 불만족스러운 수준 이하의 서비스

2) 제2의 유형 : 현대적 서비스 마인드

(1) 고객과의 관계에 대한 서비스요원의 인식

제2의 유형은 과거 봉건주의적 관념에 사로잡혀 있는 제1의 유형으로부터 상당히 발전된 서비스요원의 사고방식이다. 고객과의 관계를 평등(平等) · 대등(對等) · 수평(水平) · 횡저(橫的)관계로 인식한 것이다.

〈그림 2-5-2〉 제2유형 서비스마인드 관계

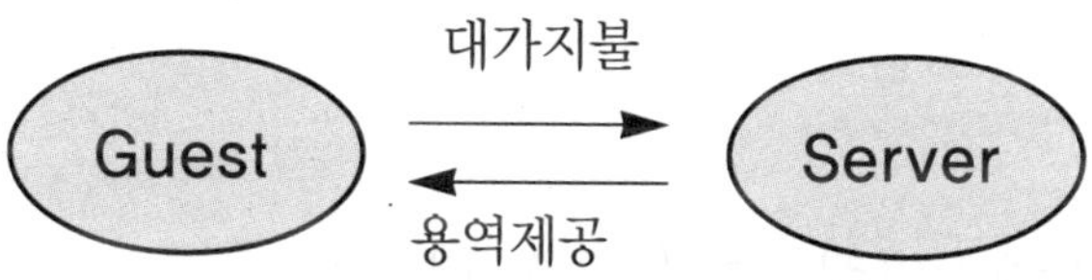

평등관계, 수평관계, 거래관계

이 사고가 싹트기 시작한 초창기에는 서비스요원들이 의욕을 가지고 적극적으로 자신의 직무에 임했었다. 하지만 시간이 지나면서 평범하며 형식적인 서비스 수준에 머무르게 되었다. 여기에 대응하는 고객의 입장에서도 오히려 지위가 높아진 서비스요원들의 일상적인 서비스 태도에 그저 그런 상태이며 그저 상거래(재화의 거래)의 일환으로 느낀다.

(2) 서비스요원의 태도

① 자신의 직무를 경제논리에 의거한 대등한 용역의 거래를 한다는 자세로 임한다.

② 의례적이며 평범한 서비스를 제공한다.

③ 마음속으로부터 우러나오는 진심어린 서비스를 제공하지는 못한다.

④ 표정은 미소를 띠고 있지만 적극성이 결여되어 있고 가식적이다.

⑤ 몸가짐, 서비스 태도, 고객을 대하는 자세 등이 모두 고객의 입장이기보다는 자기 중심적이다.

(3) 고객의 느낌과 희망

① 서비스요원의 서비스에 대한 느낌이 무감각하다.

② 때에 따라서는 가식적이고 형식적인 서비스를 역겨워 한다.

③ 각박한 세상에 세심히 대응해 주는 인정어린 서비스를 희망하게 된다.

(4) 서비스 품질의 수준

특별한 느낌과 감동이 없는 평범한 수준의 서비스

3) 제3의 유형 : 미래지향서비스 마인드

(1) 고객과의 관계에 대한 서비스요원의 인식

현재의 서비스 수준으로는 이제 더 이상 고객에게 감동을 주지 못한다. 서비스재가 경제 재화의 중심이 되는 21세기를 대비하기 위해 서비스요원들도 변해야 한다. 보다 능동적이며 적극적인 자세로 활기찬 서비스를 제공하겠다는 마음가짐을 지녀야 된다.

이를 위해서는 고객에 대한 서비스요원의 마음가짐은 심적인 우위관계에 있어야 된다. '있는 자의 여유', '윗사람의 따뜻한 배려'의 정신으로 고객을 대하는 것이다. 마치 선배가 후배를 대하듯, 엄마가 투정부리는 아이를 대하듯 고객을 대하는 것이다. 까다롭고 다루기 힘든 후배나 어린 아이 같은 고객일지라도 선배나 엄마의 마음가짐으로 모든 것을 포용하고 넓은 아량으로 고객을 끌어안는 인자한 서비스요원이 되는 것이다. 또한 후배나 어린 아이 앞에서 실수를 하거나 자세를 흐트러뜨려 망신을 당하지 않겠다는 각오를 다져야 한다. 후배나 어린아이를 위한 일인데 부끄러워하거나 시건방을 떨 수도 없다. 물론 이러한 마음가짐은 후배와 어린아이도 정당한 인격체로 대접받는 성숙된 시민의식이 뿌리내린 상태의 경우이다. 후배에게 군림하고 아이에게 엄격하기 만한 그런 자세는 곤란하다.

〈그림 2-5-3〉 제3유형 서비스 마인드 관계

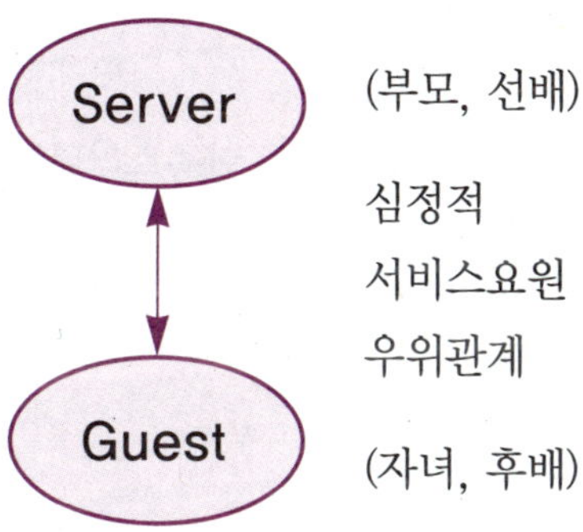

서비스요원이 언니, 오빠, 선배, 어른의 마음가짐으로 고객을 대하면 우선 책임의식을 느끼게 된다. 능동적이며 적극적인 서비스를 제공한다. 고객이 원하는 것을 세심히 관찰하여 대응하게 된다. 마치 내 아들과 동생을 위해서 일하는 것처럼 고객을 대한다. 이러한 진심어린 서비스에 고객들은 감동을 받게 되며 서비스요원을 재인식하며 신뢰하게 된다. 결국 고객과 서비스요원 상호간에 예의를 지키며 존경하면서 만족을 느끼게 된다.

(2) 서비스요원의 자세

① 자신감 넘치고, 활기차고 만족스런 자세로 최선을 다한다.

② 빈틈없는 바른 자세와 태도로 정성스럽고 정중한 서비스를 제공한다.

③ 마음속으로부터 우러나오는 서비스를 제공한다.

④ 매사에 적극적이며 진취적이며 개발적 자세를 취한다.

⑤ 실수를 부끄럽게 생각하며 고객을 왕으로 생각하는 데 거리낌이 없다.

⑥ 표정은 항상 미소를 띠며 인상이 밝다.

(4) 고객의 느낌과 태도

① 서비스요원을 대등한 관계에서 신뢰하게 된다.

② 서비스요원들을 비웃거나 거만한 태도는 상상도 못하게 된다.

③ 서비스요원들에 대한 그릇된 인식을 버리고 새로운 서비스 문화에 동참하기를 원하게 된다.

④ 정성어린 고품위 서비스에 감동 받고 아주 만족스러워하게 된다.

(5) 서비스 품질의 수준

아주 만족스럽고 감동 받는 수준의 서비스

4) 서비스 문화의 리더는?

문화란 무엇인가? 그것은 조직의 지도자나 구성원들에게 일반적으로 받아들여지는 가치와 태도, 그리고 업무 수행방식 일체이다. 그러면 서비스 문화(서비스 환경)의 주도권은 누가 쥐고 있는가? 누구에 의해서 형성되고 결정되는가? 고객? 아니면 서비스요원인가?

서비스 문화의 리더는 고객이 아니다. 서비스 문화의 리더는 서비스요원이다. 고객은 단지 제공된 서비스 문화에 피동적으로 동참하고 서비스 품질의 수준을 평가하는 것이다. 서비스 환경과 문화는 서비스요원들에 의해서 좌우된다. 따라서 서비스 현장은 서비스요원들이 연출해야 할 무대이며 고객들은 단지 고급 서비스 문화를 희망할 뿐이다.

미래 지향적인 서비스요원이라면 서비스 현장을 소중히 여겨야 한다. 서비스는 우리 서비스요원들이 항상 아끼고 다듬어야할 귀중한 무대이기 때문이다.

5) 서비스에 임하는 정신자세의 변화

고객들은 점점 개성이 강해지고 있다. 고객 개개인이 천차만별(千差萬別)이며 1인 10색을 넘어서 1인 100색의 다양한 욕구를 지니게 되었다. 이처럼 다양한 욕구를 지닌 고객들을 만족시키는 고급서비스를 제공한다는 것은 매우 어려운 일이다. 이처럼 힘든 일을 담당해야할 책임을 지닌 사람이 바로 서비스요원이다. 그런데도 '서비스'는 누구나 다 할 수 있는 잡직(雜織) 정도로 인식하는 사람들이 있다. 필자(筆者)는 그러한 전근대적인 사고를 버리지 못하는 사람들이 절대 옳지 않다고 생각한다.

〈그림 2-5-4〉 고객과 서비스요원의 정신적 관계

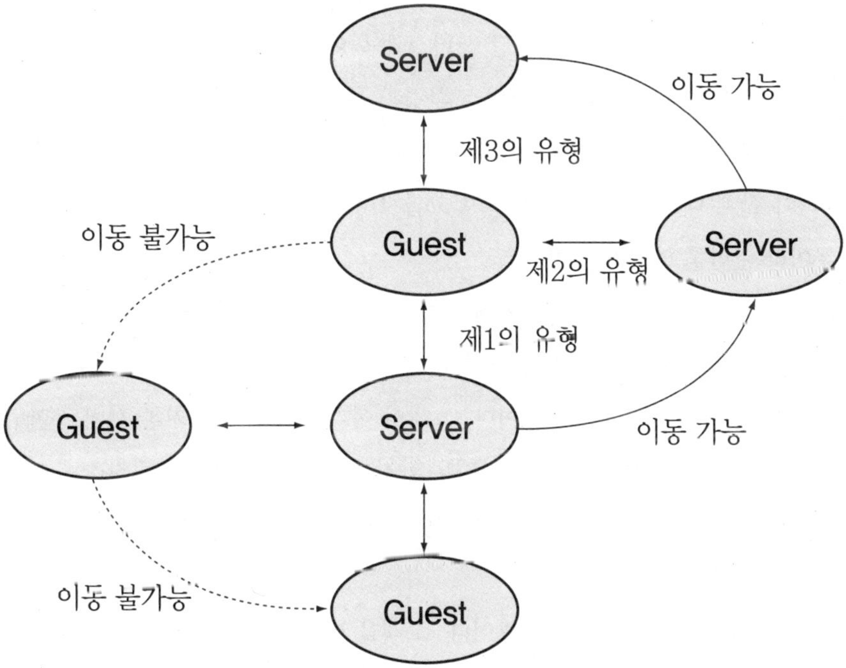

*점선은 불가능한 유형이며, 이동 및 존재 모두 불가능하다.

고객과 서비스요원간의 기본적인 서비스 마인드는 〈그림 2-5-4〉의 '제1 유형'에서 출발되었다. 학계와 서비스 현장의 노력과 요구, 그리고 시대적 필요에 의해 꾸준히 발전하면서 현대사회에 이르러 지금은 '제2의 유형' 상태에 이르렀다. 하지만 고객들은 전술했던 바와 같이 점점 개성이 강해지고 있다. 고객 개개인이 천차만별(千差萬別)이며, 1인 10색을 넘어서 1인 100색의 다양한 욕구를 지니는 시대로 향하고 있다. 기업경영환경도 국경없는 무한경쟁체제에 돌입되고 있다. 서비스기업의 미래경영환경에 단지 고객과 서비스요원이 대등한 조건에서 서비스 거래가 이루어진다는 수준의 서비스 마인드로는 극복하기 힘들다. 그러한 자세로는 서비스기업을 계속기업으로 존속시킬 수가 없기 때문이다. 여기에서 〈그림 2-5-4〉의 '제3 유형'으로의 기본 서비스 마인드 발전을 주장하는 것은 미래 서비스기업환경에 대비하기 위함이다.

〈그림 2-5-4〉에서 점선으로 되어 있는 것은 이동 및 존재가 불가능한 상태를 도식화한 것이지 고객을 격하시키면서 좋아질 수는 없다. 서비스 문화의 리더는 서비스요원이다. 고객은 단지 제공된 서비스 문화에 피동적으로 동참하고 서비스품질의 수준을 평가하는 것이다. 서비스 환경과 문화는 서비스요원들에 의해서 좌우되기 때문이다. 〈그림 2-5-4〉 도식의 점선부문은 서비스 현장은 서비스요원들이 연출해야 할 무대이며, 고객들은 단지 고급서비스 문화를 희망하며 기다리는 관객일 뿐이라는 점을 암시하고 있다.

그런데 실제현장의 고객들은 경제수준과 사회?문화수준이 높아질수록 더욱 까다로워지고, 개성이 강해지고 있다. 이러한 고객들을 대상으로 고객감동 서비스를 제공한다는 것은 매우 어려운 일이다. 그래서 여기의 미래지향 기본 서비스 마인드가 필요한 것이다. 아무리 힘들고 어려운 환경과 고객에 직면하게 될지라도 여기에서 제시한 '제3의 유형' 서비스 마인드만 구축한다면 능히 극복하고 해결책을 찾을 수 있으리라고 확신한다.

현대의 경제사회에서 고객은 왕이다. 고객을 바로 모시지 않고 무한경쟁시대에 살아 남을 수 있는 방법은 없다. 이러한 차원에서 고객들의 갖은 요구를 수용하며 고객감동을 끌어내는 일을 잘 처리해야 하며, 이 일은 바로 서비스요원들이 담당하고 있다. 상황에 따라 시시각각(時時刻刻) 변화되는 모든 고객들을 만족시키기 위해서는 그들을 수용할 수 있는 덕과 인품과 소양을 갖춘 서비스요원을 요구한다. 결국 현대사회의 서비스직(職)은 고도의 전문직인 것이다. 때문에 서비스 요원은 전문직을 수행하는 책임의식을 가져야 한다. 지금보다 개선된 서비스 노하우를 개발하고자 하는 창의적이고 진취적인 자세 또한 필요하다. 서비스 문화의 리더로서 그 역할을 수행해야 한다. 서비스는 우리의 편이며 우리를 위해서 존재하므로 자신감넘치며 활기찬 태도를 잃지 말아야 한다. 미래지향적인 서비스 요원이라면 서비스 현장을 소중히 여겨야 한다. 서비스 현장은 우리 서비스요원들이 항상 아끼고 다듬어야 할 귀중한 우리들의 무대이기 때문이다.

6) 미래지향 서비스요원의 바른 태도

(1) 미래지향 서비스요원의 마음가짐

① 감사하는 마음을 가진다.

② 봉사하는 마음을 가진다.

③ 솔직한 마음을 가진다.

④ 겸허한 마음을 가진다.

(2) 미래지향 고급서비스 창출을 위한 바른 태도

① 고객의 욕구를 정확히 파악하고 충족시켜 주려는 태도를 지닌다.

② 고객에게 진정으로 만족을 주려는 태도를 지닌다.

③ 고객의 입장에서 이해하고 도와주려는 태도를 지닌다.

④ 지속적으로 고객에게 유익한 정보를 제공하고 친해지려고 노력하는 태도를 지닌다.

⑤ 고객을 존중하고 자존심을 손상시키지 않으려는 태도를 지닌다.

(3) 미래지향 서비스요원이 지녀야할 10가지 덕목

① 우리의 얼굴은 화색이 넘쳐야 하고,

② 우리의 눈은 정기가 빛나야 하고,

③ 우리의 음성은 맑아야 하고,

④ 우리의 몸가짐은 단정해야 하고,

⑤ 우리의 복장은 정결해야 하고,

⑥ 우리의 행동은 여유가 있어야 하고,

⑦ 우리의 생활은 윤기가 있어야 하고,

⑧ 우리의 마음은 너그러워야 하고,

⑨ 우리의 말은 조용조용해야 하고,

⑩ 우리의 걸음걸이는 사뿐 사뿐해야 한다.

(4) 미래지향 서비스요원의 바른 자세

① 매사에 책임과 의무를 다하는 사람이 된다.

② 주어진 역할에 최선을 다하는 사람이 된다.

③ 일을 사랑하고, 하나를 배우면 열을 행하는 사람이 된다.

④ 자만하기보다는 노력하는 사람이 된다.

⑤ 잘 보이려 하기보다는 꾸밈없는 사람이 된다.

⑥ 자신의 과오를 감추기보다는 인정하는 사람이 된다.

⑦ 남을 탓하기보다는 자신의 불찰을 반성하는 사람이 된다.

⑧ 모방하기보다는 창조를 위하여 보이지 않는 곳에서도 묵묵히 노력하는 사람이 된다.

⑨ 문제를 회피하기보다는 적극적으로 해결하고자 하는 사람이 된다.

⑩ 현재에 안주하기보다는 보다 나은 내일을 위해서 계획하고 준비하는 사람이 된다.

(5) 미래지향 이미지 창조

① 첫인상을 소중히 한다.

② 용모 복장을 단정히 한다.

③ 밝은 표정과 얼굴 전체의 미소를 잊지 안는다.

④ 눈으로 말하고 가슴으로 경청한다.

⑤ 귀로서 일하고 손으로 웃는다.

⑥ 인간미, 도덕성, 예절을 갖춘다.

⑦ 눈 높이를 같이 하고 민첩하게 행동한다.

⑧ 오는 사람 반갑게, 가는 사람 인상깊게 대한다.

⑨ 관심과 칭찬을 습관화한다.

⑩ 매순간 최우수 주연상을 받을 수 있는 이미지를 창조한다.

제3절 서비스요원의 직업의식

1. 직업의식과 직업의 선택

1) 직업관과 성공

우리가 직업관을 말할 때, 많이 하는 이야기 가운데 하나는 천직의식(天職意識)과 소명의식(召命意識)이다. 천직의식이란 자신의 직업을 타고난 직분으로 생각하고 열과 성을 다해 일하는 마음 자세를 말하고, 소명의식이란 직업은 하늘이 나에게 준 본분이니 자신의 모든 몸과 마음을 다 바쳐 일해야 한다는 것을 말한다.

사람이 자신의 직업에 대해 천직의식과 소명의식을 가지는 것은 매우 중요하다. 그리고 이러한 의식으로 일하지 않을 때는 자기 분야에서 성공하기가 어렵다. 사회적으로 성공했다고 평가받는 사람들은 모두 자신이 하고 있는 일을 '마땅히 자신이 해야 할 본분' 이라고 생각하는 사람들이다. 이런 사람들은 일이 즐겁고, 그 일에 대한 크나큰 자부심과 긍지를 가지고 살고 있다고 대답한다.

반면 자신의 직업에 대해서 천직의식과 소명의식이 없는 사람은 성공했다고 평가받는 것은 말할 것도 없고, 자신에게 주어진 최소한의 책무조차도 제대로 수행하기가 어렵다. 그런 사람은 일을 할 때 마지못해, 어쩔 수 없이 하기 때문에 일에서 즐거움을 느낄 수 없으며, 일에서 어떤 성과를 내기도 어렵다. 그러니 자기 실현이나 성취감을 맛보기란 더욱 요원하다.

2) 직업의 선택과 직업윤리

(1) 무수히 많은 직업의 종류

세상에 직업은 무수히 많다. 일반적으로 분류되고 있는 직업의 종류가 무려 300여종이나 된다고 한다. 세분해서 본다면 실제로는 수만 가지의 직업이 있을 것이다. 그리고 시대의 흐름에 따라 없어지는 직업이 있고 새로 생겨나는 직종이 있게 된다.

(2) 준비하는 자에게 주어지는 직업의 선택권

이렇게 많은 직업 가운데 어떤 직업을 가질 것인가는 전적으로 자신에게 달려있다. 모든 사람은 직업을 자유로이 선택할 수 있는 권리를 가지고 있기 때문이다. 물론 자신이 어떤 직업을 가지고 싶다고 해서 마음대로 되는 것은 아니다. 직업은 자신의 능력과 자질, 처한 조건과 환경에 의해 제약받기 때문이다. 서비스요원이 되기 위해서는 그에 맞는 교육과 훈련을 받아야 하고, 여행사의 사원이 되기 위해서도 그 기업이 요구하는 자격 요건을 갖추어야 한다.

그러나 어떤 직업이든 처음부터 성역(聖域)이 정해져 있지는 않다. 자신의 원하면 그것을 위해 노력할 수 있고, 노력 여하에 따라서는 성취의 가능성은 항상 존재하는 것이다.

(3) 귀천(貴賤)이 없는 직업

구두닦이는 천하고 대통령은 귀한 것은 아니다. 말단 사원은 천하고, 사장은 귀한 것도 아니다. 이들은 하고 있는 일, 역할이 다르고, 사회에 미치는 영향이 다를 뿐 귀하고 천한 것의 차이는 아닌 것이다. 사원이 없으면 사장은 의미가 없다. 각기 다른 역할을 하는 다양한 직업과 그에 종사하는 무수한 사람들이 있기 때문에 전체 사회는 존재하며, 움직일 수 있는 것이다.

(4) 직업선택시 고려할 점

① 자신의 재능이나 개성 사람을 꺼리고 내성적인 사람이 가이드가 되겠다고 생각한다면 그 사람의 일생은 불행해질 수 있다. 또한 서비스요원의 기질을 가진 사람이 과학자가 되려고 한다면 잘 되지 않을 것이다.

② 자신의 능력 서비스직은 무수히 많지만 각기 직무마다 다루고 있는 일의 성격이 다르고 요구하는 능력이 다르다. 서비스 기업에 근무하고자 한다면 서비스 기업에서 요구하는 지식과 소양이 있어야 하는 것은 말할 필요도 없다. 외국어를 전혀 할 수 없는 사람이 통역안내원이 될 수는 없다.

③ 자신이 처한 환경과 조건 한국의 영화 감독이 '서편제'나 '태백산맥'을 만들 수는 있어도 '쥬라기 공원'이나 '007시리즈'와 같은 영화를 만들기는 어렵다. 그래서, 한국영화, 미국영화, 중국영화, 홍콩영화, 일본영화처럼 나름대로 특징이 존재한다. 물론 필요하면 그런 방향에서 노력해야 하지만 지금 당장 실현하기는 어렵고, 꼭 그래야 하는 가도 생각해 볼 필요가 있다. 직업도 마찬가지이다. 환경과 조건이 결정적인 것은 아닐지라도 그것은 직업을 선택하는 데서 중요하게 고려해야 할 요소이다.

④ 자신의 의지 재능이 부족하고, 능력이 없고, 환경이 다르더라도 자신의 바램과 욕구가 강렬하다면 그 직업을 선택할 수도 있다. 타고난 재능을 가진 사람은 많지가 않다. 소질이 전무하다면 모르겠으나 약간의 자질, 소양이 있다면 일정한 수준까지는 훈련을 통해서 이룰 수 있는 것이 사람이기 때문이다. 능력은 노력의 정도에 따라 좌우되는 측면이 크기 때문에 다른 사람보다 늦었지만 더욱 열심히 한다면 근접할 수준에 도달할 수는 있기 때문이다. 환경이나 조건은 어차피 조건이므로 불리한 여건에서 시작하면 되는 것이다.

(5) 자기와 안 맞는 직업이라도 열심히 노력

우리는 세상을 살면서 '세상일이 뜻대로 되지만은 않는다' 는 것을 종종 느낀다. 직업을 선택하는 것도 뜻대로 만은 되지 않는다. 때문에 우리는 자신의 재능이나 능력과 맞지 않는 직업을 가지고 사는 경우도 적지 않다. 가장 좋은 것은 자신에게 딱 맞는 직업을 선택하는 것이지만, 그렇지 못하더라도 우리는 직업에서 보람을 느끼고 살 수 있도록 노력하는 것이 필요하다. 사람의 마음먹기에 따라서 달라지는 것이기도 하기 때문에 다소 안 맞는 경우라도 노력하면 차이가 난다.

(6) 직업윤리의 중요성

어떤 직업을 가졌는가보다 더욱 중요한 것은 어떤 직업윤리를 가지고 있는 가다. 직업이나 일과 관련하여 나타나는 우리 사회의 부정적 현상들이 근면하게 사는 대다수의 많은 사람들을 가슴 아프게 하는 현실이 있다. 그러나 직장인들은 이런 것들에 현혹되어서는 안될 것이다. 설령 한탕주의가 성공한다고 해서 그 사람의 삶이 반드시 보람된 것이라 할 수는 없다. 또 그렇게 해서 돈을 벌었다고 반드시 행복한 것도 아니다.

힘들여 일하고, 노력한 결과물을 얻었을 때 느끼는 기쁨과 보람을 경험하지 않은 사람은 모른다. 정직하고 성실하게 노력해서 그 대가를 받고, 자신의 일을 통해 사회의 발전에도 기여하고 자기 실현을 이루는 것이 인간의 참다운 행복이 아닐까?

3) 바른 직업의식

(1) 공동운명체 의식

조직사회에서는 조직 구성원의 운명이 조직의 운명과 함께 한다. 회사라는 조직의 발전이 없으면 그에 소속된 직장인의 발전도 없다. 따라서 직장의 발전이 곧 나의 발전이라는 공동운명체적 의식이 없다면, 그 사람은 직장에서 존재 의의를 찾기 어려울 것이다. 직장인은 직장의 발전에 일정한 기여를 해야 하고, 발전에 기여한 만큼 회사는 직장인에게 혜택을 주어야 한다.

(2) 직장은 자신의 삶을 실현하는 장소

직장은 단순히 생계를 위한 곳이 아니라 자신의 삶을 실현하는 곳, 삶의 터전이 되는 것이다. 직장은 자신의 능력과 요구를 가지고 직장에서 최선을 다해 일하고, 그에 상응하는 대가를 받으며, 일을 통해서 성취감을 맛볼 수 있다면 그것이 의미 있는 삶이다.

(3) 자신이 선택한 직장에의 애정

직장을 선택하는 것은 직업을 선택하는 것과 마찬가지로 여러 가지 사정을 고려해야 하겠지만 자신이 한 번 선택한 직장에 대해서는 깊은 애정과 열성을 가지는 것이 바람직한 태도라 하겠다. 그래서 평생직장의 마음으로 높은 애사심을 가지고, 공동운명체 의식으로 상사, 선배, 동료들과 협동하면서 생활한다면 직장생활은 기쁜 마음으로 할 수 있을 것이다.

2. 일에 임하는 마음자세

현대의 기업은 국내경쟁을 넘어 세계의 일류기업, 다국적기업과 아무런 보호막도 없이경쟁을 해야 한다. 세계적 무한경쟁의 시대인 것이다.

서비스기업의 상황도 서비스요원들의 변화를 요구하고 있다. 그 변화의 요구는 오늘의 치열한 국제경쟁에서 이겨 나갈 수 있는 능력과 자질을 갖춘 사람으로 다시 태어나는 것이다.

이런 환경에서 서비스요원은 어떤 마음자세를 가져야 할 것인가?

그것은 최선을 다하는 마음자세, 자기 분야에서 최고가 되겠다는 마음자세, 창조와 개척의 마음자세, 혁신하는 마음자세, 신념과 패기의 마음자세라 할 수 있다.

1) 최선을 다하는 마음자세

'평범한 서비스요원이 뭐 그리 대단한 일할 거라고 그럭저럭, 대충대충 하면 되겠지' 하고 생각할지도 모르지만, 그것은 잘못된 생각이다. 사람이 이루는 성과란 하루아침에 되는 법이 없고, 갑자기 거창한 업적이 쌓이는 것도 아니다. 조그마한 일을 하나하나 해 가다 보면 성과도 축적이 되고, 그것을 바탕으로 큰 일도 해낼 수 있다.

관광호텔의 총지배인이 되는 것도 최일선의 웨이터 · 웨이츄레스부터 시작된다.

아주 간단하고 조그마한 일에서 시작하고, 큰 일로 업무의 범위가 넓혀지고 역할도 높아져 간다. 간단한 일에서부터 최선을 다하지 않으면 중요한 일에도 최선을 다할 수 없다.

일을 하는 데 '왕도는 없다.' 자신의 능력을 최대한으로 발휘할 수 있도록 성실히 노력하는 것이 바로 왕도다. 처음부터 뛰어난 사람은 없다. 우리가 직장생활에서 능력있다고 평가하는 상사나 동료는 모두 남모르는 노력을 기울인 사람들이다. '99%의 노력과 1%의 영감' 이 성공을 보장하는 비결이다. 최선을 다한 사람에게 최선의 결과가 있게 마련이다.

2) 자기분야에 최고가 되겠다는 마음자세

우리가 사는 사회는 프로가 각광받고 존중받는 사회다. 정치도, 사업도, 직업도 마찬가지다. 프로란 자기가 맡은 분야의 일을 솜씨있게 해 치우는 사람, 즉 전문가를 말한다. 사회가 발전함에 따라 직업이나 업무가 세분화되고 고도화되었다. 세분화되고 고도화한 일을 처리하자면 매우 전문적인 지식과 감각이 필요하다. 이런 전문적인 지식과 감각을 가진 사람이 프로다.

또한 프로는 프로근성이 있어야 한다. 프로근성은 업무에 대한 승부의욕 · 승부근성과도 통한다. 그것은 자신에게 주어진 일은 어떤 어려움과 난관이 있더라도 반드시 그리고 멋지게 처리하고야 말겠다는 마음이며 집착이다. 그리고 해내는 것이다.

프로는 허황된 마음으로만 되는 것이 아니다. 그 분야 업무에 대한 정확한 지식?식견을 갖추어야 하고, 업무처리능력과 감각을 길러야 한다. 미래 사회에서는 프로다운 솜씨로 일을 처리하지 못하면 치열한 경쟁에서 살아 남을 수가 없을 것이다.

프로가 되기 위해서는 학습해야 한다. 전문가가 되기 위한 꾸준한 학습, 자기성취를 위한 학습이 필요하다. 그리고 깊은 고민과 세심한 관찰 및 다양한 체험도 필요하다. 이런 것들이 실제로 사람의 감각과 창의력을 길러준다.

서비스요원은 프로가 되어야 하며, 자기분야의 최고가 되겠다는 마음자세로 일해야 한다. 2등이나 2류가 아닌 1등과 1류를 생각하는 마음자세로 일해야 한다.

3) 창조와 개척의 마음자세

기업이 하는 일은 기본적으로 창조하는 일이다. 기존의 제품을 생산하는 것도 창조이며, 새로운 제품을 개발하는 것도 창조이다. 제품을 만들더라도 좀 더 새롭고, 고객의 구미에 맞는 제품, 세상 사람들의 생활을 풍요롭게 해 줄 수 있는 상품을 내놓아야 하기 때문이다.

직장인은 매사에 창조와 개척하는 마음자세로 임해야 한다. 무한경쟁의 시대에 창의력만이 기업이 살고 내가 살길이기 때문이다. 하지만 창조하고 개척하는 것은 거창한 일에만 있는 것이 아니다. 사소하고 작은 일에서부터 창조와 개척은 시작된다. 자기가 맡은 일에 열성적으로 하는 가운데 조그마한 문제라도 개선하려는 노력을 기울이는 사람이 있다면 그는 창조 정신에 투철한 사람이다.

사실 세상에 새롭지 않은 것은 아무 것도 없다. 창조는 모방에서부터 시작되고, 모방을 넘어서 창조로 나아간다. 또한 완전히 새로운 것이란 없다. 모든 새로운 것은 기존의 것을 개선하고 발전시키는 속에서 탄생한다. 창조를 위해 노력하는 사람은 항상 새로운 시도를 두려워하지 않는다. 그래서 창조하는 사람, 개척하는 사람은 외롭고 힘들다. 그러나 새로운 시도가 없으면 발전도 없다.

관광서비스 상식

이런 서비스요원(직장인)은 곤란하다

① 시대적 흐름을 읽지 못하고 자기 변화에 인색하며 학습을 게을리 하는 사람
② 적극성이나 활력이 부족하고 주어진 일이나 하겠다는 자세를 보이는 사람
③ 조직의 힘을 결집하는 방식보다는 개인의 능력에만 의존하려는 개인주의적 행동을 하는 사람
④ 지나친 자기과시로 팀웍을 해치는 사람
⑤ 인내와 끈기가 부족하고 조그마한 일에도 쉽게 좌절하며 다시 일어서는 투지가 없는 사람
⑥ 직장생활을 마지못해 하며 시간 때우기에 급급한 사람
⑦ 힘든 일은 남에게 미루고 공은 자기가 차지하려는 사람
⑧ 일을 소신껏 하기보다는 윗사람 눈치나 보면서 비위를 맞추려는 사람
⑨ 책임감이 부족하며 매사에 책임 회피, 자기 변명에 급급한 사람
⑩ 모든 일에 이기적이어서 상사 · 동료직원 사이에 애정과 신뢰를 주지 못하는 사람

4) 계속 혁신하는 마음자세

변화와 혁신이 없는 정체는 죽음이라고 한다. 혁신을 통해 나아가지 않는 제자리걸음은 퇴보다. 이것이 무한 경쟁 시대를 맞이한 기업환경이다.

지금은 세계가 나날이 변화하고, 자고 나면 새로운 신기술이 탄생하고 신제품이 나온다. 직장인의 끊임없이 자기혁신을 하는 마음자세를 가져야 경쟁에서 살아 남을 수 있다.

혁신과 변화는 나부터 시작해라. 고칠 것이 있다면 지금 당장 고쳐라, 내가 변화면 회사가 변하고, 회사가 변하면 국가가 변하고, 국가가 변하면 세계가 변화한다.

서비스요원은 고정관념을 깨고 계속 혁신하는 마음자세를 가져야 한다. 발상의 전환을 위해 나부터, 지금부터, 실천가능한 일부터 시작하자.

5) 신념과 패기의 마음자세

서비스요원은 하면 된다. 할 수 있다는 신념을 가져야 한다. 어려워도 해보자는 패기를 가져야 한다. 아무리 어려운 일도 노력하고 고민하면 해결의 실마리가 보이

게 마련이다.

무슨 일이든 할 수 있다고 생각하는 사람과 조금만 어려워도 할 수 없다고 생각하는 사람은 일의 성취에서 많은 차이가 난다. '미래는 도전하는 사람의 것' 이라고 한다.

신념과 패기를 가지고 있다면 쓰러지는 것을 두려워하지 않을 것이다. 쓰러지면 다시 일어서면 되니까. 쓰라린 실패가 있더라도 다시 시작한다면 실패는 노하우로 쌓이고 성공의 밑바탕이 되지만 쓰러진다고 주저앉으면 그것은 영원한 실패로 끝나고 말 것이다.

좌절감을 딛고 일어서는 패기가 없으면 안될 말이다. 절망을 딛고 일어설 때, 그래서 이루고 말겠다는 각오와 신념이 있을 때 새로운 성취도 있다. 신념과 패기가 없으면 성취감도 희열도 기쁨도 맛볼 수 없다.

제6장

서비스요원의 몸가짐

꾸밈이 없는 진실한 몸가짐은 그 사람의 얼굴 표정이나 몸매에서 나타난다고 한다. 고객에 대한 서비스의 시작도 바른 몸가짐에서부터라고 할 수 있다. 다산(茶山) 정약용 선생은 평소에 가르치시기를 '발은 무겁게 하고, 손은 공손하게 가지며, 입은 다물어야 하고, 머리는 곧게 하며, 눈은 단정하게 가지며, 인상은 정숙하게 하라' 고 하였다.

서비스 자세의 기본은 몸가짐이다. 서 있을 때나 걸어갈 때, 앉아 있을 때나 일할 때, 항상 바르고 자연스러운 몸가짐을 가져야 한다. 단정하고 우아한 몸가짐을 가진 사람에게서 인품이 저절로 드러나 보이며 몸가짐이 바르고 정중한 사람과 함께 생활하면 편안하고 안정감이 들게 마련이다.

우리는 가끔 처음 만난 사람에게서 호감을 느끼는 때가 있다. 그런 경우를 첫인상이 좋다고들 한다. 첫인상은 사람들의 뇌리에 오랫동안 남게 된다. 처음 만난 사람이라도 단정한 용모와 깔끔한 복장을 하고 있으면 왠지 모르게 신뢰가 간다. 그러나 옷이 구겨지거나 너저분한 사람, 용모가 단정하지 못한 사람을 만나면 자신이 무시당하고 있는 기분이 들어 불쾌해진다.

'예절은 사람이 만든다' 는 말과 같이 평소부터 올바른 몸가짐이 몸에 배이면 서비스 현장에서도 신선미를 지닌, 기대에 어긋나지 않는 훌륭한 서비스요원으로 성장해 나갈 수 있을 것이다.

제1절 고객서비스를 위한 바른 근무자세

바른 근무자세는 건강에도 좋고 업무성과를 높여 준다. 일류 선수가 되려면 기초가 튼튼해야 하고 폼이 좋아야 하듯이 최고의 서비스요원이 되기 위해서는 바른 근무자세를 익혀야 된다. 근무자세가 나쁘면 업무의 능률이 오르지 않게 되고 몸에 무리도 오고 집중력과 자신감도 떨어지게 된다. 그러므로 바른 기초자세가 몸에 밸 수 있도록 꾸준히 연습해야 할 것이다.

1. 선 자세

고객이나 상사와 대화를 나눌 때 바른 자세로 서는 것이 원칙이다. 고객과 대화를 나누면서 몸을 흔들거리거나 손장난을 한다거나 발을 놀리는 것 등은 좋지 않다. 머리를 숙이거나 뒤로 젖히는 것도 좋지 않다. 서 있을 때 남이 보기에도 좋지 않을 뿐만 아니라 스스로도 단정하지 못하게 느껴지는 자세는 취하지 않도록 주의해야 한다. 이러한 자세는 자신의 인격에도 손상을 끼치게 된다.

남성은 차려 자세로 자연스럽게 서는 것이 좋고, 여성은 두 손을 앞으로 배꼽 위치에 모아 다소곳이 서는 자세가 좋다.

① 서 있을 때에는 허리와 가슴을 펴고 머리를 곧게 세워 늠름한 자세를 취하는 것이 아름답다.

② 바른 자세를 가지려면 목과 허리를 단련하여 등뼈를 곧게 펴고, 머리에서 발끝까지 일직선이 되도록 해야 한다.

③ 뒤 발꿈치를 붙이고 두 발의 각도는 45도로 벌린다.

④ 입은 가볍게 다물고 양팔은 자연스럽게 옆으로 내린다.

⑤ 턱은 가볍게 끌어당기며, 시선은 정면을 향하고 표정은 밝게 한다.

⑥ 손가락은 모아서 재봉선에 붙인다.

⑦ 윗사람 앞에서는 두 손을 허리 높이에서 앞으로 마주잡는 겸손한 자세를 취하는 것도 좋다.

등의 중심선이 좌우 어느 쪽으로인가 기울어져 있는 사람을 볼 수 있는데, 아름다운 자세를 가지려면 몸의 균형을 잡을 수 있도록 평소에 주의해야 한다. 그럼으로써 나이를 들어서도 품위 있는 자세를 가질 수 있다.

편히 선 자세는 항상 자기 자신도 편해야 되며 곁에서 보는 사람도 부담스럽지 않아야 한다. 만약 손에 물건을 들었을 때는 자연스럽게 몸의 중심을 잡고 서도록 한다.

1) 선 자세 시 주의사항

① 무릎을 벌리고 어깨를 올린 채 서지 말아야 한다.

② 턱이 앞으로 지나치게 나오지 않도록 한다.

③ 뒷짐을 지지 말아야 한다.

④ 손가락은 벌리지 말고 가지런히 모아야 한다.

⑤ 몸의 중심이 잡히지 않는 자세는 취하지 말아야 한다.

2) 여성의 예쁜 선 자세

여성의 서 있는 자세의 아름다움의 포인트는 발끝에서 머리끝까지 곧음에 있다. 등이 굽지 않고 몸에 탄력이 있고 서 있는 모습이 당당해야 한다. 그리고 턱의 선과 눈의 표정이 여기에 따라 주어야 한다. 발끝은 나란히 하며, 구두의 끝이 바깥쪽으로 향하지 않도록 똑바로 하고 서면 세련된 아름다움이 돋보인다.

손의 처리는 앞에서 모아 잡거나 한 쪽 손으로 다른 쪽의 손목을 잡는다. 어깨에서 팔꿈치까지를 가슴을 가리는 기분으로 붙여 자연스럽게 내리고, 손끝까지 조심스럽게 마음을 써서 손을 잡거나 손목을 잡는다.

턱은 직각이 되도록 당기고 눈은 1미터 정도의 앞쪽을 향하고 초점을 두지 않고 본다. 눈 높이의 아래나 위를 보면 상대 쪽에 차분한 느낌을 전달하지 못하게 되며 불안정한 인상을 주게 되어 좋지 않다.

3) 1.2m 고객과의 친숙거리

상대편에게 전하는 인상은 상대편과의 거리를 얼마만큼 두느냐에 따라서도 달라진다. 45㎝이내는 '밀접거리' 라고 하여 가족이나 연인처럼 아주 친밀한 관계에서 유지되는 거리이다. 45㎝에서 1.2m이내는 '단체거리' 로 직장 동료나 친한 친구 사이가 이에 해당된다. 고객과의 거리를 단축시키는 것이 세일즈 성공의 기본이라고 할 때 최소한 1.2m까지 고객에 접근하는 것이 좀 더 빨리 친숙한 관계를 성립하는 방법이다. 1.2m부터 3.5m까지를 '사회거리' 라고 하며 사장과 종업원 등 상하 관계의 차이가 크거나 개인적 친분이 없을 때 유지하는 거리이다. 3.5m이상은 스피치나 강연할 때처럼 화자와 청자가 확연히 구분되는 거리이다.

부모 앞에 설 때는 앉은 키 정도 떨어져 서고 스승 앞에 설 때는 그림자를 밟지 않을 정도로 석 자, 즉 약 1m 떨어져서 서는 것이 우리 풍습 속의 바른 예의라고 한다. 1m 정도의 거리는 예의를 지키면서 친숙함을 표현하는 거리라는 것이다. 서비스요원이 고객과의 관계에서 품위를 유지하면서 친밀감을 나타내는 가장 가까운 거리는 1.2m라 할 수 있다.

2. 앉을 때의 바른 자세

의자에 앉는 자세는 상황과 장소에 따라 조금씩 다르다. 그러나 어떤 경우에도 팔짱을 끼는 것, 다리를 꼬는 것, 무릎을 떠는 것은 앉은 자세의 3악(惡)이므로 주의해야 한다.

남녀를 불문하고 의자에 앉을 때나 일어설 때 요란하게 몸을 움직이면 모양이 좋지 않다. 의자에 앉을 때는 꽃에 내려앉는 나비처럼 사뿐히 앉아야 한다. 몸을 이리저리 움직이지 말고 걸상 등받이와 상체 부분이 평행이 되게 하여 천천히, 그리고 조용히 앉는다. 의자에 앉은 다음에는 손으로 걸상의 팔걸이를 잡은 다음 가볍게 허리를 들어 제 위치를 정한다. 제 위치란 발이 바닥에 닿고 무릎이 직각이 되는 자리이다.

의자에 앉은 때에는 보통 왼편으로부터 앉거나 서는 것이 상례이다. 그러나 경우에 따라서는 오른편에서 앉기도 한다. 의자의 왼편에 서 있다가 앉을 때에는 먼저 의자의 등을 오른손으로 잡아당겨 확인한다. 다음에 왼발을 앞으로 내딛고 의자를 놓으면서 체중을 의자 쪽으로 옮긴 후 오른발을 의자 앞으로 내어 딛고 왼발을 오른발 쪽으로 옮겨 붙여 앉는다.

의자에 앉을 때에는 되도록 깊숙이 앉도록 하며 허리와 가슴을 펴야 한다. 또 무릎을 단정히 모아 붙이고 두 손을 가볍게 무릎 위에 얹는다. 어깨와 턱에 힘을 주지 말고 고개를 바로 하며 입을 다물고 앞을 보는 편안한 자세를 취한다.

스커트 차림의 여성인 경우에는 의자가 낮으면 무릎과 다리를 모아 옆으로 비스듬하게 뻗는 것이 보기에 아름답다. 한복을 입었을 때에는 치마 뒤를 잘 여민 다음에 앉도록 한다.

의자에서 일어설 때에는 앉을 때와 반대로 몸을 일으키도록 하며, 일어선 다음에 의자를 바르게 놓거나 테이블 밑으로 밀어 넣는 것을 잊지 말아야 한다

특히 의자 끝에 매달리듯 앉거나 다리를 의자 밑으로 집어넣는 자세는 상대방에게 불안감을 주게 되므로 삼가야 한다. 또 무릎을 벌리고 앉거나 손을 어깨 뒤나 등 뒤로 돌려 비스듬히 앉는 것은 보기도 흉하며 상대방에게 실례가 된다.

1) 공식적인 장소에서의 앉는 자세

① 되도록 의자의 왼쪽으로부터 앉으며, 앉고 난 다음에는 움직임을 멈춘 상태에서 상체를 곧게 세우고 얼굴은 정면을 바라본다.

② 남성은 다리를 어깨 넓이로 벌리고 앉아 가볍게 쥔 주먹을 무릎 위에 올려놓는다.

③ 여성은 한쪽 발을 반보 정도 뒤로 가져가 한쪽 스커트 자락을 누르면서 의자를 확인하고 옆모습을 보이며 천천히 앉는다.

④ 여성은 무릎과 발끝을 붙이고 발뒤꿈치는 바닥에 댄 후, 손은 어깨에 힘을 빼고 왼손 위에 오른손을 가볍게 포개어 왼 무릎 위에 놓는다. 이때 손끝에 힘을 조금 주어 손가락이 가지런히 되게 한다.

⑤ 남성은 무릎의 사이를 주먹 두 개 정도의 넓이로 벌리고 손은 가볍게 쥐어 무릎 위에 놓는다.

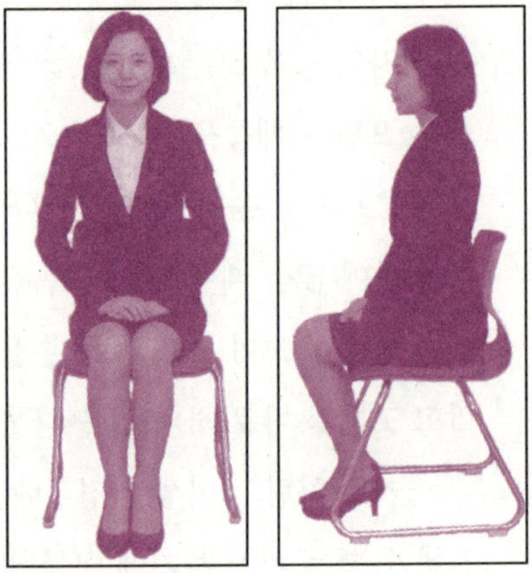

⑥ 의자와 등 사이의 간격은 주먹 하나가 들어갈 정도로 해서 앉는다. 쉴 때와 부담이 없는 자리일 경우에는 등받이에 기대어도 괜찮다. 하지만 처음부터 기대는 몸가짐은 상대에게 결례가 된다.

⑦ 시선은 자연스럽게 상대를 바라본다.

⑧ 다리를 꼬거나 무릎을 떤다거나 팔짱을 끼는 등의 태도는 절대로 삼간다.

2) 의상에 따른 앉는 동작의 바른 자세

(1) 여성의 정장일 경우

① 엉덩이를 될 수 있으면 의자 깊숙이 집어넣도록 하고 등을 반듯하게 해서 앉는다. 하지만, 사람에 따라 의자에 따른 다리의 길이가 다르기 때문에 발을 바닥에 붙일 수 있으면 깊숙이 앉고, 깊숙이 앉게 되면 발이 뜨게 될 경우는 앉는 위치를 상황에 따라 적절하게 정하면 된다.

② 무릎 안쪽을 꼭 붙이고 다리를 가지런히 하고 발끝도 나란히 붙인다.

③ 편히 앉을 경우 다리와 발끝을 붙여 한쪽 옆으로 비스듬히 놓는다.

④ 발바닥은 밑바닥에 밀착시키고 발끝은 앞쪽으로 향하도록 한다.

⑤ 두 손은 가지런하게 공수하여 무릎 위에 내려놓는다.

(2) 여성의 반바지, 미니 스커트 착용의 경우

① 기본 자세는 같고 두 손은 공수한 채 치마 끝부분을 눌러 준다.

② 다리를 꼬고 앉을 경우 한쪽 다리를 비스듬히 놓은 다음 다른 한쪽 다리를 얹어 꼬고 두 다리는 붙인다. 공식적인 자리에서는 이 자세를 취하지 않는다.

(3) 바지 착용의 경우

① 기본 자세는 같고 다리는 붙인다.

② 남자는 다리를 어깨 넓이 정도로 벌리고 앉으며, 양손은 양 무릎 위에 각각 주먹을 살짝 쥐어 올려놓는다. 상황에 따라서는 공수하고 무릎 위에 올려놓는다.

3) 일어설 때의 바른 자세

① 여자는 한쪽 발을 반보 정도 앞으로 딛고 일어서면서 양발을 가지런히 모은다.

② 남자는 바로 일어선다.

4) 책상에서의 직무자세

① 책상과 가슴 사이는 7~8센티미터 정도, 눈과 책상 위와의 거리는 30센티미터 정도가 적당하다.

② 무릎은 붙여 가지런히 모은다. 다리를 꼬고 앉는 자세는 좋지 않다.

③ 등을 똑바로 편다. 등을 구부리는 자세는 근육에 부담을 주어 어깨가 뻐근해진다.

④ 편한 자세가 허용되는 자리인 경우는 상체만 약간 젖혀 등받이에 닿도록 기댄다.

⑤ 앉은 채로 의자를 끌면서 다른 자리로 이동하는 것은 피한다.

⑥ 턱을 손으로 괴고 있다든지, 엎드려 있는 자세는 좋지 않다.

관광서비스 상식

삼가야 할 자세

- 의자에 몸을 기댄 채 흔든다.
- 기지개를 켜거나 하품을 늘어지게 한다.
- 고객이 보는 앞에서 책상에 비스듬히 앉아 일한다.
- 의자에 다리를 꼬고 앉아 신발은 반만 걸치고 흔든다.
- 담배를 피우면서 걷거나 일한다.
- 이쑤시개를 입에 꽂은 채 걷는다.
- 근무 중에 귀를 후비거나 손톱을 깎는다.
- 사적인 전화를 자주 하거나 남의 자리에서 장시간 잡담을 한다.
- 책상이나 탁자에 걸터앉는다.

5) 온돌방이나 마루에 앉을 때

방바닥에 앉을 때에는 먼저 왼발을 조금 빼고 왼편 무릎을 꿇으면서 조용히 앉는다.

남자는 바르게 앉고 여자는 무릎을 꿇은 채 앉도록 한다. 두 손을 무릎 위에 가볍게 올려놓고 허리와 가슴을 바르게 편 채, 얼굴은 앞을 보고 앉는다.

윗사람과 함께 앉을 때에는 상좌를 가려 정좌해야 하며, 윗사람이 앉은 다음에 자리에 앉는 것이 예의이다.

의자에 앉을 때와 온돌방이나 마루방에 앉을 때의 차이와 남자나 여자가 앉을 때의 차이가 있으니, 항상 기본 예절을 잊어서는 안 되겠다.

3. 호텔 · 레스토랑의 대기자세

호텔이나 레스토랑 등에서 접객서비스를 제공하는 서비스요원의 바른 대기자세의 기본은 앞 단원의 선 자세와 비슷하다. 바른 대기자세는 다음과 같다.

① 가슴을 반듯하게 편 바른 자세를 취한다.

② 뒷짐을 지거나 의자, 벽, 기둥 등에 기대어 서지 않도록 한다.

③ 대기 중에 동료들과 잡담을 하거나 하품을 해서는 안된다.

④ 담당 구역은 절대 비우지 말고, 지정된 위치에 대기하여 고객의 요구에 즉시 응할 수 있는 태도를 취한다.

⑤ 대기 중에는 신문, 잡지 또는 서적 따위를 읽어서는 안되며 껌을 씹지 않도록 한다.

⑥ 양손은 계란을 쥔 모양을 하며 왼손을 아랫배 앞으로 하며 암 타월(arm towel)을 걸치고 오른손을 바지 재봉선에 붙인다.

⑦ 대기 중에는 몸의 중심을 양쪽 다리에 두어 균형을 잡으며 다리를 떠는 행위는 절대 없도록 한다.

4. 보행자세

1) 기본 자세

서비스요원의 바른 보행자세는 다음과 같다.

① 바른 걸음걸이는 바른 자세에서 시작된다. 바로 선 자세로 등을 펴고 턱을 당기고 시선은 정면을 향하게 하며 보폭은 적당히 하여 자연스럽게 걷는다.

② 걸음을 걸을 때는 경쾌하게 조용히 걸으며 발은 다른 사람에게 방해가 되지 않도록 자연스럽게 바지를 스치듯이 흔들며 걷는다. 여럿이 걸을 때는 종(縱)으로 걸으며, 횡(橫)으로써 통로를 가리는 일이 없도록 해야 한다. 큰소리로 이야기하거나 콧노래 또는 휘파람을 불면서 걷는 것은 금물이다. 그러나 보행 중 눈망울은 초롱초롱 하며 얼굴 표정에 생기가 있어 보여야 한다.

③ 보행 중 다리의 모습으로 남자는 직선 바로 옆을 밟는 기분으로, 여자는 일직선을 밟는 기분으로 걷는다. 발을 질질 끌면서 걷거나 덜렁 덜렁 불안스런 걸음걸이는 금물이다. 뒷짐을 지고 걷거나 주머니에 손을 넣고 걸어서도 안되며 팔짱을 끼고 걸어서도 안된다.

④ 고객을 안내할 때는 고객에게 유의하면서 조심성 있게 한 걸음 앞을 선도한다. 또한 고객을 수행할 때는 고객의 좌측 1보 뒤나 또는 후방에서 고객을 따라 걷는다.

⑤ 서비스 현장에서는 어떤 경우에도 뛰어서는 안되며 바쁘거나 급할 때는 빠른 걸음으로 조용히 걷는다.

⑥ 복도의 중앙은 고객의 전용 통로로 생각하고 항시 우측통행을 습관화해야 한다. 모퉁이를 돌아설 때나 자동문을 통과할 때는 부딪치지 않도록 주의한다. 복도는 좌측통행하며 코너에서는 부딪치지 않기 위해 좌측으로는 작게 돌고, 우측으로는 크게 돌아서 걷도록 한다.

⑦ 앞서가는 고객을 앞질러 가거나 앞을 가로질러 가서는 안된다. 부득이 급한 일이 있을 경우에는 "실례합니다."하고 목례를 한 후 지나쳐 가야 한다.

⑧ 고객이나 상사와 서로 지나칠 때는 걸음을 잠시 멈추고 가볍게 인사한 다음 고객이 먼저 지나가도록 한다.

⑨ 유니폼을 입은 채로 호텔 밖으로 나와서는 안되며 휴식 시는 고객의 눈에 뜨이지 않는 지정 휴식장소에서 휴식해야 한다.

⑩ 유니폼을 벗은 채로 다녀서도 안되며 고객을 유심히 쳐다보면서 손가락질하지 않도록 한다.

⑪ 보행 중 담배를 피우거나 껌을 씹거나 음식물을 먹으며 다녀서는 안되며, 보행 중에 소리가 나므로 주머니에 소리나는 것을 넣고 다니지 말아야 한다.

⑫ 신발 소리가 크게 나지 않도록 걸어야 한다.

⑬ 슬리퍼를 신고 보행하거나 신발을 구겨 신고 걸어다니면 안된다.

2) 보행 중 방향전환 자세

① 왼쪽으로 방향 전환을 할 때는 왼발을 먼저 내 딛는다.

② 오른쪽으로 방향 전환할 때는 오른발을 먼저 내 딛는다.

③ 뒤로 방향 전환할 때 눈 오른쪽으로 도는데, 오른쪽으로 방향 전환을 두 번 반복하면 된다.

④ 업무를 마치고 뒤돌아 나갈 때는 두세 걸음 뒤로 이동한 후 등이 고객 또는 상급자에게 보이지 않게 한 후 돌아서 간다.

3) 상쾌한 여성 서비스요원의 걸음

젊은 여성 서비스요원의 예쁘게 걷는 모습은 허리의 리듬 감각이 중요하다. 구두 끝에 힘을 주고 얼굴을 약간 치켜든 자세로 다리가 아닌 허리의 놀림으로 걷는다는 기분으로 시원하게 걸어야 상쾌감이 더욱 돋보인다.

스커트 차림일 때와 바지를 입었을 때에 따라 걸음걸이에 약간의 변화를 주어야 한다. 스커트를 입었을 때는 일직선으로 발걸음을 옮겨 스커트 자락이 날리게 하면 다리의 움직임 등에 리듬이 생긴다.

바지를 입었을 때에는 스커트를 입었을 때보다 보폭을 좀 넓게 잡아 걷는 것이 활달하고 경쾌해 보인다. 걸음걸이에 자신이 없는 여성은 바지 착용을 금해야 한다. 걸음걸이에 익숙해져 자신감이 생겼을 때 입어야 한다. 특히 고교를 갓 졸업한 예비 숙녀들은 학생화(단화)를 신고 편하게 걷던 습관을 바꿔 힐 등을 신고도 세련되고 경쾌한 걸음걸이가 되도록 연습해야 할 것이다.

4) 서비스요원의 워킹 훈련

(1) 똑바로 서 있는 자세 훈련

워킹(walking)에 가장 기본이 되는 것은 똑바로 서 있는 자세다. 기본자세를 구체적으로 살펴 보자.

① 5~8㎝ 정도의 하이힐을 신고 워킹의 기본 자세를 취해 본다. 벽에 뒷몸을 밀착시키는 연습부터 해야 한다. 키를 잴 때 하는 자세처럼 발뒤꿈치를 벽에 바짝 붙인 다음 엉덩이와 양어깨, 그리고 뒷머리를 벽에 밀착시킨다. 이때 허리에 손바닥이 들어갈 정도면 바른 자세라고 할 수 있다. 등이 굽거나 한쪽 어깨가 처지지 않았나 거울 앞에서 잘 살펴본다.

② 목은 곧게 펴고 턱은 약간 앞으로 잡아당긴 듯한 자세를 유지한다. 시선은 정

면을 향하는데 정면보다 10㎝ 정도 위 지점을 바라본다. 그러면 눈매가 훨씬 예뻐보인다.

③ 어깨는 힘을 빼고 가슴은 활짝 펴서 양어깨를 벽에 닿도록 한다. 겨드랑이는 자연스럽게 내려 붙이고 가슴은 위로 올리는 기분으로 자세를 취한다.

④ 손은 완전히 펴지 말고 달걀을 하나 쥔 듯 알맞게 오므린 상태에서 차려 자세로 선다. 양손을 허리 위에 올려도 된다. 차려 자세로 있을 때는 엄지손톱이 정면을 향하게 하는 것이 바른 자세다.

⑤ 아랫배를 긴장시켜 안으로 집어넣고 엉덩이는 들어올리는 듯한 기분으로 힘을 준다. 서 있거나 걷거나 혹은 서서 일할 때나 항상 이 자세를 취하는 습관을 들이면 날씬하면서도 탄력 있는 예쁜 몸매를 유지할 수 있다.

⑥ 무릎은 정면을 향하게 붙인 후 힘을 주고 완전히 쭉 펴지게 한다.

⑦ 발도 무릎과 마찬가지로 발등에 힘을 주어 긴장시키고 뒤꿈치가 벽에 바싹 붙도록 밀착시킨다.

(2) 워킹 훈련

① 바닥에 직선을 긋거나 의식해서, 똑바로 선 자세에서 무릎을 편 후 한쪽 무릎이 다른 쪽 무릎을 스치게 하고 엄지발가락이 제일 먼저 바닥에 닿게 한다. 발을 내딛는 위치를 일직선 위를 걷는다는 기분으로 발을 옮기되 발 앞부분을 5도 정도 약간 바깥쪽으로 벌리고 걷는 것이 가장 예쁘고 걷기도 편하다. 그리고 다리를 앞으로 내밀 때 다리만 움직이는 것이 아니라 허리 아래로 움직이는 기분으로 걸어야 시원스럽게 보인다. 패션모델이 걷는 것처럼 양발이 X자로 교차되도록 발을 내 딛으면 자칫 몸이 뒤틀어져 걷기도 불편하다. 정통 걸음걸이는 양발이 앞으로 내딛을 때 교차되지 않는다.

② 어깨에 힘을 빼고 자연스럽게 팔을 흔들어 주는데 손목이 골반을 스치듯 앞으로는 45도 정도를 흔들어 주고 뒤로는 15도 정도 흔들어 주는 것이 이상적이다. 이때 주의할 점은 지나치게 의식해서 어깨와 팔에 힘을 주게 되면 로봇처럼 어색해지므로 자연스럽게 움직여야 한다.

〈그림 2-6-1〉 바른 워킹훈련

③ 항상 밝고 건강한 마음을 갖고서 부드러운 얼굴 표정으로 걸어야 한다. 시선은 정면을 본다. 그렇다고 옆을 볼 때 눈동자만 돌려 곁눈질로 보는 것은 좋지 않다. 고개를 돌려 사물과 정면이 되도록 시선을 주면 자연스럽고 우아해 보인다. 패션 모델들이 옆의 관객에게 시선을 줄 때 목을 자연스럽게 돌리는 모습을 잘 주시해 보자.

④ 캐주얼 웨어를 입었을 때는 상반신을 좀 크게 움직여 주면 발랄해 보인다. 캐주얼 웨어를 입었다고 무릎을 스치듯이 걷지 않으면 매력 없어 보이므로 조심해야 한다.

⑤ 한복 차림일 때 걸음걸이는 다소곳하게 상반신은 앞으로 숙인 듯하고 몸이 흔들리지 않게 걷는 것이 예쁘게 보인다. 앞 치맛자락이 밟히지 않도록 발가락 부분으로 치맛단을 살짝 차 준 후 발꿈치 부분이 먼저 바닥에 닿도록 걸으면 우아해 보인다.

5. 방향안내 자세

고객에게 방향을 안내할 경우에도 바른 자세가 필요하다.

① 손가락을 모아 손바닥 전체를 펴서 방향을 가리킨다. 손가락 하나로 무성의하게 방향을 안내하는 것은 옳지 않다.

② 손바닥이 하늘을 향하게 하며 손등이 보이거나 손목이 굽지 않도록 한다.

③ 팔꿈치의 각도로 거리감을 나타낸다. 가까운 곳은 각도를 좁게 하고 거리가 멀 경우에는 180도로 팔을 쭉 뻗는다.

④ 시선은 '고객의 눈 ⇒ 가리키는 방향 ⇒ 고객의 눈'을 보는 차례로 한다.

⑤ 표정은 밝게 하는 것이 중요하다. 바쁜 표정이나 귀찮다는 표정은 고객을 잃게 만든다.

⑥ 고객이 원하는 곳으로의 방향 제시가 어려운 곳은 직접 안내를 한다.

제2절 용모관리

용모는 인격의 표현이기도 하고 고객서비스 마인드의 표상이기도 한다. 고객들은 서비스요원의 용모를 보고, 품격을 미루어 짐작하기도 하며 정성어린 서비스를 생산하겠다는 마음가짐을 읽기도 한다. 내면이 갖추어진 서비스요원은 겉모습도 좋기 마련이다. 이것은 그대로 고객에게 전달된다.

또한 용모와 복장은 사람의 개성을 표현하는 수단이 되기도 한다. 현대 사회는 과거와는 달리 개성의 표현을 중요시한다. 특히 젊은 세대는 용모나 옷차림을 '스스로를 연출하는 것'으로 파악함으로써 거기에 많은 신경과 노력을 기울인다. 센스 있는 옷차림, 개성을 살린 용모는 이 시대에 필요한 감각이다. 서비스요원들도 고객을 리드한다는 차원에서 감각에 뒤져서는 곤란하다.

그러나 서비스요원의 개성 표현은 한계를 가질 수밖에 없다. 고객서비스 현장에는 팀웍이 중요하고, 위계질서와 규율이 중요하고 고객이 보다 중요하기 때문이다. 지나치게 유행을 좇아가는 용모나 복장은 곤란하다. 서비스요원의 옷차림은 개성과 센스를 살리되, 품위가 있어야 한다.

1. 항공 · 여행업 서비스요원의 용모관리

1) 남성의 용모

(1) 머 리

옛말에 머리와 신발의 상태는 그 사람의 교양의 척도가 된다고 했다. 머리는 항상 단정하게 해야 한다.

① 헤어스타일은 보편적 · 전통적인 형이 좋으며 깔끔하게 빗질한다.

② 앞머리는 이마를 가리지 않도록 한다.

③ 옆머리는 귀를 덮지 않도록 한다.

④ 뒷머리는 와이셔츠 깃을 덮지 않도록 한다.

⑤ 자주 이발하고 빗질하여 단정한 머리 모양을 유지한다.

(2) 얼 굴

① 매일 면도한다.

② 코털이 빠져 나오지 않도록 신경 쓴다.

③ 치아를 깨끗이 잘 관리하며, 입냄새를 주의한다.

④ 입술이 거칠어져 있지 않도록 한다.

⑤ 미소 띤 밝은 얼굴을 유지하도록 한다.

⑥ 귀는 더럽지 않도록 한다.

⑦ 눈곱이 끼지 않도록 세심한 주의를 기울인다.

(3) 기 타

① 손은 항상 깨끗이 하며 짧고 청결한 손톱을 유지한다.

② 눈은 충혈 되거나 눈곱이 끼지 않도록 항시 주의한다.

③ 목욕을 자주 하여 땀냄새가 나지 않도록 한다.

2) 여성의 용모

아름다운 몸매를 가꾸지 않고 아름다운 몸가짐과 용모를 갖는다는 것은 쉬운 일이 아니다. 얼굴의 용모는 어느 정도 타고나는 것이지만 몸매만큼은 자신의 노력 여하에 따라 아름다운 몸매를 얼마든지 가꿀 수 있다.

'아름다운 용모, 아름다운 몸매의 여인은 비록 비천한 출신이라 하더라도 군신(君臣)의 짝이 될 수 있다'고 했다. 서비스직 직장 여성들은 군신보다 더 소중한 고객들에게 만족을 줄 수 있는 몸매와 용모를 지닐 수 있도록 스스로 가다듬고 매만져 가야 할 것이다.

(1) 얼 굴

① 건강하고 미소 띤 밝은 얼굴을 잊지 않는다.

② 화장은 자연스럽고 밝으며 청결한 느낌을 주도록 한다. 너무 진하거나 야한 화장은 고객에게 거부감을 주게 된다.

③ 눈 화장은 아주 자연스럽도록 엷게 하며, 속눈썹은 붙이지 않는다.

③ 립스틱은 내추럴 칼라에 가깝도록 옅게 바르고 너무 요란하거나 짙은 색은 피하되 얼굴 피부보다는 화색이 더 도는 빛깔이 좋다.

④ 눈곱이 낀 상태로 고객을 대하지 않도록 조심한다.

⑤ 귀속이 더럽지 않도록 관리한다.

(2) 머 리

① 앞머리가 눈을 가리지 않도록 한다.

② 윤기 있는 아름다운 머리카락을 유지한다.

③ 복장과 어울리면서 단정하고 산뜻한 헤어스타일을 한다.

④ 리본 등 화려한 머리 장식은 피한다.

⑤ 핀이나 액세서리는 화려하거나 너무 크지 않은 것으로 선택하며, 색상은 검정색이나 갈색 계통으로 한다.

⑥ 머리 모양은 너무 유행을 따르지 않도록 하며, 파마를 할 경우 웨이브는 지나

치게 굵지 않게 한다. 또한 서구인식의 머리 염색은 곤란하다.

⑦ 긴 머리는 묶어서 활동하기 편하게 한다.

스스로 생각해도 자신의 모습이 왠지 이상해 보인다고 생각되면 전문가와 의논해서 헤어스타일과 머리 손질의 방법을 바꾸는 것이 현명하다.

미용 전문가의 도움을 받아 자기 얼굴에 맞는 프로포션을 찾게 된다면 평생 헤어 스타일만큼은 자신을 가지게 될 것이다.

머리카락을 가꾸는 데에 익숙해지면 자신의 능력으로 머리 모양을 다양화할 수 있게 될 것이다. 헤어스타일은 유행을 초월하는 자기만의 고집스러움이 없이는 자신의 헤어스타일을 만들어 낼 수가 없는 것이다.

(3) 화 장

화장은 옅게 할수록 좋다. 진한 것보다는 연한 것이 아름다워 보인다. 피부도 말없이 호흡을 하기 때문에 옅은 화장은 건강에도 좋다. 특히 젊은 사람들은 화장을 하지 않아도 예쁘고 순수하듯이 화장이 옅은 것은 순수함을 그대로 지니고 있음을 보여 준다.

자신을 아름답게 보이려는 노력은 그대로 소중한 것이지만 화장을 많이 했다고 해서 꼭 아름다운 것은 아니다.

외모보다 마음이 아름답고, 외면보다는 내면의 지식과 교양이 더욱 아름다울 수가 있다. 너무나 짙은 화장은 시간도 많이 들고, 돈도 많이 든다. 화장을 연하게 했을 때보다 덜 예쁘게 보인다면 이것저것 모두 손해다.

① 기초 화장은 개성에 맞고 건강하게 보일 수 있도록 가볍게 하되, 지장 어섬답지 않게 눈 주위와 입술부분을 강하게 해서는 안 된다.

② 화장은 출근 전에 끝내며, 사무실에서는 하지 않는다.

③ 향수는 사용하지 않는 것이 원칙이며, 사용할 경우에는 향이 연한 것을 사용한다.

(4) 손톱 손질

① 손톱은 길지 않게 하고 항상 깨끗하게 손질한다.

② 매니큐어는 은은하면서도 엷은 핑크색이나 투명하게 윤택이 나는 계통을 사용한다.

③ 매니큐어는 벗겨지지 않도록 주의한다.

2. 호텔 · 레스토랑 접객서비스요원의 용모

접객직 서비스요원은 자신의 용모와 신체 자체가 상품의 일부분이 된다. 고품질의 서비스 상품을 생산하기 위해서는 평소에도 자신의 신체를 잘 관리해야 한다. 서비스 품질관리 차원에서 감기에 걸려서도, 눈병에 전염되어서도 안된다. 여름철 해수욕장을 가드라도 너무 햇볕에 노출되어 피부를 망치는 것도 곤란하다. 항상 청결을 유지해야 하며, 전날 만취된 후 회복되지 않은 정신상태로 접객서비스에 임하는 것도 곤란하다. 신체에 흠(특히 얼굴과 손)이 날 일은 피하고 주먹다짐이 오가는 싸움은 절대로 멀리해야 한다.

1) 두 발

(1) 남 성

① 뒷머리는 짧게 깎아 올려서 와이셔츠 카라부분이 덮이지 않도록 한다.

② 옆머리는 귀를 덮지 않도록 한다.

③ 앞머리의 가르마는 7:3비율로 해야 하며 앞머리가 흘러서 앞이마를 덮지 않도록 한다.

④ 항상 빗질로 단정히 해야 하며 비듬이 있지 않도록 자주 감아야 한다.

⑤ 머릿기름을 반드시 사용하여야 하며 냄새가 강한 머릿기름은 금해야 한다.

⑦ 구렛나루는 귀의 반 이상 내려가면 안 된다. 또한 귀 위선과 일직선이 되도록 하는 것도 곤란하다.

(2) 여 성

① 긴머리는 뒤로 치켜올려서 묶도록 하고 목덜미 부분은 상쾌한 감이 들게 깨끗이 손질해야 한다.(흑색머리망을 착용할 수도 있다)

② 짧은 머리는 머리핀으로 손질하던가 리본으로 청결하게 손질해야 한다.(흑색이나 짙은 갈색으로 무늬가 없는 것이어야 한다)

③ 머리 장식품을 이용한 치장은 금해야 한다.

④ 앞머리는 핀으로 정리하거나 뒤로 묶거나, 짧게 깍아 앞으로 늘어뜨리지 말아야 한다.(업체의 규정에 따른 두건이 있을 경우에는 착용한다)

2) 얼 굴

① 면도, 귀지 손질, 콧수염 등을 잘 관리해야 한다.

② 바다나 산에서 지나치게 햇볕에 그을지 않도록 하고 동상도 지나치면 보기 흉하므로 주의해야 한다.

③ 향이 강한 로션 등 화장품은 사용치 않는다.

④ 시력이 좋지 않은 종사원은 안경보다 콘택트렌즈를 착용한다.

⑤ 얼굴에 난 종기, 상처 등은 빨리 치료를 해야 하며 반창고 등을 붙이고 영업장에 나가서는 안 된다.

⑥ 입술은 자연 그대로(natural)가 좋고 립스틱은 무색 이거나 붉은색을 약하게 사용한다

⑦ 눈화장(eye shadow, eye line)은 진하지 않게 칠하고 속눈썹은 붙이지 않는다.

제3절 정복과 유니폼 착용

1. 항공 · 여행업 서비스요원의 옷차림

단정한 복장과 밝은 표정, 생기 있는 음성과 세련된 매너는 모두 함께 어우러져야 빛을 발한다. 어느 한 쪽이라도 부족된 부분이 있다면 기본 자세를 바로 갖추었다고 볼 수 없다. 복장의 바른착용은 그 중 가장 기본이 되는 자세이다.

1) 남자사원의 옷차림

(1) 바른 양복착용

① 양복은 가급적 싱글로 착용하되, 항상 깨끗이 다려입고 화려한 색과 무늬를 피한다.

② 유행에 민감하고 야한 디자인은 피한다.

③ 검정색이나 회색 짙은 감색을 기본으로 하고 화려한 원색은 피한다.

④ 바지는 잘 다려져서 줄이 항상 서 있어야 한다.

⑤ 바지의 길이는 구두 위에 가볍게 닿을 정도가 좋다.

⑥ 거래처를 방문한다든지 고객을 응대할 때는 와이셔츠 차림은 피한다.

⑦ 떨어진 단추가 없어야 한다.

⑧ 명찰 · 배지 등은 정 위치에 부착한다.

⑨ 손수건은 깨끗하면서 잘 다려져 있어야 하며, 젖어 있지 않아야 한다.

⑩ 상의나 바지 주머니에는 불필요한 것을 넣지 않으며 만년필이나 볼펜은 반드시 안주머니에 넣도록 한다.

관광서비스 상식

양복을 맵시 있게 입는 비결

- 양복과 와이셔츠는 자신의 치수에 맞는 것을 골라 몸에 맞게 입는다.
- 처음에는 색깔, 무늬, 디자인이 무난한 것이 좋으며, 양복 색깔은 회색이나 감색이 일반적이다.
- 양복, 와이셔츠, 넥타이, 손수건은 반드시 다린다.
- 구두는 검은색, 밤색으로 준비하고 양말은 바지 색보다 짙은 색으로 준비한다.
- 구두는 항상 깨끗하게 한다.
- 넥타이는 너무 눈에 띄는 요란한 색이나 무늬는 피한다.

(2) 와이셔츠

① 화려한 색과 무늬를 피하며 백색?미색 및 엷은 청색이 무난하다. 또는 백색 바탕에 가벼운 줄무늬가 있는 정도도 괜찮다.

② 손목은 양복 소매로부터 1㎝ 정도 보이게 한다.

③ 카라부분과 손목부분은 더러워지기 쉬우므로 항상 깨끗하게 유지한다.

(3) 넥타이

남자에게 있어서 눈에 띄게 자신의 이미지를 가장 잘 표출할 수 있는 소품으로 타이를 들 수 있다.

① 옷의 색이나 양말과 조화시키는 것이 좋다.

② 셔츠가 화려하면 타이의 바탕색 또는 무늬 중에서 한 가지는 셔츠의 색과 같은 계열이나 대비되는 색을 고른다.

③ 때 · 얼룩 · 구겨짐이 없도록 한다.

④ 안쪽 넥타이 길이가 바깥쪽 넥타이 길이 보다 짧고, 전체 길이는 벨트에 닿을 정도로 맞춰서 바르게 맨다. 조끼를 입었을 때는 조끼 아래쪽으로 넥타이가 보이지 않게 매야 한다.

⑤ 넥타이의 재질은 밝은 빛깔의 여름옷에는 면직물을, 겨울옷에는 편물이나 모직물을 택하고, 사계절용으로는 비단으로 된 것이 좋다.

⑥ 타이의 폭과 무늬는 유행을 잘 타지만 체형이나 옷의 형태와 색에 조화시키는 것이 무난하다.

(4) 허리띠(벨트)

① 흑색이나 짙은 갈색이 원칙이다.

② 요란한 무늬나 장식품이 있는 것은 피한다.

(5) 구두와 양말

구두는 항상 깨끗하게 닦으며 신발은 접어 신지 말고 똑바로 신어야 한다. 여러 사람과 함께 하는 직장에서 멀쩡한 구두나 운동화를 접어 신고 질질 끌면서 다닌다는 것은 좋지 않다.

비오는 날 외출했다가 신발에 흙이 묻은 채로 실내를 활보하는 것도 실례가 된다. 신발의 흙을 말끔히 털고 들어와야 청소하는 이들에게 미안하지 않을 것이다.

운동할 때는 운동화, 실내에서는 실내화, 여름에는 여름 신발, 겨울에는 겨울 신발을 가려 신는 것도 교양 있는 바른 자세이다.

〈표 2-6-1〉 남성의 용모 · 복장에 대한 체크리스트

구 분		체 크 사 항	등 급		
			A	B	C
머 리		깨끗이 면도하여 앞머리는 눈을 가리지 않는가?			
		잠을 잔 흔적은 없는가?			
		비듬은 없는가, 냄새는 안 나는가?			
얼 굴		수염, 코털의 정리는?			
		이는 깨끗하고 입 냄새는 안 나는가?			
		눈은 충혈 되지 않고 안경은 더럽지 않은가?			
복장	와이셔츠	소매 부분이나 카라부분이 더럽지 않은가?			
		색상, 무늬는 적당한가?			
		다림질은 잘 되어 있는가?			
	넥타이	삐뚤어져 있거나 풀어져 있지 않은가?			
		때, 얼룩, 구겨짐은 없는가?			
		양복 · 벨트 · 구두와 어울리는가?			
		길이는 적당하고 타이핀 위치는 적당한가?			

〈표 2-6-1〉 계속

구분		체크사항	등급 A	B	C
복장	상의	너무 화려하지 않은가?			
		일어설 때 단추를 잠그는가?			
		주머니가 블룩할 정도로 많이 넣지 않았는가?			
	바지	용변 후 꼭 씻는가?			
		손톱이 길지 않은가?			
손		다림질이 잘 되어 있는가?			
		벨트가 너무 꽉 조여 있지 않은가?			
양말		양말은 신었는가?			
		매일 갈아 신는가?			
		양복이나 구두색상과 맞는가?			
구두		잘 닦여져 있는가?			
		굽이 닳아져 있지 않은가?			
		색상이나 형태는 비즈니스 에 적당한가?			
가방 지갑		형태가 망가져 있지 않은가?			
		깨끗이 손질되어 있는가?			
		명함은 명함 지갑에 넣어져 있고 매수는 적당한가?			
기타					

*A급은 우수, B급은 보통, C급은 개선요

운동할 때 단화를 신는다든가, 등산을 할 때 굽이 높은 구두를 신고 나온다면 남이 보기에도 불안할 것이다. 분위기와 계절과 시기에 맞는 신발을 신는 것도 서비스요원이 지녀야 할 기본 소양이다.

① 구두의 색깔은 검은색이나 짙은 갈색이 보편적인 형이다.

② 캐주얼화는 피한다.

③ 굽이 너무 닳아 있지 않도록 한다.

④ 구두는 윤기가 나도록 언제나 깨끗하게 유지해야 한다.

⑤ 양말은 양복바지 색상이나 구두 색상에 맞춰서 신도록 한다. 바지 색상보다 약간 짙은 양말을 착용하는 것이 무난하다. 흰색 양말은 곤란하다.

⑥ 양말의 찢어진 부분이 표출되지 않도록 조심하고 상표가 지나치게 눈에 띄지

않는 것이 좋다.

2) 여성사원의 옷차림

(1) 복 장

옷은 분수에 맞고 키와 몸매에 따라서 자신에게 어울리게 입어야 한다. 항공사 및 여행업체에 근무하는 직장여성은 나름대로의 어울리는 의상이 있다. 직장 여성은 근무에 방해가 되지 않을 정도의 적절한 의상이 어울릴 것이다.

관광서비스 상식

여사원의 복장 체크 포인트

- 기능적이고 고급스러운 형태를 선택한다. 너무 화려한 복장은 하지 않는 게 좋다.
- 청결한 느낌을 잊어서는 안 된다. 칼라나 소매가 더러운지, 옷의 단이 터지지 않았는지, 단추가 떨어져 나가지 않았는지 주의한다. 또 스커트의 주름도 반드시 다림질한다.
- 구두는 행동하기 편한 것을 선택한다. 부츠나 비 올 때 신는 장화, 굽 높은 하이힐은 직장에서는 편한 직장용 구두로 갈아 신는다. 잘 미끄러지지 않고 굽이 낮은 것이 좋다. 또 직장에서는 슬리퍼 형태의 신발은 부적당하다.
- 제복을 입는 경우 자신의 몸에 맞지 않으면 약간 고칠 필요도 있다. 또 두드러지는 모양이나 무늬 스타킹은 적합하지 않으므로 다른 것으로 갈아 신는다.
- 제복을 입는다고 해도 외출해야 할 경우가 있으므로 통근복도 소홀히 생각해서는 안 된다.

꼭 비싼 옷만 입고 메이커 자랑을 하며, 하루가 다르게 옷을 바꿔 입게 되면, 대부분의 사람들은 사치가 심하다고 말할 것이다. 근무를 제대로 할 수 있을 것이지 의심하게 되고, 그 많은 돈은 어디에서 조달하는지 궁금해하게 될 것이다. 화려한 옷보다는 깨끗하고 단정한 옷차림이 더 중요하고 자기의 개성과 체격 그리고 직무에 맞게 차려입으면 오히려 품위를 살릴 수 있다.

의복의 지퍼나 단추는 꼭 채우도록 하고 언제나 깨끗한 손수건을 휴대한다. 몸이 지나치게 노출되는 옷은 삼가는 것이 좋고, 구멍난 옷은 수선하고, 떨어진 단추는 즉시 달고, 구겨진 옷은 잘 다려서 입는 것이 무엇보다 중요하다.

① 디자인이 지나치게 요란하거나 화려한 옷은 피하는 것이 좋다. 일반적인 정장 차림이 무난하다.
② 유니폼을 입을 때는 신분증을 정 위치에 부착하고 청결하게 입는다.
③ 유니폼은 회사 내에서만 입고, 외출 및 출퇴근 시는 갈아입는다.
④ 카라부분과 손목부분이 더럽지 않은지 점검한다.
⑤ 블라우스 단추는 첫 번째까지 채운다.
⑥ 소매를 접거나 단추를 풀지 않는다.
⑦ 블라우스가 스커트에서 빠져 나오지 않도록 한다.
⑧ 스커트는 구겨지지 않도록 잘 다려 입는다.
⑨ 스커트 밖으로 속옷(슬립, 스타킹 매듭, 속치마 등)이 나오지 않도록 주의한다.

(2) 구두 및 스타킹

① 스포티한 것보다는 정장에 어울리는 색상의 단정한 구두를 신는다.
② 화려한 디자인은 곤란하다.
③ 늘 깨끗이 닦아 신도록 한다.
④ 슬리퍼, 샌들을 신을 때는 끈이 달린 것을 신으며 질질 끌거나 발소리가 요란하게 나지 않도록 한다.

관광서비스 상식

업무에 방해가 되지 않는 치장

- 머리 모양은 업무에 지장이 없도록 눈까지 내려오거나 등에 닿을 경우 일하기 전에 핀 등으로 깔끔히 정리한다.
- 화상이나 매니큐어 등은 눈에 띄지 않게, 너무 진하게 하지 않도록 주의한다.
- 지나치게 액세시리를 많이 달시 않는다. 특히 큰 귀걸이나 요란한 목걸이, 그리고 일하는 데 방해가 되는 팔지 등은 피한다.
- 어깨나 등에 머리카락이 붙어 있지 않은지 주의한다. 또 손톱이 너무 길지 않은지 등에 대해서도 주의한다.
- 화장이 지워졌거나 번진 경우에는 빨리 고친다.
- 향수는 향기가 은은한 것을 선택한다.

⑤ 스타킹은 붉은색 · 초록색 등 현란한 색상이나 무늬가 있는 스타킹은 착용하지 않는다. 내추럴 칼라가 무난하다.

⑥ 올이 풀어지거나 늘어진 스타킹은 신지 않는다.

(3) 액세서리

귀고리를 주렁주렁 달고, 손가락에 요란한 반지, 팔목에는 몇 겹의 팔지를 끼우는 등 외모를 사치스럽게 꾸미는 것만이 예쁜 것은 아니다.

① 액세서리는 요란스러운 것은 피한다.

② 크고 화려한 귀고리는 삼가고, 간결한 것으로 한다.

③ 목걸이는 너무 크거나 화려한 것은 피한다.

④ 반지는 1개 이상 끼지 않는다.

⑤ 팔찌는 하지 않는 것이 좋다.

⑥ 핸드백은 지나치게 호사하지 않은 것이 좋으며 깨끗이 손질되어 있어야 한다.

⑦ 핸드백은 옷의 색깔과 자기의 체형에 따라 선택하는 것이 좋다. 그리고 신발의 색깔과도 어울려야 한다.

⑧ 핸드백 속에 소지품은 잘 정리해서 가지고 다닌다.

(4) 향 수

① 향수는 여성의 향기를 표현해 준다.

② 향이 아무리 좋은 향수라도 지나치게 많이 뿌리면 도리어 불쾌감을 준다.

③ 가급적이면 진한 향은 피하고 은은하고 무난한 것을 사용하는 것이 좋다.

④ 여러 가지를 섞어 바르거나 땀과 섞이지 않도록 유의해야 한다.

⑤ 맥박이 뛰는 곳인 귀밑이나 손목 등에 살짝 뿌린다.

⑥ 화장 솜에 묻혔다가 속옷 속에 넣어 두는 것도 은은한 향을 유지하는 방법이다.

⑦ 여름철에는 비교적 코에서 먼 곳인 무릎 뒤나 허벅지 안쪽에 뿌리는 것이 좋다.

〈표 2-6-2〉 여성의 용모 · 복장에 대한 체크리스트

구 분	체 크 사 항	등 급		
		A	B	C
머 리	청결하고 손질은 되어 있는가?			
	일하기 쉬운 머리형인가?			
	앞머리가 눈을 가리지 않은가?			
	유니폼에 어울리는가?			
	머리에 한 액세서리가 너무 눈에 띄지 않는가?			
화 장	청결하고 건강한 느낌을 주는가?			
	피부 처리 및 부분 화상이 흐트러지지는 않았는가?			
	립스틱 색깔은 적당한가?			
복 장	구겨지지는 않았는가?			
	제복에 얼룩은 없는가?			
	다림질은 되어 있는가?			
	스커트의 단 처리가 깔끔한가?			
	어깨에 비듬이나 머리카락이 붙어 있지 않은가?			
	출퇴근 시의 복장은 단정한가?			
손	손톱의 길이는 적당한가?			
	손은 깨끗이 잘 관리하는가?			
스타킹	색깔은 적당한가?			
	올이 나가거나 늘어지지는 않았는가?			
	예비 스타킹을 가지고 있는가?			
구 두	깨끗이 닦여져 있는가?			
	모양이 찌그려 있지 않은가?			
	뒤축이 벗겨지거나 닳아 있지는 않은가?			
액세서리	목걸이는 적당한가?			
	반지는 너무 눈에 띄지 않는가?			
	업무에 방해가 되는 액세서리는 없는가?			
기 타				

*A급은 우수, B급은 보통, C급은 개선 요.

2. 접객직 서비스요원의 유니폼

1) 근무시간의 유니폼 착용

호텔이나 레스토랑의 서비스요원은 근무시간 중 직종과 직급에 의해 구분되어 있는 지정 유니폼(uniform)을 착용하여야 한다. 고객과 함께 하는 서비스 현장에 나가기 전 반드시 거울 앞에 서서 복장을 고치고 용모를 점검하는 습관을 길들이도록 한다. 동료의 복장이나 태도에 있어서도 어색하거나 보기 흉한 점 등이 있으면 즉시 주의를 주어 고치도록 하는 것이 바람직하다.

영업 형편상 일정기간은 특별 지시에 따라 유니폼의 기준을 변경할 경우를 제외하고는 소속 상사의 명령 또는 허가를 얻지 않고 규정된 복장 이외의 것을 착용해서는 안된다.

2) 작업시간의 유니폼

영업 시간이 아닌 아래와 같은 시간에는 남자는 작업복, 여자는 작업용 재킷을 착용한다.

① 출고를 행할 때

② 청소 및 정리 작업 등 유니폼이 쉽게 더럽혀지는 작업을 할 때

③ 크로스 타임(closed time) 중일 때

④ 작업 진행 시 유니폼이 더러워질 것이라고 판단될 때

작업복을 입고 작업을 행할 때에는 와이셔츠와 보타이(bow-tie)를 착용해야 한다. 그러나 작업의 성격상 와이셔츠나 타이(tie)를 착용하는 것이 부적당할 때는 부서장의 허락을 득한 후 다른 옷으로 갈아입는다.

3) 유니폼의 보관

① 유니폼 및 와이셔츠 등은 세탁 지정일에 반드시 세탁해야 한다.

② 유니폼의 보관은 회사에서 지급한 개인별 락카 내에 보관해야 한다. 이때

반드시 옷걸이에 걸어 유니폼이 구겨지거나 훼손되는 일이 없도록 주의해야 한다.

③ 지급된 유니폼의 치수가 몸에 맞지 않을 경우 신속히 세탁실에 요청해 수선하여 입거나 바꿔 입도록 한다.

4) 서비스 현장착용 구두의 손질

① 구두의 뒤축이 닳았을 경우 바꾸어 신도록 하고 뒤축을 눌러 신어서는 안된다.
② 구두는 매일 손질하여 깨끗하고 빛이 난 상태로 관리해서 신어야 된다.
③ 구두는 매일 구두약을 칠하고 손질하여야 한다.
④ 근무 시 착용하는 구두는 출 · 퇴근 시 사용하지 않으며 근무 외의 용도에는 착용하지 않는다.
⑤ 뜯어지거나 훼손된 구두는 착용하지 않도록 하며 수선을 하여 착용토록 한다.

〈그림 2-6-2〉 남성 서비스요원의 몸가짐

(얼 굴)

■ **수염은 매일 아침 깍습니까?**

- 얼굴, 코, 귀, 손, 이 등 보이는 부분은 항상 청결성을 유지한다.
- 면도는 매일매일하며 부분적으로 손톱이 길어지지 않게 한다.
- 귀 속이나 코 속은 더러워지지 않게 한다.

(명 찰)

■ **소정의 위치에 있습니까?**

■ **비뚤어지지 않았습니까?**

- Name-Plate는 와이셔츠 3번째 단추구멍 평행선상 Pocket에 부착할 것

(제 복)

■ **비듬, 머리털은 묻어 있지 않습니까?**

■ **단추 바느질 터진 곳은 없습니까?**

- 바지의 길이가 짧거나 틀어진 경우는 즉시 수선 의뢰할 것
- 바지의 길이는 양말이 보이지 않을 정도로 착용할 것
- Monket Coat는 반드시 프레싱하며 청결한 것을 착용한다.

(양 말)

■ **색상은 야하지 않습니까?**

■ **매일 바꿔 신습니까?**

■ **흘러내리지 않습니까?**

- 양말은 흑색이나 흑색에 가까운 것으로 사용한다(청색 가능).

*구두의 관리

- 구두는 약칠을 하여 보관하여야 한다.
- 구두는 항상 광택이 있는 상태에서 착용한다.
- 매일 구두약을 칠하고 손질하여 둔다.
- 근무시 사용하는 구두는 출퇴근시 이용하지 않는다.
- 틀어진 구두는 잘 꿰매어 신으며 절대 꺾어 신지 않는다.

(머 리)

■ **흐트러져 있지 않습니까?**

■ **길지 않습니까?**

- 두발은 목덜미 부분을 바싹 쳐 올려서 뒷머리를 짧게 할 것
- 와이셔츠 Collar부분이 덮이지 않도록 붙이고 정연히 빗으로 손질하여 우로부터 7:3 비율의 위치에 가리마를 타고 앞머리가 흘러서 앞이마를 덮지 않도록 할 것
- 머리는 주 4회이상 세발하고 비듬이 보여서는 안된다.
  머리는 포마드나 머릿기름을 사용하여 단정히 빗는다.

(와이셔츠)

■ **깃 소매끝은 깨끗합니까?**

■ **주름진 곳은 없습니까?**

- 와이셔츠는 항상 청결히 하고 구김없이 잘 Pressing된 것을 착용한다.
- 와이셔츠 소매와 깃은 풀이 메겨져 있어야 한다.
- 와이셔츠의 단추는 정위치에 있어야 하고 흔들리지 않도록 한다.
- 와이셔츠의 품은 너무 크지 않게, 밖으로 나오지 않게 주의해서 입는다.

(손)

■ **더러운 손은 불결합니다.**

■ **손톱은 깨끗합니까?**

■ **짧게 깍여 있습니까?**

- 시계는 손목 윗부분에 착용하여 가능한 보이지 않게 한다.
- 손톱은 더러워지지 않게 짧게 하고 손은 항상 깨끗이 하여야 한다.
- 결혼, 약혼 이외의 Ring은 하지 않는다.

(구두)

■ **깨끗이 닦여 있습니까?**

■ **색, 모양 등은 야하지 않습니까?**

- 구두는 무늬와 장식이 없는 흑색으로 착용하며 매일 손질하여 깨끗하게 하고 빛이나게 해서 신을 것

〈그림 2-6-3〉 여성 서비스요원의 몸가짐

(화 장)

■ **야하지 않습니까?**
■ **긴장하게 보입니까?**
• 입술은 Natural 혹은 붉은색을 약하게 사용한다.
• 식사 후에도 "이"를 항상 닦아 불쾌감을 주지 않도록 한다.
• 너무 진한 화장은 손님에게 혐오감을 준다.
• 목걸이는 하지 않는다.

(머 리)

■ **흐트러져 있지 않습니까?**
■ **비듬이나 더럽지 않습니까?**
■ **긴머리는 간편하게 하고 있습니까?**
• 롱Hare는 Hair Net나 Pin을 사용하며 단정히 올린다.
• Hair리본은 어두운 색을 사용할 것
• 생머리는 Cut를 하든지, 퍼머를 하여 단정히 한다.

(명 찰)

■ **소정의 위치에 있습니까?**
■ **비뚤어져 있지 않습니까?**
• 왼쪽가슴 부분에 착용토록 한다.

(제 복)

■ **깨끗합니까?**
■ **어깨에 비듬, 머리털은 묻어 있지 않습니까?**
■ **단추 실밥 터진 곳은 없습니까?**
• 원피스의 칼라는 청결하고 Pressing된 것으로 착용한다.
• 원피스의 Button은 전부 같은 것으로 사용하고 떨어진 곳이 없도록 한다.
• 속옷은 희고 청결한 것으로 착용한다.
• 허리띠의 끈이나 블라우스는 치마 속에 넣어나오지 않도록 한다.
• 옷의 찢어진 곳 · 틀어진 부분은 즉시 수리하도록 한다.
• 원피스는 길지도 짧지도 않게 적당한 길이로 착용한다.
• 허리띠의 끈매는 끈이 풀어지지 않도록 꼭 조여서 맨다.
• 항상 유니폼의 주름과 멋을 보존하기 위해 Hanger에 걸어 놓을 것이며 가끔 Iron을 해 놓는다.
• Apron은 깨끗하게 다림질하여 착용하고 뒤틀려지지 않도록 한다.

(손 · 손톱)

■ **더러운 손은 불결합니다.**
■ **짧게 손톱을 깍았습니까?**
■ **더럽지 않습니까?**
■ **매니큐어는 자연스럽습니까?**
• 손톱은 항상 짧게 깎고 매니큐어는 흰색에 가까운 것을 사용한다.
• 결혼이나 약혼반지 이외의 것은 사용하지 않는다.
• 요란스러운 시계는 착용하지 않는다.
• Ear Ring, Neck Ring을 사용하지 않는다.

(양 말)

■ **매일 바꾸어 신습니까?**
■ **흘러내리거나 줄이 가지 않습니까?**
■ **색은 야하지 않습니까?**
• 스타킹은 살색으로 신고 꼭 맞게 착용할 것
• 덧신은 매일 세탁하여 백색으로 착용한다.

(구 두)

■ **깨끗이 닦여 있습니까?**
■ **색, 모양 등은 야하지 않습니까?**
• 여자 샌들은 같은 모양으로 통일하여야 하며, 절대로 실내에서 꺽어 신으면 안 된다.

제7장 이미지와 표정서비스

제1절 이미지란?

1. 이미지의 의의

이미지(image)란 일반적으로 인간의 마음속에 그려지는 사람이나 사물의 감각적 영상을 말하며, 주로 시각적인 것을 지칭한다. 이러한 이미지는 어떤 사물이나 사람에게서 받는 인상을 말하는 것으로, 가령 '생김새 · 성격 · 태도 · 말씨 · 음성 · 사고 방식 · 교양 등 사람 특유의 모든 것에서 받게 되는 느낌', 그것이 바로 사람의 이미지이다.

흔히 말하기를, 상품 광고는 'Buy me(나를 사세요)' 이고 기업 광고는 'Love me(나를 사랑해 주세요)' 라고 하는데, 여기서 '나' 는 바로 이미지와 동의어인 셈이다. 현대사회의 상품은 이미지 품질을 판매하는 것이다.

서비스 기업의 이미지 마케팅(image marketing)에서 이미지를 판다는 것은 곧 '나' 를 파는 것이고 '나' 를 판다는 것은 바로 나의 이미지를 파는 것이라고 한다. 서비스 기업에서 '나' 는 상품 그 자체이며 잘 다듬어진 나의 고급 이미지를 고객들은 구매하는 셈이다.

2. 이미지의 분류

사람들이 주관적인 관점에서 형성되는 이미지는 독자적 이미지와 공통적 이미지, 사회적 이미지로 분류할 수 있다.

첫째, 독자적 이미지란 완전히 개인적인 이미지로서 어떤 사물에 대하여 사람마다 다른 이미지를 갖고 있는 것을 말한다. 정치나 종교에 대한 이미지는 이러한 것이 많다.

둘째, 공통적 이미지란 특이한 몇 사람을 제외하고는 대부분의 사람이 공통적으로 갖고 있는 이미지이다. 예컨대, 청색을 보면 차갑게 느껴진다거나 삼각형을 거꾸로 세워 두면 불안을 느끼는 것처럼 보통 사람이라면 누구라도 동일한 이미지를 품고 있는 경우는 단순한 개인을 초월하여 공통적 이미지가 형성되는 것이다. 물론 독자적인 이미지와 공통적 이미지를 구별하는 확연한 경계는 분명치 않다. 그러나 이 두 가지 이미지는 개인 심리학적으로 설명이 가능하다는 이유로 개인적 이미지라 부를 수 있다.

〈표 2-7-1〉 이미지의 분류

셋째, 사회적 이미지란 특정한 사회 속에서만 성립되고, 또한 그 사회의 내부에서는 사회 구성원이 모두 의심 없이 수용하고 있는 이미지이다. '어린이들은 피자를 좋아한다' 와 같은 이미지는 초등학생들에게는 인정되지만 서양에서는 일반화된 식사 메뉴의 하나로 자리 잡혔는데 비해, 동양권에서는 어린이들 층만 즐기는 이미지를 갖는다는 것은 사회적인 이미지의 예라고 하겠다.

그런데 공통적 이미지와 사회적 이미지의 본질적인 차이는 전자에 있어서는 이미지의 성립이 개인심리학적으로 설명될 수 있는 데 반하여, 후자, 즉 사회적 이미지의 성립은 초개인적인 힘, 즉 사회 집단적인 힘에 의하고 있다는 점이다(김성혁, 관광마케팅론).

본 장에서는 개인적 이미지 부분만을 다루게 된다.

3. 이미지관리의 중요성과 필요성

1) 사람의 덕목과 이미지

사람은 남에게 잘 보이려고 하는 본능적인 욕구를 가지고 있다. 그래서 남자는 멋을 부리고 여자는 화장을 하며, 자기 연출을 한다. 인류의 역사가 생긴 이래로 사람들에게 강조되어 온 몇 가지 기본적인 덕목이 있다. 정직 · 성실 · 근면 · 인내 등이 바로 그것이다. 그리고 성공을 하기 위해서는 또 몇 가지 조건들을 요구하고 있다. 전문지식 · 창의력 · 판단력 · 친화력 등이 그것이다. 그러나 이러한 것들을 모두 갖추었다고 해서 반드시 인정을 받고 성공을 하는 것은 아니다. 그것을 남들이 쉽게 알 수 없기 때문이다. 거기에는 시간이 걸리고, 또 보는 관점에 따라 차이도 생겨나게 마련이다.

우리가 어떤 사람을 처음 만날 때나 비즈니스를 할 때 그리고 사회에 첫발을 내디딜 때 등등 상대에게 어떤 인상을 주느냐가 무엇보다 중요하다. 왜냐하면 그 때의 이미지가 자신 전체에 대한 평가가 되기 때문이다. 특히 서비스 기업에 종사하는 서비스요원들은 빈번히 새로 마주치는 고객들과의 짧은 대면에 의한 이미지가 서비스 품질관리에 상당한 영향을 미치게 된다.

2) 이미지 창출과 연출

이미지의 창출과 연출 기법의 개발이야말로 현대를 살아가는 데 있어 무엇보다도 더 중요한 과제라고 할 수 있다.

서비스 기업에 맞는 나의 이미지는 어떤 것이며, 어떻게 하면 그것을 가장 효과적으로 잘 나타낼 수 있는가? 그리고 상황의 변화에 따라 그것을 어떻게 바꾸어 나갈 것인가? 이것은 실로 우리의 운명을 좌우하는 중요한 문제가 아닐 수 없다.

3) 국제화시대의 이미지 연출

지금 우리는 본격적인 국제화 시대를 맞이하여 변신하지 않으면 안된다. 조직적으로는 무한 경쟁에 승리하기 위해서, 개인적으로는 자기의 존재 가치를 인정받는 성공한 사람이 되기 위해서 변화하지 않으면 안된다. 생긴 대로 놀던 우물 안의 개구리 같은 낡은 이미지를 벗어버리고, 새롭고도 매력적인 이미지 창조를 위해 노력해야 한다.

4) 첫인상과 이미지

보통 사람들은 첫인상이 결정되는 데 걸리는 시간은 6초 정도라고 한다. 첫인상을 결정하는 요소로 외모, 표정, 제스처가 80%를 차지하고 목소리의 톤, 말하는 방법이 13%, 그리고 나머지 7%가 인격이라고 한다.

즉 처음 대면하는 상대방, 즉 고객에게 첫 이미지를 결정하는 데 외모와 표정, 몸가짐에 의해서 모든 것이 결정됨을 알 수 있다.

그런데 "사람이 첫인상을 나타낼 수 있는 기회는 단 한 번뿐이다"라는 말처럼 첫인상은 두 번의 기회가 없다. 우리는 하루의 일상생활에서 단 한 번뿐인 첫인상 이미지를 아주 많이 심고 다닌다.

고객은 서비스요원의 심성이나 능력을 정확하게 알 수 있는 방법도 없을 뿐만 아니라 굳이 알려고도 하지 않는다. 서비스요원의 첫인상, 즉, 이미지에 의해 서비스요원 전체에 대해 평가를 한 순간에 내리게 되고 이것이 곧 서비스 품질을 평가하는 척도가 되어 버린다. 고객으로서는 그것이 현실적으로 가장 손쉬운 방법이기 때문이다.

물론 그것이 자신에게는 억울한 경우도 있겠지만 어쩔 수 없는 일이다. 고객에게 항의할 수도 없으려니와 한다고 해도 고쳐질 일도 아니다. 우리 자신도 상대를 평가할 때 대개 그렇게 하고 있지 않는가? 여기에 이미지 파워(image power)의 중요성이 있다.

그와 같은 이유 때문에 기초 서비스가 중요하고 본 서의 내용이 중요하다. 항상 준비하는 자세, 준비되어 있는 몸가짐과 매너 · 제스처가 필요하다.

4. 이미지 개발

1) 이미골로기의 시대

체코의 유명한 소설가 밀란 쿤데라는 현대를 '이미골로기(imagology)' 의 시대라고 불렀다. 이미골로기란 'image + ideology' 의 합성어이다. 이처럼 이미지가 한 시대의 이념까지 압도할 정도로 그 중요성이 커지고 있는 것이다.

세계 굴지의 회사들은 과거보다도 더 나은 기업 이미지를 개발하기 위해 많은 투자를 하고 있다. 성공을 기대하는 많은 사람들도 성공을 기대하는 이미지를 갖기 위해 많은 시간을 투자하고 있다.

효과적인 경쟁을 하기 위해서는 이미지가 필요하며, 자신이 원하는 이미지를 조심스럽게 그려내야 한다. 그런데 그 이미지가 자동적으로 생기기를 기다려서는 안 된다. 자신이 원하든 혹은 원치 않든 간에 우리는 결국 어떤 이미지를 가지게 될 것이기 때문이다. 그러므로 의식적으로 좋은 이미지를 개발함으로써, 자신이 원하는 방향으로 상대에게 새겨질 수 있도록 하는 것이 좋다.

2) 자신에게 맞는 이미지 찾기

서비스분야에 종사해 접촉하는 사람이 많으면 많을수록 그들에게 나타내는 이미지에 관심을 가져야 한다. 자신의 일과 주로 대면하는 상대(고객)와의 관계에서 적합한 이미지가 무엇인지 고려하고, 그 이미지를 찾는 것이 중요하다.

이미지를 찾을 때는 '자신이 목표로 하고 있는 것이 무엇인가?' 와 '자신이 나타내기를 원하는 이미지는 어떤 것인가?' 를 먼저 고려해야 한다. 자신이 어떤 사람인가 하는 점이 자신이 결정하게 될 이미지 형성에 가장 중요한 요인이 되며 이것이 자신의 인격이 된다. 즉, 자신을 분석한 다음, 자신이 원하는 이미지에 맞도록 조정하는 것이 이미지의 개발이다.

이미지에 대한 목표가 정해졌다면 가장 접합한 자기만의 이미지를 찾는다. 자신에게 적합한 이미지를 찾아서 가진다면 성공할 수 있을 것이다. 자기가 원하는 이미지를 만들기 위한 적극적인 노력은 목표를 달성하는 데에 굉장한 차이를 가져온다.

여기서 알아야 할 가장 중요한 과제는 계획을 미리 세워야 한다는 점이다. 목적 없이 헤매서는 바라는 이미지를 성취할 수 없다. 따라서 먼저 명확한 방향을 정해야 한다. 다시 말해서 이미지를 얻기 위해 노력하기 전에 어떤 이미지를 원하는가를 확실하게 하는 것이 무엇보다도 중요하다. 운명에 자신을 맡겨서는 어느 누구도 성공의 정상에 도달하지 못한다. 승리의 이미지를 만드는 일을 일생 동안 끝나지 않을, 평생의 계획임을 알아야 한다.

3) 남의 이미지 모방 회피

사람은 제각기 자기 자신의 스타일을 가지고 있는데, 이러한 스타일은 모두 제 나름대로의 효과를 나타낸다.

만일 '성공한 사람의 인격을 흉내 내려고 한다면 어떻게 되겠는가?', 우리가 아무리 노력을 한다고 하더라도 다른 사람이 갔던 길을 걸어갈 수 없고, 또 그 길을 제대로 찾을 수도 없을 것이다. 또한 사람들은 모방한 사람을 원하지 않는다. 때문에 남의 이미지를 모방하려고 한 것은 실패를 부르게 된다.

그러므로 나는 내가 되어야 한다. 다른 사람의 이미지가 아닌 바로 자신의 이미지를 나타내어야 한다. 성공한 사람의 모방이 아닌 한 개인으로서의 이미지를 개발해야만 승리할 수 있을 것이다.

(1) 상황에 따라 이미지를 바꾼다

이미지는 자신이 처해 있는 환경에 따라 바꾸어야 한다. 상황에 따른 변신을 못하게 되면 뒤쳐지는 사람이 된다.

(2) 특정 이미지로 전문화시킬 필요가 있다

현대사회는 전문화의 시대라고 한다. 예전의 '8방미인' 은 필요 없다. 8방미인은 바꾸어 말하면 어느 것 하나 제대로 할 줄 모르는 그저 이것도 조금, 저것도 적당히 할 줄 알지 특별히 잘 하는 것이 없는 사람일 수도 있다. 자기만이 가지고 있는 고유의 특징이 있다면 적극 개발하는 것이 좋다. 그 분야만큼은 자신이 전문가라는 말을 듣는다면 성공한 것이다.

4) 장기적인 안목에서 좋은 이미지

이미지 만들기는 그 본질이 실체가 없는 것이기 때문에 우리는 단시일 내에 구체적인 것을 파악할 수는 없다. 그러나 장기적으로 볼 때, 그 결과는 분명하게 나타나며 실체도 파악할 수 있다.

특히 서비스 상품은 실체가 없기 때문에 이미지가 더욱 중요하다. 고객은 상품을 만질 수는 없을지라도 그 상품이 얼마나 중요한지 알고 구매하게 된다. 그것이 바로 상품에 대한 이미지이다. 이와 같은 이미지는 실체가 없기 때문에 바로 형성되는 성질의 것이 못된다. 때문에 이미지의 개발도 장기적인 안목에서 좋은 이미지를 만들도록 노력해야 한다. 목전의 이익에 급급해 이미지를 흐리는 것은 오히려 발전을 저해하는 역효과만 낳게 된다. 꾸준히 더 좋은 서비스를 제공함으로써 신뢰를 얻고 그 이미지는 신용화시대에 큰 자산이 될 것이다.

5) 시대와 환경변화에 따른 이미지 조정

우리의 이미지는 상황에 따라 조정해야만 한다. 이미지 만들기는 탄력성 있게 운용하는 것이 매우 중요하다. 즉, 필요할 때마다 수정 보완을 해야 한다. 경제적인 조건, 지역상의 차이, 사원들간의 개성의 차이, 그리고 변화해 가는 생활양식 같은 요소에 의해 이미지를 조정하는 것이다.

이와 동시에 새로운 기술과 사상을 자신의 이미지 형성에 주입시켜야 한다. 시간이 흐르고 해가 바뀜에 따라 우리는 상품 제시 방법과 판매서비스 기술 그리고 회사 기구 등을 새로운 감각에 맞게 기민하게 바꾸어 나간다. 그래야만 치열한 경쟁사회에서 생존할 수 있다.

6) 효과적인 자기 PR

좋은 이미지를 심기 위해서는 적절한 자기 PR(Public Relation)이 필요하다. 그

것이 서투른 사람은 손해를 본다. 여기서 말하는 PR이란 거짓말을 하거나 실력 이상으로 과장해서 말하는 것과는 의미가 다르다. PR의 유형을 들어 설명하면 다음과 같다.

(1) 자기 기만형

자기 기만형의 사람은 하는 말의 태반이 거짓말로 시종일관하는 형이다. 거짓은 곧 탄로 나게 된다. 이것은 좋은 이미지를 심는 바른 PR과는 아주 거리가 먼 것이다.

(2) 자기 과장형

자기 과장형 사람의 말은 선부가 거짓말은 아니나 사실을 상당히 과장해서 말하는 형이다. 이것도 바람직한 PR이 아니다.

(3) 정직형

사실을 있는 그대로 과장하지 않고 말하는 타입으로 가장 바람직한 형이다. 단, 좋은 이미지를 심기 위한 PR에는 다소 연출기법이 필요하다. 같은 말이라도 상대방의 인상에 남는 감동적인 말을 해야 한다. 표현력의 숙달 정도에 의해 대단한 차이가 생긴다. 이 경우 중요한 것은 자기편에서 자진해서 선전한다는 느낌을 상대방에게 주어서는 곤란하다. 그리고 상대의 물음에도 요점만 강조하도록 해야 한다.

(4) 요령부득형

가장 딱한 형으로서, 자기 실력의 반도 PR을 못하는 사람이다. 이런 타입은 특히 전문기술자들에게 많다. 일류 실력을 가지고 있으면서도 자기 표현력이 모자라기 때문에 PR이 능숙한 사람들에게 밀려나는 수가 허다하다. 아주 수줍어하는 내향적 성격으로 도무지 남의 앞에서 자랑은커녕 사실 그대로의 수준도 말을 못하는 사람이다. 자신이 이런 경우라면 PR훈련이 필요하다.

7) 일을 열심히 하는 이미지 심기

이 세상에는 자신이 좋아하는 일(업무)만 있는 것은 아니다. 더군다나 서비스 현장에서의 일은 남(고객)을 위해 봉사하는 일이 태반이다. 때문에 자칫 잘못하면 일에 의욕을 잃게 될 수도 있다. 자신이 싫어하는 일에 대한 인식을 바꾸는 방법은 다음과 같다. 자기 일에 최선을 다한다는 이미지보다 더 좋은 이미지는 없기 때문에 방법을 잘 터득해 서비스 현장에서 신바람 나게 일하는 이미지를 심어 보자.

관광서비스 상식

일을 열심히 하는 요령

- 일상적인 일의 순서를 바꾼다.
- 내가 싫어하는 업무를 그 일을 좋아할 수 있는 다른 사람과 바꿔 본다.
- 고질적인 불평 분자와는 어울리지 않는다. 내 사기마저 떨어지게 된다.
- 주변의 동료들과 반드시 좋은 관계를 맺도록 한다.
- 나만의 프로젝트를 만들어 본다. 그러면 일 자체에 탄력이 붙어 떨어지던 업무실적이 올라가게 된다.
- 알고 싶은 일을 열심히 배운다.
- 상, 자격증, 감사장 등과 구두로 칭찬 받을 사항 등을 담은 특별한 자신의 파일을 만든다. 힘들거나 어려울 때 그 기록들을 훑어보면 기분전환이 될 것이다.

8) 이미지에 맞는 용모

서비스요원으로서의 복장, 운동선수로서의 복장, 사업가로서의 복장 등 자신의 이미지에 맞는 용모를 갖추는 것이 중요하다. 용모가 이미지에 미치는 영향이 크기 때문이다. 서비스요원은 서비스요원다워야 한다. 어떤 것이 서비스요원다운가는 본 서에서 계속 다루고 있는 부분이다. 무엇보다도 빈틈없고 깔끔한 용모관리가 요구된다. 고객에게 있어서 서비스요원은 자신이 상품이다. 서비스요원의 이미지에 맞는 용모를 갖추는 것이 중요하다.

9) 서비스요원의 이미지

(1) 서비스요원의 매너

매너는 교양있는 사람의 척도라고 한다. 남보다 지혜롭고 성공적인 삶을 살려고 한다면 반드시 매너를 익혀야 한다. 특히 서비스요원은 자신의 상품가치를 높이기 위해서라도 매너를 익혀야 한다. 매너는 고객에게 호감을 주는 모든 것이라고 할 수 있다.

그리고 외적 이미지는 내적 이미지를 토대로 할 때 더욱 빛난다. 내적 이미지는 외모를 가꾸는 것보다 훨씬 더 어렵다. 좋은 인성을 갖추기 위해 많은 시간과 정성을 들여야 하기 때문이다. 하지만 공들인 만큼 표정으로 나타나게 되고 고객에게 호감을 주는 서비스요원이 될 것이다.

관광서비스 상식

고객이 느끼는 나의 이미지는?

- 나의 표정은 어떠했는가?
- 상대방 앞에서 입을 꾹 다물고 있지는 않았는가?
- 상대방이 이야기할 때 다른 곳을 보지 않았는가?
- 대답하는 목소리에 힘이 있었는가?
- 용모와 복장에 흐트러짐은 없었는가?
- 고객업무를 힘들어하지 않았는가?
- 고객을 안내하는 태도와 걸음걸이는 활기찼는가?
- 고객 접객은 최선을 다했는가?

(2) 자기관리와 원만한 대인관계

보다 나은 미래를 위해서는 자기관리와 대인 관계를 원할하게 해야한다. 자기관리는 서비스요원의 기본이며 원만한 대인 관계는 사회생활의 필수 불가결한 요소다. 어떤 직업을 선택하든 다른 사람을 존중하는 마음과 성실한 태도를 갖추는 것이 서비스요원의 도리이며 질서이고 약속이다.

(3) 세련된 말씨와 품위있는 행동

매력적이고 교양있는 서비스요원이 되려면 정확한 표준어를 써야 한다. 표준말을 또렷하고 정확하게 발음할 수 있어야 한다. 그리고 같은 말이라도 기왕이면 조심스럽고 부드럽게 표현하도록 말씨를 가다듬어 보자. 용모와 몸가짐은 완벽한데, 다듬지 않은 원색적인 말투라면 어떻게 되겠는가? 반대로 수수한 외모를 가졌으면서도 단정함을 느끼게 해 주는 교양있는 말씨까지 구사한다면 금상첨화(錦上添花)라 할 것이다. 세련된 말씨와 품위있는 행동이 자연스럽게 배어나오는 서비스요원은 아름답다.

(4) 좋은 이미지를 갖추기 위한 반성과 노력

좋은 이미지를 갖추기 위해서는 언제나 교양있는 서비스요원의 자세를 가지려고 노력하는 마음이 중요하다. 하루를 마감하는 잠자리에 들기 전에 자신의 행동을 점검하고 반성하여 고쳐 나가는 습관을 가져야 한다. 본의 아니게 내뱉은 말이 고객이나 동료들에게 거슬리게 하지는 않았는지, 자세와 용모?몸가짐은 흐트러지지 않았는지, 공손한 자세로 인사를 잘했는지.

좋은 이미지의 서비스요원으로서 지녀야 할 매너를 익히는 것은 귀찮고 어렵게 생각될 수도 있다. 그러나 매너는 꼭 상대를 위해서만 필요한 것이 아니고 나 역시 기분 좋게 지낼 수 있도록 해주는 편리한 것이라고 이해하고 노력한다면 어려울 것도 없다.

10) 이미지 개선

처음부터 좋은 이미지만을 가지고 태어나는 사람은 드물다. 하지만 누구나 타고난 개성은 그대로 유지하고 단점은 얼마든지 노력으로 개선할 수가 있다. 항상 자신의 내면과 외면의 객관적인 시각으로 냉철히 관찰하는 습관을 길러 좋은 이미지를 가지게 된다면 서비스요원으로서 충분히 성공할 수 있을 것이다.

5. 유머감각과 좋은 이미지

1) 자신의 재산으로서의 유머감각

사람들은 대개 유머감각이 없는 딱딱한 사람보다는 유머감각이 있는 유연한 사람과 사귀거나 거래하기를 좋아한다. 유머 감각을 가진 사람이 부담이 없고 호감이 더 가기 때문이다.

유머감각을 가지는 것은 서비스 품질 개선에 도움을 주며, 즐겁게 일할 수 있는 수단이 되기도 한다. 유머감각은 긴장을 완화시키며, 부드러운 분위기를 만들어 준다. 또한 유머 감각은 대인관계, 즉 고객과의 관계, 동료와의 관계, 선배와 후배와의 관계를 원활하게 해 준다. 그래서 유머감각은 자신의 재산이 된다.

만일 자신이 천부적으로 뛰어난 유머 감각을 가졌다면 그것을 더욱 개발하라. 그러면 뛰어난 유머감각이 자신의 특징이 되고 이미지가 된다.

만나는 사람에게 편안함을 느끼게 하는 인격을 갖추고, 그 위에 유머감각마저 가진 사람이라면 틀림없이 성공할 수 있을 것이다.

2) 생산성을 높여주는 유머

과거에는 일과 유머는 별개의 것으로 인식되었다. 즉, 일은 즐거움과는 전혀 관계가 없다고 믿었다. 그러나 현대에 이르면서 같은 일도 즐겁게 해야 하며, 일 자체를 즐겨야 한다고 생각하게 되었다. 또 자기의 일을 즐길 수 있으므로 생산성도 더욱 높아진다는 사실도 알게 되었다.

3) 치열한 경쟁 속의 한 떨기의 꽃으로서의 유머

딱딱함보다는 부드러움이 상대방을 설득하는데 훨씬 더 효과적이기 때문에 유머와 미소의 중요성이 더 강조된다.

치열해지는 경쟁 속에서 살아남기 위해서는 서비스기업은 물론 개인도 저마다의 생존 전략이 필요한데, 유머 감각은 피비린내 나는 전쟁터에 피어나는 한 떨기의 꽃과 같은 것이라고 할 수 있다.

4) 절대 사업실패의 원인이 되지 않는 유머

유머 감각을 가지고 있다고 해서 누구나 행복한 사람은 아니다. 그러나 그것을 가지고 있지 않은 사람은 불행한 사람이다. 그리고 유머가 반드시 사업을 성공시켜 주는 것은 아니다. 그러나 유머가 결코 사업 실패의 원인이 되지는 않는다.

5) 상황에 맞게 사용해야 하는 유머

대부분의 경우, 유머 감각은 얼음 깨는 기계의 역할을 하지만, 어떤 특이한 상황에서는 분위기를 깨는 역효과를 낼 수도 있다. 유머를 언제 어떻게 써야 하는가를 결정하는 데 있어서는 현명한 판단이 필요하다.

만일 어떤 사람이 부친상을 당해 실의에 빠져 있는데 농담을 했다면 어떻게 되겠는가?

또한 예비 고객의 등을 두드리면서, "당신 혹시 주부 판매사원의 핑크빛 소문 들어봤어요?" 하고 말했다고 하자. 이것은 유머가 아니다. 한 마디로 음담이고 농담이다. 그리고 타이밍도 맞지 않다. 아직 거래를 하고 있지도 않는, 별로 친숙한 사이도 아닌 고객에게 그런 농담을 한다는 것은 실례이다.

6) 스트레스의 해소와 여유를 갖게 해 주는 유머

오늘날처럼 복잡다단한 사회에 살고 있는 사람들은 조직에 압도되고, 스트레스와 좌절감을 느끼게 된다. 유머 감각의 중요성이 강조되는 이유는 바로 여기에 있다. 자칫하면 팽팽한 긴장이 터져 버릴 것만 같은 상황을 완화시켜 주는 것이 바로 이 유머 감각이다.

유머 감각이 있는 사람을 좋아하는 가장 큰 이유는 무엇보다도 그 사람의 마음의 여유일 것이다. 어떤 어려움이나 위기에 처했을 때 그 한 가지 일에만 지나치게 매달리지 않는 여유, 그것은 얼마나 신선한가! 풍부한 유머 감각과 흐뭇한 웃음만 가지면 아무리 중대하고 심각한 문제라도 여유와 희망을 가지고 너끈히 해결할 수 있는 것이다.

● 제2절 서비스요원의 표정관리

고객의 마음을 열자면 무엇보다도 호감을 주는 표정을 지니는 것이 가장 중요하다. 그러므로 서비스 현장 내에서 누구를 만나던지 좋은 인상이 심어질 수 있도록 스마일 서비스 마인드를 지녀야 된다. 방긋 웃고 대한다는 것은 무언중에 "나는 당신에게 절대적인 호의를 갖고 있다"라는 웅변 이상의 효과를 표시할 수 있는 현명한 방법이 될 것이다. 간혹 입을 통해서 나오는 언어보다 더 큰 힘을 발휘하는 것이 의사소통시 행동이며 표정이고 보면 아름답고 세련된 매너를 몸에 익히는 것은 서비스요원이 성공을 성취하기 위한 첫걸음이라고 할 수 있다.

표정은 사람 모습의 근본이므로 평상시 고객이나 상사를 대할 때 밝고 명랑한 표정으로 대하는 것이 좋다. 상대방에게 좋은 표정으로 좋은 인상을 남겨 나에게 호감을 갖게 하는 것은 아주 중요하기 때문이다. 내가 좋은 모습을 주면 고객도 나에세 좋은 모습을 준다. 얼굴 모습이 항상 굳어 있고 딱딱해 보이고, 무섭게 보이면 고객이 접근하기가 쉽지 않아 대화의 문을 열기가 어렵다. 그 결과 고객 관계를 그르치게 된다.

또한 고객서비스 현장에서 첫인상은 아주 중요하다. 서비스요원은 스스로 노력하여 좋은 인상, 밝은 인상을 창조해야 한다. 평소에도 따뜻하고 부드럽고 밝은 미소로 고객을 대하는 습관을 만들어야 한다. 좋은 표정과 좋은 인상은 고객을 편하게 만들고 따라서 많은 고객을 창출할 수 있게 된다. 고객과 대화의 문을 열게하여 좋은 인간적인 고객과의 관계를 형성하고 나를 성공한 사람으로 만들게 될 것이다.

수많은 표정들 중에서도 가장 호감을 주는 것은 역시 미소를 띤 표정이다. 서로

간에 접촉하는 나쁜 동작이나 표정은 타인을 불쾌하게 한다. 서로 협조하여 활기찬 직장생활을 보내기 위해서는 한사람 한사람이 바람직한 동작을 몸에 익히지 않으면 안된다. 바람직한 동작이란 우아함, 착실함, 침착성, 명랑성, 스피드 감을 갖는 것으로서 상대방의 기분을 언짢게 하지 않도록 하고, 또 주위를 즐겁게 해 주는 것이다. 또한 활기찬 표정, 생생한 표정, 신선한 표정 등의 밝은 표정을 짓는 습관을 들여 상대방으로 하여금 호감이 가는 표정관리를 할 수 있어야 될 것이다.

1. 얼굴의 표정

우리 생활은 사람과의 커뮤니케이션의 연속이다. 상대방과 의사소통시 우리는 입을 통해 나오는 언어만이 아니라 표정과 동작 등에 의한 갖가지 보디 랭귀지(body language)를 동원한다. 그리고 이런 논 버발 커뮤니케이션(non verbal communication : 무음성의사소통)에 의하여 전달되는 정보량은 대단히 많다. 미국의 심리학자인 앨버트 매라비앤에 의하면 커뮤니케이션에서 얼굴 표정으로 전달되는 정보량은 55%, 음성에 의한 것은 38%인데 비하여 언어 그 자체에 의한 것은 겨우 7%에 지나지 않는다고 한다.

고객지향주의를 기업의 제일로 삼는 관광서비스요원들은 보디 랭귀지에 의한 메시지까지도 읽어 내는 능력을 길러야 한다. 이것이 고객의 마음을 좀 더 정확하게 읽는 길이며 개인에게는 세련된 매너를 갖추는 기초가 된다.

1) 상황에 맞는 표정

평상시 사람을 대할 때는 부드럽고 평화스런 표정이어야 하며 또 범할 수 없는 기품을 풍겨야 한다. 그리고 기쁠 때나 슬플 때 엄숙한 식전 등, 때와 장소에 어울리는 표정의 수련을 쌓아야

한다. 상대방에겐 아무런 관계도 없는데 자기의 감정으로 시무룩하거나 잔뜩 찌푸리는 등 심각한 표정으로 대하는 일, 결혼식장에서의 슬픈 표정, 문상 가서 웃는 표정 등의 좋지 못한 표정은 모두 예의에 어긋나는 것이다.

2) 자신의 지나간 세월을 나타내는 얼굴

얼굴에서 풍기는 인상은 각각 성장 과정과 생활해 온 지역과 직업과 교양을 나타낸다. 미국의 제16대 대통령 링컨은 "사람은 40세까지는 그 얼굴에 책임이 없다. 그러나 40세 이후에는 부모의 책임이 아니고 자신의 책임이다"라는 말을 남겼다. 성년이 되기 전에는 부모의 책임이고 나이 40이 넘으면 얼굴의 책임은 자기가 져야 한다는 것이다. 지나간 세월의 역사를 안면신경이 표정으로 증명하고 있기 때문이다. 교양은 하루아침에 이루어지지 않으며 별안간에 조작하면 부자연스러울 뿐이다.

3) 얼굴표정의 다양성

사람의 얼굴에는 80여 개의 근육이 있어 무려 7천 가지의 표정을 만들 수 있다고 한다.

맑고, 밝고, 상냥하고, 온유하고, 너그럽고, 부드럽고, 인자한 표정이 있는가 하면 어둡고, 음흉하고, 흉물스럽고, 흉측하고, 능청스럽고, 변덕스러운 표정이 있다. 또한 모질고, 악착스러운 표정이 있는가 하면 멍청하고, 정신 잃은 듯한 표정이 있다. 어떤 표정이 자신의 표정인가를 살펴보고 본인의 표정관리를 해야 되리라고 본다.

4) 마음의 평화

외모의 첫째는 얼굴이다. 남이 보아서 믿음직한 얼굴, 명랑한 얼굴, 건강하게 보이는 얼굴을 갖기 위하여 평소의 마음가짐을 바르게 하고 사람을 대할 때에는 온화한 표정을 지어야 한다. 미소를 잃지 않는 밝은 표정은 다른 사람까지 밝게 해 준다.

프랑스의 철학자 파스칼(Pascal)은 '마음을 평화롭게 가져라, 그러면 그대의 표정도 평화롭고 자애로워질 것이다.' 라고 말했다. 맑고 밝은 표정 또는 평화스러운 얼굴이나 남이 범할 수 없는 기풍 등이 나타나는 바람직한 표정을 가지도록 해야 하겠다. 이와 같이 남에게 좋게 보이는 인상 또는 표정을 갖기 위하여 교양을 쌓아 품위있는 인격을 길러야 한다.

5) 얼굴 표정관리법

① 얼굴 전체를 부드럽고 온화하게 갖는다. 명랑한 얼굴 표정은 상대방에게 즐거움과 행복감을 준다.

② 얼굴의 근육을 긴장시키거나 찡그리지 않는다. 딱딱한 얼굴은 상대가 겁을 먹고 찡그리면 추하게 보인다.

③ 턱을 자연스럽고 반듯하게 갖는다. 일부러 턱을 끌어들이면 의도적인 표정이 되어 꾸밈이 있어 보인다.

④ 조작된 억지 표정을 짓지 않는다. 마음에 있는 대로 표정 지어야지 억지 표정을 지으면 가식적으로 보인다.

⑤ 경우에 맞는 표정을 짓는다. 슬플 때는 슬픈 표정, 기쁠 때는 기쁜 표정이 정직한 것이다.

⑥ 갑작스럽게 표정을 바꾸면 안 된다. 온건하고 담담한 표정은 사람의 진중함을 나타낸다.

2. 눈의 표정

1) 눈은 마음의 창

흔히 '눈은 입처럼 말한다' 혹은 '눈은 마음의 창' 이라고 한다. 눈은 사람의 심리 상태를 있는 그대로 반영한다는 뜻이다. 맑고 밝은 생각을 가졌을 때는 눈의 표정도 맑고 밝아진다. 속마음과 다른 표정이 이중으로 이루어질 수 없기 때문이다. 따라서 항상 마음의 수양이 필요하다.

우리는 처음 만나는 사람의 눈을 보는 순간 그 사람의 진실 됨을 알 수 있다. 정직한 사람의 눈은 시선이 정직하고 다정하다. 그러나 어떤 사람은 눈을 너무 자주 깜빡거리고, 상대방을 아래위로 훑어보고, 곁눈질을 하며, 옆을 힐끗힐끗 쳐다보기도 한다. 그런 사람들은 처음 보기에도 안정감이 없어 보이고, 미덥지 못한 인상이 주게 된다.

2) 옷 벗기는 듯한 시선

스테판 쯔바이그의 소설에 '옷 벗기는 듯한 시선' 이란 말이 나오는데, 쳐다보는 눈으로도 얼마든지 메시지를 전달할 수 있고 또한 전달받을 수가 있다. 우리말에도 '눈으로 말해요' 라는 말이 있듯이 눈은 상대에게 강한 메시지를 전달하기 때문에 그 표정이 중요하다. 얼굴색으로 가슴속을 보이고 눈빛으로 말을 한다고도 한다. 다정한 표정, 진지하고 그윽한 눈빛이 고객을 즐겁게 한다.

대화를 나누고 있는 중에 얼굴은 정면을 향하면서도 눈은 옆쪽을 흘깃거리며 눈동자가 왔다갔다하는 사람들을 이따금 만날 수 있다. 이런 이들은 좋지 않은 인상을 줄 뿐 아니라 마주 앉은 사람을 불안하게 만든다.

3) 다정한 시선

상대편의 눈을 보지 않고 이야기하는 사람에게서는 진실된 느낌을 받지 못한다. 그렇다고 줄곧 상대편의 눈을 뚫어져라 바라보아서도 안된다. 정면으로 10초 이상을 바라 보면 상대방은 압박감을 느끼게 된다. 그러니까 대화중에 가끔씩은 시선을 다른 곳으로 돌리는 배려를 할 필요가 있다.

어떤 이는 고객과 이야기를 하면서도 고객의 눈을 뚫어지게 쳐다보고 이야기한다. 그것은 서비스요원으로서 다소 공손하지 못한 모습이다. 고객과 이야기를 나눌 때는 코 정도의 위치를 보면서 대화를 나누는 것이 좋다. 또 어떤 사람은 마주 보고 이야기할 때 눈에 힘을 주고 상대방을 노려보듯 하기도 한다. 이러한 시선은 상대방으로 하여금 마음의 문을 닫게 한다.

시선은 정직하고 다정하며 부드럽게 보내는 것이 상대방에게 좋은 이미지를 심어 준다.

4) 좋지않은 눈 버릇

눈을 너무 자주 깜박이는 버릇, 안구를 데굴데굴 굴리는 것 등은 상대방을 불안하게 만들어 좋지 못하다. 상대방을 아래위로 훑어보는 것은 불쾌감을 준다. 또, 눈을 아래로 내리까는 것은 수줍어서 할 때도 있으나 때로는 가증스럽게 느껴질 수도 있다. 반대로 눈을 흡뜨는 것은 자기가 미모 인줄 알고 자만하는 덜된 사람들이 짓는 표정이다. 또, 눈을 힐끔거리거나 흘끔흘끔 쳐다보는 것은 보기에 좋지 않다. 눈을 흘기거나 곁눈질하는 것은 더욱 보기 흉하다.

3. 입의 표정

1) 웃는 얼굴의 입표정

밝은 인상의 기본은 역시 웃는 얼굴이다. 웃는 얼굴 표정은 입의 표정에 의해 결정지어진다. 웃는 얼굴의 입 표정을 꽃에 비유하여 3할, 5할, 7할 그리고 완전만개로 분류하여 보면, 3할 만개의 미소는 입술의 양 언저리를 좌우로 조금 잡아 당기는 모습이다. 파티에 참석했을 때 이러한 미소를 보이면 "여러분과 같이 참석하게 되어 반갑다"라는 의사표시일 수 있다. 다음은 5할 미소. 앞니가 약간 보일 정도로 웃는 모습인데 고상한 품격을 느끼게 한다. 7할 미소는 이가 거의 다 보일 정도로 입술 양끝을 잡아 당기며 웃는 모습을 말하며 뺨에는 볼우물이 생긴다. 아주 부드럽고 따뜻한 친밀감을 보여 준다. 만개의 미소 때는 윗니와 아랫니가 크게 벌여져 이가 모두 보인다. "정말 재미있구나"하며 한바탕 웃어 젖힐 때의 웃음인데 텁텁한 직장의 분위기를 화기애애하게 바꾸어 놓기도 한다.

2) 바른 입표정

입은 자연스럽게 다물고 미소를 짓는 것이 좋다. 너무 힘을 주어 꼭 다물어서 눈사람의 입같이 일직선이 되는 것도 좋지 않다. 입을 쑥 내밀면 불만의 표시가 된다. 특히 입을 벌리고 있는 버릇은 아주 좋지 않다. 그리고 입안은 될 수 있으면 상대방에게 감추는 것이 예의이다. 그래서 웃을 때나 음식을 씹을 때도 입안이 보이지 않도록 하는 것이 교양 있는 행동이다.

입을 크게 벌리거나 혀를 날름거리거나 껌을 자주 씹는 것은 삼가야 한다. 하품할 때, 식사 후 부득이 이쑤시개를 사용할 때, 기침을 할 때, 웃을 때는 손으로 입을 가리는 것이 교양 있는 행동이다.

말하면서 껌을 질겅질겅 씹는 것은 천박해 보이므로 삼가야 한다. 여러 사람이 있는 데서 귀엣말은 삼가야만 한다 귀엣말을 하는 사람은 지나치게 아첨을 자주 하는 사람으로 보이고, 상대에게 소외감을 느끼게 한다.

3) 턱의 표정

턱의 높이가 자기 자신을 나타내는 무언의 메시지일 수도 있다.

턱을 10도 정도 올리면 존재감을 아주 강하게 나타낸다. 이런 자세는 당당한 모습으로 자신이 있음을 강조한다. 흔히 정치가들이 이러한 자세로 연설을 하는 경우가 많다. 이 태도는 여러 사람들 앞에서 이야기할 때는 효과가 있을지 모르나, 일대 일 대화 중에는 건방진 인상을 주기 쉽다. 반대로 턱을 수평에서 10도 정도 아래로 내리면 사양하는 듯 조심스러운 태도가 되어 상대적으로 상대편을 올려주는 격이 된다. 거래처에서의 대 고객 업무에 바람직한 접객 태도라 하겠다. 턱을 20도 정도 내렸을 때는 기본적으로 복종의 의미가 된다. 그러나 너무 아래로 내리면 눈을 위로 치켜 뜨게 되어 상대편을 경계하거나 의혹하는 자세가 된다. 대 고객 업무에 나서기 전에 한번쯤 턱의 각도를 체크해 보는 것도 바람직하다.

4. 음성 표정

우아하고 품위 있게 생긴 미인이 날카로운 쇳소리를 내거나 질그릇 깨지는 소리를 낸다면, 그 미인의 이미지는 삽시간에 깨지고 말 것이다. 음성에도 표정이 있는 것이다.

이상적인 목소리는 맑고 부드럽고 거침이 없으며 정확해야 한다. 적당한 음량과 속도 그리고 톤의 고저 조절이 있어야 한다. 좋은 음성은 낮고, 차분하면서도 음악적인 선율이 있게 마련이다.

좋은 음성은 70~80%는 타고 나는 경우라고 한다. 하지만, 20~30%는 발성연습 등 노력에 의해 얼마든지 개선될 수 있다. 사람마다 독특한 목소리를 가지고 있다. 만약 자신의 목소리에 불만이 있으면 전문가의 도움을 받아 고칠 수도 있는 것이다(로버트 L 슐러).

음성훈련에 대한 내용은 제9장에서 소개한다.

5. 머리의 표정

“머리가 인물의 반이다.”, “머리 모양이 첫인상을 결정한다.” 우리가 흔히 쓰는 말들이다. 그만큼 머리카락의 역할이 중요하다는 의미이다.

머리카락은 한 달에 1㎝ 자란다. 때문에 머리 관리를 잘못해 실패하게 되면 몇 달 동안 좋지 않은 이미지를 감수해야 한다(이은정).

1) 아름다운 머리의 근본은 건강한 머리

우리 나라에 서양 문화가 들어오면서 머리 모양이 예쁘고 다양해졌다. 하지만, 세련되고 아름다운 머리 모양을 받아들이면서 큰 대가를 치르게 되었다. 화학반응의 후유증에 너무나 무지했던 것이다. 겉으로 보이는 모양에만 신경을 쓰다 보니 머리카락 건강에 무관심하게 되어 윤기와 탄력을 잃은 상처투성이 머리들이 즐비하다.

이제는 모발 건강을 회복하는 데 주력해야 할 때라고 생각한다. 아름다운 머리의 근본은 바로 건강한 머리이기 때문이다. 자신의 머리카락에 맞는 퍼머액의 사용과 염색제를 골라 사용하는 지혜가 필요하다. 삼퓨나 린스의 사용도 바른 사용법을 숙지해 사용해야 한다.

2) 자신의 신분과 체형에 맞는 헤어스타일

사람의 머리카락은 크게 직모와 곱슬머리 또는 굵은 머리카락과 가는 머리카락이 있다. 또한 사람의 얼굴 · 두상 · 체격도 아주 다양하다. 헤어스타일은 이와 같은 자신의 특징들을 잘 소화한 것이 가장 좋다. 무조건 예쁜 연예인을 흉내낸다면 오히려 이미지를 망치게 된다.

헤어스타일을 결정하는 데 두 번째 요소는 자신의 직업과 신분도 고려해야 한다는 점이다. 선생님은 선생님답게, 서비스요원은 서비스요원답게 해야 한다. 직장여성이 연예인들을 흉내낸다면 어떻게 되겠는가? 많은 사람들의 웃음거리만 될 것이다.

3) 여행서비스직 여성의 헤어스타일

여행사에 근무하는 여성의 헤어스타일은 일하는 데 편리하면서도 경쾌한 분위기를 낼 수 있는 스타일이 좋다. 거기에 머릿결이 건강하고 윤기가 있다면 금상첨화일 것이다.

〈표 2-7-1〉 이미지 체크리스트

체 크 사 항	등 급		
	A	B	C
인사의 자세 및 각도는 어떠한가?			
얼굴의 표정 및 미소는 어떠한 느낌인가?			
머리 스타일은 어떠한가?			
착용한 액세서리의 조화미는 어떠한가?			
복장의 조화의 정도는 어떠한가?			
손발의 모습은 어떠한가?			
동작의 연결성 및 자세는 어떠한가?			
발표 능력은 어떠한가?			
음성 표현의 느낌은 어떠한가?			
매너 · 에티켓의 수준은?			
기타 개선할 사항			

* A급은 우수, B급은 보통, C급은 개선요

사무실에 일하러 나온 여성의 머리가 파티에나 참석하려는 것처럼 화려하고 드레시한 스타일이라면 어색하게 마련이다. 공들여 만든 것 같은 딱딱한 분위기의 헤어스타일보다는 자연스러운 분위기가 나는 모양이 좋고, 또 각자의 개성에 따라 다르겠지만 지나치게 길고 치렁치렁한 머리나 너무 짧은 머리도 곤란하다. 꼬불꼬불한 퍼머머리도 맞지 않는다.

능력 있는 여성이라면 용모를 가꾸는 일에도 기꺼이 능력을 발휘하여야 한다. 더욱 능률적이고 의욕적으로 일할 수 있고, 동료나 상사에게도 긍정적인 느낌을 줄 수 있도록 한다.

4) 접객서비스직 여성의 헤어스타일

접객서비스직에 종사하는 사람들에게 가장 필요한 것은 위생 관념이다. 고객들과 직접 대면하는 웨이터나 웨이트리스의 용모는 단정하고 깨끗한 인상을 주는 것이 필요하다. 정갈한 느낌을 주는 웨이트리스의 서브가 고객을 더욱 만족시켜 줄 것이고 그 업소의 이미지도 좋아질 것이다.

웨이트리스의 머리에는 단정하고 정돈된 느낌이 들도록 흰색 머리 두건, 리본, 헤어 넷(hair net)이나, 핀 등을 쓰는 것이 좋다. 머리카락이 음식물에 빠지는 것도 방지할 수 있고, 고객에게도 심리적인 안정감을 주는 이중 효과를 누릴 수 있다. 서비스요원의 탈색되고 상한 길게 흩어진 파마 머리를 보는 것도, 또 몸을 구부려 서빙할 때 그 머리카락이 혹 음식에 닿지도 않을까 신경 쓰는 것도 고객과 서비스요원 모두의 스트레스이다.

자신의 일에 최선을 다하는 여성이 아름답다. 접객서비스직에 충실한 여성이라면 스스로 자신을 정갈한 이미지로 만드는 것이 필요하다. 파마 머리도 좋고 긴 생머리도 좋다. 다만 근무 중에는 머리두건, 리본, 헤어 넷(hair net)이나, 핀 등을 이용할 줄 아는 지혜가 필요하다.

제3절 미소와 이미지

어느 통계에 의하면 사람은 평생(80년 기준) 동안 보통 26년 반이라는 시간을 잠으로 소비하며 6년 반 동안을 찡그린 표정으로 보낸다고 한다.

그렇다면 웃는 표정으로 보내는 시간은 얼마나 될까? 고작해야 46일밖에 안 된다고 한다. 표정은 사람의 운명을 바꾼다고도 한다. 또 주변 사람들의 기분도 바꾼다. 클레오파트라는 임종을 맞이하면서도 거울을 보고 웃음을 잃지 않는 행복한 모습을 연출했다고 한다. 주변 사람들을 생각하는 마음이 강했기 때문일 것이다.

아무 관련이 없는 사람끼리 처음 만났을 때 상대방에 대한 이미지를 형성하는 데는 10~15초 정도가 소요되며, 자신의 진면목과 실질적인 가치를 상대방에게 느끼게 하고 이해시키는 데는

40여 시간이 필요하다고 한다. 즉 처음 만나는 사람들은 단순히 외형만으로 그 사람을 평가하게 되고 실제 그 사람을 여러 차례 만나거나 함께 생활하지 않고서는 그 사람을 제대로 평가할 수 없다는 얘기가 된다.

우리는 하루에도 수없이 많은 사람에게 자신의 이미지를 남겨 놓고 그것을 의식하지 못한다. 심지어는 항상 고객을 대하는 사람들까지도 자신이 상대방에게 어떤 이미지를 남기는지를 깨닫지 못하고 생활하는 경우가 많다.

고객이 느끼는 자신의 첫 이미지를 생각하지 않는 사람은 매우 중요한 부분을 놓치고 있다. 영업실적이 좋지 않았다거나 어떤 사람과 다툼이 있었을 경우, 이유야 어떠했건 상대방에 대한 나의 이미지가 좋지 않았기 때문이다. 그런 점에서 순간 순간의 이미지를 관리하는 것은 매우 중요하다. 고객을 만나 대화를 할 때 혹은 고객 앞에서 업무를 볼 때, 길을 걸을 때조차도 자신의 이미지에 신경 써야 한다.

1. 웃음은 만병통치약

'한 번 웃으면 한 번 젊어지고, 한 번 화내면 한 번 늙는다(一笑一少 一怒一老)'라는 옛말이 있다. 웃음은 젊고 건강해 지는 지름길이다.

의학적으로 볼 때 좋은 웃음은 규칙적인 운동만큼 가치 있다고 말한다. 미국의 각종 연구에 따르면 웃는 동안 혈압은 떨어지고 심장 박동수는 증가하며 혈액순환이 좋아지며 세포는 더 많은 산소와 영양분을 공급받으며 인체는 면역성이 높아진다고 한다. 그래서 미국의 많은 병원들은 환자를 웃게 하기 위한 유머 프로그램을 시행하고 있다.

미국 스탠퍼드 의대 윌리엄 프라이 교수는 한 의학지에서 '웃는 것은 체내에서 낡은 공기와 새 공기의 교환을 촉진시켜 혈중 산소농도를 높인다고 밝혔다.

웃음은 뇌에서 베타 엔돌핀의 분비를 촉진시키며 뇌내 모르핀의 분비를 증가시켜 행복감을 맛보게 한다고 한다. 그래서 모든 건강을 회복시킨다는 것이다.

2. 입의 표정과 미소

1) 미소짓는 입의 표정

입꼬리가 위로 올라가는 미소를 지어야 한다.(정연아, 1997) 입꼬리가 위로 올라가게 웃는 얼굴은 매력적이며 남녀 불문하고 호감이 간다. 입꼬리가 올라가면 젊어 보인다. 그림을 보자. 좌측의 그림은 입꼬리가 올라가 유쾌한 인상을 준다. 입꼬리가 올라가고 'U자형의 스마일 라인'을 그리는 입매 모양이므로 근육이 탄력 있어 보이므로 젊은 느낌이 든다. 하시반 우측 그림은 입꼬리가 내려가 있는 입매로 노인의 입매가 연상된다. 차츰 나이가 들게 되면 얼굴의 근육도 이완되어 모든 것이 아래쪽으로 처지게 되어 있다. 그러므로 입꼬리도 여지없이 처져 얼굴이 늙어 보인다.

인상학적으로 보아도 입꼬리가 올라간 사람은 상당히 운에 강하다. 웃는 입매가 좋다고 모든 운세가 다 펴지는 것은 물론 아니다. 그러나 입꼬리가 올라가는 입매는 운을 부르는 한 요소라는 것은 확실하다.

〈그림 2-7-2〉 미소짓는 입의 표정

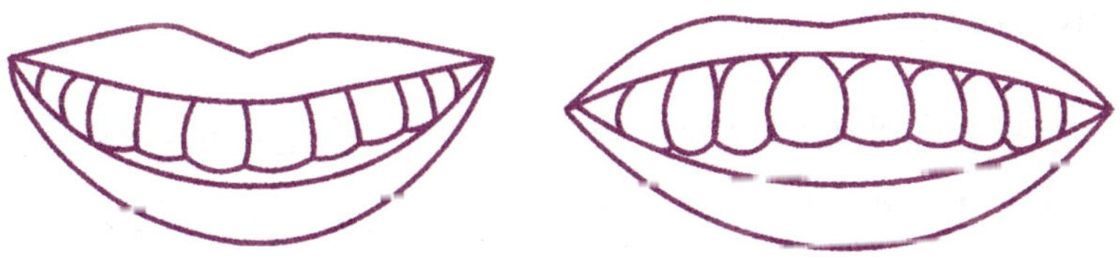

2) 입의 표정근육

'눈으로 말해요'라는 유행가 가사가 있긴 하지만 사실은 눈언저리보다는 입 언저리에 비교할 수 없을 만큼 많은 표정근이 집중해 있다.

예를 들면 '슬프다'고 생각할 때는 저절로 입꼬리가 처진다. 울기 직전의 어린 아이의 입술을 쳐다보면 입을 삐쭉삐쭉 거리면서 입꼬리가 아래로 처지는 것을 볼 수 있다. 또 긴장할 때는 입술을 오므리고, 이상한 의혹을 느낄 때는 턱에 힘이 들어가 주름이 잡힌다. 이렇게 상대방의 표정을 통해 마음의 움직임을 알 수 있다. 이렇듯 입 언저리의 근육이 움직여 많은 표정을 연출하는 것이다.

왠지 꼴사납다는 느낌을 주는 표정도 입매가 원인이다. 또한 입매가 긴장되지 않아 벌어져 보이면 아무리 좋은 인상도 품격이 떨어져 보인다. 메이크업 아티스트들이 입꼬리를 단정하게 그리는 것을 강조하고 또 강조하는 이유도 여기에 있다.

3) 여성의 미소짓는 입모양 화장법

입꼬리를 깔끔하게 보이게 하는 데 한몫 하는 것은 바로 립스틱 그리기다. 화장법을 배우지 않은 여성들은 대개가 윗입술의 두 개의 산을 립스틱으로 쓱쓱 발라 주는 데 급급하다. 하지만 이것은 깔끔한 입꼬리 연출에 좋지 않은 방법이다. 반드시 립 펜슬이나 립 브러시를 이용해 입꼬리에서 입술산 쪽으로 향하게 그려 주는 것이 좋다. 그리고 입술 꼬리에서 2~3㎜ 정도 올려서 입꼬리점을 그려 주면 입을 다물거나 웃을 때나 입꼬리가 올라가 보여 산뜻해 보인다.

3. 미소 훈련

미소짓는 좋은 이미지를 형성하기 위해서는 얼굴 근육 훈련이 필요하다. 하루에 3분~5분 정도 꾸준히 웃는 연습을 하면 누구든지 얼굴의 표정이 훨씬 생기 있고 부드럽게 바뀔 것이다.

'입꼬리 올려 주기' 트레이닝만 열심히 한다면 얼마든지 U자형의 스마일 라인을 연출할 수 있다. 이 U자형 스마일 라인은 삶에 자신감을 불러 일으켜 자신의 능력을 한껏 발휘하도록 할 것이다. 그런 의미에서 미소는 웬만한 자격증보다 더 큰 잠재력을 갖고 있다. 때로는 눈에 보이지 않는 웃음의 힘이 우리에게 큰 행운을 안겨 주기도 한다. 서비스요원은 자

신의 상품가치를 높이기 위해서 거울을 보면서 입꼬리를 올리는 연습을 해야 한다. 굳어진 소근(笑筋)을 이제부터라도 잠에서 깨워야 한다.

1) 웃는 얼굴 운동을 위한 발성훈련

웃는 얼굴을 만드는 연습에서는 입 언저리의 근육을 부드럽게 하기 위해 다음과 같이 발성 연습을 한다.

제일 먼저 '하, 히, 후, 헤, 호' 연습을 한다. 기존 입 주위 근육운동은 '아, 에, 이, 오, 우'로 많이 했지만 '아' 대신 '하' 발음을 이용하면 훨씬 운동 폭이 강해진다. 사람들의 웃음소리가 주로 '하하하', '후후후', '호호호'이므로 이렇게 연습하면 보다 실제적이다.

하하, 후후, 호호는 품위 있는 웃음소리다. 하지만 히히, 헤헤는 그 반대이므로 이런 웃음소리는 내지 않는 것이 좋다. 하지만 입꼬리 올려주기 근육 운동에는 꼭 필요한 소리이므로 주의 깊게 발음해 보자.

(1) '하' 소리연습

큰소리로 '하', '하' 하고 두 번 소리를 낸다. 턱이 움직일 정도로 될 수 있는 한 크게 입을 벌려 소리를 낸다.

(2) '히' 소리연습

큰소리로 분명하게 '히', '히' 하고 두 번 소리낸다. 입꼬리를 한 일자로 좌우로 힘껏 당기고 입술의 근육을 긴장시킨다.

(3) '후' 소리연습

큰소리로 분명하게 '후', '후' 하고 두 번 소리낸다. 입꼬리를 약간 긴장시키는 것처럼 입술을 가볍게 앞으로 내밀고 소리낸다. 생일 케이크 촛불 끌 때 입모양을 생각하면 된다.

(4) '헤' 소리연습

큰소리로 분명하게 '헤', '헤' 하고 두 번 소리낸다. 입꼬리를 의식하고 힘을 넣어 위로 올리는 것처럼 한다.

(5) '호' 소리연습

큰소리로 분명하게 '호', '호' 하고 두 번 소리낸다. 입술을 뾰쪽하게 내밀고 입에 알사탕을 넣었다는 기분으로 한다.

2) 소근 운동

미소짓는 아름다운 입술을 위해서는 입술근육(口輪筋)운동을 해야 한다. 매일 구륜근을 단련시키면 입언저리의 주름도 방지하고 매력적인 입매를 만들 뿐 아니라 입꼬리의 모양을 단정하게 하는 효과가 있다.

(1) 입꼬리 누르기

두 집게손가락과 가운뎃손가락으로 입꼬리를 누르고 입술을 앞으로 내민다. 입꼬리가 느슨해지는 것을 방지한다.

(2) 볼 당기기

입술은 긴장을 풀고 다문 채로 두 손을 볼에 대고 가볍게 귀 방향으로 끌어 올려주듯 당긴다.

(3) 볼 당겨 '후후' 소리내기

손은 볼 당기기 상태대로 손의 힘을 빼지 말고 '후', '후' 하고 몇 번 더 되풀이하여 소리낸다.

〈그림 2-7-3〉 소근운동

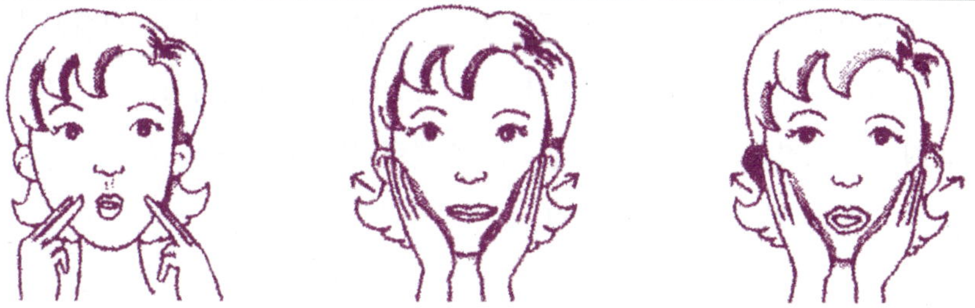

〈입꼬리 누르기〉 〈볼 당기기〉 〈볼 당겨 '후후' 소리내기〉

관광서비스 상식

매력있는 사람이 되려면…

① 날마다 계획을 세워라.
② 외모를 단정히 하라.
③ 날마다 자신을 기쁘게 한 일을 생각하고 실천하라.
④ 하루에 한 가지씩 집안 일을 도와라.
⑤ 망설였던 일을 자신있게 시도해 보라.
⑥ 매일 20분만이라도 양서를 읽어라.
⑦ 제일 미워하는 사람을 잘 되길 기도하라.
⑧ 남과 대화를 할 때 눈을 바라보고 잘 들어라.
⑨ 실수할 때 남에게 사과할 줄 알고 자신에게는 웃는 여유를 가져라.
⑩ 자신을 잊을만한 일에 몰두해 보라.

3) 웃는 얼굴을 유지하는 연습

(1) 크게 웃는 얼굴에서의 연습

크게 웃는 얼굴을 한 상태에서 입꼬리를 두 집게(검지)손가락으로 고정시킨다. 입매의 근육이 원래대로 돌아가지 못하게 손가락 끝으로 입꼬리 근육(笑筋)을 꼭 누른다. 이때 입매 근육을 제외한 다른 얼굴 근육은 최대한 풀어 준다. 손가락 끝으로 입매의 근육이 움직이는 것을 확인하면서 10초간 이 상태를 유지한다.

(2) 보통 웃는 얼굴에서의 연습

크게 웃는 얼굴에서 보통 웃는 얼굴(1/2크기 웃음)로 돌아간다. 두 집게손가락은 떼지 말고 그대로 입꼬리를 고정시킨다. 원래의 모습으로 돌아가려고 하는 입매 근육의 움직임에 저항하기 위해서다. 이때도 손가락 끝으로 근육의 움직임을 확인하면서 10초간 웃는 얼굴로 있도록 한다.

(3) 작게 웃는 얼굴에서의 연습

보통으로 웃는 얼굴에서 작게 웃는 얼굴로 돌아간다. 이때도 집게손가락을 떼지 말고 10초간 웃는 얼굴을 유지한다.

(4) 입술을 다문 상태에서의 연습

입술을 다문 상태에서 10초간 집게손가락으로 입꼬리를 고정시킨다.

(5) 입을 최대한 오므린 상태에서의 연습

입꼬리를 집게손가락으로 고정한 채로 입을 최대한 오므린다. 크게 웃는 얼굴에서 여기저기 손가락 끝으로 근육의 움직임을 확인하고 그대로 10초간 유지한다.

이러한 훈련은 하루에 네 다섯 번 정도 해주는 것이 좋다. 안면 운동을 할 때 가장 염두에 두어야 할 점은 평상시에 잘 사용하지 않는 근육을 움직여 주는 것이다. 또 마음을 편안하게 가져 스트레스 없는 상태에서 하는 것이 좋다.

입꼬리가 처진 사람은 소근운동을 화장 전이나 목욕 중, 또는 생각날 때마다 한다. 근육 운동을 해서 입 주위가 얼얼한 느낌이 들면 정확하게 했다는 증거이고 입언저리 근육 운동에 성공한 셈이다.

〈그림 2-7-4〉 웃는 얼굴을 유지하는 연습

〈크게 웃는 얼굴에서의 연습〉

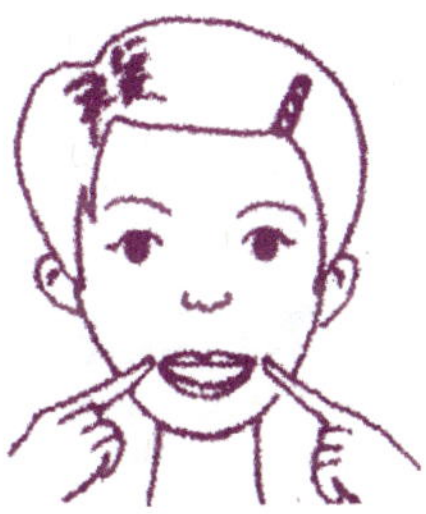

〈보통 웃는 얼굴에서의 연습〉

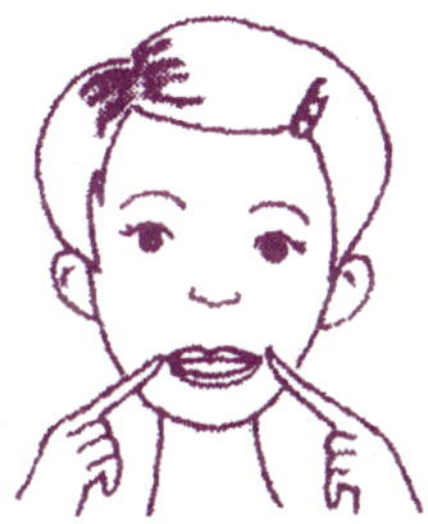

〈작게 웃는 얼굴에서의 연습〉

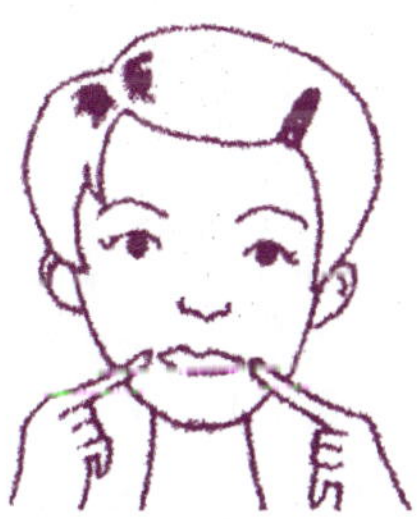

〈입술을 다문 상태에서의 연습〉

〈입을 최대한 오므린 상태에서의 연습〉

제8장 인사 서비스

제1절 인사의 의의

1. 예는 마음의 표현이며 사랑의 실천

예(禮)는 마음의 표현이다. 마음속에 가지고 있는 바를 겉으로 표현하는 것이 예이다. 예는 꾸며진 하나의 묘사가 아니라 마음에서 스스로 우러나오는 것이다. 그러므로 올바른 마음을 가지고 있어야 한다. 만약 그 마음이 올바르지 못하다면 예를 바르게 지킬 수 없을 것이다.

예는 어디서부터 비롯되는 것일까? 예로운 마음은 어디서부터 출발하는 것일까? 그것은 사랑으로부터 비롯된다. 자기 자신에 대한 사랑은 물론 남에 대한 사랑, 그리고 온갖 사물과 자연에 대한 사랑이 바로 예의 근본인 것이다.

그러나 예(禮)로운 마음을 가지고 있으면서도 그것을 표현하는 방법에 익숙하지 못하다면 자기의 마음에 가진 바를 상대방에게 올바로 전달할 수가 없을 것이다. 서로를 존경하는 마음과 그 마음을 충분히 표현할 수 있는 방법을 익힌다는 것은 예로운 생활을 위해서 꼭 필요한 일이다. 우리의 삶이 예롭게 이어질 때 우리의 생활은 보다 밝고 명랑해질 것이다.

잘못된 점은 바로 잡을 줄 알고, 아름다운 것은 계속 계승시켜서 발전을 도모할 줄 하는 현명함을 갖는 것, 이것이 바로 현대에 몸담고 있는 우리의 의무이다. 바른 예는 가장 순수하고 가장 자연스럽게 우리의 생활 속에서 실현되고 지켜지는 민주

시민의 필수적인 교양이라고 할 수 있다.

2. 인사는 예의 으뜸

동서고금을 망라하여 사람의 인품을 말할 때 예절바른 사람을 제일로 하고 있다. 인사는 그 예절 중에서도 으뜸이며 모든 인간 예절의 기틀이다. 인사(人事)란 사람 인(人)자와 일 사(事)자, 즉 사람이 하는 일이다. 인사는 동물과 특별히 구분되는 인간의 고유한 행위이다. 인사는 인간만의 특징이요, 특권이라고 할 수 있다. 그래서 인사는 인간사회 윤리의 기본이 되며 인간관계 형성의 시발이 되는 것이다.

3. 인사는 인격의 표현

인사는 처음 만난 사람이나 웃어른 그리고 고객에게 자신의 모든 것을 가장 잘 표현하고 상대에게 호감을 받을 수 있는 첫 관문이다. 인사를 예의바르게 잘하고 못함에 따라서 상대방에게 건방지다, 착실하게 보인다, 인격자다, 인상이 좋다는 등의 인상을 심어 준다. 인사를 예의 있게 잘하느냐 못하느냐에 따라서 상대방으로부터 존경을 받을 수도 있고, 자기의 인격이 낮게 평가될 수도 있다. 누구를 만나든지, 지위의 고하와 남녀 노소를 막론하고 볼 때마다 상냥하게 인사한다면 그것보다 더 밝은 사회, 밝은 직장과 좋은 고객관계를 만드는 방법은 없을 것이다. 이와 같은 인사는 직장 생활에 있어서는 인화단결(人和團結)의 근간이 되고, 고객에게는 상품판매의 기본 수단이 된다. 또한 가정에서는 화목한 가정의 근간이 된다.

4. 인사는 서비스의 근본

특히 비지니스사회에서 인사는 애사심의 발로이며 상사에 대한 존경심의 표현이며 동료간에는 우애의 상징이 된다. 그리고 고객에 대하여는 서비스를 바탕으로 한 비지니스정신의 표현이 된다. 결국 인사는 서비스 중에서도 가장 근본이 되는 서비스인 것이다. 그러므로 인사는 정성과 감사하는 마음으로 예절바르고 정중하며 밝고 상냥하게 해야 한다.

인사예법은 종교나 국가, 사회조직에 따라 여러 가지가 있다. 본 장에서는 우리나라에서 일반적으로 통용되고 있는 인사예법을 소개한다. 각각의 상황과 조직의 특성에 맞는 바른 인사법을 숙지할 수 있도록 구성하였다.

제2절 일반적인 인사예법

1. 눈인사

목례(目禮)는 서로 눈이 마주쳤을 때 말없이 고개를 끄덕이거나 윙크를 하거나 손을 들어 가볍게 하는 인사를 말한다. 공동화장실, 목욕탕, 사우나실, 각종 공연장, 버스안 등 공공장소에서 예를 차리고 인사하기 곤란한 경우와 격의 없이 지내는 동년배들끼리 하는 인사이며 업무처리상 일어서기 곤란한 경우에 하는 인사법이다. 목례는 앉아 있거나 서 있을 때 구분 없이 자연스럽게 하는 인사이다. 인사하기에 곤란한 장소라고 해서 눈인사를 안하고 외면한다거나 노려보기만 한다면 고객을 잃고 친구를 잃게 될 것이다.

2. 가벼운 인사

이 인사는 대체적으로 일어서서 한다. 허리는 15도 정도로 굽혀서 하며 시간은 약 2초 정도가 걸리는 약례(略禮)이다.

가벼운 인사는 다음과 같은 경우에 행한다.

① 이웃 사람들을 만날 때 "안녕하십니까?"라는 인사말을 주면서. 단, 인사 대상이 웃어른일 경우는 잠시 멈춰서 하고 비슷한 나이나 보다 젊은 사람에게는 지나치면서 해도 좋다.

② 직장 내에서 상사나 동료를 만날 때마다

③ 하루에도 몇 번씩 만나는 분 들게 만날 때마다

④ 길을 물을 때

⑤ 서비스 기업 내에서 모르는 고객과 교행할 때

3. 보통례

보통으로 하는 인사로 허리를 30도 정도 굽히는 인사이다. 두 다리를 모으고 손은 계란을 쥔 듯하여 팔을 바로 내려 몸에 살짝 닿게 하고 허리를 굽히는 인사이다. 인사말은 "안녕하십니까"가 적당하다. 보통례는 4초 정도의 시간이 걸린다.

① 같은 나이 또래로 처음으로 인사를 나눌 때

② 거래처 또는 사회 활동에서 보편적으로 처음으로 인사를 나눌 때

③ 나이 차이가 많이 나지 않는 어른이나 선배에게 인사할 때

4. 정중례

일어서서 하는 인사로는 가장 격식 있는 정중한 인사이다. 허리는 약 45도 이상으로 굽히되 머리는 숙이지 않는다. 정중례는 약 5~6초 정도의 시간이 걸린다. 남자는 차려 자세로 인사하면 되고 여자는 두 손을 모아 가운데로 포개 잡고 자연스럽게 인사한다.

정중례는 다음과 같은 경우에 행한다.

① 부모, 스승께 인사 드릴 때

② 직위가 높거나 저명 인사께 인사 드릴 때

③ 나이가 15세 이상 차이나는 웃어른께 인사 드릴 때

④ 은혜를 입은 존경하는 분께 인사 드릴 때

⑤ 결혼식에서 주례 선생 및 하객께 인사 드릴 때

⑥ 길에서 사돈을 만났을 때

5. 좌 례(坐禮)

1) 큰 절(정중좌례)

(1) 남자의 큰절하는 법

큰절은 다음과 같은 경우에 행한다.

① 설날 세배 드릴 때

② 회갑이나 고희 잔치에서 절을 올릴 때

③ 부모처럼 연세가 높으신 스승께 절을 올릴 때

④ 나보다 나이가 15세 이상 많고 항렬도 높은 어른께 절을 올릴 때

⑤ 혼례식, 폐백, 회갑 등 의식 행사 때

큰절을 받을 때 받는 사람이 답배를 하지 않아도 되며, 몸이 편찮아서 누워 있을 때나 진짓상을 받고 있을 때는 절을 하지 않는다.

(2) 남자의 큰 절하는 법

먼저 차려 자세에서 공수를 하고 앉으면서 두 손을 포개 동시에 방바닥을 짚고, 왼쪽 무릎을 먼저 꿇고 오른쪽 무릎을 꿇어 머리가 손등에 닿도록 하여 3초 정도 머리를 조아려 절을 하고, 오른발 왼발을 세우고 일어나서 공수한 다음 다시 손을 내린다. 다시 두 무릎을 꿇고 앉아 팔을 세워 손바닥을 양 무릎 옆으로 바닥에 닿게 하고 인사말을 올린다.

큰절에서는 이마가 손등에 닿고 3초 정도 조아린다는 것이 중요한 것이다.

원래 큰절은 여러 명이 한꺼번에 해도 안 되고 부모님 두 분이 같이 앉아 계신다

고 한 번에 절을 끝내는 것도 아니다. 반드시 두 분께 따로따로 절을 올려야 한다. 단, 절을 받는 분이 여러 명이 같이 한 번만 하라고 하면 그렇게 해도 좋다.

〈그림 2-8-1〉 남자 큰 절법

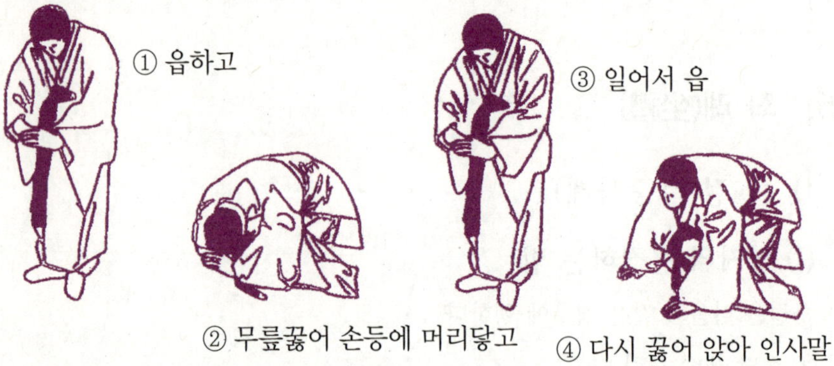

(3) 여자의 큰 절하는 법

서서 자세를 바르게 하고 웃어른을 정면으로 향한 다음 공수한 손을 어깨 겨드랑이가 보이지 않도록 양쪽 팔을 어깨에 수평으로 들어올린 다음 손과 머리 사이가 손바닥 하나 지날 정도로 띄우며 머리를 약간 숙인다.

오른발을 들어 왼발의 앞으로 하여 왼발 옆으로 놓은 다음 양 발목에 힘을 주며 사뿐히 내려앉아 허리를 굽히되 저고리의 등이 수평을 이룰 정도까지 굽히고 잠시 3초 정도 머문 다음, 원위치로 하여 곧게 일어서서 공수를 풀어 팔을 내리고 앉는다. 앉을 때는 왼쪽 무릎을 땅에 붙이고, 오른쪽 무릎을 세워 두 손을 오른쪽 무릎 위에 살짝 얹어 놓고, 자리에 앉아 어른을 보고 인사말을 올린다.

〈그림 2-8-2〉 여자 큰 절법

큰절은 시작하여 마칠 때까지 10초 이상이 걸린다.

큰절을 올리고 어른 앞에서 물러날 때는 일어서서 뒤로 세 걸음 정도 물러나 후 몸을 비스듬히 하여 나온다. 인사하자마자 곧바로 일어서서 몸을 휙 돌려 등을 보이지 않도록 해야 한다.

2) 평절(보통좌례)

평절은 다음의 경우에 행한다.

① 새해 또는 신혼여행 후에 형제간, 동서간, 동항열 간의 맞절 때

② 비슷한 사람끼리의 맞절 때

③ 친족이 아닌 10년 이상의 연장자에게 절을 올릴 때

④ 계모나 서모께 절을 올릴 때

⑤ 종가일 경우 종손보다 나이가 적은 숙부는 종손과 평절로 맞절한다.

(1) 남자의 평절법

남자의 큰절과 동일하나 큰절은 이마를 손등에 약 3초 정도 조아리고 일어나는 반면, 평절은 이마가 손등에 닿지 않고 조아리지도 않으며 금방 일어서는 것이 큰절과 다르다. 그리고 동항열 간에는 다시 꿇어앉아 머리를 들고 서로 인사말을 나

눈다. 이 때 머리를 숙이지 않아도 된다.

〈그림 2-8-3〉 남녀의 평절

이마가 손등에 닿지 않는다.
(남자의 평절)

45° 정도 굽힌다.
(여자의 평절)

(2) 여자의 평절법

여자 평절의 방법은 큰절과 같으나 단지 앉아서 허리를 굽힐 때 등을 45도 정도 굽히면 된다. 큰절에서는 3초 정도 멈추었다 일어서지만 평절은 곧바로 일어서는 것이 서로 다른 점이다. 시간은 약 7초 이상이 걸린다. 이 절은 교육부 예절분과위원회에서 합의, 결정된 여성의 평절법이다. 그러나 홍보 부족으로 현재는 잘 사용되지 않고 있다.

3) 반 절

손아랫사람이 올리는 절에 대한 답례의 형식이므로 남녀 모두 절을 받을 때 앉은 자세로 손을 양반다리한 양 무릎 옆으로 짚고 자연스럽게 허리를 약간 굽히며 답례를 하는 절이다. 단, 상대가 무릎을 꿇으면 반절을 시작하고, 상대가 일어서면 몸을 원래대로 하여 반절을 마친다.

반절은 다음과 같은 경우에 행한다.

① 윗사람이 아랫사람의 절을 받고 답례할 때

② 나이 많은 조카가 삼촌께 평절할 때 나이 적은 삼촌이 조카에게

③ 손윗사람일지라도 8촌 이내의 10세 차 이내의 비속에게

4) 양장절

우선 절 받을 어른 앞에 바른 자세로 선다. 두 손은 배꼽 위치에 모아 공수를 하고 예를 표한 후에 다시 손을 자연스럽게 내린다. 그 다음절을 시작하는데 먼저 왼 무릎을 꿇고, 그 다음 오른 무릎을 꿇고 앉는다. 두 손은 두 무릎 옆의 방바닥에 손바닥을 살포시 짚고 허리를 굽힌다. 허리를 굽히되 등이 일직선, 즉 수평이 되도록 굽힌다. 등이 수평이 되도록 굽혔을 때 3초 정도 잠시 멈추었다가 허리를 바로 펴서 곧게 하고, 그 다음 오른 무릎을 세우고 왼 무릎을 세워서 바른 자세로 일어난다. 일어섰다가 다시 어른 앞에 두 무릎을 꿇고 앉아 조용히 인사말을 올린다.

이 때도 역시 큰절, 보통절은 여자의 등이 수평이냐, 45도냐로 구분하면 된다. 절하는 사람이 등을 많이 굽혀 수평이면 큰절이고, 45도 정도면 보통절이다.

양장절은 다음과 같은 경우에 행한다.

① 남자가 양복을 입고 큰절이나 보통절을 올릴 때

② 여자가 짧은 양장 치마나 바지를 입고 절을 올릴 때

6. 거수 경례

모자를 착용했을 때의 거수 경례는 손등이 하늘을 향하게 하고 모자의 오른쪽 챙에 오른손의 검지와 중지 사이가 닿게 하여 인사를 한다.

모자를 쓰지 않았을 경우에는 오른손 검지의 끝을 얼굴의 오른쪽 눈썹 끝에 대고 경례를 한다.

이때 팔의 높이는 어깨와 수평이 되도록 올린다.

인사하는 아랫사람은 먼저 오른손을 올려 윗사람에게 경례하고 윗사람이 인사 받고 손을 내린 후에 손을 내려 인사를 끝낸다.

거수경례는 다음과 같은 경우에 행한다.

① 제복을 입고 정모를 착용했을 때

② 군인이나 경찰은 모자를 쓰지 않은 경우에도 거수 경례를 한다.

③ 거수 경례를 받고 답례를 할 때 (일반인도 동일)

7. 키스와 악수

1) 키스의 방법

우리 나라에서는 '키스' 라는 용어를 대개 성과 결부시켜 생각하는 예가 많은데 이에 대한 정확한 이해를 갖고 있어 실수를 하는 일이 없어야 할 것이다. 키스로 인사를 하는 것은 악수보다 깊은 정을 표현하는 최우위의 인사법이다.

'키스' 라는 것은 사랑, 우정, 존경의 뜻으로 내 입술을 남에게 주는 것이다. 그렇기 때문에 자기의 입술을 누구에게 무엇 때문에 주느냐에 따라 키스의 방법도 다른데 다음과 같이 네 가지로 나눠 볼 수 있다.

(1) 부부 및 연인간의 키스

입과 입을 정면으로 맞추는 것은 부부 사이, 사랑하는 연인 사이에만 허용된다. 외국에서는 공개된 장소나 공항, 기차역 같은 곳에서 포옹을 하며 입과 입을 맞추는 사람들은 부부 관계 또는 연인 사이로 알면 된다. 하지만, 우리나라에서는 아무리 사랑하는 사이라 할지라도 아직까지는 공개적인 장소에서의 키스(입맞춤)는 허용되지 않는다.

(2) 우정의 표시로서의 키스

남 · 여를 막론하고 상대방의 볼에 입을 맞추는 것은 우정의 표시이다. 서양에서 많은 여성들이 사용하는 인사법이다. 우리 나라에서도 사용이 늘고 있는 추세이다.

(3) 부자(父子)간의 키스

부모와 자식간의 키스로서, 부모가 자식의 이마에 입을 맞추어 주면 자녀는 그

답례로 부모의 볼에 키스한다.

(4) 존경의 대상이 여성일 경우의 키스

존경의 대상이 여성일 경우에는 손등에 입을 맞춘다. 이러한 경우는 많지 않으나 국제 외교 석상이나 최고위층 인사의 부인과 첫인사를 할 때 잊어서는 안될 인사법이다. 손에 키스를 받을 정도의 부인이라면 거의 흰장갑을 끼고 있는데 키스를 받기 위해 장갑을 벗지 않는다. 장갑을 벗든 벗지 않든 손등에 입을 맞추면 되고 키스 대신 손을 내밀 때는 악수를 요구하는 것이니 그대로 악수를 하면 된다.

2) 악 수

악수란 서로가 인사, 감사의 뜻, 친애의 뜻, 또는 우정을 표하기 위해 서로 손을 맞잡는 것이다.

악수는 서양에서 유래했고, 서양의 인사법이지만 지금은 세계적으로 일반화되어 있다. 악수를 할 때는 서로가 자세를 바로 하고 오른손을 내밀어 얼굴을 보면서 손을 잡고 "반갑습니다"하고 손을 두세 번 흔들고 놓는다.

악수할 때의 원칙은 다음과 같다.

① 어른 또는 윗사람이 청할 때만 악수를 한다.

② 남자는 여자가 먼저 청할 때만 악수를 한다.

③ 엇비슷한 지위나 나이가 비슷한 사회 동료는 서로 같이 악수를 나눈다.

④ 오른쪽 손이 없거나 손가락이 없는 사람에게는 권하지 않는다.

⑤ 부부가 동반했을 때는 남편과 먼저 악수를 나누고, 상대편 부인이 악수를 요청하지 않으면 인사로 대신한다.

⑥ 지나치게 오랫동안 손을 잡고 흔들어 대지 않는다.

⑦ 손을 너무 힘껏 잡으면 안된다.

⑧ 상대방 손바닥을 손가락으로 긁으면 안된다.

⑨ 왼손으로 악수를 청하는 것은 좋지 않다.

⑩ 장갑은 벗고 악수를 청한다. 단, 장식용 장갑은 상관없다.

⑪ 장갑을 벗지 못하거나 손이 더러울 경우에는 악수를 청하지 않는다.

⑫ 아프리카 지역이나 남미에서는 악수를 하고 난 다음 상대방의 어깨를 아프도록 치기도 하는데 이것은 어느 정도 친숙한 관계에서 있을 수 있는 일이다.

제3절 접객서비스요원의 인사종류와 방법

1. 인사의 일반상식

① 인사는 먼저 할수록 좋다. 인사는 아랫사람(서비스요원)이 먼저 하는 것이 원칙이다.

② 인사라는 말에는 '적극적' 이라는 뜻이 포함되어 있다. 인사를 한다는 것은 '나는 당신의 적이 아니다' 라는 뜻으로 마음을 열고 고객을 위해 최선을 다하고 있다는 뜻을 전달하는 적극적인 행동이다.

③ 감사하는 마음을 어떻게 고객에게 나타낼 수 있을까? 풍요의 시대에는 사람들을 오만하게 만들어 불만은 많아지고 감사의 마음은 쉽사리 우러나오지 않는다.

④ 인사 하나로 회사의 사활이 결정될 수 있다. 고객은 언제, 어느 때 어디서든 보고 있다. 그리고 정성이 담긴 인사에 감동 받게 된다.

⑤ 차별을 둔 인사는 오히려 고객을 잃는다. 응대는 누구나 회사의 대표자라는 생각으로 해야 하며, 조심해야 할 점은 고객을 차별하지 않아야 된다는 것이다.

⑥ 인사의 기본은 "안녕하세요"이다. 하루의 시작을 나누는 인사를 깍듯이 할 수 있는 사람은 "감사합니다"도 부드럽게 말할 수 있는 사람이 된다.

⑦ 웃는 얼굴을 잊지 말아야 된다. 인사를 할 때는 말이나 태도 외에도 얼굴의 표정도 대단히 중요하다. 말, 태도, 마음과 표정이 일치하는 정성어린 인사를 해야 된다.

⑧ 인사말을 생략해서는 곤란하다. 인사말을 생략하면 소극적, 내성적이며 적극적이지 못하다는 인상을 심어 주게 된다. 따라서 부득이한 경우를 제외하고

는 당당하고 자신감 넘치는 인사말을 건네면서 인사하는 것이 좋다.

⑨ T. P. O(Time, Place, Occasion)에 따른 인사를 해야 된다. 인사는 때와 장소, 상황에 적합하게 해야 한다. 국가별 인시방식, 슬픈장소, 공공장소, 환영장소, 축하장소 등에 따라 법도에 맞는 인사를 해야 한다.

⑩ 인사는 깊이 구부리면 구부릴수록 오래 구부리면 구부릴수록 정중한 인사가 된다. 따라서 가장 정중한 인사는 엎드려서 큰절을 하는 것이다.

⑪ 바른 인사법을 꾸준히 훈련하는 것이 인사를 잘하게 되는 지름길이 된다.

⑫ 기계적이고 가식적이 아닌 마음속으로부터 우러나오는 인사를 해야 된다. 인사기술이 되어 버려서는 곤란하다. 고객은 우리의 정성어린 마음을 원하고 있기 때문이다.

⑬ 인사의 가치는 고객을 감동시켰는가에 있다. 아무리 매너가 지켜진 인사라 해도 상대가 무반응 하거나 불쾌하게 만들었다면 잘못된 인사가 된다.

〈그림 2-8-4〉 접객서비스요원의 인사종류와 방법

구 분	최 경 례	보 통 절	반 절
인사의 속도	 하나, 둘 – 구부림 셋 – 멈춤 넷,다섯 – 폄	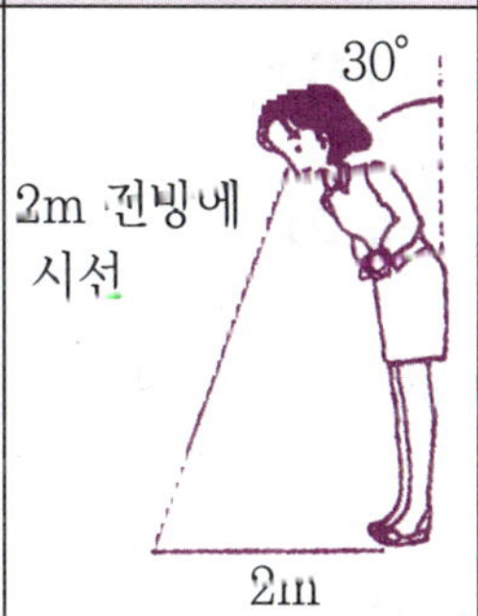 하나 – 구부림 둘 – 멈춤 셋 – 폄	 하나 – 구부림 둘 – 폄
인사의 각도	45°	30°	15~20°
시 선	발 1M 전방	발 2M 전방	발 5-6M 전방

구 분	최 경 례	보 통 절	반 절
양손의 위치	남성 : 손을 편 채로 엄지손가락을 감싸서 바지 재봉선에 댄다. 여성 : 왼손으로 오른손을 감싸서 아래 배에 가볍게 댄다.		
발	뒤꿈치를 부치고 앞은 30°로 벌린다.		
표 정	가벼운 미소		
허리, 머리	허리에서 머리까지 일직선 유지(머리만 숙이거나 허리만 굽히지 않는다)		
인 사 말	"안녕하십니까?" 등의 인사말은 구부리는 동안에 한다.		
다 리	곧게 펴고 무릎을 붙인다.		
엉 덩 이	엉덩이가 뒤로 빠지지 않도록 한다.		
주 의	눈을 치켜 뜨지 않는다.		

2. 바르게 인사하는 법

1) 호칭하며 인사하기

예) "ㅇㅇㅇ사장님, ㅇㅇㅇ선생님 안녕하십니까?"

상대방 응시 ── 호 칭 ── 인 사

5보 전방에서

2) 미소지으면서 인사하기

항상 밝고 명랑한 기분유지 / 자신의 주변정리 ── 자연스런 미소 ── 인 사

3) 정중하게 인사하기

적당한 절도 / 적성과 감사의 마음 ── 바른 예절 상냥함 ── 인 사

3. 상황에 따른 인사말과 인사동작

1) 고객 및 거래선 관계자에 대한 인사요령

구분	상 황	인 사 말	인 사 동 작
대고객	접객시	어서 오십시오(어서 오세요).	• 즉각 접근할 수 있는 바른 대기 자세를 취한다.
	전송시	안녕히 가십시오(가세요). 감사합니다. 또 들려 주세요.	• 몸을 곧게 펴고 발뒤꿈치를 맞추어 바른 자세로 대기한다. • 45° 로 허리를 구부려 공손하고 밝은 느낌을 나타낸다.
대거래선	접객시	어서오십시요. 무엇을 도와드릴까요.	• 45° 로 허리를 굽혀 공손하고 정중한 느낌을 나타낸다. • 사무실은 의자에서 일어나 인사한다.
	전송시	안녕히 가십시오(가세요).	

2) 동료간의 인사요령

구분	상 황	인 사 말	인 사 동 작
출근시		어서 오십시오(어서 오세요).	• 허리를 30° 굽혀 정중하고 바르게 인사한다. • 밝고 명랑한 어조로 인사한다.
근무중	근무시 찾아온 동료에게	어서 오십시요.	• 가볍게 목례를 한다.
	근무시 찾아 갔을 때	수고하십니다. 안녕하십니까(12시 이전이나 오랜만에 만날 때)	• 3-4보 전방에서 목례한다. • 서로 정중하고 바르게 목례로 응대한다.
	근무지 이외의 곳에서 만났을 때(식당, 계단 등)	안녕하십니까(하세요).	• 가볍게 목례를 한다.
퇴근시	먼저 퇴근할 때	먼저 들어가겠습니다. 수고하십시오.	• 3-5보 전방에서 15° 정도 허리를 굽혀 인사한다.
	나중에 퇴근하는 자일때	안녕히 가십시오. 잘 가십시오.	• 사무실인 경우에는 의자에서 가볍게 일어나 응대하고 작업 중에는 제자리에서 인사한다.(밝고 힘찬 음성)

3) 상사에 대한 인사요령

구분	상 황	인 사 말	인 사 동 작
출근시		안녕하십니까(하세요)	• 허리를 45° 굽혀 정중하고 바르게 인사한다. • 밝고 명랑한 어조로 인사
근무중	근무 중 상사가 왔을 때	어서 오십시오	• 자리에서 일어나 인사하고 부득이한 경우에는 근무자세에서 인사
	상사를 찾아 갔을 때	안녕하십니까	• 상사의 3보 전방에서 30° 허리를 굽혀 정중히 인사
	근무지 이외의 곳에서 만났을 때	안녕하십니까	• 상사의 3보 전방에서 30° 허리를 굽혀 정중히 인사
퇴근시	먼저 퇴근할 때	먼저 퇴근하겠습니다	• 상사의 3보 전방에서 30° 허리를 굽혀 정중히 인사
	상사보다 늦게 퇴근할 경우	안녕히 가십시오.	• 사무실인 경우에는 의자에서 일어나 인사하고 작업 중에는 제자리에서 인사한다.(밝고 힘찬 음성)

제4절 인사의 실천

1. 인사의 태도

"빠이빠이"로부터 "빠이빠이"까지 평생을 배우고 실천하는 것이 바로 인사이다. 인사하는 태도를 보고 그 사람의 됨됨이를 결정하게 됨으로 신중히 해야 한다. 인사는 관습(慣習)이다. 따라서 관습에 어긋나면 예(禮)가 아니다. 서양 사람에게 큰 절을 하는 것이나, 중동 사람에게 팔 흔들기식 인사를 하는 것 등은 오히려 실례를 범하는 것이 된다. 이처럼 인사는 인사를 받는 상대방의 관습에 따른 예(禮)에 맞추어서 해야 된다. 또한 경우에 맞지 않는 인사는 인사가 아니고 상대방에게 불쾌감을 주게 된다. 과례(過禮)는 비례(非禮)다. 즉 목례로 그쳐도 좋을 때인데도 굳이 45° 인사를 하는 것은 오히려 바보 취급을 받는다. 결례(缺禮)는 무례(無禮)다. 즉 정중히 인사해야 할 자리에서 경솔하게 인사를 하면 무례가 된다.

관광서비스 상식

자업자득(自業自得)의 예

- ▶ 갑 : 만날 때마다 인사하는 사람
- ▶ 을 : 적당히 인사를 외면하는 사람

- 똑같은 능력 조건이라면 누구를 먼저 승진시키겠는가?
- 어느 회사를 택하겠는가?
- 어느 상품을 택하겠는가?

2. 인사의 필요성

인사는 무엇 때문에 하는가. 인사는 상대방의 기분을 좋게 만들기 위해서며, 인간관계를 좋게 하기 위해서다. 인사 때문에 손해를 보는 경우가 있다면 그것은 어느 때인가. 그것은 바로 인사를 받지 않는 사람과 인사를 하지 않는 사람이다. 인사는 누구를 위해서 하는 것인가. 인사는 결국 자기사신을 위해서 하는 것이다.

인사는 돈들지 않는 투자이다. 투사 중에서 가장 좋은 투자는 돈이 들지 않는 투자와 사람에 대한 투자라고 할 수 있을 것이다. 인사는 이 두 가지 요건을 모두 만족시키므로 가장 좋은 투자이면서 자기 자신을 상대방에게 인식시키는 것이다. 현대는 신용사회이다. 인사는 상대에게 맨손 쥐고 크나 큰 신용을 얻을 수 있는 좋은 수단이 되는 것이다.

3. 일상생활에서의 인사

인사를 했는데도 답례가 없거나 소홀하다 하여 불평하지 말자. 인사는 자기 자신을 위한 것이기 때문이다. 따라서 답례가 없거나 소홀하다 하여 인사를 중지하지 말아야 한다. 중지하게 되면 결국 자신에게 피해가 되기 때문이다. 또한 인사는 인사받기 거북하다는 소리가 들려도 계속해서 인사하는 습관을 들여야 된다. 인사는 자신을 위한 것이라서 인사를 포기한다는 것은 자신의 이익을 포기한 것과 같기 때문이다. 결론적으로 인사는 자신을 위한 것이기 때문에 의도적으로 습관화해야 되는 것이다.

관광서비스 상식

인사를 습관화하면 어떤 사람이 되는가?

- 인사는 탁 트인 인생을 살게 해준다.
- 그늘진 성격을 밝게 해준다.
- 소극적인 사람을 적극적인 사람으로 만들어 준다.
- 정(靜)적인 사람을 동(動)적인 사람으로 만들어 준다.
- 우울한 사람을 명랑한 사람으로 만들어 준다.
- 꽉 막힌 사람을 탁 트인 사람으로 만들어 준다.
- 복 없는 사람을 복 있는 사람으로 만들어 준다.

4. 인사의 습관화

1) 몰라보는 사람에 대한 인사

스승, 거래선, 내방객, 상급자, 동료, 이웃, 나아가서 수하자에게까지 저 사람은 나를 모르지만 나는 저 사람을 알 때 내가 먼저 적극적으로 인사하고 이것을 습관화해야 한다. "선생님, 저 몰라보시겠어요. 서운합니다."의 방법보다는 "선생님 안녕하세요, 저는 ○○호텔의 ○○○입니다. 그간 안녕하십니까. 종종 찾아 뵙고 인사 올렸어야 되는데 죄송스럽게 됐습니다."처럼 본인을 알리는 인사를 하는 것이 좋다.

몰라보는 사람에 대한 인사는 답례를 바라지 않은 인사이며, 나 자신을 위한 인사이며, 거래선에게는 회사에 대한 신뢰를 증대시키고, 상사에 대한 것은 책임감을 고취시키며, 동료에 대한 경우는 그 회사의 신뢰감과 애사심을 쌓게 한다.

무심코 지나치거나, 뒤쪽을 보고 있어도 적극적으로 인사를 해야 한다.

2) 망설이지 않는 인사

상대방이 "나를 못 알아보겠지" "나를 못 보겠지" "답례를 못 받지나 않을까"하는 이유로 우물쭈물 인사하기를 망설이다가 알만한 사람끼리 그냥 지나칠 경우 두 사람 모두 우울해진다. 따라서 망설이지 말고 적극적으로 인사를 할 수 있도록 생활화해야 한다. 옆사람을 보고하는 인사, 먼 거리에서 하는 인사, 지나치면서 하는 인사, 가벼운 목례나, 눈맞춤, 소리인사, 손짓인사를 통해서라도 꼭 인사를 하는 습관을 가져야 된다.

3) 늘 하는 인사

인사는 가장 좋은 투자라고 했다. 따라서 하다마는 투자는 역효과만 날뿐이며 아쉬울 때만 하는 인사는 진실한 인사로 평가받기가 힘들게 된다. 평소에 외면하고 지나던 사람이 어느 날 코가 땅에 닿도록 허리 굽혀 인사를 하면서 부탁을 할 때 과연 진실한 인사로 받아들여지겠는가. 인사는 평소에 잘하여야 효과가 나게 된다.

4) 마음으로부터 하는 인사

인사는 외향적인 말로만 하거나, 고개만 숙이는 정도로는 곤란하며, 형식 여하를 막론하고 온몸에서 진심으로 그 뜻이 풍겨 나와야 한다.

5) 아랫사람에 대한 인사

상대가 부하직원이거나 후배일지라도 내가 먼저 보았으면 먼저 인사하는 것이 결국 나의 인격을 높여 주는 것이다. 설령 부하직원이나 후배가 인사를 잘하지 않아도 먼저 인사를 하게 되면 자연스럽게 상대로부터 인사를 유도할 수 있을 것이다. 또한 부하직원의 인사를 잘 받아 주는 것도 윗사람의 도리이며, 부하 및 후배들로부터 존경받는 선배가 될 수 있는 길이다.

6) 인사의 때와 장소

사람이 많이 모인 공공의 장소(극장, 화장실, 목욕탕, 버스 안 등)일 경우에는 가벼운 눈인사로 대신하는 것이 좋다. 큰 소리로 외치게 되면 주위의 시선이 모아지게 되고 상대방을 무안하게 하여 오히려 실례가 되기 때문이다. 이처럼 인사도 때와 장소에 따라 적합하게 해야한다.

제9장 내객응대 서비스

현대사회에서는 비즈니스와 관련하여 고객이 찾아 오는 경우가 많다. 시간과 정성을 들여 직접 찾아 온 고객들을 친절히 응대하는 것이 내객(來客)응대 서비스이다. 여기에서 내객이란 우리 서비스기업에 용무가 있어서 찾아 온 고객을 지칭하며, 내객응대 서비스는 그들을 예법에 맞게 친절히 대하는 서비스를 말한다.

인간관계에서 따뜻한 마음과 친절한 응대 서비스는 자연히 언어나 태도로 나타나고, 이는 또한 내객의 마음을 움직인다. 그러므로 항상 내객의 욕구를 충족시킬 수 있는 친절한 서비스를 제공한다는 자세로 그에 필요한 기본소양을 갖추도록 노력해야 한다.

제1절 내객응대의 기본서비스

응대란 응접+접대의 의미이다. 내객응대란 찾아온 고객을 접대하는 마음으로 맞이하는 것이다. 진심어린 시비스를 베풂으로써 내객의 호의와 신뢰를 얻게 되고 회사와의 관계가 원활하게 하는 것이다. 여기서 진심어린 서비스를 베푼다는 것은 회사와 상사의 마음을 통찰하여 따뜻한 마음가짐으로 내객에게 정성을 다하는 것이다. 바람직한 내객응대는 내객이 회사와 상사에 대한 좋은 인상을 갖게 되어 내객의 용무가 원만히 이루어지고 그 결과 회사의 이미지 제고와 업적 향상에 기여하게 되는 것이다.

1. 내객응대의 마음가짐

내객응대의 기본적인 마음가짐은 일에 대한 책임감과 적극성에서 나오지만, 센스있는 감각과 풍부한 인간성도 토대가 된다. 내객응대의 모럴은 성실과 친절인 것이다. 이것이 부족하면 최선의 서비스를 기대할 수 없다. 물론 매너도 중요하다. 마음가짐이 올바르더라도 태도가 나쁘면 좋은 응대라 할 수 없다. 행동이 정중하더라도 성의 마음가짐이 올바르지 못하면 모럴이 결여된 형식적인 응대가 된다. 즉 마음이 결여된 형식적이고 의례적인 응대는 응대로서 낙제가 된다. 그래서 무엇보다도 마음가짐이 중요하다. 소극적이고 소홀한 마음가짐으로는 곤란하다. 밝고 부드럽고 따뜻한 미소를 머금고 정중히 대하겠다는 마음가짐이 요구된다.

1) 성의있고 성실한 응대

진실된 마음으로 내객을 위해 최선을 다해야 한다. 내객의 입장에서 성의를 다해야 한다는 뜻이다. 그래야 내객이 감동받게 된다. 또한 성실하지 않으면 반드시 어조 · 행동 · 태도에 그 결함이 나타난다. 자신과 남에게 성의있고 성실한 마음가짐은 어떤 형태로든 상대의 마음에 닿게 된다.

2) 친절한 응대

친절을 실천하겠다는 서비스 마인드가 있다면 미덕이 담긴 행동으로 상대에 대한 따뜻한 배려로 나타나게 된다. 친절이 결여된 내객응대 서비스를 제공하게 되면 상대로부터 호감을 얻지 못한다. 항상 상대의 입장이 되어 친절한 언어와 태도로 임해야 된다.

3) 신속한 응대

내객의 방문요구가 신속히 처리될 수 있도록 한다. 자신의 일이 바쁘다고 내객을 기다리게 하면 곤란하다. 부득이 한 사정으로 기다리게 할 경우는 "잠깐만 기다려 주십시오." "기다리게 해서 대단히 죄송합니다."라는 말을 반드시 해야할 것이다.

신속한 내객응대를 위한 기본적인 사항은 다음과 같다.

① 사내의 업무조직을 잘 파악한다.

② 내객의 이름과 얼굴, 성격 등을 빨리 파악한다.

③ 내객이 소속된 회사, 직장관계를 정확히 파악한다.

④ 내객의 방문용무를 파악한다.

⑤ 애매한 사항은 확실히 한 다음 처리한다.

4) 정확성 있는 응대

적극적인 태도로 내객의 방문용무를 정확하게 파악하여 처리한다. 상대의 의도를 정확하게 파악하여 일을 올바르게 처리하려면 메모와 확인을 소홀히 다루어서는 안된다. 그리고 약속은 반드시 지켜야 한다.

5) 정중한 응대

정중함이란 상대에 대한 세밀한 관심에서 나온다. 상대를 위한 배려가 중요하다는 의미이다. 태도와 자세를 올바르게 갖추고, 내객을 존중하고 있다는 마음가짐의 표현으로 좋은 인상을 줄 수 있도록 한다.

6) 공평한 응대

남에게 차별 당하는 것보다 불쾌한 것은 없다. 때문에 내객에 대하여 기준을 가지고 차별하여서는 안 된다. 모든 내객들이 차례 데로 자신의 용무를 마칠 수 있도록 배려해야 한다. 선착순 · 접수순으로 처리하는 것이 가장 좋다.

2. 내객응대 준비

내객응대 환경정비는 내객의 기분을 좋게 하도록 배려해야 한다. 업무 흐름을 충분히 고려한 사무실 배치(office layout)는 능률적일 뿐만 아니라 인간활동의 아름다움을 보여주는 것이 된다. 또 내객이 알기 쉽도록 한 안내표시도 내객의 입장에서 생각하면 좋은 아이디어가 떠오를 것이다.

1) 접수 · 응접실의 관리

① 스케줄 관리를 분명히 하여 내객과의 불일치가 없도록 함은 물론 응접실에 재 · 부재의 표시를 할 경우는 틀리지 않도록 한다.

② 접수카운터 또는 응접실의 정리정돈과 청소, 조명, 환기, 냉난방의 조절에 대해 점검한다.

2) 비품의 관리와 정리 · 정돈

① 응접세트보다 인원이 많을 때를 대비하여 예비 의자를 준비한다.

② 액자 등의 장식품이 제대로 놓여 있는가?

③ 양복걸이, 기타 물건을 놓아 둘 장소가 있는가?

④ 신문, 달력은 그날의 것인가?

⑤ 꽃, 식물이 시들지는 않았는가?

⑥ 재떨이, 라이터 등은 준비되어 있는가?

⑦ 메모, 필기용구가 갖추어져 있는가?

⑧ 앞 고객이 사용한 후의 음료수는 준비되어 있는가?

⑨ 재떨이는 비워져 있는가?

⑩ 주변이 지저분하지는 않는가?

3) 접대용 다기류

업무 장소와 응접실과의 거리에 따라 준비사항에 다소 변화가 있을 수 있으므로 여러 가지 경우에 부족함이 없도록 한다.

① 차와 음료, 탁자, 주전자의 주둥이가 적당한 것을 선택한다.

② 컵, 접시, 스푼 등은 일체 되는 디자인으로 갖춘다.

③ 쟁반은 미끄러지지 않는 소재로 한다.

④ 행주는 항상 깨끗한 것으로 준비한다.

⑤ 기타 필요한 물품(포트, 설탕, 크림, 레몬 물수건, 냅킨, 과자류 등)을 준비한다.

4) 내객 접수용 비품

① 내객명부

② 전화와 구내 교환번호표

③ 거래처 전화번호부

④ 사원명부

⑤ 건물 배치도

⑥ 선전용 팜플렛

⑦ 명함정리 케이스

⑧ 메모용지 및 필기용구

⑨ 편지지와 봉투

⑩ 가위, 끈, 테이프, 클립 등

⑪ 시계

⑫ 카렌다

3. 내객응대의 기본자세

1) 밝은 미소와 바른 자세로 내객응대

① 처음 만난 방문자일지라도 밝은 미소의 얼굴로 가볍게 인사를 한다.

② 길을 몰라 헤매거나 뭔가 용무가 있는 것 같아 보이면, 이쪽에서 먼저 말을 걸어 용건을 물어 본다.

③ 이때 밝은 미소와 바른 자세를 잊지 않도록 한다.

2) 바라보면서 대화

① 항상 '듣는다'는 자세와 마음가짐을 갖도록 한다.

② 용건을 정확히 파악한다.

③ 메모하는 일도 중요하다.

3) 말씨의 조심

분명하고 알기 쉬운 말씨를 사용하고 조리있게 말한다.

4) 예의바른 행동

① 어떤 고객에 대해서도 자연스럽고 친절한 태도로 대한다.

② 버릇없는 태도, 조잡한 말씨 등에 주의한다.

③ 특히, 초면의 고객에게는 깍듯한 경어를 사용해야 한다.

5) 기다리지 않게 곧바로 응대

① 고객이 찾아오면 하던 일을 중단하고서라도 곧 응대한다.

② 하던 일을 멈출 수 없는 상황이라면, 우선 말을 건 다음 그 쪽으로 향한다.

③ 고객을 응접실 같은 데서 기다리게 했는데, 어쩔 수 없는 용무가 생겨 좀처럼

응대할 수 없는 경우도 있다. 이런 때는 본인이나 대리자가 도중에 가서 양해를 구하는 것이 좋다.

6) 도중에 일어나야 할 경우는 고객에게 양해

① 도중에 일어나는 일은 가급적 없도록 한다.

② 그 자리에서 전화를 받아야 할 경우에는 "실례합니다"하고 양해를 얻은 다음에 통화한다.

③ 장시간의 전화는 가급적 삼간다.

7) 정중하게 전송

① 앉은 채로 전송하는 것은 예의에 어긋나는 무례한 행동이다.

② 고객에 따라서는 문간이나 엘리베이터, 또는 회사의 현관까지 전송한다.

제2절 내객응대 서비스의 실제

1. 내객응대 서비스 절차

회사의 첫인상은 안내의 행동에서 크게 달라지며, 기분 좋은 응대라면 회사에 대한 평가도 높게 올라간다. 항상 환영한다는 따뜻한 마음을 가지고 응대하여야 하며, 안내하는 사람뿐만 아니라 모든 사람이 안내자라고 생각하는 마음이 중요하다.

1) 내객맞이

내객이 찾아오면 일어서서 "어서 오십시오"하고 정중히 인사를 한다. 이 때의 인사는 보통례로 하는 것이 좋다. 내객을 열심히 관찰한답시고 올려다보지 않도록 한다. 이 때 내객의 특징을 확실히 파악하여 얼굴을 기억해 둔다.

① 내객이 보이거나 무엇을 물으면 밝은 목소리로 "예!" 하고 대답한 후 바로 일어선다.

② 입구에서 머뭇거리고 섰으면 이쪽에서 다가가서 묻는다.

③ 내객의 눈을 보고 미소를 지으며 상냥하게 인사한다.

④ 말로 하지 않고 눈이나 표정으로 대신할 수도 있다.

⑤ 잘 알고 있는 고객에게는 "항상 도와주셔서 감사합니다" 하면서 적극적으로 응대한다.

2) 내객의 확인

① 처음 보는 내객일 경우에는 소속과 이름을 확인한다.

② 과거에 본 내객이라면 내객의 이름을 기억하여 "00여행사의 00분이시군요", "항상 감사하게 생각하고 있습니다" 등 친근하게 대한다. 이때 내객의 회사명을 약칭하여 부르지 않도록 하고 호칭은 경칭을 쓰도록 습관을 들인다.

③ 내객이 머뭇거리고 서 있으면 이쪽에서 "어떤 일로 오셨습니까?", "무엇을 도와 드릴까요?"하면서 적극적으로 응대한다.

④ 자신을 분명히 밝히지 않는 내객인 경우에는 내객의 기분이 상하지 않도록 재치 있게 물어 본다.

⑤ 회사명이나 방문자의 이름이 어렵고 길 때는 메모를 한다.

⑥ 명함을 받았을 때는 회사명과 이름을 확인하고 기억하며 정중히 취급한다.

3) 약속과 용건의 확인 및 전달

① 약속의 유무를 물어 본다.

② 사전에 연락이 있었던 내객일 경우에는 "기다리고 있었습니다"라고 얘기하며 반갑게 맞이한다.

③ 용건을 물어 본다. 용건을 여쭈어 볼 때는 "실례합니다만 무슨 일로 오셨습니

까?" 하고 얘기한다.

④ 용건을 담당자에게 연락해서 지시 받는다. 어디서, 누가, 무슨 용건으로 누구를 찾아왔다는 사실을 선한 후, 지시를 받는다.

⑤ 찾는 사람이 회의 또는 다른 내객을 응대시는 구두로 하지 않고 메모로 연락한 뒤 지시를 기다린다.

4) 기다리게 할 경우

① 의자를 권하고 차를 내섭한다.

② 사보, 카탈로그, 신문 등의 읽을 거리를 제공한다.

③ 다른 사람으로 대신해도 좋은가, 또는 대신해서 용건을 들어도 좋겠는가를 물은 후 내객이 응하면 조치한다.

④ 내객이 다수일 경우에는 도착순으로 접수하여 처리한다. 동시에 도착했을 때는 예약객이 우선이다.

⑤ 예약이 되어 있지 않더라도 긴급, 중요한 업무라고 판단되면 상사에게 알려 지시를 받는다.

5) 면회 및 안내

① 면회가 가능하면 곧바로 내객에게 통보한다.

② 상대의 용건에 따라 당사자에게 지접 안내해도 좋을 경우에는 안내한다.

③ 외출 중으로 면회가 불가능할 때는

- 대신 다른 사람이라도 좋은가를 묻는다.
- 자기가 대신 듣는다(이 경우 반드시 메모를 한다).
- 본인이 돌아오면 이쪽에서 연락하겠다고 한다(내객의 소속과 성명, 전화번호, 편리한 시간 등을 메모해 둔다).
- 돌아올 시간이 정해져 있는 때에는 그 시간을 알려주고, 기다릴 수 있겠는가를 묻는다.

6) 내객용무의 신속한 처리

① 용건을 부탁 받으면 반드시 메모를 한다. 용건을 복창한다. 담당에게 연락하겠다는 뜻을 내객에게 말한다. 그리고 자신의 이름을 말한다.

② 내객의 용무가 신속하게 처리되도록 배려한다. 처리 도중 다른 볼일을 보거나 고객이 기다리는 일이 없도록 한다.

2. 내객 안내 서비스

1) 복도에서의 안내 서비스

① 안내의 지시가 있으면 응접실 정비 상태를 확인한다.

응접세트가 바로 놓여 있는지, 테이블이 더럽혀져 있지 않는지, 커버가 구겨져 있지 않는지, 재떨이, 먼지상태 등에 주의한다.

② 응접실로 안내한다.

내객이 있는 곳으로 돌아와서 "많이 기다리시게 해서 죄송합니다. 응접실로 안내하겠습니다"하고 안내한다.

③ 복도를 안내할 때 내객보다 비스듬히 앞에 서서 걷는다.

"이쪽으로 오십시오"라고 말하고 내객보다 2 · 3보 비스듬히 앞에 서서 내객의 보조에 맞추어 걷는다. 그 경우 안내자는 복도의 끝에서 걷고 내객에게는 중앙을 걷게 하는 배려도 필요하다. 복도에서의 상 위치는 중앙, 창측, 입구측의 순이다.

④ 안내 도중에는 눈, 입, 어깨, 손을 동시에 사용한다.

코너나 계단에서는 손으로 가리키면서 말로 안내한다. 갑자기 코너를 돌거나 하면 내객이 당황해 한다. 손으로 방향을 가리킬 때는 손가락을 가지런히 하여 엄지손가락은 손가락에 접고 손바닥을 위로하여 허리보다 높은 위치에서 한다.

⑥ 내객의 짐을 들어준다.

〈그림 2-9-1〉 내객응대서비스 절차도

내객맞이	• 밝은 미소와 바른 자세로 대한다. • "어서 오십시오"하고 정중하게 인사한다. • 입구에서 머뭇거리면 이쪽에서 다가간다.
↓	
내객 확인 약속 · 용건확인	• 처음 보는 내객일 경우 소속과 이름을 확인하고 아는 내객일 경우 친근하게 대한다. • 명함을 받았을 때는 회사명과 이름을 기억하고 소중히 다룬다. • 약속의 유무와 용건을 확인한다.
↓	
용건의 전달	• 용건을 담당자에게 6하 원칙에 의거 전달 • 찾는 사람이 회의 또는 다른 내객을 응대 시는 메모로 전달한다.
↓	
응접실로 안내 담당자 면회	• 내객을 응접실로 안내한다. • 담당자를 응접실로 안내하여 내객에게 소개한다.
↓	
내객용무 신속처리	• 모든 용무는 내객 우선이다. • 내객의 용무를 신속하게 처리한다.
↓	
마무리 · 전송	• 용무를 마무리하면 감사의 뜻을 전한다. • 내객에 따라서는 문간이나 엘리베이터, 또는 회사의 현관까지 전송한다.

내객에게 짐이 있을 때는 "제가 들고 가겠습니다"하고 내객의 짐을 들어준다.

2) 계단에서의 안내

① 코너, 계단에 멈추어 서서 "이쪽입니다"하고 유도한다.

② 계단을 오르내릴 때의 원칙

계단을 오르는 원칙은 내객이 넘어졌을 때 부축할 수 있는 위치, 즉 방문 내객의 우측을 1~2계단 뒤에 오르고, 내리는 경우에는 내객의 우측을 1~2계단 먼저 내려오는 것이 예의이다. 이 때 약간 내객 쪽으로 몸을 기울여 안내한다.

③ 계단의 상 위치는 중앙이며 나선형 계단일 때는 내측이 된다.

④ 상황에 따라 "발을 조심하십시오"하고 주의를 환기한다.

3) 엘리베이터를 사용할 때

(1) 엘리베이터 안내원이 없는 경우

① 열림 버튼을 눌러서 닫히지 않도록 하고 고객을 먼저 태운다. 안에 사람이 있으면 가벼운 인사를 하면서 동승한다.

② 자신은 나중에 타도록 한다. 내객에게 등을 돌리지 않도록 하여 버튼 조작을 한다.

③ 내객을 먼저 내리게 하고 따라 내린다. 열림 버튼을 눌러서 닫히지 않도록 하고 "이쪽입니다"말하며 한 손으로 내객을 안내한다.

④ 엘리베이터에서 상 위치는 밖에서 보면 좌측 구석, 안에서 보면 우측이다.

(2) 엘리베이터 안내원이 있는 경우

내객이나 상사가 우선적으로 오르고 내린다. 안내원에게 층수를 일러준다.

(3) 엘리베이터 안내시 유의사항

① 내객을 먼저 태우고 자신은 타지 못함.

② 내객이나 상사가 보지 않는다고 벽에 기대고 있는 행위

③ 내객을 제쳐놓고 자기들끼리 소곤소곤 대는 행위

④ 우물쭈물하는 행위

⑤ 엘리베이터 안에서는 입구 쪽을 향해 바르게 서야 하며, 벽면에 기대거나 문 조작 버튼을 제외한 여타 장치물에 손을 대서는 안 된다.

4) 문에서의 안내방법

응접실 문의 1미터 정도 앞에 서서 "여깁니다"하고 문을 가볍게 2~3번 노크한 다음 열고 내객을 안내한다. 안내하는 방법은 아래와 같다.

(1) 밀어서 여는 문

문을 열고 자기가 먼저 들어간다. 실내에 들어가서 인사한 다음 실내측 손잡이를 쥐고 내객이 실내에 들어설 때 방해가 되지 않도록 충분히 연다.

(2) 잡아당겨서 여는 문

손잡이 방향의 반대측 손으로 손잡이를 잡는다. 내객의 얼굴을 보며 비켜서서 문을 열고 문 가장자리에 서서 내객이 먼저 들어가게끔 안내한다.

(3) 미닫이문

문을 열고 내객이 먼저 들어가게 한 다음, 따라 들어가서 문을 닫는다.

(4) 자동문

내객의 1~2보 앞에 걸어가서, 문이 열리면 문 옆으로 비켜서서 내객을 먼저 들어가도록 안내한다.

(5) 용수철 장치가 있는 문

손으로 밀어 연 다음, 되돌아오지 않도록 민 채로 옆에서 안내한다.

5) 응접실에서의 안내

응접실에서는 내객의 앞에 서서 테이블까지 안내한다. 응접의자의 상석을 가리키며 "이리로 앉으십시오"하고 권한다. 내객이 복수일 때는 상위자에게 최상석을 권한다.

〈그림 2-9-2〉 응접실의 상석 순서

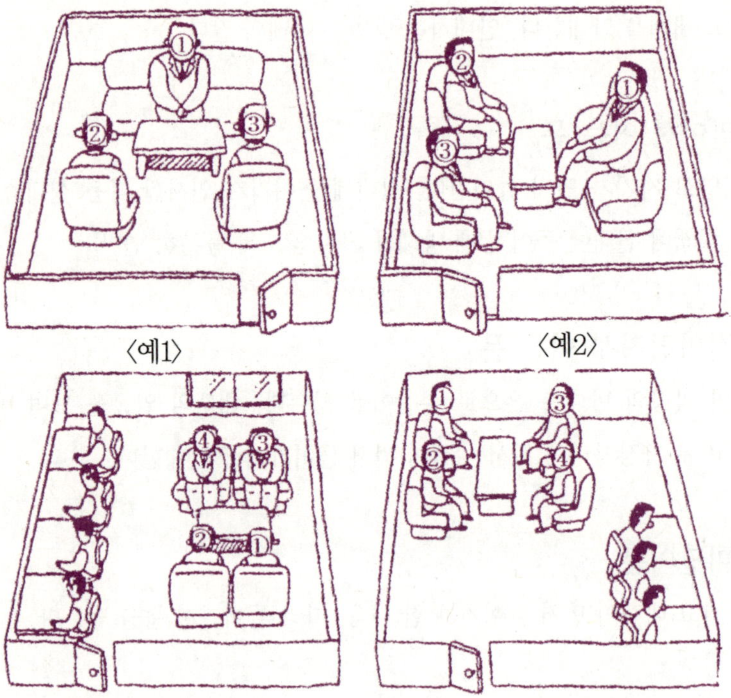

〈예1〉 〈예2〉

〈예3〉창문이 있을 경우에 창문을 바라다보는

〈예 4〉 책상으로부터 가장 먼쪽이 상석

(1) 내객용 상석으로 안내

① 출입구에서 먼 쪽이 상석이다.

② 의자는 긴의자, 팔걸이의자, 등받이의자 순이다. 앉았을 때 편한 자리가 상석이다.

③ 밖의 풍경 · 그림 등이 보이는 자리가 상석이다.

④ 상석을 지시할 때의 자세는 몸을 지시하는 방향으로 약간 기울여 손가락을 가지런히 하고, 시선은 방향을 지시하는 손에서 다시 내객의 눈과 마주친 다

음 재차 손끝에 둔다.

⑤ 내객이 하석에 앉으면 "손님! 그 자리는 불편하니 이 쪽으로 오십시오"하면서 상석으로 권유한다.

(2) 사무실 · 회의실 내의 응접 세트에서의 상석

① 사무실에서의 상석은 사무 책상에서 먼 쪽, 출입구에서 먼 쪽, 창이 보이는 쪽의 자리가 상석이다.

② 회의실에서의 상석은 출입구에서 먼 쪽이 내객용이다.

(3) 퇴 실

① "00는 곧 오실 테니 잠깐만 기다려 주십시오"하고 정중히 예를 표한 다음 도어 쪽에서 다시 인사한 다음 퇴실한다.

② 응접실 문의 복도측 표찰은 사용 중에 둔다.

(4) 내객을 오랫동안 기다리게 할 때

경우에 따라서는 담당자 대신에 내객을 상대해 주는 것도 중요하다.

(5) 보 고

상사실에 돌아와서 "방금 00여행사의 00분을 응접실에 안내하였습니다"하고 보고한다.

(6) 내객 소개

처음 찾아온 내객일 때에는 응접실에 상사가 들어서면 안내자가 소개 역을 맡는 경우도 있다.

제3절 내객면담 서비스

1. 내객면담 서비스의 실천자세

첫째, 내객은 언제나 정중한 자세와 밝은 미소로 정성껏 모신다.

지극한 정성 앞에는 하늘도 감동하며, 밝은 미소는 기적을 낳는다는 말이 있다. 정성스러운 태도, 정성스러운 자세, 밝은미소 앞에는 감동하지 않는 사람이 없다. 내객을 대할 때 지극한 정성과 함께 밝은 미소를 보내면 아무리 화가 난 내객, 불만이 많은 내객일지라도 일단 자신의 기분대로 하지는 않을 것이다.

둘째, 내객의 작은 소리도 귀담아 들으려고 노력한다.

먼저 내객이 원하는 것이 무엇인지, 불편 · 불만사항이 무엇인지 알기 위해서 내객의 소리를 들어야 한다. 내객이 느끼는 작은 불편사항도 소중히 받아들여 해결책을 모색하는데서 새로운 서비스의 기술개발의 아이디어가 탄생하는 것이다.

현재 우리가 처한 위기상황에 비추어 볼 때 내객의 작은 소리까지도 크게 듣는 수준으로는 안심할 수 없다. 그러므로 들리지 않는 내객의소리, 즉 내객의 마음까지 읽어냄으로써 표정만 보고서도 내객이 원하는 바와 불편 · 불만사항이 무엇인지 알아내야 한다.

셋째, 내객의 입장에서 생각하고 감사하는 마음자세로 모든 내객을 신속 · 친절 · 공정하게 대한다.

기업은 사회에 공헌하기 위하여 존재하는 것이므로 사회가 변화하면 기업도 변화해야 하며, 업무처리방법도 개선해야 한다. 업무처리를 할 때에는 반드시 내객의 입장이 되어 생각하고, 업무처리는 신속 · 천절 · 공정하게 처리해야 한다. 내객의 기분이나 생각을 무시하고 자신의 생각대로 업무를 처리한다면 내객과 마찰만 생길 뿐이다.

넷째, 내객의 불평 · 불만사항을 근원적으로 해결하기 위해 최선을 다하며 해결이 불가능한 것은 정중한 자세로 고객의 이해와 협조를 구한다.

내객의 불편 · 불만 및 요구사항이 무엇인지를 정확히 파악하여 자신의 책임범위 내에서 근원적으로 해결하기 위한 최선을 다하며 내객 한 사람 한 사람이 자신의 혈육이라는 생각으로 어머니가 자녀에게 기울이듯 정성이 깃들인 마음으로 봉사해야 한다.

내객과의 약속은 반드시 이행하고, 마무리와 사후 인사를 철저히 하여 신뢰의 바탕이 형성되어야 서로 이해하고 협조하는 기반이 조성될 수 있다.

다섯째, 맡은 업무는 내가 우리 회사의 대표자라는 주인 정신으로 처리한다.

주인정신이란 맡은 바 일에 대하여 깊은 관심을 가지며 그 결과에 대해 책임을 진다는 정신이다. 우리 인간은 여러 가지 책임 속에서 살아가고 있다. 가정에 대한 책임, 직장인으로서의 책임, 시민으로서의 책임, 국민으로서의 책임이 그것이다.

사람이 사람 구실을 한다 함은 곧 자기가 맡은 책임을 수행하는 것이요, 사람 구실을 못 한다 함은 자기가 맡은 책임을 다하지 못하는 것을 말한다. 자기에게 부여된 일에 대하여는 성의와 능력과 용기를 다하여 반드시 수행하며 공인으로서의 약속을 지키는 데 적극 노력해야 한다.

우리는 사랑하는 대상에 대해서는 무관심할 수 없다. 부모가 자식에 대해 무관심할 수 있는가? 자신의 부모나 애인에 대해 무관심할 수 있겠는가? 관심이 깊을 때 문제의식과 책임의식 그리고 참여의식이 생기는 법이다.

2. 내객면담 서비스의 바른 자세

1) 바른 자세를 한다.

2) 바라보면서 대화한다.

① 항상 '듣는다'는 자세와 마음가짐을 갖춘다.

② 용건을 정확히 파악한다.

③ 메모하는 일도 중요하다.

④ 용건을 미리 알고 있을 때는 필요한 서류를 챙겨놓는 것이 좋다.

관광서비스 상식

내객면담 서비스시 금지사항

- 나는 응대담당이 아니라는 생각으로 내객을 힐끗힐끗 쳐다보기만 한다.
- 자신이 없는 태도나 너무 부끄러워한다.
- 명함을 함부로 취급한다.
- 말하는 도중에 손이 머리로 자주 간다.
- 서 있는 채로 오래 기다리게 한다.
- 껌을 씹는 채로 고객을 맞는다.
- 내객을 앞에 두고 음식을 먹는다.
- 내객을 앞에 두고 발을 떨거나 손장난을 한다.
- 담배를 피우며 내객을 맞이하는 행위를 한다.
- 내객을 앞에 두고 화장을 고치는 행위를 한다.
- 기지개, 하품, 큰소리의 재치기
- 불요불급한 서류철을 정리하는 행위
- 바둑 · 장기 · 컴퓨터게임 등을 하는 행위
- 직원을 크게 부르는 행위
- 전화를 무례하게 받는 행위
- 내객이 있는데도 상급자가 왔다고 우르르 몰려 영접하는 행위

3) 말씨를 조심한다.

① 분명하고 알기 쉬운 말씨를 사용한다.

② 조리있게 말한다.

4) 도중에 일어나야 할 경우는 고객에게 양해를 구한다.

① 면담 도중에 일어나는 행동은 가급적 하지 않는다.

② 내객 우선의 원칙을 지킨다.

③ 그 자리에서 전화를 받아야 할 경우가 생기면 "실례하겠습니다"하고 양해를 얻은 다음 통화한다.

④ 장시간의 통화는 가급적 삼간고 특히, 휴대폰 사용을 자제한다.

⑤ 도중에 일어날 때는 고객의 양해를 얻는다.

5) 내객의 만족을 확인한다.

① 내객의 업무나 애로사항이 해결되었는지 확인한다.
② 헤어질 때는 '앞으로 회답해야 할 일', '다음 번의 약속이나 예정사항', 등을 내객과 다시 확인하고 메모한다.
③ 끝맺음이 이루어졌다고 여겨졌을 때 공손한 태도와 말씨로 작별인사를 한다.
④ 시간이 촉박하더라도 불안해하거나 당황하는 태도를 보이지 않는다.
⑤ 내객을 출입구 근처 또는 엘리베이터 앞까지 전송한다.
⑥ 만약 시간이 있으면 내객의 모습이 보이지 않을 때까지 전송한다.

제4절 소개와 내객접대 서비스

1. 소 개

1) 소개하는 방법

비즈니스 사회에서는 소개를 하거나, 소개를 받거나 하면서 인간관계를 넓혀 간다. 현대사회는 인맥이 무엇보다 중요한 재산이 되기 때문이다. 사람과의 만남을 중요하게 여기고 많은 사람으로부터 많은 것을 배우겠다는 자세를 갖도록 해야 할 것이다.

사람을 소개하는 방법은 연소자를 연장자에게, 남성을 여성에게, 개인을 단체에 소개한다. 그러나 소개받는 사람의 사회적 지위에 따라서는 연령 · 성별에 관계없이 지위가 우선한다.

소개할 때에는 명함교환이 있게 되며, 소개가 끝나면 안내를 맡았던 사람은 자리로 돌아와도 된다. 소개할 때는 발음을 확실히 하여 틀리지 않도록 한다.

2) 소개 순서

① 사내의 사람을 사외의 사람에게 소개한다.
② 지위가 낮은 사람을 높은 사람에게 소개한다.
③ 나이가 적은 사람을 나이가 많은 사람에게 소개한다.
④ 동등한 지위일 때는 회사에 부임한 순으로 소개한다.
⑤ 연령, 지위가 같을 때는 소개자로부터 가까이 있는 순으로 소개한다.
⑥ 직장 동료 여럿이 고객을 마중 나갔을 때는 고객을 아는 직원이 차례대로 소개한다.
⑦ 개인을 단체에게 소개한다.
⑧ 단체를 소개할 때는 좌우 순위를 정하여 차례대로 소개한다.
⑨ 남녀가 동등한 입장일 때는 남자를 여자에게 소개한다.
⑩ 여성들은 미스를 먼저 미세스를 나중에 소개한다.
⑪ 비슷한 연령의 남녀가 포함되어 있는 사회 모임일 경우 앉았거나 서 있는 순서대로 소개한다.
⑫ 직장에서는 나이에 관계없이 직위 순으로 소개한다.
⑬ 공식적 조직에서는 여성이라 할지라도 직위가 낮은 여성을 직위가 높은 남성에게 소개시킨다.
⑭ 사사로운 모임에서는 직위의 구분 없이 나이순으로 소개한다.

3) 소개시의 매너

① 소개할 때는 이름뿐만 아니라 직명도 함께 소개한다.
② 소개하는 사람의 특기나 취미 등을 같이 소개하면 더 좋다.
③ 소개받을 때는 의자에서 일어나는 것이 올바른 예의이다.
④ 타사의 사람에게 사내의 사람, 특히 윗사람을 소개할 때는 경칭을 붙이지 않

고 소개한다. 상사의 경우 "000부장"이라고 소개한다.

⑤ 마지막으로 소개하는 이유, 소개자의 경력, 인물평가 등을 함께 소개하는 것이 좋다.

⑥ 소개받은 사람은 한 차례의 소개가 끝나면 자기가 다시 한 번 성명 · 소속 등을 말한다.

2. 내객접대

1) 차 접대 방법

(1) 차 준비

① 인원수를 확인한다.

② 무슨 차를 대접할 지 결정한다(회사에 따라 다름).

③ 차 마련 전에 손을 씻는다. 향수 등 화장품이 찻잔에 묻어 나면 곤란하다.

④ 깨지거나 덜 씻어진 찻잔이 있는지 확인한다.

⑤ 찻잔은 같은 종류로 한다.

(2) 차 대접

① 노크를 하고 안으로 들어간다.

② 문을 열고, 목례를 한 다음 문을 닫고 인사말을 한다.

③ 쟁반은 가슴 높이로 든다.

④ 쟁반은 왼손으로 들고 오른손으로 내려놓는다.

⑤ 보조 탁자가 있을 때는 그 위에 쟁반을 내려놓고 하나씩 양손으로 받쳐서 내놓는다.

⑥ 보조 탁자가 없을 때는 왼손으로 쟁반을 잡고서 오른손으로 내놓는다.

⑦ 상석부터 한 사람씩 두 손으로 조용히 드리되, 위치는 내객의 정면에서 약간 오른쪽에 , 테이블 끝에서 약 10㎝ 정도 간격을 두고 놓는다.

⑧ 상급자로부터 순서대로 놓는다. 왼쪽 고객에게는 왼손으로 찻잔을 잡고 오른손으로 받쳐서 내놓는다. 고객 접대시에는 고객에게 먼저 드린다.

⑨ 찻잔 손잡이, 티스푼은 오른쪽으로 오게 한다.

(4) 접대를 끝내고

① 차를 다 드리고 나면 가볍게 절하고 조용히 물러 나온다.

② 쟁반은 밑바닥이 몸 쪽으로 오도록 하고 왼쪽에 세워서 잡는다.

③ 내객이 보고 있지 않아도 문 앞에서 절을 하고 등을 보이지 않게 조용히 나온다.

관광서비스 상식

차 마시는 매너

- 소리가 나지 않게 한다.
- 후우, 후우!! 불지 않는다.
- 스푼으로 떠 마시지 않도록 하고 스푼을 입 속에 넣지 않는다.
- 한꺼번에 다 마시지 않는다.
- 마실 때 팔꿈치를 벌려서 옆 사람에게 방해가 되지 않도록 한다.
- 탁자가 없을 때는 무릎 위에 접시를 놓고 오른손에 컵을 들고 마신다.
- 커피포트에서 물을 따를 때는 뚜껑을 한 손으로 누르고 따른다.

2) 차 접대 요령

① 흠이 있거나 금이 간 찻잔은 사용하지 않는다.

② 찻잔이 더럽지 않은지 미리 점검하고 만약 더러우면 깨끗하게 닦는다.

③ 일회용 컵은 접대시 무게가 실리지 않으며, 환경보호 측면에서도 사용을 지양해야 한다.

④ 차의 종류에 따라 알맞은 온도의 물을 담되 찻잔의 70% 정도만 채운다.

⑤ 찻잔은 일행에게는 같은 것을 사용한다.

⑥ 차를 내기 전에 복장과 용모를 사전 체크한다.

⑦ 찻잔은 하나씩 차접시 위에 놓고 세트로 해서 쟁반에 올려 낸다.

⑧ 과자가 있을 때는 먼저 내고, 과자는 내객이 봐서 왼쪽에 놓는다.

제10장 고객방문 서비스

영업, 세일, 판매, 신규고객 개척, 정보입수, 연구개발 상담 등의 비즈니스와 관련하여 우리는 빈번히 다른 기업이나 고객을 방문하게 된다. 내방하는 고객에 대한 서비스자세도 중요하지만 타사나 고객을 방문할 경우에도 용모 · 기본자세 · 말씨 등의 서비스자세가 요구된다.

타사나 고객을 방문하는 것은 여러 가지 업적을 달성하기 위해서이다. 방문할 때 처음 대면하는 고객에게 어떤 인상을 주게 되느냐가 업적 달성의 중요 변수로 작용하게 된다.

제1절 고객방문 서비스 시 기본태도

1. 용 모

깨끗하고 청결한 용모는 고객에게 좋은 인상을 심어 준다. 좋은 인상을 줄 수 있는 용모 체크 포인트에는 다음과 같은 것들이 있다.

① 헤어스타일은 단정한가?

② 얼굴은 깨끗한가? 면도는 했는가?

③ 복장상태는 단정한가?

④ 구두는 잘 닦여져 있는가?

⑤ 가방은 깔끔히 정리되어 있는가?

고객들은 첫눈에 보이는 상대방의 모습만으로 그의 인간적 바탕과 이미지를 느끼게 된다. 그러니 만큼 평소에 몸에 배도록 하는 것이 중요하다.

2. 표정과 말씨

"안녕하십니까? 반갑습니다." 비록 입에 발린 인사말일지라도 표정이나 태도에 반가움이 나타나지 않는다면 상대에게 좋은 인상을 줄 수 없다. 첫인상이 나쁘면 고객응대를 아무리 친절하게 잘해도 좋은 인상을 회복하기는 어렵게 된다. 따라서 표정은 밝고 자연스럽게 하여 상대방에게 좋은 이미지를 주도록 해야 한다.

말은 곧 자기 생각을 드러내는 부호이며 말씨는 마음씨이다. 말은 잘하기보다는 잘 들어야 한다. 그러므로 상대하는 고객에게 알맞으며 정확하고간결한 고객 응대 용어를 읽히도록 한다. 말씨를 어떻게 잘 사용하는가에 따라서 고객에게 끼치는 영향은 크게 달라진다.

제2절 고객방문 서비스 절차 및 매너

1. 고객방문서비스 절차

1) 방문 전 약속

① 전화로 자신의 신분을 밝히고 용건을 말한다. 다른 회사를 방문해야 할 일이 있을 때는 반드시 담당자에게 사전에 연락을 취하고 상대방의 형편을 알아보아야 한다. 사전에 전화도 없이 불쑥 나타나서 용건이 있다고 한다면 상대방

은 매우 난처할 것이다. 또는 소기의 성과를 거두지 못할 수도 있다.

② 면담하고 싶은 상대의 상황을 고려하여 일시와 장소를 묻고 방문을 약속한다.

③ 약속은 근무시간 내에 끝낼 수 있는 시간대를 선택하거나, 상대방에 맞추도록 한다. 매우 중요한 문제로 반드시 만나서 처리해야 할 경우라도 상대방의 형편과 의견을 정확히 듣고 행동하는 것이 필요하다. 상대방도 급박한 일이 있을 수 있고, 마음이 내키지 않은 경우도 있기 때문이다.

2) 고객방문의 사전준비

① 상담할 사항 등 업무내용을 다시 확인하여 준비한다. 방문은 명확한 목적이 있기 때문에 하는 것이다. 방문 전에는 준비를 하고 가야 한다. 가서 해야 할 이야기도 메모를 하고, 문서나 서류도 잊지 않고 챙겨가야 할 것이다. 출발하고 나서 중요 서류를 두고 왔다면 큰 문제가 아닐 수 없다. 명함을 가져가는 것도 잊지 말아야 한다.

② 방문처의 정보를 입수한다. 적어도 방문회사의 경영진, 경영방침, 주요 거래처, 담당자(업무,직함)에 대해서는 경험이 있는 상사나 선배사원에게 문의하여 조사한다.

③ 방문 기업이나 고객을 점검한다. 방문 전날이라면 "내일 ○시에 찾아 뵙기로 약속이 되어 있는데 괜찮겠지요?", 방문당일이라면 "오늘 ○시에 찾아 뵙겠습니다"라는 확인 전화를 해둔다.

④ 방문 루트를 점검한다. 근처에서 길을 잃었다든지, 생각보다 시간이 걸려 약속시간에 늦었다는 것은 변명에 지나지 않는다. 시간적인 여유를 갖고 찾아가는 길을 사전에 점검해 두는 것이 방문처에 대한 최소한의 예의이다. 승용차를 이용할 경우 주차문제를 사전에 알아두는 것이 좋다.

⑤ 방문 목적과 응대화법 준비한다.

⑥ 정장 차림으로 방문하고 소지품이나 복장 가운데 방문처의 경쟁사 제품이 있는지 세심하게 점검한다.

3) 고객면담시 필요한 사항과 준비물의 체크

① 고객면담에 대한 정보를 확인한다.

② 불평을 제기한 고객과 만날 때는 미리 그 처리결과를 일목요연하게 정리해 둔다.

③ 서류, 명함 등의 준비물을 확인한다.

④ 기타 필요한 준비물을 체크한다.

4) 방문처 도착

① 고객방문서비스시 지각은 절대 금물이다.

② 항상 약속한 시간보다 10분 전에 도착하도록 한다.

③ 부득이한 사정으로 약속시간에 늦을 경우에는 상대방에게 반드시 연락한다.

5) 면담접수 및 안내요구

① 도착 후 안내담당이 있는 경우는 반드시 그 곳을 거치도록 한다. 하지만 일반 사무실일 경우에는 문에 가장 가까이 있는 사람에게 접근하여 공손히 방문 목적을 밝힌다.

② 사람을 만나기 전에는 화장실 등에서 자신의 용모를 점검하는 것이 좋다.

③ 외투를 입었을 경우는 외투를 벗고 안내에게 가서 본인의 회사, 성명 방문자, 용건을 간략하게 말하고 안내를 부탁한다.

관광서비스 상식

안내담당이 싫어하는 방문객

- 안내실을 무시한 채 그냥 들어가는 사람
- 필요 이상으로 큰소리를 내는 사람
- 안내담당과 이야기 도중에 사무실 내를 힐끔힐끔 보는 사람
- 이름 · 용건을 말하지 않는 사람

④ 방문 취지를 설명하면 자연스럽게 상대방과 연결시켜 줄 것이다.

6) 지시를 기다림

안내담당자로부터 지시를 받았으면 담당자에게 "감사합니다"하는 인사말을 잊지 않는다.

7) 응접 소파에서의 바른자세

① 좌석은 상대가 권하지 않는 한 하석에 앉는다.
② 사무실에서 만날 경우 방문처 쪽이 윗사람이거나 연장자일 경우는 먼저 앉지 말고 서서 기다리다가 권하면 자리에 앉는다.
③ 몇 번 방문했던 곳이라면 고객용 좌석에 앉아도 된다.
④ 가방은 옆에 놓고, 서류는 실례가 되지 않도록 테이블 위에 놓으면 된다.

8) 상대방과 상면

① 상대방이 나타나면 바로 일어서서 맞는다.
② 부드러운 표정과 밝은 목소리로 자신을 소개한다.
③ 상대방이 상석을 권하면, 사양하지 말고 옮아앉는다.

9) 방문처에서의 예절

① 복도통행 중에는 스쳐 지나가는 사람에게 가벼운 인사를 한다.
② 차가 나오면 가볍게 인사하며 고마움을 표시하고, 상대가 권하면 사양 말고 마신다.
③ 상대가 말없이 자기만 차를 마시면 인사말을 간단히 하고 차를 마신다.

관광서비스 상식

방문처 응접실에서는

- 응접실로 안내해 준 사람이 "이쪽으로 앉으시지요"라고 자리를 지시하지 않았을 경우에는 일단 아랫자리에 앉는다.
- 입구에서 먼 곳이 객석이다. 사무책상 가까운 곳이 사내용이고, 그 반대쪽이 고객용이다. 또한 밖의 모습을 볼 수 있는 위치가 고객용이다.
- 의자에는 살짝 걸쳐 앉고(상대방이 들어오면 즉시 일어설 수 있도록), 명함, 필요한 자료, 서류, 필기도구 등을 즉시 사용할 수 있도록 정리해 둔다.
- 서류가방 등 자신이 들고 온 가방은 발밑에 둔다. 옆자리의 의자가 비어 있어도 그 위에 놓지 않는다.
- 코트 등은 보조 탁자가 있으면 그곳에 둔다. 그렇지 않은 경우는 테이블의 옆이나 가까운 곳에 가지런히 정리해 둔다. 옆자리에 누군가 앉아 있다면 의자 뒤 등받이에 걸쳐두는 것이 무릎 위에 놓는 것보다 좋다.

10) 바른 면담자세

① 면담 중에 고객의 시선과 자주 마주친다.

② 고객이 알아듣기 쉽게 말한다.

③ 고객의 입장을 파악하고 이해하려고 노력한다.

④ 방문 목적을 억지로 달성하려고 회사입장만 강변하지는 않는다.

⑤ 용건을 일목요연하게 설명하고 일 처리를 빈틈없이 처리한다.

⑥ 상대방에게 좋은 인상을 심어 줄 수 있도록 방문서비스 매너에 유의한다. 바른 면담자세에 대해서는 제9장에서 자세히 다뤘다.

11) 방문 마감

① 방문 목적이 달성되었을 때는 감사의 마음을 충분히 표시한다.

"바쁘신 중에도 정말 감사했습니다."

"앞으로도 잘 부탁드립니다."

② 방문 목적을 달성하지 못하였을 때는 다음 약속을 미리 정한다.

③ 책상 위에 널려 있던 자료는 깨끗이 정리하여 청결하고 겸손한 인상을 남긴다.

④ 나올 때도 들어갈 때와 마찬가지로 밝은 표정으로 정중히 인사한다.

⑤ 나오는 길에 안내실 앞을 지나친다면 인사말과 더불어 가벼운 인사를 한다.

"감사합니다"

"실례했습니다"

〈그림 2-10-1〉 고객방문서비스 절차도

사전약속 · 연락	• 반드시 전화로 약속을 한다. • 약속은 방문처 고객의 입장을 우선적으로 고려한다.
↓	
방문 준비	• 방문처 및 고객에 대한 정보를 파악한다. • 처리해야 할 용건을 철저히 준비한다. • 용모를 점검하고 면담내용을 간추린다.
↓	
방문처 도착	• 방문 루트와 주차장 등을 사전에 점검한다. • 10분 전에 도착한다. • 화장실을 들러 용모와 면담내용을 가다듬는다.
↓	
면담 접수	• 안내 데스크를 들러 면담을 접수한다. • 일반 사무실일 경우 공손히 접근하여 방문 목적을 밝힌다.
↓	
고객면담	• 면담 중에 고객의 시선과 자주 마주친다. • 고객이 알아듣기 쉽게 말한다. • 고객의 입장을 파악하고 이해하려고 노력한다. • 상대방에게 좋은 인상을 심어 줄 수 있도록 방문서비스 매너에 유의한다.
↓	
마무리 · 귀사	• 방문 목적을 달성했으면 감사의 마음을 전달한다. • 나올 때도 밝고 예의 있는 자세를 지킨다.

12) 뒤처리

① 방문 결과에 따라 재약속 일시, 고객정보 변경사항을 기입한다.

② 클레임 제기시 고객이 다시는 불편을 느끼지 않도록 조치한다.

2. 고객방문서비스 매너

사회생활에서 '시간은 금이다' 라는 말은 항상 명심해야 한다. 어떤 약속이든 늦는다는 것은 상대방에게 손실을 끼치게 된다. 방문 약속에서는 어렵게 시간을 내준 상대방에게 예의를 갖추어야 하며, 약속 시간보다도 조금 전에 도착하여 자세를 가다듬는 것이 바른 태도이다.

① 누구든지 사정이라는 게 있으므로, 갑자기 찾아가는 것은 폐가 된다. 방문 시는 사전약속과 연락을 취하는 것이 원칙이다.

② 방문처에는 10분 전에 도착되도록 한다. 초행일 때는 의외로 시간이 많이 걸릴지 모르므로 되도록 빨리 출발한다.

③ 약속 시간에 늦어질 것으로 생각되면 즉시 상대에게 연락을 취한다. 장황한 변명은 피하고 깨끗하게 사과한다.

④ 안내 담당을 통하는 것이 귀찮다든지, 요전에 와 봤든지 해서 안내 절차를 무시하는 것은 절대로 하지 않는다.

⑤ 좌석에 앉을 때는 하석에서 기다리다가 상대가 권하면 고객용 좌석에 앉는다.

⑥ 코트류의 옷은 안내에서 인사하기 전에 벗어, 단정히 접어서 왼손에 들고 안내에게 가는 것이 기본이다. 응접실에서는 옷걸이나 테이블 등에 놓는다. 코트는 현관을 나올 때 입는다.

⑦ 면담 상대방을 기다리고 있을 때는 장식물 등을 만진다던가, 방안을 서성거리지 않는다.

⑧ 팔짱을 낀다거나, 발을 꼬고 앉는다거나 하면 무례하게 생각된다.

⑨ 소파에 너무 깊숙이 앉으면 거만하게 보이는 수도 있다. 소파에는 가볍게 걸터앉아 바른 자세를 유지한다.

제3절 명함교환과 차량승차 시 서비스

1. 명함교환 서비스

일반적으로 명함은 그 사람의 분신이다. 그러므로 명함을 정중하게 취급하는 것은 상대방과 상대방 회사에 대한 경의를 나타내고 있다는 마음을 표현하는 것이다.

명함은 자신의 소개서이며 자기의 회사 · 직책 · 성명을 증명하는 역할을 한다. 자기 명함은 출 · 퇴근시에 미리 일정한 매수를 항상 윗주머니에 넣어 두는 습관을 길러야 한다. 주고받을 때는 항상 "만나 뵙게 되어 기쁩니다"라고 말하면서 마음을 전달하기 위해 밝은 미소를 띄우고 상대의 명함을 받을 때는 두 손으로 받는다.

첫째, 명함을 준비한다.

명함은 원칙적으로 명함집에 넣는다. 명함집은 다른 증명과 같이 쓰는 것도 있지만, 영업사원처럼 많은 사람을 만나는 사람은 독립된 명함집을 준비하는 것이 좋다. 명함집 안에는 명함을 거꾸로 넣어 명함을 전달할 때 한 번의 동작으로 상대방에게 전해질 수 있도록 한다.

둘째, 명함을 내밀면서 이름을 말한다.

명함을 전달할 때는 "김○○입니다." 하고 말하면서 건넨다.

셋째, 인사를 한다.

관광서비스 상식

명함교환의 순위

- 명함 전달은 자기 소개이기 때문에 하위자나 연하의 사람이 상위자에게 먼저 내놓는다.
- 소개의 경우라면 먼저 소개된 사람부터 건넨다.
- 방문객인 경우 방문객이 먼저 건넨다.
- 상대가 두 사람 이상일 때는 손윗사람에게 먼저 준다.
- 여러 사람과 명함을 교환할 때에는 지위가 높은 사람부터 순서대로 한다.

명함을 건넬 때는 반드시 일어서서 회사명 · 소속명 · 이름을 확실한 목소리로 상대방에게 전한다. 이때 "○○관광호텔 ○○팀에서 근무하고 있는 ○○○입니다. 잘 부탁합니다"라고 말하면서 공손히 인사를 한다.

넷째, 상대방의 명함은 양손으로 정중하게 받는다.

명함을 받을 때는 두 손으로 받으며 우측 손을 가볍게 받친다. 손에 무엇을 들고 있을 경우, 내려놓을 수 있는 것이면 그렇게 하되, 내려놓을 수 없는 경우 오른손으로 명함을 받고 양해를 구한다.

다섯째, 회사 · 이름 · 직함 등을 확인한다.

상대방의 명함을 꼭 훑어보고 회사명과 이름을 확인한다. 모르는 한문이 있을 때는 모르는 체 두지 말고 질문을 한다. 특히 서서 명함을 교환한 경우, 명함을 왼손 위에 얹고 그 손을 아래로 내리지 않도록 신경써야 한다.

이야기하는 도중 상대의 이름과 직함을 사용하면 친밀감을 증가시키는 효과가 있다. 고객에 따라서는 명함을 잊었다든지 또 안 가지고 왔을 수도 있다. 이런 때는 용건이 끝나고 돌아갈 때 "죄송합니다만, 명함 한 장 주실 수 있겠습니까?"라고 해도 결례는 아니다.

여섯째, 명함은 잘 정리하여 명함철에 보관한다.

받은 명함을 손으로 들고 만지작거리거나 손장난을 하지 말고 반드시 상의 윗주머니에 넣는다.

관광서비스 상식

명함교환의 바른 자세

- 명함을 건넬 때는 오른손으로 자기의 이름이 상대방 쪽에서 보이도록 하여 상대방이 읽기 쉽게 돌려서 건넨다.
- 명함을 건네는 위치는 상대방의 가슴높이가 적당하다.
- 오른손에 왼손을 붙여 두 손으로 건네면 정중한 느낌을 준다.
- 앉아 있는 상태에서 명함을 주고받을 때 명함을 테이블 위로 쑥 밀어서 건네는 사람이 있는데 이는 결례되는 일이다. 명함은 반드시 손으로 건네주도록 한다.
- 맞교환할 때는 왼손으로 받고 오른손으로 건넨다.

받은 명함은 잘 정리하여 명함철에 꽂는다. 많은 사람을 만나는 사람의 경우에는 만난 일자 · 용건 · 소개자 · 특징 등 상대방 명함의 옆이나 뒤에 메모를 해 두는 것도 편리하다.

2. 바르지 못한 명함교환 서비스

1) 바르지 못한 명함주기

① 당황스럽게 명함을 찾는다. 고객을 맞이해서 그 앞에서 명함을 찾는 것은 보기에 흉하다. 명함은 면회 전에 확인해서 즉시 내놓을 수 있도록 준비한다. 남성은 가슴에 있는 주머니에 여성은 핸드백에 넣어 두면 좋다.

② 뒷주머니에서 접히고 더러워진 명함을 꺼낸다. 뒷주머니나 옆주머니에서 구겨지거나 더러워진 명함을 꺼내는 것은 느낌이 좋지 않다. 명함지갑 또는 상의 주머니에 넣어 두도록 한다.

③ 명함집에서 다른 사람의 명함을 꺼낸다. 여기저기 주머니 등을 뒤져서 겨우 명함을 찾아 막상 꺼냈는데 다른 사람의 명함인 경우, 이것도 상대방을 짜증나게 한다.

④ 자신의 성명과 회사명을 밝히지 않고 명함을 건넨다. 이름은 명함을 보면 알 것 아니냐고 제멋대로 판단하지 않도록 한다. 건넬 때는 확실히 '회사명 · 성명'을 말한다.

⑤ 앉아서 명함을 교환한다. 명함은 반드시 서서 주고받도록 한다. 앉은 채로 하는 것은 상대방에 대한 경의를 무시한 행동이다.

2) 바르지 못한 명함받기

① 상대방에게 명함을 들려준 채, 자기 명함을 찾고 있다.

② 한 손으로 명함을 받아서 잘 보지도 않고 집어넣는다.

③ 이름을 잊어서 명함을 슬쩍슬쩍 본다. 이야기 도중 이름을 잊어버려서 주머

니에 넣어 둔 명함을 꺼내 보는 것은 실례이다. 받은 명함은 아무렇게나 급히 넣지 말고 회사명 · 이름 등을 잘 확인한 후에 넣든지, 테이블 위에 놓아두면 좋다.

④ 상대방의 면전에서 명함에 글씨를 쓴다. 상대방의 명함에 글씨를 써넣는 것은 자신의 자리에 되돌아와서 하라. 명함의 뒷면에 일자 · 인상 · 용건 등을 메모해 두면 인물 기억법으로 활용할 수 있다.

⑤ 상대방의 명함을 가지고 손장난을 한다. 명함은 그 사람의 분신이다. 상대방에 대한 존경의 표시로 중요하게 취급해야 한다.

⑥ 받은 명함을 두고 간다. 테이블 위에 둔 명함은 이야기가 끝나기 전에 넣도록 한다. 혹시 바쁘다고 해서 받은 명함을 테이블 위에 놓고 가는 것을 상대방이 보게 되면 자신을 무시했다고 생각하게 된다.

3. 차량승차 서비스

1) 일반승용차 승차

① 동일 직급이나 같은 나이 또래의 동료가 여럿이 승차할 경우는 크게 따질 것이 없겠으나 직장에서 직위의 구분이 있는 경우, 예를 들어 담당, 대리, 과장, 부장 등 여러 명이 승용차에 승차할 경우는 위 분이 상석에 승차토록 하는 것이 상식이요, 예절이다.

② 여성을 태우는 경우는 뒷좌석의 중앙에 태우지 말고 좌우에 태우도록 한다. 중앙에 탈 경우는 다리를 벌리게 되어서 보기에 흉하다.

③ 한복을 입은 노인이나 여성은 차안에 들어가는 것이 불편하므로 도와 드리고 될 수 있으면 상석에 모시도록 한다.

④ 승용차의 종류와 승차 인원에 따라서 다음과 같이 여러 가지의 좌석 배정이 있다.

⑤ 4명이 승차시 몸집이 월등히 큰 사람은 본인의 양보에 따라 상석인 1번 석을

양보하고 4번 석에 앉을 수도 있다.

〈그림 2-10-2〉 승용차의 상석

〈3사람 승차시〉 〈4사람 승차시〉 〈영국이나 일본차(우측에) 운전석이 있고 5명 승차)〉

2) 자가 운전하는 사람의 승용차 승차

① 운전자와 직위에 큰 차이가 없는 비슷한 동료일 경우 혼자 승차할 때는 운전석 옆에 앉는 것이 예의이다.

② 상사가 운전할 때는 운전석 옆에 승차하는 것이 옳으며 운전자의 옆좌석이 제일 상석이 된다.

〈그림 2-10-3〉 자가운전 승용차의 상석

〈자가 운전시〉 〈운전자의 부인 승차시〉

3) 지프차 승차

지프차나 군용차인 경우는 운전석 옆좌석이 상석이 된다. 군용차는 앞좌석 승차자의 계급을 보고 누가 먼저 경례를 하느냐가 결정될 뿐만 아니라 또한 지프차의 구조상 앞좌석이 시야가 트이고 타고 내리기에 편리하여 상석이 된다.

〈그림 2-10-4〉 지프형 차의 상석순위

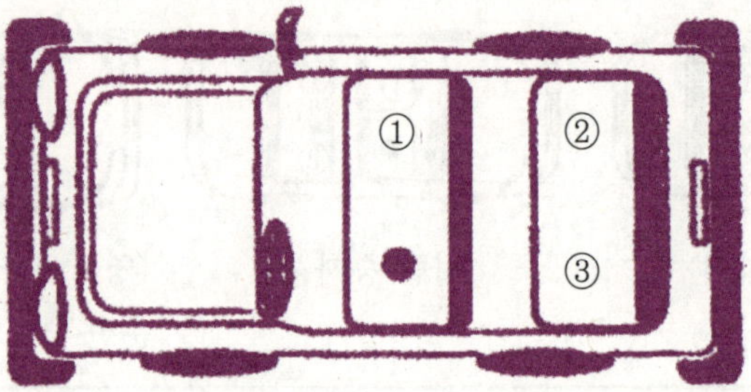

관광서비스 상식

다른 사람을 짜증나게 하는 승차 태도

- 승차 중에 승용차 내부의 액세서리나 라디오 등을 함부로 건드리는 것(운전자의 신경을 건드려 사고의 위험도를 상승시킬 수 있다).
- 승용차 안에서 담배를 피우는 것.(부득불 피워야 될 경우에는 상대방에게 양해를 구하고 피우는 것이 옳다)
- 운전자에게 안전 운전에 방해가 될 정도로 자꾸만 말을 시키는 행위
- 뒷좌석에 타고 발을 쭉 뻗어 앞좌석의 의자 위에 발을 올려놓는 행위
- 여럿이 타고 가는데 자신만 좋아하는 음악을 크게 틀어 듣는 것
- 휴지나 씹다 만 껌을 차안에 버리는 행위
- 안전 벨트를 메지 않는 행위
- 흙이 많이 묻은 신발을 아무런 조치 없이 타는 행위

4) 일반 버스 · 기차 · 전철 승차

① 일반버스, 전철, 기차는 창측이 상석이고 통로쪽이 하석이 된다.

② 일반 시내 버스일 경우는 먼저 자리를 잡는 사람이 앉게 되나 경노자, 병약자 등에는 자리를 양보하는 것이 우리의 미풍 양속이다.

③ 승차시 좌석의 양보 순서는 먼저 병약자, 임신부, 노인, 어린이 순이 되어야 한다. 특히 어린이보다는 노인을 먼저 앉을 수 있게 해야 할 것이다.

④ 버스는 앞좌석은 상사, 나이 많은 사람이 앉고 중간이나 뒷좌석은 젊은이, 아랫사람이 앉도록 한다.

〈그림 2-10-5〉 열차의 상석순위

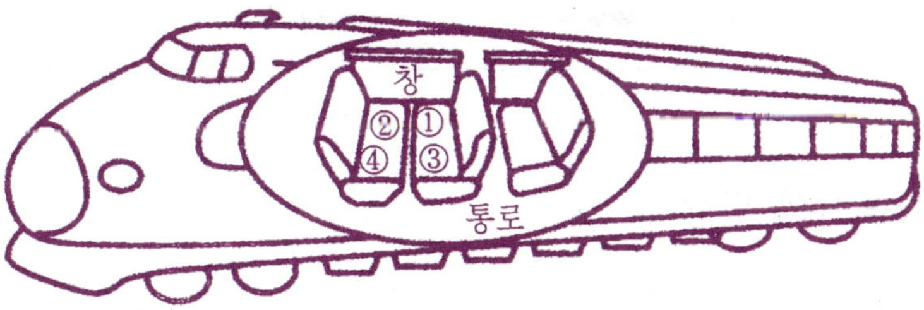

관광서비스 상식

공공 버스 · 전철 · 기차 승차시 좋지 못한 행위

- 노약자에게 자리를 양보하지 않는 행위
- 고성방가를 하는 행위
- 담배를 피우는 행위
- 과음 후 토하는 행위
- 싸움을 하는 행위와 방관하는 행위

5) 관광버스의 승차

① 관광버스는 주위의 전경을 잘 볼 수 있는 앞쪽과 창측이 상석이다.

② 승차 중에 노래하고, 서서 춤을 추는 것은 사고의 위험을 초래할 뿐만 아니라 동승자들에게 피해가 가기 때문에 조심해야 한다.

③ 창문을 열 때는 주위 사람의 양해를 구하고 열어야 한다.

④ 단체 행동을 하게 될 때는 약속 시간을 잘 지켜야 한다.

〈그림 2-10-6〉 버스의 상석순위

6) 항공기의 탑승

① 항공기에서 최상석은 맨 앞좌석의 창가 자리이다.

② 중간 좌석에서는 창가, 통로측, 내측의 순서로 상석이다.

③ 단체 탑승시 인솔 책임자는 나중에 오르고 제일 먼저 내린다.

④ 항공기는 '1등석(First class)', '2등석(Business class)', '일반석(Economic class)'로 좌석이 구분되어 있으며 탑승객이 임의대로 자리를 옮기는 것을 예의에 어긋난다.

〈그림 2-10-7〉 항공기의 상석순위

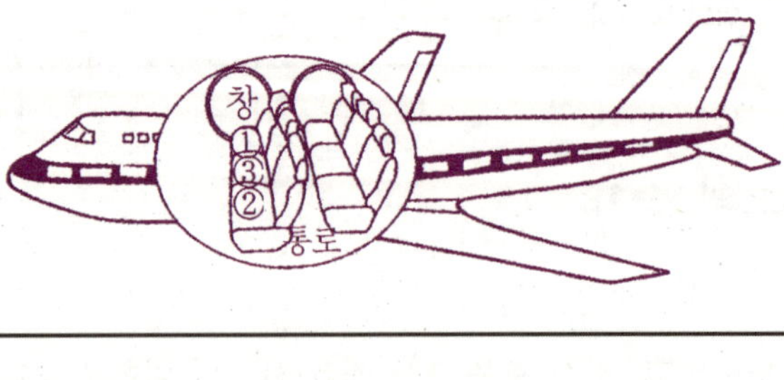

제11장

바른 언어서비스

조물주는 프로메테우스가 인간에게 불을 전해 주기 전 이미 인간을 축복하여 언어라는 커다란 선물을 주었다. '태초에 말씀이 계셨다'는 성서적 표현은 말(logos)의 근원적이고도 원초적인 중요성을 일깨워 준 명언으로 평가된다.

인간은 말을 통해서 자아를 실현하고 자기를 완성하며 진리에 도달한다. 말은 만물의 영장인 인간에게 인간 됨의 가치와 잠재력을 발휘하는 데 필수 요건이 된다. 이러한 관점에서 보면 말은 단순히 인간생활을 위한 하나의 수단에 머물지 않고 인간존재의 목적 그 자체가 된다. 인간은 말을 통해서 자기의 느낌이나 생각을 전달하고 다른 사람의 느낌이나 생각을 받아들이면서 어떤 의미를 공유하게 된다.

사회생활을 하는데 있어서 인간과 인간의 관계는 무척이나 중요하고 인간과 인간의 관계는 말을 통한 의미 공유, 즉 커뮤니케이션(communication)을 통해서만 가능하다. 그러므로 말은 사회생활에 있어서 가장 기초적인 단어가 된다. 말이 부족하게 흐르면 사회적 빈혈상태에 이르고 말이 흘러 넘치면 사회는 뇌출혈이나 혈관파열을 경험하게 된다. 말에 믿음이 있으면 확실성 사회가 되고 말에 믿음이 없으면 불확실성 사회가 된다. 따라서 말이 흔들리면 사회가 흔들리고 사회가 흔들리기 때문에 말이 더욱 흔들리는 현상을 관찰하면서 말과 발신의 중요성을 깨달아야 한다고 서정우 교수는 "말문과 말길을 생각한다"라는 글에서 밝힌 바 있다. 어떻게 바른 말을 해야 할 것이냐에 대한 논란은 우리 인간이 풀어야 할 영원한 숙제인지도 모른다.

제1절 바른 대화서비스

1. 대화의 중요성과 특성

1) 대화의 중요성

오늘날의 사회는 대화(커뮤니케이션)의 사회이다. 정치 · 경제 · 사회 전반에 걸쳐 모든 문제는 대화를 통해 해결되거나 이루어진다. 집안의 일에서부터 국제 문제에 이르기까지 상호간의 대화는 절대적으로 필요 불가결한 삶의 수단이며 생존의 수단이다. 대화의 중요성은 사회가 복잡해질수록 더욱 더 커질 것이다.

대화는 혼자하는 것이 아니라 상대가 있기 때문에 그 효과는 직접적일 수 있다. "가는 말이 고와야 오는 말도 곱다"는 속담은 이러한 대화의 상대성을 적절히 표현하고 있다. 상대방을 인격적으로 대할 때 자신도 대우받을 수 있는 것이다.

서비스기업에서 대화는 서비스 조직이라는 유기체의 혈맥과 같다. 바른 대화 서비스는 서비스기업의 혈액순환을 원활하게 만든다.

지금은 어느 때보다 커뮤니케이션이 중요한 시대이다. 커뮤니케이션이 활발하지 못하면 발전 가능성이 막혀 버리고 죽은 조직이 되기 십상이다. 그러나 고객과 서비스요원간, 조직체 상하간, 동료간에 커뮤니케이션이 활발한 서비스기업은 팀웍을 살리고, 서비스요원들의 힘과 용기를 북돋아 살아있는 조직, 영향력이 넘치는 서비스기업이 된다.

2) 대화의 특성

① 언어는 인간에게만 주어진 하느님의 축복이다.

② 대화는 독백이 아니며 또한 침묵도 아니다. 그렇다고 웅변은 더더욱 아니다.

③ 대화가 있는 곳에는 싸움(분쟁)이 있을 수 없다.

④ 모든 행복은 대화에 달려 있다.

⑤ 모든 인간관계는 대화로써 이루어진다.

⑥ 언어는 우리의 사상과 행동까지 지배한다.

관광서비스 상식

말 한마디

- 부주의한 말 한마디가 싸움의 불씨가 되고
- 잔인한 말 한마디가 삶을 파괴한다.
- 쓰디쓴 말 한마디가 증오의 씨를 뿌리고
- 무례한 말 한마디가 사랑의 불을 끈다.
- 은혜스런 말 한마디가 길을 평탄케 하고
- 즐거운 말 한마디가 하루를 빛나게 한다.
- 때에 맞는 말 한마디가 긴장을 풀어 주고
- 사랑의 말 한마디가 축복을 준다.

2. 3단계 대화서비스법

세상의 모든 일들이 그렇듯이 대화도 면밀한 사전 준비가 필요하다. 대화의 재료도 질서 있게 배열되어야 짧은 시간에 소기의 목적을 달성할 수 있다. 장기나 바둑에서 두는 순서와 배열의 좋고 나쁨에 따라 그 결과가 달라지듯이 대화에서도 순서와 질서는 큰 의미를 갖는 것이다.

대화의 목적 또는 화제가 결정되면, 그 대화는 도입부분(서론)이 있어야 하고 전개부분(본론)이 있어야 하며 끝을 맺는 종결부분(결론)이 있어야 하는데 이와 같이 3단계로 나누어서 구성하는 방법이 3단계 대화 서비스법이다. 이 방법은 인간의 자연스러운 이해심리에 근거를 둔 것으로 응용범위가 대단히 넓다는 것이 특징이다.

1) 제1단계 : 대화의 도입

도입부분은 듣는 이로 하여금 호기심을 자아내게 하여 앞으로 전개되는 대화의 내용을 펼치기 위한 선 작업이다. 대부분의 사람들이 이 단계 과정을 무시한 채 바로 본론으로 들어가는 수가 많은데 실은 이 서론부분에서 상대방의 즉각적인 주의를 끌어야 대화는 원만히 진행된다.

유머나 위트, 또는 부드러운 이야기, 관심이 집중된 이야기 등을 서론에서 이끌어 내면 듣는 이는 틀림없이 이 편의 이야기에 빨려들 것이다.

2) 제2단계 : 대화의 전개

전개부분은 대화의 핵심으로, 자기가 말하고자 했던 내용을 전개하는 부분으로 서론에서 충분히 주의를 집중시켰다면 바로 진입해야 할 단계이다. 벽돌을 하나씩 하나씩 쌓아 집을 짓듯이 말하고자 했던 것을 명쾌하게 전개시켜야 한다.

3) 제3단계 : 대화의 종결

종결부분은 앞에서부터 전개해 온 이야기를 다시 한 번 더 요약해서 간결하게 결말을 짓는 부분이다. 인상깊고 박력 있는 말로 자기의 주장이나 생각을 요약해 주워듣는 이로 하여금 전개된 내용을 다시 한 번 음미할 수 있는 기회를 만들어 주어야 한다.

3. 대화의 기본자세

1) 말하는 자세

(1) 간단 · 간결 · 예의바른 말

수식어나 형용사를 많이 쓰거나 '~이기 때문에' 라든지, '~입니다만' 과 같은 접속사를 사용하여 말을 길게 하면 복잡해진다. 가능한 한 간단하게 말하는 것을 염두에 둔다.

목소리는 지나치게 큰소리가 아닌, 나직하고 정확하며 간결하게 자기 의사를 말한다.

고객의 인격을 존중하고 배려하면서 공손한 말씨로 예의 바르게 말한다.

외국어나 어려운 전문용어 등은 가급적 삼가고 알기 쉬운 말을 쓴다.

(2) 말에 맞는 표정과 몸짓

즐거운 말을 할 경우에는 웃는 얼굴로, 슬픈 말을 할 때는 심각한 표정으로 이야기한다. 또한 손짓발짓을 섞어서 이야기하면 상대방이 잘 이해한다. 그러나 허풍스런 몸짓은 피한다.

(3) 자연스러운 시선

말할 때도 상대를 본다. 이때는 자연스런 시선이 되도록 한다. 노려보거나 눈을 치켜 뜨고 바라보거나, 시선을 내려깔지 않도록 하고, 항상 온화한 시선이 되도록 한다. 그리고 항상 적극적이고 자신에 찬 어조로 말한다.

(4) 적절한 유머

상대방을 대화에 끌어넣으려면 적절한 유머를 구사해야 한다. 말하는 사이사이에 유머가 섞이면 대화가 활기를 띤다.

관광서비스 상식

말하기의 4대 금기사항

① 말버릇이 지나치게 많은 것

다음처럼 자기도 모르는 가운데 지나치게 많이 사용하는 말이 있을 수 있다. 만약 있다면 좋지 않은 습관이므로 고쳐야 한다.

- 부사 : '역시', '즉', '다시 말하면', '어쨌든간에' 등
- 접속사 : '그리고', '그러므로', '그러니까', '하지만은', '해서' 등
- 어미 : '~니다요,' '~걸랑요' 등

② 어미를 필요 이상으로 늘이는 것

'~하니까 말입니다', '~해서 말씀인데요' 등 어미를 필요 이상으로 늘이는 것은 좋지 않다.

③ 외래서 · 업계용어 · 전문용어 · 약어 · 유행어를 사용하는 것

쌍소리, 속어, 특정업계에서만 사용하는 말, 또라이 · 짠돌이 등 사람을 얕잡아 보는 말,

혹은 유행어를 사용하면 자신의 말을 스스로 비하하는 결과를 초래한다. 일반화된 것은 별개이지만, 잘 알아듣지도 못하는 상대를 두고 외국어를 자주 사용하는 것도 안된다.

④ 말을 장황하게 하는 것

발언은 간단명료하게, 자신에 찬 목소리로, 알기 쉽게 하는 것이 원칙이다.

(5) 무리가 없는 화제선택

날씨 · 계절 · 뉴스 · 여행 · 책 · 음악 · 스포츠 · 건강 등 무리가 없는 화제를 골라 이야기한다.

(6) 피해야 할 화제

가) 유쾌하지 못한 화제 : 직장내 혹은 외부의 험담이나 풍문, 자기자랑, 꾸며낸 이야기, 불행한 이야기, 저속한 이야기 등 사람들이 싫어하는 화제는 피한다.

나) 정직하지 못한 화제 : 남의 이야기를 자기 이야기인 듯, 모르고도 알고 있는 듯 하는 말은 삼간다. 자기자신이 잘 알지도 못하는 것을 이야기하면 금방 탄로 나게 되어 있다.

다) 개인의 프라이버시에 관련된 화제 : 종교나 정치 등은 프라이버시에 관련된 문제이다. 상대방으로부터 먼저 이와 같은 이야기가 나오더라도 비평 · 비판을 피하고 부드럽게 받아넘기는 것이 무난하다.

(7) 바람직하지 못한 태도

특히 손위 사람과 이야기할 때 아래와 같은 태도는 금기사항이다.

① 무릎을 떠는 것, 소파에 깊숙이 기대는 것

② 다리를 꼬는 것, 하품을 하는 것

2) 듣는 자세

(1) 잘 들으며 맞장구

먼저 선입관을 버리고 객관적인 입장에서 잘 듣는다. 상대방의 얼굴을 보며 목적과 관심을 가지고 귀를 기울이는 것이 중요하다. 그리고 말의 중간중간에 치는 맞장구는 상대방의 이야기를 듣고 있다는 증거이다. "그렇지", "아 그래요" 하는 식으로 중간중간에 맞장구를 친다. 그러나 너무 자주 하면 진지함이 결여된 것처럼 보이므로 주의한다.

관광서비스 상식

맞장구치는 방식

① 단순법

"네", "그렇습니다" 등의 단순한 말로 맞장구를 치는 방식이다. 고개를 끄덕이는 방법도 있다. 가급적 어휘를 사용하는 것이 좋다.

② 중복법

"네, 네", "과연, 과연"하는 식으로 낱말을 중복시켜서 맞장구를 치는 방식이다. 이것은 대화에 탄력을 주는 데 효과가 있다. 그러나 처음부터 이런 맞장구 방식을 구사하면 경솔한 사람으로 보일 수 있으므로 주의를 요한다.

③ 반복법

상대방이 "좋은 날씨군요"라고 말한 데 대하여 "정말로 좋은 날씨군요"라고 하는 것과 같이 상대방의 말을 반복하는 방식이다.

맞장구 요령

① 타이밍을 맞춘다. 맞장구의 타이밍을 맞춤으로써 상대방이 말하는 것에 흥이 나도록 한다.

② 맞장구는 짧게 감정을 넣어서 한다. "그럴듯한데요", "그것 참!", "역시…", "정말입니까?" 등

③ 맞장구는 멈출 때를 알아야 한다. 무조건 맞장구를 친다고 좋은 게 아니다. 상대가 열을 올리고 있을 때는 잠시 맞장구를 멈춘다.

④ 맞장구는 교묘하게 한다. 상대방으로부터 긍정의 대답을 얻고 싶을 때는 긍정의 말에만 맞장구를 침으로써 원하는 바로 유도할 수 있다.

(2) 상대방에 대한 응시

말하고 있는 상대방을 바라본다. 눈, 코, 입으로 가끔씩 시선을 바꾸어도 좋다.

(3) 말하는 중간에 끼여들지 않고 경청

자신은 그 의견에 반대한다든지, 납득이 가지 않을 경우라도 도중에 끼여들어 반론을 펴지 말고, 상대방의 이야기를 듣는다. 도저히 납득이 가지 않는다면 나중에 자신의 의견을 말해도 상관없겠지만, 말 첫머리에서부터 반론을 하지 않는다. 상대방의 주장을 이해한 뒤 말하는 것이 중요하다.

3) 대화시의 몸가짐

대화는 말하는 것만으로는 불충분하다. 몸가짐도 대화의 중요요소이자 수단인 것이다. 품위 있는 몸가짐은 대화의 매력을 한층 더 증대시킨다.

(1) 대화시의 몸가짐

부질없이 머리를 흔들거린다던가 말 한 마디에 여러 번 손을 사용하면 경박한 인상을 주며 자신이 없어 보이고 윗분과의 대화에서 너무 자주 머리를 긁적거리거나 굽실대면 비굴한 인상을 준다. 발을 구르거나 흔들면 침착성 없는 인상을 주게 되며 손짓을 어깨 위까지 올라가도록 동작을 취하면 지나친 과장을 하는 것같이 보인다. 손짓을 할 때 상대편을 향해 손바닥을 보이게 하는 것은 상대방의 말을 중지시키거나 제지하는 것 같이 보여 금해야 하며 턱을 너무 내밀거나 당기지도 말아야 한다. 턱을 내밀면 상당히 거만하고 콧대가 센 인상을 주며 턱을 당기면 딱딱한 인상과 긴장감을 준다. 넥타이를 만지작거리거나 성냥개비를 톡톡 부러뜨리지 말아야 한다. 이러한 행동은 초조해 보이고 경박스럽게 보이기 때문이다.

대화 중에 팔짱을 끼거나 다리를 꼬는 등 이상한 행동을 하지 말아야 하며 대화 중에 시계를 힐끗힐끗 바라보는 행동은 상대방을 초조하게 하므로 가급적 삼간다.

(2) 대화시의 표정과 시선

얼굴의 표정도 대화에 큰 작용을 한다. 표정의 중심은 눈이다. '눈으로 말해요'라는 말은 말하는 사람의 시선의 중요성을 강조하는 말이다. 항상 시선은 듣는 이를 향해야 한다. 듣는 사람이 다수일 경우에는 시선을 골고루 나누어주어야 한다. 누구나 자기를 무시하는 이야기는 듣고 싶어하지 않는다. 대화의 내용과 시선을 일치시켜야 한다.

(3) 대화시의 제스처

대화에 있어서 몸가짐이 중요하듯 그것과 연관있는 제스처도 무시 못한다. 제스처는 우선 자연스러워야 한다. 그리고 생기가 있어야 하며 이야기의 내용과 잘 어울려야 한다. 제스처에 활기와 박력이 없으면 신뢰감과 안정감을 줄 수 없다.

제2절 대화의 요령

1. 대화의 기본요령

1) 말하기 전에 들어주는 태도

일찍이 프루타크는 "듣는 법을 알면, 말을 잘 못하는 사람에게서조차도 배울 점이 있다"라고 가르쳤다. 대화를 잘 하자면, 적어도 50%는 듣고, 50%는 말하는 것이 공평한데, 당신의 듣기 말하기 비율은 어떤지 살펴봐라. 다른 사람이 하는 말은 정확하게 들어야만 그 사람의 의사와 감정을 이해하고 받아들일 수 있는 것이다.

서비스 현장에서도 말을 많이 하기보다는 열심히 들어주는 태도가 바람직하다. 고객의 호감을 살 수 있을 뿐만 아니라, 쉽게 파악할 수 있어서 대하기가 편해진다. 그렇다고 너무 말이 없어서는 안된다. 적당히 반응을 해주고 고객에게 정다운 시선을 주면 더욱 활기찬 대화를 할 수 있다.

고객이 말을 할 때는 그에 대한 반응을 보여서 고객이 이야기를 잘 이끌어 갈 수 있게 만드는 것이 좋다.

고객의 의견에 귀를 기울여 긍정하는 뜻을 나타내면 대화에 생동감이 있게 된다. 그러나 지나치게 고개를 끄덕이면 실없는 사람이라는 인상을 주게 된다.

2) 겸손하고 정중한 대화

대화에는 무엇보다도 서로의 이해가 있어야 하고 어느 정도 마음의 문을 열고 있어야만 대화가 이루어진다. 일방적으로 대화가 흐르게 되면 참다운 대화가 이루어지지 않아 의례적으로 끝나게 된다.

또한 대화에는 겸손한 자세가 필요하다. 인격을 존중해 주고 허물을 감싸주어서 상대방을 편안하게 만든다. 이렇게 하면 어려운 일이라도 쉽게 말하게 되며 고민되는 일도 털어놓게 된다. 서로 부담 없는 대화를 나눌 수 있을 뿐만 아니라 친밀감이 싹튼다.

3) 고객이 관심있는 화제의 선택

고객에게 관심이 있다는 것을 보이면 대화를 더욱 생동감 있게 이끌어 나갈 수 있다. 고객의 취미나 기호를 안다면 그에 대한 자기의 관심을 나타내어 대화할 수 있는 분위기를 만든다. 누구나 자기가 좋아하고 있는 것에 대해서 관심을 가지고 있는 사람이 있다는 것은 친근하게 느껴져서 허물없이 대화를 할 수 있게 된다. 따라서 무용을 좋아하고 있는 사람일 경우에는 무용에 관한 얘기를 꺼내면 대화가 쉽게 풀어진다.

2. 고객감동 대화서비스

1) 고객을 감동시키는 대화서비스법

고객으로 하여금 이야기에 흥미와 관심을 갖게 하기 위해서는 그에 알맞은 화제와 지식을 갖추고 있어야 한다. 많은 사람이 모여 있는 자리에서 계속 침묵만을 지키고 있는 것은 결코 바람직하지 못하다. 평소에 화제와 재료를 구해서 말하는 능력을 길러야 한다.

마음속으로만 혼자서 생각하고 말을 하지 않는 것은 아무런 도움이 되지 않는다.

이것은 자기의 마음속에 가지고 있는 생각을 다른 사람이 알지 못하기 때문이다.

(1) 풍부한 화제꺼리의 준비

신문이나 잡지를 보고 사회적인 주요 관심사나 문제에 대해 정보를 얻으면 좋다. 또한 자기 주변에서 일어나는 일을 보고들을 때마다 지적인 호기심을 가지고 거기에 대해 생각해 보는 습관을 기르는 것도 바람직하다.

사회생활에서의 대화는 자기와 동떨어진 것이 아니므로 인생문제와 함께 자기의 의견을 정리해 둘 필요가 있다. 평소에 자신이 흥미를 가지고 있던 분야에 대해서는 깊이 조사하고 연구해서 뚜렷한 주관을 갖고 있어야 한다.

많은 사람들이 관심을 가지고 있는 문세에 대해서 풍부한 이야기 재료를 가지고 있어야 한다. 사람들은 이야기 내용이 흥미 있거나 말하는 사람이 재미있게 하면 그 이야기에 매료되기 마련이다.

대화의 재료를 보면 다음과 같다.

① 천재지변, 전쟁뉴스, 기후관계와 같은 우리의 생존과 관련 있는 이야기
② 친척이나 가족에 관한 이야기
③ 여행이나 취미, 건강에 관한 이야기
④ 연극 · 영화 · 음악 · 방송프로에 관한 이야기
⑤ 운동경기에 관한 이야기
⑥ 문학작품 속의 주인공 이야기
⑦ 인기인의 스캔들과 같은 이야기
⑧ 지역사회에 관한 이야기
⑨ 일상생활에 관련된 이야기
⑩ 소설, 논문 또는 서적에 관한 이야기
⑪ 남에게서 들은 좋은 이야기

(2) 반응과 응답의 표현

이야기를 하는 도중에 '좋다', '나쁘다' 라는 것을 노골적으로 나타내서는 안되

겠지만 '노'와 '예스'는 분명히 해 주어야 한다. 그러나 반대의 뜻을 나타낼 때는 자기의 생각을 조심스럽게 말하여 대화에 지장을 주지 않도록 한다.

또한 대화에서 응답을 해 주는 것하고 응답하지 않는 것은 이야기의 의미를 다르게 한다. 따라서 반응을 적당하게 나타내어 대화를 무르익게 할 필요가 있다.

(3) 품위있는 낱말의 선택과 밝은 표정

대화를 할 때는 낱말을 잘 선택해야 한다. 같은 내용의 말이라도 품위있는 말을 골라서 하는 것이 교양인의 태도다. 말씨는 그 사람의 인격을 나타내기 때문에 품위가 떨어지는 교양 없는 말은 삼가야 한다.

오래간만에 만나는 사람일 경우 적절한 화제가 요구되는 일이 있는데, 품위 있고 위트 있는 화제를 풍부하게 준비해 두어야 하며 어색함이 없도록 낱말을 잘 골라서 할 필요가 있다. 예를 들면 식사할 때 '선희야! 밥 안 먹니?' 하는 것보다는 '선희야, 밥 먹자' 하는 것이 정감 있게 들린다.

또한 밝은 표정은 명랑한 분위기를 조성하고 긴장을 풀어 주어서 쉽게 대화가 이루어진다. 미소 띤 얼굴은 누구에게나 호감을 주며 즐거움을 줄 수 있다.

2) 올바른 화제의 선택

품위 있고 위트 있는 화제를 풍부하게 가지고 있는 사람은 일단 교양이 갖추어진 사람이라고 할 수 있다. 옛 말에 '침묵은 금이고 웅변은 은이다.' 또는 '말이 적으면 그르침이 적고 실천이 앞서면 후회가 적다' 는 가르침이 있다. 함부로 경솔하게 말하는 것보다는 말을 하지 않고 가만히 있는 편이 더 낫다는 뜻이다.

하지만 요즘은 옛날과는 달라서 무조건 벙어리가 되어서는 곤란하다. 속칭 '자기 PR시대' 라고 하지 않는가? 요즘은 차라리 '침묵은 금이고 적절하고 재치 있는 말은 다이아몬드다' 라고 옛 격언을 바꾸는 것이 더 낫지 않을까 생각한다.

(1) 고객을 고려한 화제선택

이야기를 하다 보면 화제가 궁해지는 경우가 있다. 이럴 때에는 분위기를 바꾸어서 창을 열거나 음악을 튼다. 그러나 화제를 다르게 바꾸어야 할 경우에는 잠시 여유를 두었다 다음 화제를 꺼낸다. 여럿이 함께 모여 있는 곳에서는 공동의 화젯거리를 선택해서 다함께 대화에 참가하도록 해야 한다. 한 사람이라도 대화에 흥미가 없는 것 같이 보이면 '이 일에 대해서 어떻게 생각하십니까' 라는 말로 대화에 끌어 드린다.

(2) 적절한 화제선택

대화는 자신의 흥미보다는 상대방이 흥미를 느낄 수 있는 화제를 선택해야 한다. 여러 사람이 자리를 함께 했을 때는 어느 개인보다는 여러 사람이 공동으로 관심을 가지고 대화를 나눌 수 있는 화제를 선택하는 것이 좋다. 만약 상대방이나 또는 어떤 사람이 화제에 궁하여 이야기를 꺼내지 못하고 있을 때에는 그 사람의 입장을 고려해서 '○○은 우리 나라에서도 유명한 명승지이지요?' 하고 그 사람이 쉽게 대화에 응할 수 있도록 화제의 실마리를 풀어 나가는 것을 도와주도록 한다. 누구든지 부담을 느끼지 않고 대화에 동조할 수 있는 가볍고 쉬운 화제를 시원스럽게 진행해 나가는 것이 좋다. 대화가 다 끝난 후에 왠지 모르게 즐거웠다고 생각한다면 그곳에서의 인간 관계는 더욱 부드러워지게 될 것이다.

올바른 화제의 선택은 때와 장소에 따라서, 그리고 상대방에 따라서 적절하게 해야 할 것이다. 어떤 화제를 선택하느냐 하는 문제는 그 사람의 교양을 가늠하는 기준이 된다.

3) 삼가야 할 대화의 태도

(1) 무절제한 외국어의 사용

사회가 점차로 발달함에 따라 옛날에 사용하던 언어는 소멸되고 새로운 언어가 들어오게 되었다. 이처럼 외래어의 도입은 어쩔 수 없는 것이지만 무절제한 외국어의 사용은 주의해야 한다.

(2) 남의 허물에 대한 비평

대화 중에 다른 사람을 비평하거나 불만을 터뜨려서는 안된다. 이렇게 되면 대화가 끊어지게 되는데 만약 비평해야 할 경우가 생겼을 때에는 정면으로 공격해서 기분 상하지 않도록 해야 한다. 자기가 생각하고 있는 바가 다르다고 해서 성급하게 공격해서는 안된다. 일단 상대의 말을 끝까지 듣고 난 후에 그에 대한 자신의 의견을 피력하거나 상대의 잘못된 점을 조심스럽게 꺼낸다.

또한 상대방의 취미나 기호에 대해서 비평을 하는 것은 교양이 없는 태도라 아니할 수 없다. 이때 상대방은 자기의 인격을 침해받았다고 생각할 것이며 자존심이 무시당하는 불쾌한 감정은 오래도록 남아 있게 될 것이다. 자기의 뜻이 맞지 않는다고 해서 불만을 털어놓거나 비평을 하는 것은 결코 바람직하지 못하다.

(3) 상대방의 개인적인 비밀에 대한 질문

상대방의 사적인 일을 함부로 묻는 것은 큰 실례가 아닐 수 없다. 아무리 허물없이 지내는 사람이라 할지라도 사적인 질문을 하거나 어떠한 일을 알려고 자꾸만 덤비는 것은 상대의 기분을 상하게 할 뿐 아니라 예의에서 벗어난 행동이다.

다음과 같은 점에 대해서는 다시 한 번 생각해 볼 필요가 있다.

① 상대에게 월급의 액수와 한달 용돈을 묻는 것

② 여성에게 나이를 묻거나 체중, 몸매의 치수를 묻는 것

③ 상대가 구입한 상품에 대해서 필요 이상으로 꼬치꼬치 질문하는 것

④ 부부싸움을 한 상대를 동정한 나머지 배우자의 결점을 얘기하는 것

(4) 상대방이 싫어하는 화제나 질문

호텔경영학을 전공한 사람이 전공이 다른 사람 앞에서 호텔용어를 써서 상대방이 전혀 알지 못하는 이야기를 꺼내는 것은 불쾌감을 준다.

자기에게 관련된 이야기는 상대방은 아랑곳하지 않고 계속 이야기하거나, 자기만의 관심사인 직무나 영업에 대해 계속 이야기하지 않도록 한다. 또한 자기 자신에 대해 지나치게 자랑하는 일은 삼간다.

관광서비스 상식

대화할 때 주의할 점

- 상대방의 눈을 보면서 대화하는 것은 좋지만 너무 뚫어지게 쳐다보거나 고객이나 상사·연장자의 눈을 계속 응시하는 것은 좋지 않다.
- 대화의 화제는 되도록 상대방의 관심과 흥미를 고려하여 선택하되 특히 정치나 종교 문제 등은 개인적으로 견해를 달리할 수 있으므로 조심한다.
- 저속한 말이나 유행어는 삼간다.
- 혼자만 이야기를 독점하지 않으며, 가족 또는 자기 자랑만 늘어놓지 않는다.
- 상대방이 부당한 말을 했을 때에는 그저 웃어넘기기보다는 정중한 태도로 그것은 그렇지 않다고 차근차근 조리있게 자기의 생각을 말하는 것이 좋다.

많은 사람이 모인 자리에서는 개인적인 이야기를 하지 않는다. 타인이 보는 앞에서 꾸짖는 일이 있어서는 안된다. 식사를 하는 중에 음식이나 요리솜씨에 대해 불만을 터뜨려서는 안되며, 지저분한 이야기는 꺼내지 않도록 한다. 사교 모임에서의 침울한 얘기는 꺼내지 않는다.

여성이 있는 자리에서 섹스에 대한 이야기나 여성의 신체에 대한 이야기를 하는 것은 큰 실례가 된다.

때와 장소를 가리지 않고 설교를 하거나 충고를 주는 일이 있어서는 안 된다. 속된 말을 사용하거나 함부로 말하는 것은 자신의 품위를 잃는 것이 되므로 가려서 말을 해야 한다.

(5) 임살과 잔소리

대화를 하는 중에 미리부터 죽어 가는 소리로 자신의 처지를 늘어놓으면서 엄살을 떠는 사람이 있는데 이러한 행동은 바람직하지 못하다. 더구나 형편이 넉니한 사람이 이러한 소리를 한다는 것은 정말 보기 흉하다.

잔소리가 심한 사람을 볼 수가 있다. 어쩌다 함께 일을 하게 되면 참견하지 않아도 될 일을 가지고 하나 하나 참견을 하며 잔소리를 하는 사람이 있다. 백 마디의 잔소리보다는 엄격한 말 한 마디가 훨씬 효과 있다. 또한 상대방이 말을 하지 않아도 알아들을 수 있는 상황을 만드는 것이 좋다.

관광서비스 상식

즐거운 대화의 10가지 핵심

① 밝은 화제일 것
② 밝은 표현일 것
③ 참고가 되는 내용일 것
④ 전향적인 화제일 것
⑤ 활발한 주고받음이 있을 것
⑥ 전원이 솔직하게 의견을 개진할 것
⑦ 항상 의욕을 창출하는 이야기의 전개에 명심할 것
⑧ 긍정적인 맞장구를 칠 것
⑨ 공감이 쌓여 갈 수 있는 화제를 전개할 것
⑩ 같은 말을 지루하게 되풀이하지 말 것

(6) 짜증내는 행위

대화를 하는 데 있어서 상대에게 짜증을 내는 일이 있어서는 안 된다. 서로 기분이 좋지 않을 뿐만 아니라 어색한 사이가 되어버릴 수도 있다.

처음 보는 고객에게 짜증 섞인 목소리로 말을 한다면 다시는 이 사람하고 말을 하고 싶지 않다고 생각할 것이 틀림없으며 무척 불쾌하게 여길 것이다. 이것은 결국 인간 관계에 마이너스가 된다.

짜증나는 일이 있다 할지라도 상대의 기분이 상하지 않도록 말을 해야 한다.

(7) 대화 중에 자주 시계를 보는 행위

대화 중에 한 쪽이 계속해서 시계를 들여 본다는 것은 얘기를 하고 있는 사람에게 큰 실례가 된다. 친밀한 관계에서도 별로 좋은 태도가 아니며, 초면인 고객이나 만난지 얼마 되지 않는 사이에 있어서는 큰 실례가 된다.

아무리 바쁜 일이 있다 할지라도 대화할 때는 진실한 태도로 대해야 한다.

제3절 바른 호칭과 경어서비스

1. 바른 호칭서비스

회사 내 사람이름, 거래처의 회사명 · 사람이름은 정확히 기억하는 것이 좋으며 되도록 빨리 외우도록 한다. 그리고 다른 사람에게 말을 걸때는 반드시 상대방의 이름을 부르고 용건을 말함으로써 상대방에 대한 관심과 성의를 보이는 것이 좋다. 명함을 교환했을 경우도 명함상의 직책을 호칭해 주는 것이 좋다.

1) 상급자에 대한 호칭

① 상사는 성과 직위 다음에 '님' 의 존칭을 붙인다
"이사장님", "김부장님"

② 성명을 모르면 직위에만 '님' 의 존칭을 붙인다.
"차장님", "과장님"

③ 상사에게 자기를 호칭할 경우에는 '저' 또는 성과 직위나 직명을 사용한다.

2) 하급자 또는 동급자에 대한 호칭

① 하급자나 동급자에게는 성과 직위 또는 직명으로 칭한다.
"김부장", "총무팀장", "ㅇㅇㅇ씨", "미스터 김"

② 초면이나 선임자일 경우 '님' 을 붙이는 것이 상례이다.

③ 하급자나 동급자 간에 자기의 호칭은 '나' 를 사용한다.

3) 차상급자에게 상급자의 호칭

차상급자에게 상급자의 지시나 결과를 보고할 때 직책이나 직위만을 사용하는 것이 원칙이다. 하지만 아래의 예에서처럼 현대적인 표현이 가장 바르다. 이사 앞에서 과장이 부장의 지시를 보고할 때 다음과 같이 말한다.

- 틀린형 : “부장님께서 지시하신 일이 있습니다.”
- 근대형(바른형) : “부장이 지시한 일이 있습니다.”
- 현대형(가장 바른형) : “부장님이 지시한 일이 있습니다.”

4) 틀리기 쉬운 호칭

① 상사의 존칭은 호칭에만 쓴다.

사장님실 ⇒ 사장실

② 문서에는 상사의 존칭을 생략해도 실례가 아니다.

사장님 지시 ⇒ 사장 지시

③ 본인 임석하에 지시를 전달할 때는 ‘님’ 자를 붙인다.

“사장님 지시를 말씀드리겠습니다.”

④ 상급자의 직함을 3인칭으로 쓸 때 ‘님’ 자를 붙이면 이중의 존칭이 된다.

5) 고객에게 상급자의 호칭

고객에게 상사를 호칭할 때 상사의 직책이나 이름에 ‘님’ 자를 붙이는 것은 상관없지만 지나치게 경어를 사용하여 상사를 높이는 것은 옳지 않다. 자본주의 사회에서 고객은 직장내 그 누구보다도 더 높은 상사이기 때문이다.

단, 위의 경우라도 상대(고객)의 신분이 분명하여 호칭되는 상사와의 공식적, 비공식적 관계가 손아랫사람이라는 것이 분명할 경우에는 상사를 높이는 경어를 사용해도 무방하다.

6) 일반적인 호칭사용법

(1) 직급도 경어의 일종이다.

상대에게 불쾌감을 주는 표현이나 분위기에 맞지 않는 표현을 해서는 안된다.

(2) 직급을 부르는 방식은 회사나 직장에 따라서 다르다.

회사에서 정해진 호칭이 있을 때에는 그것에 따른다. 예를 들어 사장을 포함한 모든 사람을 'ㅇㅇㅇ씨' 라고 부르는 회사도 있다. 상사의 지시가 있으면 그것에 따른다.

(3) 애칭으로 불리는 직명

예를 들면 '반장' 을 '대장' 이라고 부르는 경우라도 정식 직명을 부른다.

(4) 'ㅇㅇ씨' 라고 부를 경우

동년배이거나 나이 폭이 아래위로 10년을 넘지 않을 때 쓰는 것이 좋다. 20~30대의 나이에서 40~50대의 나이에게 '씨' 자를 붙여쓰는 것은 삼가는 것이 좋다. 나이 차가 10세 이상 난다면 'ㅇㅇㅇ선생님' 정도가 무난하다.

(5) '강형' '이형' 의 호칭

아래위로 5세 범위 내에서만 사용하는 것이 무방하고 다른 사람 앞에서 3인칭으로 쓸 때는 성에 이름까지 덧붙여 "최현철형께서 다시 전화하시겠답니다" 하는 식이 좋다. 5세 이하의 연하자가 연장자에게 쓸 때는 조심해서 써야 하며 '최선배님' 등으로 부르는 것이 무난하다.

(6) '당신' 의 호칭

'당신' 이라는 호칭은 내화의 상대와 내용, 그리고 분위기에 따라 말이 가지는 이미지가 크게 달라지고 존칭 면에서도 상반되는 뜻을 지닐 때가 많다. 후배가 선배에게는 쓸 수 없는 호칭이다. 이 호칭은 친구 사이, 선배가 후배에게 사용하는 것은 실례가 되지 않지만 될 수 있으면 좋은 일외 대화에서 사용하는 것이 좋다.

(7) '여자직원' 의 호칭

대부분의 여성들은 '미스' 나 '양' 보다 'ㅇㅇㅇ씨' 로 불러 주기를 원한다. 직장에서 기혼 여성들은 'ㅇㅇㅇ씨' 로 칭하는 것이 바람직하다. 그러나 직장 밖의 모임에서는 '미세스'로 호칭해도 무방하다.

(8) '남자직원'의 호칭

선배나 동료직원이 남자직원을 호칭할 때는 '○○○씨' 또는 직위가 있을 때는 그 직위 앞에 성을 붙여 부르는 것이 좋다. 후배직원이 선배직원을 호칭할 때는 직위 뒤에 '님'자를 붙여 부른다.

(9) '선생' '선생님'의 호칭

누구나 존경할 만한 사람이나 처음 만나는 사람, 나이 차가 아주 많은 연장자에게는 '선생님', 동년배나 연하에게는 '선생'으로 부르는 것이 무난하다.

(10) '선배부하'와 '후배상사'

공식적인 자리에서는 직책을 호칭하는 것이 바람직하다. 지나치게 예의를 차리면 서로가 불편할 수 있다. 후배상사가 선배부하에 대한 예절을 소홀히 해서는 안 된다.

(11) '형님'과 '언니'의 호칭

이 호칭은 사적인 사이에서만 쓰여야 그 정다운 느낌이 간직된다. 나이를 확인하지 않고 '형님'이나 '언니'라고 부르거나 처음 보는 사람, 서먹서먹한 사람에게 이 호칭을 쓰면 상대방을 불쾌하게 만든다. 특히 격식을 갖추어야 될 자리에서 사용하는 것은 금물이다.

(12) 스스로의 호칭

될 수 있으면 '제가', '저는'라는 말을 사용하는 것이 좋다. 다른 회사에서는 '저희 회사', '저희들'로 말한다. 다른 회사와 상담시에는 회사의 대표로서 상대방과 만나는 것을 잊지 않는다.

2. 바른 경어 서비스

서비스요원은 서비스 현장에서 항상 경어를 사용해야 한다. 경어는 고객에게 경의를 표하는 태도나 행동을 표현한 말이다.

경어를 바르게 사용하는 일은 서비스요원의 필수과목이다. 처음에는 엉망이어도 상관없다. 경의를 표하는 마음이 중요하기 때문이다. 존경하는 마음만 있다면 상대도 말하는 사람의 마음을 인정하고 따뜻하게 지켜볼 것이다.

1) 존경어 · 겸양어 · 정중어

경어를 사용하기 위해서는 존경어와 겸양어를 올바르게 구분하여 사용해야 한다.

존경어는 상대에게 경의를 표하는 말로 상대의 행동 · 태도 등을 표현할 때 사용한다. 겸양어는 자신을 낮추어 하는 말로 자신의 행동 · 태도 등을 표현할 때 사용한다. 그리고 정중어는 상하 관계를 떠나 정중한 응대가 필요한 경우와 3인칭화법으로 응대할 때 사용한다. 경어의 잘못된 사용은 존경어와 겸양어 및 정중어를 제대로 구분할 줄 모르기 때문에 발생한다.

2) 경어의 기본원칙

(1) '~어요' 보다는 '~습니다'로

신세대들은 '그랬어요' '저랬어요'를 선호하는 경향이 많다. 낮춤말은 아니지만

〈표 2-11-1〉 보통어 · 존경어 · 겸양어의 예

보통어	존경어	겸양어
말하다.	말씀하시다.	말씀드리다.
묻 다.	물으시다.	여쭙니다.
보 다.	보시다.	봅니다.
먹 다.	잡수시다.	먹습니다.
하 다.	하시다.	합니다.
가 다.	가시다.	갑니다.
오 다.	오시다.	옵니다.

〈표 2-11-2〉 동료간 경어의 응용 서비스

다정한 언어	얌전한 언어	정중한 언어
여기는 처음이야	여기는 처음입니다.	여기는 처음이 되겠습니다.
전화를 걸어	전화를 부탁합니다.	전화를 부탁드립니다.
가끔 만나요	가끔 만납시다.	가끔 뵙겠습니다.
확실히 말해요	확실히 말씀합니다.	확실히 말씀드립니다.
내린다고 봐	내린다고 봅니다.	내린다고 보겠습니다.
집으로 찾아가	집으로 찾아갑니다.	집으로 찾아가 뵙겠습니다.
이 책을 얻었어	이 책을 얻었습니다.	이 책을 주셨습니다.

자료:진정욱 외, 1997. 44쪽

〈표 2-11-3〉 고객을 위한 세련된 경어서비스

보 통 어	경 어
나	저
너, 너희들	당신, 당신들
누구	어느 분
저 사람	저 분
없습니다.	안계십니다.
누굽니까?	누구십니까?
안됩니다.	어렵습니다.
좋습니다.	잘 알겠습니다.
조금 기다리세요.	잠시 기다려 주십시오.
빨리 해 주세요.	빨리 부탁합니다.
해 줄 수 있습니까?	해 주실 수 있겠습니까?
전화해 주세요.	전화 부탁드립니다.
지금 자리에 없습니다.	지금 자리를 비웠습니까?
무엇을 물었습니까?	무엇을 물어 보셨습니까?
갑니다.	뵙겠습니다.
합니다.	하십니다.
네? 무엇이지요?	한 번 더 말씀해 주시겠습니까?

'~습니다' 가 격식 있는 말이다.

(2) 평대어와 존대어를 구분

- 생일→생신, 나이→연세, 밥→진지, 병→병환
- 자다→주무시다, 말하다→말씀하시다, 묻다→여쭈다, 주다→드리다, 먹다→잡수시다.

(3) '~시' 를 넣어 존경을 표할 때

말하는 사람보다 말의 주체가 되는 사람이 높은 경우 '웃으시다' 와 같이 서술어에 '~시' 를 넣어 존경을 표한다. 그러나 "국장님 넥타이가 예쁘십니다."처럼 '~시' 를 형용사에 붙여서는 안 된다.

(4) 외부인에게 자사 사람을 말할 때

① 자기 직장의 평사원에 관해 말할 때는 듣고 있는 타사 사람의 직급에 상관없이 '은행에 갔습니다.'

② 직급이 있는 사람을 그 사람과 같은 직급이나 그 아래의 사람에게 말할 때는 자기보다 직급이 낮더라도 '김 과장 은행에 가셨습니다' 처럼 말하고, 그 사람 직급 이상인 사람에게 말할 때는 '김 과장은 은행에 갔습니다.'

③ 자기보다 직급이 높은 사람을 다른 회사 사람에게 말할 때는 상대방 직급에 관계없이 '김 과장님 은행에 가셨습니다.'

제4절 접객언어 서비스

1. 고객서비스를 위한 응대용어

1) 고객을 감동시키는 말 서비스

① 고운 말 서비스

② 표준말 서비스

③ 이해하기 쉬운 말 서비스

④ 정성이 담긴 말 서비스

⑤ 상황에 알맞은 말 서비스

2) 서비스 화법의 10대 포인트

① 3의(熱意, 誠意, 好意)를 가지고 말할 것

② 항상 부드러운 미소를 띠고 상냥하게 말할 것

③ 목소리의 크기와 말의 속도는 TPO(때, 장소, 상황)에 맞출 것

④ 시선은 상대방에게 둘 것

⑤ 칭찬을 아끼지 말 것

⑥ 잘 듣고 맞장구칠 것

⑦ 똑똑한 체하지 말 것

⑧ 고객의 입장을 존중할 것

⑨ 침착하게 말할 것

⑩ 반말을 엄금할 것

3) 고객을 위한 3대 응대용어

(1) "예, 곧 해 드리겠습니다."

대표적인 응대용어로 고객의 기분을 좋게 한다. 즉 긍정과 순종의 의사를 함축

성 있게 표현하는 것이므로 고객의 의사를 따르겠다는 뜻이요, 고객의 입장을 이해한다는 뜻이다.

(2) "고맙습니다." "감사합니다."

고객이 있음으로써 회사도 존재한다는 것을 생각한다면 서비스란 곧 '감사의 의사표시'요, '고마움의 행동표현'이라 할 수 있을 것이다. 겸양의 미덕은 알면서도 감사하다는 생각에는 인색한 것이 우리네이다. 가장 많이 사용해야 할 고객서비스 용어임이 분명하다.

(3) "죄송합니다"

고객에게 조금이라도 폐를 끼쳤다던가 고객의 요구를 흡족하게 들어주지 못할 때는 이 용어를 말하며 머리를 숙여야 한다. 이럴 때의 침묵은 절대로 금이 아니다. 또한 고객을 기다리게 하는 등 고객에게 무엇을 의뢰?부탁해야 할 경우에는 용건 앞에 "죄송합니다만…."을 붙임으로써 대화를 훨씬 부드럽고 공손하게 이끌어 가야 한다.

4) 고객을 위한 10대 응대용어

① 안녕하십니까? / 안녕하세요?

② 어서 오십시오 / 반갑습니다.

③ 무엇을 도와 드릴까요.

④ 감사합니다. / 고맙습니다.

⑤ 죄송합니다. / 미안합니다.

⑥ 실례합니다.

⑦ 예, 알겠습니다.

⑧ 잠시만 기다려 주시겠습니까?

⑨ 오랫동안 기다리셨습니다.

⑩ 안녕히 가십시오.

5) 고객서비스를 위한 칭찬용어

자기를 칭찬해 주는데 싫어할 사람은 없을 것이다. 고객의 마음을 사기 위해서는 아래와 같은 칭찬법을 잘 활용하는 것이 필수적이다.

(1) 대담 찬사법

"고객! 정말 굉장하시군요."

"사모님! 스카프가 정말 잘 어울리는군요."

(2) 단순 찬사법

사실 그대로, 느낀 대로 칭찬하는 방법이다.

"목소리가 참 고우십니다."

"머리 스타일이 멋지십니다."

(3) 감탄 찬사법

"어쩜….", "역시….", "정말…."

(4) 비유 찬사법

유명인이나 좋은 것에 비유해서 칭찬하는 방법이다.

"눈이 마치 …같습니다."

(5) 반문 찬사법

대화 도중에 감정을 가미하여 칭찬하는 방법이다.

"아! 그렇습니까, 정말 대단하십니다."

(6) 소유물 찬사법

고객의 소유물, 어린아이, 가족관계를 들어 칭찬하는 방법이다.

"아드님이 영리하게 생겼습니다."

"도장 글씨체가 예쁘군요."

"귀걸이가 정말 잘 어울리는데요."

(7) 호칭변형 찬사법

실제의 호칭이 아니지만 고객을 위해 사용하는 칭찬 방법이다.

"박사님!", "사장님!" 등

(8) 사의(謝意) 찬사법

대수롭지 않은 것 가지고 깊은 감사를 표현함으로써 칭찬하는 방법이다.

"이렇게까지 해주시다니, 정말 감사합니다."

(9) 간접 찬사법

소문이나 남의 이야기를 인용하여 칭찬하는 방법이다.

"소문이 자자하시더군요."

2. 고객응대의 기본화법

1) 접객화법

(1) 명령형을 피하고 의뢰형을 사용

명령형은 듣는 사람의 의지를 전혀 무시한 일방적인 강요인 것에 비해 의뢰형은 상대의 의지를 존중한 뒤에 부탁을 하고 있는 것이다.

"죄송합니다만 좌석을 당겨 앉아 주십시오" – 명령형

"죄송합니다만 좌석을 당겨 주시지 않으시겠습니까" – 의뢰형

(2) 부정형은 피하고 긍정형을 사용

서비스화법에서 부정형은 사용하지 않겠다는 마음가짐을 지녀야 된다. 될 수 있

으면 '예' 하는 마음가짐이 바른 접객서비스 자세이다.

(3) 거절할 때는 의뢰형을 사용

"요금을 깍지 않아 주시면 감사하겠습니다."처럼 거절할 때는 의뢰형을 사용한다. 고객의 반감을 줄이면서 거절할 수 있기 때문이다.

(4) 고객의 반응을 보면서 응대

서비스요원이 말하고 있는 사항이 고객에게 어떻게 이해되고 있는가를 확인하면서 대화를 이어가야 한다. 물론 고객의 입장에서, 고객을 위해 대화한다는 자세가 중요하다.

(5) 마이너스 · 플러스법을 사용

고객에게 자사의 상품을 인지시킬 때는 마이너스 · 플러스법이 보다 효과적이다. 반대로 플러스 · 마이너스법은 경쟁사의 상품을 격하시킬 때 사용하면 좋다.

"가격이 조금 비싸지만 성능이 우수합니다." – 마이너스 · 플러스법

"튼튼하긴 하지만 가격이 너무 비쌉니다." – 플러스 · 마이너스법

(6) My proposal~ 보다는 Your requirement~로

고객에게 제안을 할 때는 My proposal~ ("저의 제안은~ ") 보다는 Your requirement~ ("이런 것 필요하지 않으십니까?")의 방법으로 한다. 즉, 고객의 입장에서 고객에게 어울린다는 것을 강조한다.

(7) 바른 자세와 세련된 목소리

서비스 정신이 반영된 경어와 호칭을 사용한다.

2) 고객응대의 기본화법

① 기다리게 할 때 – "죄송합니다, 잠시만 기다려 주시겠습니까?"

② 기다리고 난 후 – "오래 기다리게 해서 죄송합니다."

③ 물어 볼 때 – "죄송합니다만, ~입니까?"

④ 용무 처리가 안 될 때 – "죄송합니다만, ……"

⑤ 부탁이나 의뢰할 때 – "죄송합니다만, ~ 해 주시겠습니까?"

⑥ 다시 물어 볼 때 – "한번 더 말씀해 주시겠습니까?"

⑦ 고객의 의견을 물을 때 – "~이 어떻겠습니까?"

⑧ 담당자를 바꿔 줄 때 – "담당자를 바꿔 드리겠습니다. 잠시만 기다려 주시겠습니끼?"

⑨ 현금을 받았을 때 – "~원 받았습니다."

⑩ 안내를 해줄 때 – "죄송합니다만, ○번 창구로 가 주시겠습니까?"

⑪ 돈이나 물건을 내줄 때 – "~원 여기 있습니다. 고맙습니다."

⑫ 고객이 갈 때 – "감사합니다. 안녕히 가십시오."

3) 고객서비스를 저해하는 말

① "그건 안 됩니다."

② "입장이 곤란합니다."

③ "바쁘다니까 다음에 하세요."

④ "책임 문제가 따릅니다."

⑤ "제 소관이 아닙니다."

⑥ "잘 모르겠습니다."

⑦ "근무시간이 끝났습니다."

⑧ "알아는 보겠습니다."

4) 거절에 대한 응대화법

(1) Yes–But Method(간접법?역전법)

상대의 의견에 무조건 긍정한 후 말을 잠시 끊었다가 반대의견을 얘기한다.

(2) 질문법

고객에게 질문을 던져 고객의 욕구를 파악하고 이해를 돕는다.

(3) 실례법

사람의 경쟁 · 모방심리를 자극한다. 좋은 비교상대를 골라 그 사례를 강조한다.

(4) 부정법(정면격퇴법)

고객의 거절 이유를 정면으로 부정한다.

(5) 묵살법

고객이 너무 동떨어진 말만 계속할 때 이에 신경쓰지 않고 하고자 하는 말을 계속한다.

(6) 회전법(U-turn Method)

고객의 거절 이유를 정면으로 부정하지 말고 긍정하되, 계속 설득할 만한 말꼬리를 잡는다.

3. 고객 감동음성

맑고 고운 목소리는 접객언어 서비스의 기본이며 마음으로부터 우러나는 서비스를 나타낸다. 따라서 서비스요원은 맑고 고운 음성서비스를 제공하기 위해 꾸준히 자신의 목소리를 연습해야 한다.

1) 음성관리

(1) 음성 관리의 3대 포인트

① 알맞은 음량과 강약 조절

② 또렷한 목소리

③ 적당한 말의 속도

(2) 좋은 목소리

① 쾌활한 목소리

② 친근감이 가는 목소리

③ 성의있는 목소리

④ 관심을 끄는 목소리

(3) 나쁜 목소리

① 억양이 없는 건조한 목소리

② 기계음적인 목소리

③ 냉담한 목소리

④ 마음이 끌리지 않은 목소리

⑤ 반발심이 가득한 목소리

2) 음성의 효과적 사용

(1) 바른 자세

음성을 효과적으로 사용하기 위해서는 먼저 자세를 바로 해야 한다. 음성을 위한 바른 자세는 가슴을 올리고 배를 집어넣는 것이 중요하다.

서 있는 자세라면 양발에 체중을 균등하게 분배하는 것이 필요하다. 앉아 있다면 양발에 체중을 균등하게 분배하는 것이 필요하며 양발을 가지런히 하고 절대로 다리를 꼬아서는 안된다.

(2) 다양한 목소리의 사용

인류의 조상 네안데르탈인들은 목소리 톤을 다양하게 하여 적들을 겁주거나, 연인들의 마음을 사로잡았다. 이후 인간은 언어를 개발하여, 스피치가 국가의 운명까지 바꾸어 놓은 일이 있었는데, 모두 다 훌륭한 연설가들이 음성을 다양하게 사용하여 긴박감을 표현할 수 있었기 때문이다.

아이에게 "이리 와" 하는 엄마의 음성은 아이를 야단치려고 할 때와, 안아 주기 위해서 부를 때의 톤이 다를 것이다. 일상 생활에서 우리는 내용과 상황에 따라 음성을 다양하게 사용할 수 있도록 연습해야 한다.

(3) 생동감있는 이미지 연출

목소리는 우리를 늙어도 젊게, 피로할 때라도 생동감 있게 보이는 이미지를 연출할 수 있게 한다. 반대로 잘못 쓰면, 젊어도 늙은 사람처럼, 힘이 있는데도 없는 사람처럼 들리게 한다. 힘이 없는 목소리는 축 내려가 스타킹을 신고 있는 여자의 이미지를 주기 때문에, 다른 사람에게 절대로 피곤한 음성으로 말하지 말아야 한다.

(4) 음성을 낮게 내는 연습

남을 매혹시키고, 확신을 주고, 설득하고, 남에게 명령하고 무엇보다도 따뜻하게 들리는 목소리를 가지려면 항상 목소리를 낮게 내는 연습을 해야 한다. 특히 전화로 얘기할 때나 마이크를 사용할 때는 낮은 목소리가 가장 호소력이 있다.

(5) 콧소리와 날카로운 소리의 배제

콧소리를 내는 사람은 턱과 혀를 느슨하게 하고 목과 입을 열어 소리가 코로 나오는 대신 입으로 나도록 해주어야 한다. 날카로운 소리는 콧소리보다 더 듣기 싫은 소리인데, 우리는 흔히 감정이 고조될 때 소리를 높이고 날카로운 소리를 내는 경향이 있다. 자신이 날카로운 소리를 갖고 있다고 생각되면 첫째, 자세를 바로 하고, 둘째, 자신이 하고자 하는 말 한마디 한마디마다 바이털 트라이앵글(vital triangle)로부터 여분의 힘을 받아 소리를 내도록 한다.

(6) 음성의 관리

피로는 음성을 거칠게 하는 첫째 요소이므로, 중요한 연설이 있는 경우에는 전날 충분한 휴식이 필요하다. 담배, 목기침, 너무 많이 웃는 것 역시 성대에 부담을 주는 것이므로 피해야 한다. 목소리가 잘 안 나올 때는 길게 숨을 쉬거나, 침묵하거나, 레몬즙이 들은 따뜻한 차를 마시면 좋다. 많은 가수들이 맥주와 우유를 피하는 이유는 그것들이 목에 점액을 만들기 때문인데, 만일 가래가 잘 끓는 체질이라면 말을 많이 해야 될 몇 시간 전에는 맥주와 우유를 피하는 것이 좋다.

3) 음성 훈련

목소리에 힘이 없는 사람들은 아래의 방법을 3개월 정도 꾸준히 훈련하면 활기찬 음성을 개발할 수 있을 것이다.

(1) 바른 자세

① 항상 맨 아래 두 갈비뼈와 배꼽선으로 된 삼각 부분(vital triangle)을 수축시킬 때 나오는 힘으로 소리를 낸다.

② 아랫배를 집어넣고 가슴을 펴고 어깨를 똑바로 한다.

(2) 훈련 방법

다음 중 한 가지를 선택하여 한 번에 5분씩, 하루에 네다섯 번씩 연습한다.

① 방법 1 : 숨을 짧게 들이쉰 후, 천천히 "스으----" 하면서 앞니 사이로 천천히 숨을 내쉰다. 내쉴 때는 하나부터 서른까지 빠른 속도로 세되, 점차로 일흔까지 셀 수 있도록 연습한다. 충분한 공기를 마시려면, 코뿐만 아니라 입을 통해서도 숨을 들이쉬어야 한다.

② 방법 2 : "안녕하십니까", "감사합니다" 라는 단어들을 한 번에 3미터 정도 떨어져 있는 사람에게 다른 한 번은 7.5미터 정도 떨어져 있는 사람에게 말한다고 생각하고 소리낸다. 멀리 떨어져 있는 사람을 향해 연습할 때는 괜히 소리를 높이는 일이 없도록 발코니에서 밑에 있는 사람을 내려다보고 얘기하듯 말한다.

제5절 고객의 불평 · 불만처리 서비스

접객서비스를 아무리 완벽하게 하려고 해도 고객으로부터의 불평(complaint)은 발생되기 마련이다. 인간은 완벽할 수가 없으며, 고객은 주관적인 사고를 갖고 있으며, 고객의 욕구 또한 같을 수 없기 때문이다. 따라서 고객으로부터 지적이나 불평이 발생했을 경우 항상 긍정적인 자세로 고객의 입장에서 정확한 원인을 파악하여야 한다. 그리고 불평에 대한 해결방안을 강구하여 고객에게 호감을 줄 수 있는 만족한 조치가 이루어지도록 신속하게 처리해야 한다. 그 결과 서비스기업의 이미지를 향상시키고 신뢰감을 더 높이며 고객으로 하여금 재방문하게 하거나 고정고객화할 수 있게 될 것이다.

불평하는 고객이야말로 귀한 고객이다. 서비스란 바로 그런 고객을 위하여 필요한 것이다. 어떻게 해주든지 아무런 불평이 없는 고객만 있다면 고객서비스란 필요 없을지 모른다. 고객의 불만을 불평으로 간주해서는 곤란하다. 고객이 우리 회사를 위해 시간과 돈을 들여가며 제공해 주는 귀중한 산 정보인 것이다. 즉 고객의 불평은 서비스의 품질을 높여 주는 활력소이다. 또한 서비스 개선과 회사 발전의 아이디어를 제공한 것이다. 그래서 고객의 불평은 정말 귀중한 것이고 고급 서비스를 제공하는 기업일수록 고객불평을 소중히 다룬다.

1. 고객 불평 · 불만 처리요령

① 고객의 불쾌한 감정이 확대되지 않도록 신속히 응대하며, 성실한 태도로 경청하는 인상을 주도록 한다.

② 고객의 불평불만(complaint)을 들을 때는 참을성 있게 듣도록 하며, 예의바른 자세를 갖추는 것을 잠시도 잊어서는 안 된다.

③ 불평사항 또는 지적사항을 메모하는 자세를 보여준다.

④ 경청하는 동안 원인을 파악, 분석한다.

⑤ 불평내용 중 일부가 오해 또는 고객의 착각에서 오는 부당한 것이라고 생각되더라도 말 중간에 변명하거나 고객의 잘못을 지적해서는 안 된다.

⑥ 절대로 고객의 불평을 회피하려고 해서는 안 되며, 과소평가나 성급하게 해결하려는 인상을 주어서는 안 된다.

⑦ 무조건 잘못을 시인하거나 잘못이 없다고 주장해서는 안되며, 고객이 요구하는 바가 무엇인지 신속하게 판단하여 가급적이면 고객의 뜻에 따른다. 단, 명백히 서비스요원의 잘못으로 판단될 경우 충분한 사과를 한다.

⑧ 다른 고객이 옆자리에 있다는 것을 인식하고, 고객의 언성이 격해지지 않도록 최대한 노력하여 해결한다.

〈그림 2-11-1〉 불평처리의 5단계

고객불만 청취	• 선입견과 감정없이 고객의 입장에서 듣는다. • 중요한 사항과 불평내용을 기록한다.
↓	
불평의 원인 파악	• 문제점을 해명하거나 변명하지 않는다. • 솔직하게 긍정적으로 받아들인다. • 문제의 원인을 파악한다.
↓	
불평의 해결책 검토	• 본인이 해결할 것인가 상사에게 보고할 것인지 고객을 만족시킬 수 있는 방법 검토 • 신속한 해결일정 검토
↓	
해결책 제시 및 사과	• 정중하게 성의를 갖고 사과한다. • 해결책을 신속하게 제시하고 설득한다.
↓	
처리결과 보고 및 기록	• 고객반응, 불평내용 처리결과, 재발 방지책 사후의 고객 만족도를 확인한다.

⑨ 본인이 해결하기 힘든 사항일 경우 신속히 지배인 또는 상급자에게 사실을 보고하여 조치하도록 한다.

⑩ 고객의 불평을 적극적으로 수용하고 가능한 한 빨리 시정내용을 고객에게 알려 불쾌감을 해소시켜 준다.

⑪ 항상 개인적인 감정 및 입장에 치우쳐서는 안 되며, 회사를 대표한다는 공적 입장에서 판단해야 한다.

⑫ 같은 실수 및 불평이 발생하지 않도록 개선되어야 할 문제점 등을 기록 유지하여 접객서비스 향상의 자료로 활용한다.

⑬ 고객 자신에게 문제가 있을 경우에도 상대방의 이야기를 가능한 다 듣는다. 그리고 고객이 반감을 갖지 않고 이해할 수 있도록 돌려서 설명한다. 이 때 고객이 빠져나갈 길을 터놓고 자존심을 상하지 않도록 하는 것이 중요하다.

2. 불평처리의 3변주의(三變主義)

첫째, 사람을 바꾼다.

사원에서 상사로, 신입사원에서 경력사원으로 바꾸어 고객의 불평을 처리한다.

둘째, 장소를 바꾼다.

서서 대화하는 것을 앉아서 함으로써 감정을 진정시키고, 영업장에서 사무실?응접실로 바꾸어 고객을 혼자있게 함으로써 타고객에게 불편을 주지 않도록 한다.

셋째, 시간을 바꾼다.

즉답과 변명을 피하고 냉각시간을 갖는다. 그리고 시간이 너무 많이 걸릴 경우 고객에게 중간보고를 한다.

3. 고객 불평 · 불만의 수집과 결과보고

1) 고객 불평 · 불만의 파악과 수집

고객의 불평 · 불만을 알아보는 가장 손쉬운 방법 중의 하나는 최일선의 각 업무부서들, 특히 고객과 접촉을 자주 갖는 부서에서 근무하는 직원들을 통해서 알아보는 방법이다. 또 다른 방법으로는 고객으로부터 고객의견서나 설문지 등을 작성하도록 하고 수집하는 방법이 있다. 서비스기업은 여러 가지 방법을 통하여 고객이 갖는 불평중 어떤 내용이 가장 빈번히 나타나는 불평내용인가에 관해 반드시 파악을 할 필요가 있다. 그렇게 해야만 서비스 상품의 문제된 부분에 대해서 신속히 대처하여 차후의 원만한 운영에 대비하고 재발을 방지할 수 있는 것이다.

2) 불평 · 불만의 결과보고와 재발방지책

고객 컴프레인이 고객의 양해에 의거 원만하게 정리되었다면 컴프레인 일지에 작성하고 결과를 보고한다. 고객 컴프레인은 재발방지책을 세우는 것이 중요하므로 현장 서비스부문 책임자는 그 원인을 면밀히 검토해야 한다. 하드웨어상의 문제점이 발견되면 즉시 고치도록 하고 서비스부문의 문제 발생시는 재발방지를 위한 철저한 교육이 뒤따라야 한다.

4. 고객불만처리 바른 자세

1) 고객불만 경청 예절

고객불만이 발생했을 때 그 처리여부가 고객에 대한 세일즈와 신뢰형성에 영향을 미치게 되며 오히려 고객과의 관계를 효과적으로 유지하는 계기가 될 수 있다.

불만을 가진 고객이 말을 할 때 질내로 같이 큰소리를 내서는 안되며 고객의 입장에서 고객의 심정을 생각하여 명쾌한 대안을 얘기해준다. 반드시 고객의 불만내용을 빠짐없이 메모하면서 정성껏 경청하는 자세가 요구된다.

- 적극적으로 끝까지 해결한다는 자세를 갖춘다.
- 고객과 논쟁하지 않는다.
- 우선 사과하고 변명은 하지 않는다.

• 고객의 불만처리는 모든 업무에 우선한다.

• 공손한 표준어를 사용하며 전문용어는 피한다.

2) 고객불만 피드백

고객이 불만사항을 표출할 때 담당직원은 그것을 듣고 그냥 끝내는 것이 아니다. 고객의 불만을 해결하고 고객을 Feed Back 시킬 때 비로소 고객불만의 최종 해결인 것이다. 그리고 감사의 편지나 해피 콜을 통해 주기적으로 고객을 관리해야 한다.

고객은 스승이며 불만을 표출한 고객은 해당 기업에 애정을 갖고 있는 더 없이 소중한 고객이기 때문이다.

3) 불만처리의 마음가짐

고객의 불평불만에 귀를 기울여야 한다. 그것이 이유 있는 것이든 아니든 간에 중요한 사실은 고객에게 불평불만이 있다는 사실이다. 불평을 말하지 않는 고객들로 가득 차 있다면 서비스란 더 이상 향상되지 않을 것이다. 왜냐하면 불만이 없는 완벽한 서비스란 없기 때문이다.

따지고 드는 고객, 꾸짖어 줄줄 아는 고객이 진짜로 고맙고 귀한 고객이다. 불평하는 사람, 꾸짖는 사람은 황금이 어디에 있는지 가르쳐 주는 사람이다.

고객은 불만과 불신으로 감정이 격화되기 쉬우므로 이때 부적절한 잘못된 말 한 마디는 고객의 가슴속에 불에 기름을 끼얹는 결과를 초래하므로 말과 태도에 있어 매우 신중을 기해야 한다.

또한 불만을 가진 고객은 말없이 메이커 또는 영업사원을 바꾸든가 아니며 불만을 제시하게 되는데 이때의 처리태도에 따라 기업의 장래가 결정된다.

불만을 처리할 때 마음가짐을 다음과 같아야 한다.

① 고객불만 대응도 영업활동이다. 고객이 있고 나서 회사와 내가 존재한다.

② 고객불만은 기업에 이익을 가져온다.

③ 신속한 대응과 성의가 생명이다.

④ 고객의 마음의 상처도 동시에 수리해서 만족시킨다.

⑤ 고객은 항상 옳다는 것을 명심한다. 고객과의 논쟁에서 이기면 고객을 잃는다.

⑥ 재거래 동기의 1위는 불만처리 만족에 있다. 고객의 기대이상을 행한다.

⑦ 같은 불만 발생은 최대의 불신으로 이어진다. 절대로 재발을 방지한다.

⑧ 상품을 팔 때보다 더 친절히 대한다. 그리고 플러스 α서비스를 제공한다.

⑨ 불만고객은 서비스요원의 일하는 태도를 평가하고 교육시켜주는 스승이다.

⑩ 불만에 대한 처리를 사전에 연구한다.

4) 불만처리자의 태도

① 고객을 어리석다고 봐서는 안된다.

② '고객은 변덕스러운 법이다' 라고 생각해서는 안된다.

③ 나는 종업원이다. 나에게는 결정할 권한이 없다라는 생각을 해서는 안된다.

④ 회사의 상품서비스에 대한 비평을 해서는 안된다.

⑤ 사실을 확인하지 않고 조급히 결정해서는 안된다.

⑥ '절대' 라는 말, '우리 회사만 그런 게 아니다.', '조금씩은 어쩔 수 없다' 라고 말해서는 안된다.

⑦ 불만고객에 대한 선입관은 금물이다

⑧ 까다로운 불만고객이라고 해서 규정이상의 보상을 해서는 안된다.

제12장 전화응대 서비스

전화는 정보화시대의 비즈니스사회에서 없어서는 안될 정보통신기기이나. 이처럼 편리한 전화도 서비스정신이 반영되지 않으면 오히려 상대방을 불쾌하게 만든다. 오해를 낳게 하거나, 회사 전체의 이미지를 손상시키게 되어 회사의 신용과 거래에도 영향을 미치게 된다.

특히 비즈니스사회에서 전화통화의 상대는 거래처나 중요한 고객의 경우가 대부분이다. 고객으로부터 호감받는 전화응대가 되도록 전화응대 서비스를 잘 숙달시키는 것은 바로 기초적이고 기본적인 서비스자세를 갖추는 것이 된다. 그렇게 하는 것이 바로 회사와 자기 자신을 위한 보이지 않는 재산이 된다.

또한 현대 기업에서는 전화에 의하여 일이 진척된다고 보아도 과언이 아닐 정도로 빈번하게 전화를 사용하고 있다. 더군다나 서비스기업의 전화응대는 기업의 사활과 관련될 정도로 기본이 되는 서비스 중의 하나이다.

우리는 일상 생활에서도 전화를 빼놓고는 거의 생활을 할 수 없게 되었다. 현대인들은 전화를 걸고 받는 것이 일상화된 것이다. 그런데 아직도 전화를 걸고 받는 사람으로서 예의를 갖추지 못한 사람이 있다.

전화를 걸고 받는 사람의 태도를 보고 그 사람의 인격과 교양을 가늠하게 되기 때문에 전화응대 서비스의 기본을 잘 숙달시켜야 될 것이다.

제1절 전화의 역할과 효용

1. 전화의 효용

① 짧은 시간에 용건을 마칠 수 있다.

② 일부러 방문하지 않고 일처리를 할 수 있다.

③ 곧바로 상대방의 의견과 대답을 들을 수 있다.

④ 거리에 관계없이 말을 주고받을 수 있다.

⑤ 만나서 이야기하는 것이 곤란한 경우 편리하다.

2. 전화의 특징

① 전화는 목소리만의 커뮤니케이션이다. 말을 정확하고 천천히 하여 의사전달이 잘 되도록 해야 된다. 음량도 적당하게 하여 본인이 사용할 수 있는 가장 아름다운 목소리가 되도록 해야 된다. 전화는 조그마한 실수나 무례한 말투에도 상대를 크게 실망하게 만든다. 한 번 내뱉은 말은 다시 주워담을 수 없는 것이다. 그러므로 정성을 기울여 부드럽고 교양미가 넘치는 말로써 친절하다는 평을 받도록 해야 한다.

② 전화통화는 상대방의 표정, 태도, 주변의 환경을 알기 어렵다. 얘기가 길어지면 상대방의 형편을 반드시 물어 봐야 한다.

③ 전화통화는 비용이 든다. 전화통화는 돈이 들고 시간이 길면 길수록 통화료도 불어난다. 그래서 통화는 용건만 간단하게 해야 한다. 전화를 걸기 전에 통화내용을 간추리고 필요한 자료와 메모지를 전화기 옆에 갖춘다면 통화시간을 줄일 수 있을 것이다. 또한 자료를 찾거나, 전화를 연결하는 데 시간이 걸릴 것 같으면 일단 전화를 끊은 다음에 다시 걸 수 있도록 조치한다.

④ 전화는 한 번에 한 명밖에 사용하지 못한다. 불요불급한 전화의 사용으로 전

화를 붙잡고 있다면 실제로 급한 용무가 있는 사람과의 통화를 어렵게 만든다. 회사에서의 전화는 비즈니스와 관련된 고객과의 통화를 막는 결과를 초래하므로 사용(私用)전화는 급한 경우를 제외하고는 사용하지 않는 것이 원칙이다.

⑤ 전화는 증거를 남기기가 어렵다. 용건의 확인이나 복창은 반드시 한다.

⑥ 전화통화 내용은 정확히 전달되었는지 여부를 확인하기 어렵다. 확실히 해두기 위해서는 전화응대하는 상대방의 소속과 이름을 확인한다. 특히 전달을 의뢰 받았을 경우에도 상대방에게 자기이름도 확실히 알리고 메모를 하여 전달해야 한다.

⑦ 전화는 아무런 예고도 없이 불시에 걸려 온다. 형편이 좋지 않을 때는 정중히 그 뜻을 전달하고 다음에 이쪽에서 다시 걸 수 있도록 조치한다. 바쁘고, 초조하더라도 목소리로는 나타내지 않는다.

3. 전화응대 서비스의 기본요소

전화를 받을 때나 걸 때의 올바르고 기본적인 사용법은 정확 · 정성 · 간결이다. 전화는 여러 사람이 사용하는 기기이므로 자기의 편리대로 전화응대를 하기보다는 상대방의 편이를 생각하여 전달내용이 간결 · 명확하여야 한다. 또한 상대의 얼굴이 보이지 않으므로 더욱 그 태도에 있어서 정성과 예의를 갖추어야 한다.

1) 정확한 전화응대

① 음성을 바르게 하고 어미를 명백히 한다.

② 성명 · 품명 · 수량 · 일시 · 장소 등은 천천히 명확하게 전한다.

③ 상대가 이해 못할 전문용어나 틀리기 쉬운 단어는 사용하지 않는다.

④ 평소에 자신 없는 발음을 고친다.

⑤ 내용의 요점이 상대에게 정확히 전해졌는지를 확인하고 필요에 따라 복창한다.

⑥ 중요한 부분은 강조한다.

⑦ 상대의 말을 미리 짐작하여 응답하지 않는다.

2) 정성이 깃들인 전화응대

① 전하는 내용에 관심을 갖고 원만하게 진행시킨다.

② 필요 이상으로 소리를 크게 낸다든지 웃지 않는다.

③ 말을 가로챈다든지 혼자서 말하지 않는다.

④ 경박한 단어는 사용하지 않는다.

⑤ 상대가 감정적으로 말을 하면 이쪽에서는 한 발 뒤로 물러서서 언쟁을 피한다.

3) 경제성을 고려한 전화응대

① 꼭 필요한 때만 한다. 한 통화의 시외전화라도 팩시밀리보다 경제적인가를 생각해 본다.

② 안부의 인사는 짧게 하고 용건으로 들어간다. 쓸데없는 말 때문에 시간과 요금의 낭비가 생긴다.

③ 긴 통화는 하지 않는다. 조리 있게 통화하여 2-3분 이내에 끝내는 습관을 기른다.

④ 사적인 전화는 될 수 있으면 걸지 않는다. 특히 업무가 바쁜 시간에는 금한다.

⑤ 대답하는 데 시간이 걸릴 때는 우선 끊고 다시 건다.

⑥ 교환원에게 전화를 신청했으면 함부로 자리를 뜨지 않는다. 통화요금의 낭비는 물론 전화한 노력이 헛되게 된다.

⑦ 시외전화 및 국제전화일 경우에는 사전에 통화계획을 수립한다. 필요한 서류를 갖추고 통화용건을 메모한다.

4) 전화응대시 주의사항

① 말은 언제나 정중하게 한다. 상대에 따라 갑자기 어투를 바꾸지 않도록 한다.

② 수화기를 들면 곧 이름을 댄다.

③ 전화기 앞에서 보기 좋은 표정과 바른 자세를 갖춘다. 몸가짐은 자연 목소리로 나타나는 것이다.

④ 상대방을 기다리게 할 때는 수화기를 놓는 것에 조심하고 불필요한 말은 하지 않는다. 전화기의 감도는 예민하여 사방 4미터 내의 소리는 그대로 상대방에게 전해진다.

⑤ 전화보다는 내방객을 우선으로 한다. 전화통화 중에 고객이 찾아올 경우 통화가 끝날 때까지 고객을 마냥 서 있게 해서는 안 된다.

⑥ 상대에게 몇 번이고 같은 말을 되풀이하게 하지 않는다.

⑦ 음성의 크기와 높이는 적절히 한다.

〈표 2-12-1〉 전화응대실습 자기평가표

전화응대실습 자기 평가표

년 월 일 실습자 :

평 가 항 목	자기평가란 (해당란에 'O')		
	좋 음	보 통	나 쁨
음성의 높이			
이야기하는 속도			
명랑성			
절도			
받는 방법			
수긍하는 방법			
임기응변			
용건을 이해하는 방법			
언어 · 태도			
예절(매너)			
친절성			
전화기를 다루는 방법			
기타(개선할 사항)			

⑧ 모든 신경을 집중한다. 전화로 응대하면서 일을 하는 경우가 바르지 않다. 사무 착오의 원인이 되기도 한다.

⑨ 전화를 연결한다고 여기저기로 계속해서 돌리지 말자.

⑩ 전화 내용을 실수 없이 들으려면 반드시 메모를 하면서 통화를 하되 이야기의 요점을 복창하여 확인하는 것이 중요하다. 착각을 일으키기 쉬운 말은 되풀이 설명을 요구하여 확인하는 것이 바람직하다.

⑪ 숫자 중에서 1(일), 2(이), 10(십)등 발음상 혼돈 되기 쉬운 것은 '하나' '둘' '열' 식으로 새겨서 말한다.

5) 바른 전화화법

① 전화를 건 사람이 누구이든 지간에 자세를 바로 하고 첫마디부터 정중한 말씨를 쓴다.

② 정확한 발음으로 밝고 활기찬 목소리로 말한다.

③ 냉담하고 무뚝뚝한 말씨가 되지 않도록 조심한다.

④ 용건은 간결하고 요령 있게 말한다.

⑤ 적당한 간격을 두고, 상대방이 이해하면서 들을 수 있는 속도로 말한다.

⑥ 전문용어나 생략어 등은 쓰지 않도록 한다.

⑦ 맞장구를 쳐서 이해하고 있다는 뜻을 상대방에게 전한다.

⑧ 송화기는 입에서 4~5㎝ 정도 떼고, 목소리는 1미터 가량 떨어진 사람과 이야기하는 정도의 크기로 말한다.

⑨ 자기 음성이 큰 목소리이거나, 울리는 목소리인 경우에는 약간 목소리를 낮춰서 말한다.

〈표 2-12-2〉 바른 전화 언어

잘못된 예	잘된 예
기다리십시오.	잠깐만 기다려 주시겠습니까?
모르겠습니다.	죄송합니다만, 잘 모르겠습니다.
할 수 없는데요.	죄송합니다만, 좀 곤란하겠습니다.
없습니다.	죄송합니다만, 지금은 없습니다.
뭐라고요?	죄송합니다만, 다시 말씀해 주시겠습니까?
아닙니다.	제가 알기로는 그렇지 않은 것 같습니다.
말씀하세요.	감사합니다. 해외여행부입니다.
수고하십시오.	예, 감사합니다. 안녕히 계십시오.

제2절 전화통화의 실제

전화 통화시 좋은 인상을 주기 위해 대화의 기본적 매너를 고수하는 것은 당연하다 할 것이다. 보이지 않는 단점을 극복하기 위해 음성, 발음, 악센트, 억양, 언어사용 등에 대한 연구를 통하여 자신의 인품을 상대에게 보다 좋게 보이도록 노력해야 한다. 음성이 아름다운 사람, 즉 전화미인이 되어야 할 것이다.

1. 전화걸 때 기본적인 응대서비스

1) 전화를 걸기 전에 계획수립

① 용건의 제목 · 내용 · 말할 순서 등을 6하 원칙에 의거 메모한다.

② 필요한 서류 · 자료를 준비한다.

③ 국제전화를 걸때는 시간 절약을 위해 미리 다른 용건이 없는가를 확인한다.

④ 상대방의 소속, 직책, 성명, 전화번호를 확인하여 둔다.

2) 전화기의 정확한 조작

① 전화번호를 정확하게 확인한다.

② 버튼을 확실하게 누른다.

3) 통화하고 싶은 사람을 부르기 전의 순서

① 전화를 건다.

② 자신의 회사와 소속과 이름을 밝힌다.

"안녕하세요? ○○관광호텔 연회부 ○○○입니다."

③ 간단히 인사를 한다.

"안녕하세요?"

"수고가 많으십니다."

"항상 감사합니다."

④ 통화하고 싶은 사람을 부탁한다.

"죄송합니다만, 판촉팀의 ○○○씨를 부탁합니다."

⑤ 상대방을 알 수 없을 때에는 확인한다.

"○○여행사입니까?"

"○○○씨 댁이죠?"

"○○관광호텔 판촉팀이죠?"

⑥ 상대방의 이름을 모를 때

"죄송합니다만, ○○일에 대해서 알고 싶은데 관계되는 분 좀 부탁합니다."

관광서비스 상식

전화를 걸어 통화하고 싶은 사람을 부르기 전에

- 먼저 자신을 밝히고
- 간단히 인사를 하고
- 통화하고 싶은 사람을 부탁한다.
- 상대방을 알 수 없을 때는 확인한다.

4) 통화하고 싶은 사람이 나왔을 경우

① 상대방을 확인한다.

"○○○씨입니까?"

② 자신을 밝힌다.

"○○여행사 국내여행부의 ○○○입니다."

③ 간단한 인사를 하고 상대방의 형편을 묻는다.

"지난번 바쁜 와중에도 감사했습니다."

"지금 전화하시기에 불편은 없으십니까."

④ 상대가 전화 있는 곳까지 와서 받을 때

"바쁘신 중에 전화를 받으러 오시게 해서 죄송합니다."

⑤ 용건을 요령 있게 확실히 전한다. 요점을 차분하게 정확하게, 상대방이 알기 쉽게 말한다.

⑥ 복잡한 이야기로 전화가 길어질 때

"지금 시간을 내주셔도 괜찮으십니까?"

⑦ 정확히 전달되었는지 상대의 이해를 확인한다. 특히 많은 용건과 복잡한 내용을 전한 경우에는 틀리기 쉬우므로, "그러면 ○○인 것을 아시겠죠."라는 식으로 반드시 복창한다.

⑧ 용건 중 빠뜨린 것이 없는가 메모를 보며 확인한다.

관광서비스 상식

통화하고 싶은 사람이 나왔을 때

- 상대방을 확인한다.
- 자신을 밝힌다.
- 간단한 인사를 한다.
- 용건을 요령있게 확실히 전한다.
- 끝맺음 인사를 한다.

5) 통화 중에 끊어지면

만일 전화가 도중에 끊어지면 곧 다시 건다.

6) 용건이 끝나면

① 실례가 안 되었는가를 확인한다.

② 끝인사는 정중하게 한다.

"감사합니다."

"안녕히 계십시오."

"실례했습니다."

"잘 부탁드립니다."

③ 수화기는 상대방이 놓은 후에 조용히 놓는다.

2. 전화받을 때의 기본적인 응대서비스

음성, 말의 사용, 억양은 의외로 그 사람의 연령, 교양, 직업, 출신지, 인품까지 느낄 수 있게 한다. 그러므로 전화를 받는 쪽에서의 세심한 주의가 요구된다. 면전에서의 응대도 상대방을 먼저 알고 필요성, 인품에 어울리게 응대를 해야 하듯이 전화응대에서도 마찬가지로 먼저 상대방을 알기 위한 노력이 요구된다.

1) 전화벨이 울리면

① 전화 벨은 2번 이상 울리지 않도록 즉시 받는다. 전화기 옆에는 반드시 메모지와 필기구를 준비해 둔다. 전화 벨이 오래 울리도록 방치하는 것은 고객에게 실례가 된다. 전화 벨이 3회 이상 울렸을 경우에는 미안한 의사표시를 한다.

"전화를 늦게 받아서 죄송합니다."

② 먼저 회사명과 소속을 밝힌다.

〈표 2-12-3〉 전언메모지의 예

년 월 일
오전(후) 시 분
귀하
전화번호 의
로 부터
☐ 전화해주십시오.
☐ 전화 다시 하겠습니다.
☐ 선화왔었다고 전해 주십시오.
☐ 사무실로 방문하겠습니다.
메 모 :
수화자

To :
HERE' S A MESSAGE FOR YOU
M
Of
Phone No. Ext.
______ is waiting to see you.
______ came to see you.
______ wants to see you.
______ telephoned.
______ returned your call.
______ please phone.
______ will call again.
Taken by:
Date: Time:

"감사합니다. ㅇㅇ여행사 총무부입니다."

"여보세요? 여보세요?"하는 것은 옳지 않다.

③ 상대방을 확인한다.

"실례지만, 어디십니까?"

"ㅇㅇ여행사의 ㅇㅇㅇ선생님이 시라고요?"

④ 상대방이 이름을 밝히지 않을 때

"실례합니다만, 성함이 어떻게 되시는지요?"

⑤ 고객이거나 거래처 사람일 경우에는 한 마디 인사말을 전한다.

"안녕하십니까?"

"감사합니다."

⑥ CID(발신자 번호표시서비스)를 이용하는 경우도 대뜸 상대방을 아는척 하는 것은 좋지 않다.

2) 찾는 사람이 부재 중일 때

① 누구로부터 누구에게 인가를 확인한 후 지명인에게 연락한다.

② 어디의 누구로부터, 언제, 몇 시경에, 무슨 용건으로, 회답의 필요여부, 회답은 어디의 누구에게 등을 빠뜨리지 말고 메모하여 알린다.

3) 용건의 질문

① 차분하고 정확하게 수긍을 해 가며 요점을 메모지에 기입한다.

"○○건 때문이시군요."

"○○의 어떠한 일로 그러십니까?"

② 응답시 모든 책임을 진다는 마음가짐으로 한다. 아무렇게나 응답하지 않도록 한다. 잘 모르는 사항이 있으면 그 사실을 밝히거나, 잘 아는 사람에게 대신 대답해 줄 것을 부탁한다.

③ 용건을 알 수 없을 때는 신속하게 취지를 상대방에게 알리고 알고 있는 사람으로 바꾼다.

④ 전화 중에는 잡음이 들리지 않도록 주위사람에게 주의한다.

4) 용건요점의 복창

① 특히, 대신 전화를 받는 경우에는 주의를 기울인다.

② 다시 한 번 자기 이름을 말하고 책임소재를 확실히 한다.

③ 잘못 듣거나 빠뜨림이 없는가를 확인하여 복창한다.

④ 회답이 필요할 때는 신속하게 처리하여 상대방이 신뢰감을 갖도록 한다.

5) 통화 중에 다른 전화가 걸려왔을 때

① 통화 중인 전화를 중단하는 것은 큰 실례이다.

② 부득이한 경우에는 급하게 중단하는 이유를 설명하며 실례를 구한다.

③ 통화가 길어질 것 같으면 전화의 우선순위를 고려하여 일단 끊고 다시 전화

하도록 한다.

6) 용건이 끝나면

① 마무리 인사를 한다.

"전화 주셔서 감사합니다."

"안녕히 계십시오."

② 상대방이 수화기를 놓은 후에 조용히 놓는다.

〈표 2-12-4〉 바른 전화응대서비스 점검표

항 목	예	아니오
• 전화벨이 울리면 즉시 받는가? • "감사합니다 해외여행부 000입니다."라고 친절하게 받고 있는가? • 전화를 이리저리 돌려 상대편에게 불편을 주고 있지는 않은가? • 고객의 문의사항을 정확히 파악하고 있으며 답변은 친절하고 성의 있게 하고 있는가? • 근무 중 불필요한 사적인 전화를 자주 하지는 않는가? • 전화통화를 너무 길게 하고 있지는 않은가? • 전화내용의 전달을 정확하게 직접 본인이 전달하는가? • 바르고 안정된 자세로 통화하고 있는가? • 통화 중 전화가 끊어졌을 때에는 비록 상대방에게서 걸려온 전화라도 이쪽에서 먼저 다시 하는가? • 불필요한 용어를 자주 사용하여 통화하지는 않는가? • 통화 중 다른 사람과 말할 때는 수화기를 막고 말하는가? • 너무 큰 소리로 통화하여 주위 동료들에게 불편을 주고 있지는 않은가? • 잠시 기다리라고 한 후 지체하거나 중간보고를 소홀히 하고 있지는 않은가? • 전화 끊는 태도나 말씨는 올바른가? • 전화를 끊은 후 전화응대를 올바르게 했는지 항상 반성하는가?		

3. 상황에 따른 전화통화 서비스

1) 수화기를 들 때

① 구내전화를 받을 경우에는 다음과 같이 인사하며 자기를 밝힌다.

"감사합니다. ○○과 과장 ○○○입니다."

② 외부전화를 받을 경우에도 먼저 인사한다. 고객이 전화가 이상 없이 잘 걸렸는지 또는 누가 받고 있는지에 대한 궁금증이 없도록 하기 위해 회사, 소속과 이름을 밝히면서 받는 것이 가장 기본적인 서비스자세이다.

"감사합니다. ○○호텔 ○○과 ○○과장입니다."

2) 문의 또는 상대를 확인할 때

① 문의 시에는 다음과 같이 시작한다.

"좀 여쭈어 보겠습니다만"

② 상대를 확인할 때는 조심하는 어조로 말해야 한다.

"실례지만 존함이 어떻게 되십니까?"

"실례지만 전화하고 계시는 분이 누구십니까?"

3) 대답을 할 때

① 대답은 간결하고 경쾌하게 다음과 같이 한다.

"네, 그렇습니다."

"네, 잘 알겠습니다."

"네, 감사합니다."

4) 인사할 때

① 인사를 해야할 경우에는 다음과 같이 한다.

"안녕하십니까?"

"안녕하십니까? 항상 도와 주셔서 감사합니다."
"지난번은 정말 감사했습니다. 앞으로도 잘 부탁드립니다."

5) 부탁할 때

① 부탁을 할 때는 양해를 구하는 어조로 해야 한다.
"바쁘신 데 죄송합니다만, 잘 부탁드리겠습니다."
"수고스러우시겠습니다만, 잘 부탁드립니다."
② 상대방의 말을 못 알아들었을 경우에는 다음과 같이 부탁한다.
"죄송합니다만, 다시 한번 말씀해 주시겠습니까?"

6) 거절하는 경우

① 상대의 기분이 상하지 않도록 조심스럽게 이야기해야 한다. 그리고 이 쪽의 사정을 충분히 설명하는 것이 예의이다.
"모처럼 부탁이신 데 저희로서는 받아들이기가 어렵겠습니다."
"죄송합니다만 그것은 받아들이기가 어렵겠습니다."
"죄송합니다만, 그 점은 저희 회사의 규칙상 받아들일 수 없게 되어 있습니다."

7) 사과할 때

① 사과 드리고 반성하는 마음가짐이 고객에게 전달될 수 있도록 이야기의 톤을 낮추되 분명하게 말한다.
"드릴 말씀이 없습니다. 정말 죄송합니다."
"신경을 쓰지 못해서 대단히 죄송합니다."
"잘못되어서 무어라 말씀드릴 수가 없습니다."

8) 찾는 사람이 부재 중일 때

① 언제 돌아오는가를 묻는다.

"몇 시쯤이면 돌아오실까요?"

"그러면 ㅇ시쯤 다시 한번 이쪽에서 전화를 걸겠습니다."

"돌와오시거든 전화 주시도록 전해 주십시오."

"ㅇㅇ로부터 전화가 왔었다고 전해 주십시오."

② 상대방의 전화를 대신 받아주는 사람의 이름을 묻는다.

"실례합니다만 누구십니까?"

③ 부재의 사유를 전화고 정중하게 미리 양해를 얻는다.

"지금 외출 중입니다만 ㅇ시에는 돌아올 것입니다. 다시 한번 전화 주십시오."

④ 상대방의 부탁사항을 묻는다.

"무언가 부탁 말씀이라도 있으십니까?"

⑤ 용건에 따라서는 대행자가 나선다.

"제가 대신해서 받아 둘까요."

"대신해서 다른 사람이 말씀을 듣도록 할까요."

⑥ 다른 전화로 통화 중이어서 기다리게 할 때는 오른편과 같이 전한다.

"ㅇㅇ은 지금 다른 전화를 받고 있습니다. 잠깐만 기다려 주십시오."

⑦ 오랫동안 기다리게 할 때에는 미리 양해를 구한다.

"대단히 죄송합니다만 조금만 더 기다려 주십시오."

9) 전갈을 부탁 받았을 때

① 용건을 메모하여(5W1H로 정리하여) 전달한다.

② 간단히 복창한다.

③ 빨리 확실하게 상사에게 보고한다.

"잘 알았습니다. ㅇㅇ에게 틀림없이 전해 드리겠습니다."

10) 받아서 전달할 때

① 누구로부터 누구에게 라고 분명하게 한다.

"○○을 바꿔 드리겠으니 잠깐만 기다려 주십시오."
"○○의 ○○님으로부터 전화입니다."

11) 호출을 의뢰할 때

① 불러낼 곳의 번호를 분명히 파악한다.
② 상대편이 상사보다 지위가 높을 경우, 상대방이 나오기 전에 상사에게 수화기를 건네준다.
"○○님이 나오셨습니다."
③ 상대편이 상사보다 지위가 낮을 경우, 상대방이 나온 후에 수화기를 상사에게 넘긴다.

12) 회사 내부사정으로 상대방을 기다리게 할 경우

① 정중하게 미리 양해를 구한다.
"잠깐만 기다려 주십시오."
② 오래 기다리게 하지 않는다. 만약 오래 기다리게 할 때에는 오른쪽과 같이 알려준다.
"정말 죄송합니다만 조금만 기다려 주십시오."
"오래 기다리시게 해서 정말 죄송합니다."
③ 반드시 송화기를 손으로 가리던가 음악이 나오는 '대기 버튼'을 눌러 두던가 책상 위에 엎어놓는다

13) 방문객이 와 있을 때의 전화인 경우

① 정중하게 미리 양해를 얻는다.
"대단히 죄송합니다. 지금 고객이 계시니까 잠시 후에 전화 드리겠습니다."
② 자기가 방문객과 이야기하는 중이면 "실례합니다"하고 방문객에게 양해를 구하고 수화기를 든다.

14) 회사의 업무에 관한 것을 물어왔을 때

① 신중하게 취급한다. 알고 있어도 말하지 않는다.

"잘 모르겠으니 담당자를 바꿔 드리겠습니다."

② 상사의 지시를 요청한다.

15) 윗사람에게 걸 때

① 반드시 상대편보다 먼저 전화를 한다.

"지금 ㅇㅇ이 ㅇㅇ이기 때문에 대신해서 말씀드리겠습니다."

② 대리인임을 미리 말한 뒤에 이야기한다.

"ㅇㅇ로부터 ㅇㅇ에 관하여 ㅇㅇ님께 연락해두라는 부탁말씀이 있어서..."

16) 통화로 인하여 불쾌하게 되었을 때

① 상대방의 입장이 되어 처신한다.

"현재로선 이 이상 다른 말씀을 드릴 수가 없기 때문에 돌아오시면 상의하여 바로 전화 드리도록 하겠습니다. 양해해 주시기 바랍니다."

② 온화하게 이야기를 진행한다.

17) 상대편의 말을 잘 못 알아들을 경우

① 의미를 모를 때에는 그 일을 잘 아는 사람과 바꾼다.

"실례합니다만 말씀 내용을 잘 몰라서 잘 아는 사람을 바꿔 드리겠습니다. 잠시만 기다려 주십시오."

② 전화기 고장인지, 상대방의 말이 분명하지 않을 때는

"전화의 감이 먼 것 같은데요."

"조금 더 큰 소리로 말씀해 주십시오."

18) 잘못 걸려온 전화일 경우

① 설령 잘못 걸려온 전화일 경우라도 회사의 이미지관리 차원에서 친절하게 응대해야 된다.

"전화가 잘못 걸렸습니다."

"전화번호를 확인하시고 다시 거십시오."

② 구내에서 고객이 전화를 잘못 걸었을 경우에는 이쪽에서 연결될 수 있도록 조치하여야 한다.

"해당 부서의 ○○에게 연락해서 고객께 전화 드리도록 하겠습니다."

③ 고객으로 하여금 전화를 다시 걸게 하는 것은 좋지 않다.

④ 전화를 돌려드릴 경우에는 돌리려는 전화번호를 알려드리고 돌린다.

"전화가 잘못 걸렸습니다. 그 쪽은 전화번호가 ○○○○번입니다. 제가 전화를 돌려드리겠습니다만, 혹시 잘못되어 끊어지면 ○○○○번으로 하시기 바랍니다."

● 제3절 전화 에티켓

1. 일반적인 전화 에티켓

1) 공중전화를 걸 때

공중전화를 걸때는 다음 사람이 대기하고 있는가, 아닌가를 확인해 보고 전화를 시작하고, 간단히 끝내는 것이 공중 도덕이다. 전화 부스 밖에 많은 사람들이 줄을 서서 기다리는데도 긴요한 이야기도 아니면서 시간을 3분 이상 초과하여 사용한다는 것은 현대인의 교양있는 행동이 아니다.

통화를 한 통화 이상해야 할 경우에는 뒷사람이 전화를 먼저하게 한 다음에 전화를 쓰거나, 뒷사람에게 양해를 구하고 통화를 빨리 끝내는 것이 옳다.

공중전화에서 줄서는 방법은 전화부스 수에 관계없이 한 줄로 기다려 전화를 끝내는 순서대로 이용하는 것이 바람직하다.

때에 따라서는 피치 못할 사정 등으로 급한 일이 있어 먼저 걸 수 있게 해 달라고 사정하면 넓은 아량으로 양보해 주는 것도 공중전화 사용의 미덕이다.

2) 전화거는 시간

특별한 일이 없는 한, 남의 가정에 이른 아침이나 늦은 저녁의 취침시간에 전화를 거는 것은 피해야 한다. 시간으로 말하면 아침 6시전이나 저녁 10시 이후로 다른 가정의 생활리듬을 깨는 일은 큰 실례가 된다. 특히 이런 시간대에 전화를 잘못 거는 것은 금기사항이다.

직장에서는 일과시간에 거는 것이 원칙이지만, 출근 직후와 점심시간 그리고 퇴근이 임박한 시간대에 비즈니스 내용의 전화를 하는 것도 피하는 것이 좋다.

3) 남의 전화를 빌려 쓸 경우

이웃이나 다른 회사를 방문했다가도 행여 전화를 걸어야 할 일이 생기면 미리 전화를 좀 걸어도 되겠는지 양해를 구하고 거는 것이 좋다.

전화를 써도 좋다는 허락을 받았다고 해서 여기저기 자꾸만 걸어대는 것은 좋지 않으며 특히 시외전화와 국제전화를 거는 것은 삼가는 것이 바르다.

식당이나 다방 등 영업하는 장소에서도 될 수 있으면 자신의 휴대폰이나 공중전화를 이용하는 것이 좋다.

4) 전화를 잘못 걸었을 경우

급히 전화를 걸다가 다이얼을 잘못 돌리거나 전화 번호를 잘못 알아 엉뚱한 곳이 나왔을 때는 "아, 잘못 걸었습니다. 미안합니다" 하고 사과를 할 줄 알아야 한다.

한마디 사과 말도 없이 뚝 끊었을 때는 상대방을 불쾌하게 만든다. 만약 그런 전화를 받았다면 얼마나 기분이 나쁠지를 생각해 보라.

5) 전화가 잘못 걸려 온 경우

우리는 종종 잘못 걸려 온 전화를 받게 된다. 이 때 상대방이 미안해하는데도 불구하고 "전화 똑바로 해"하는 식으로 응대한다면 양식을 지닌 사람으로 보기 어렵다.

관광서비스 상식

친절한 전화응대의 결과

작은 중소기업체에 경리 직원으로 근무하는 주영씨는 온종일 업무에 열중하는 동안 간혹 잘못 걸려 온 전화를 받느라 애를 먹곤 했다.

그러던 어느 날 그녀가 꼭 처리해야 할 일 때문에 빈 사무실에 혼자 남아 야근을 하고 있는데, 조용한 사무실 안에 전화벨 소리가 요란하게 울려 퍼졌다.

"여보세요?"

잘못 걸려 온 전화였다. 그녀는 상대방에게 잘못 걸었다고 말한 뒤 정중하게 수화기를 내려놓았다. 잠시 후 또 전화벨이 울렸다. 퇴근 시간이 한참 지났는데도 자꾸 전화가 오자 은근히 짜증이 났지만 그녀는 상냥하게 수화기를 들었다. 그런데 좀 전에 전화를 잘못 걸었던 바로 그 사람이었다.

"또 잘못 거셨네요. 번호를 확인하고 다시 거세요."

그러자 상대방은 몹시 미안해하며 전화를 끊었다. 그러나 그녀가 다시 일에 집중하려고 할 때 또 한번 전화벨이 울렸다. 이번에도 역시 똑같은 사람이 잘못 건 전화였다. 순간 주영씨는 화가 치밀었다. 동시에 그녀의 머릿속에 반짝하고 떠오르는 것이 있었다. 그녀는 화를 가라앉히며 말했다.

"똑같은 분에게 세 번이나 전화를 받은 것도 뭔가 인연이 있는 것 같네요. 저희 회사는 파이프를 만드는 작은 회사입니다. 전화를 받고 선전하는 것이 좀 멋쩍지만 혹시 파이프가 필요하시다면 지금 거신 번호로 연락을 주십시오."

그후 몇 달이 지난 어느 날, 사장님이 기분 좋은 표정으로 주영씨를 불렀다.

"주영씨, 몇 달 전에 잘못 걸린 전화를 받은 적 있죠? 글쎄, 그때 주영씨와 통화했던 분이 오늘 전화를 했는데, 우리 회사 여직원이 아주 상냥하다고 칭찬하면서 대량의 파이프를 주문했지 뭐예요. 이게 모두 주영씨 덕분이에요."

주영씨의 상냥한 전화 응대로 단골을 얻게 된 것이다.

전화를 잘못 건 쪽에서는 이 쪽의 정보를 알고 있다는 점을 인식해야 한다. 때문에 이쪽이 약자이고 그쪽에서 화가나 장난전화를 계속하게 된다면 받는 측만 손해보게 된다.

6) 전화와 경어

전화는 서로의 얼굴을 볼 수 없고 목소리만으로 상대방과 대화를 해야 하기 때문에 조금만 기분이 거슬리면 말을 함부로 하고 화를 내는 것을 예사로 여긴다. 때문에 될 수 있으면 전화에서는 상대가 누구인가를 확인하기까지는 반드시 경어를 쓰도록 해야 된다.

비록 전화를 받는 상대가 내 아들 또래인 것 같고, 내 동생 또래인 것 같을지라도 음성이나 직감으로 상대를 판단하지 말고 일단 높임말로 대화를 시작해야 한다.

7) 이성간의 전화

이성간에 전화를 걸때에는 세심함이 요구된다.

예를 들어 어떤 여성이 남편을 찾는 전화를 집에다 걸었을 때, 마침 그 부인이 받았다면 괜한 의혹을 살수도 있기 때문에 다급한 용무가 아닐 때는 삼가는 것이 기본이다. 부인을 찾는 낯선 남자의 전화를 남편이 받았을 때도 마찬가지다. 쓸데없는 오해를 만들 필요가 없는 것이다.

8) 국제전화 또는 시외전화 때

국제전화나 시외 전화일 경우에는 받고 거는 사람 모두 6하 원칙으로 내용을 분명하고 간략하게 말하고, 통화내용을 정확히 기록하여 통화 시간 또는 전화 경비를 최대한 줄일 수 있도록 노력해야 한다.

특히 유의해야 할 일은 전화를 거는 쪽에서 얘기가 모두 끝난 다음 받는 쪽에서 말을 하도록 한다. 전화를 받는 쪽에서 불필요한 말을 먼저 늘어놓는 것은 실례일 뿐만 아니라 상대방에게 통화요금에 신경을 쓰게 하여 다급한 마음을 불러일으키기 때문이다.

외국에서 국제 전화를 걸 경우에는 수화자부담(collect call)전화를 삼가야 하고 부득이한 경우에는 사정을 충분히 설명하고 사과를 구하는 것이 예의이다. 하지만 가족일 경우에는 오히려 수화자부담통화가 저렴하므로 사용해도 무관하다.

9) 휴대폰 사용매너

우리나라의 휴대폰 사용자수는 4천만 명을 넘어선 것으로 조사되고 있다. 국민 10명 중 9명 이상이 휴대폰을 갖고 있는 셈이나. 어린이나 나이 많은 사람을 빼다면 거의 모두가 휴대폰을 갖고 있다는 말이 된다. 그렇다면 '모티켓(모바일+에티켓) 확립'은 국가적 숙제라고 해도 과언이 아니라고 할 수 있다.

지금은 누가 뭐라고 해도 '모바일시대'이다. 휴대폰이 우리 신체의 일부나 다름없이 되어버렸고, 그래서 휴대폰이 없이는 아무 것도 할 수 없는 시대이다. 이러한 모바일시대의 첫째 덕목은 당연히 모티켓이다. 모티켓이 지금처럼 계속 마낙에서 머문다면 우리 사회는 섬점 삭막해질 것이 뻔하다.

가상 심각한 휴대폰 예절로는 지하철 등 공공장소에서 큰소리로 통화가 가장 높게 나타났으며 다음으로는 영화관 및 공연장에서의 휴대폰 사용을 가장 심각하게 받아들이는 것으로 조사됐다.

이와 같은 실정에 따라 휴대폰 이용매뉴얼에 매너 메뉴일도 같이 포함되어야 한다는 목소리가 높으며 한국과 홍콩에서는 통신사들이 휴대폰 예절 공익광고와 각종 모티켓 캠페인을 실시하고 있다.

앞으로 우리 사회에서도 본인이 원하지 않는데도 담배 연기를 마셔야 하는 간접흡연이 사회 문제가 되어 대부분의 공공장소가 금연을 실시하듯이, 원치 않는 간접

통화 역시 통제를 받을 날이 곧 올 것 같은 예감이 든다.

(1) 휴대폰 통화요령

■ 휴대폰 받을때
- 첫 응대 : "네 0000입니다."
- 상대방의 번호를 확인한 경우 : "안녕하십니까? 0과장님, 000입니다."

■ 상대방이 자신을 밝히지 않고 계속 대화하는 경우
- 나를 밝힌 후 상대방을 여쭤본다.(상대가 반갑게 대화한다고 하여 아는 체 하면 끝가지 모르고 실수하는 경우가 있을 수 있음)
- "저는 000입니다. 혹시 0과장님 이십니까?"

■ 통화 중 대기로 다른 전화를 받을 경우
- 양해의 말을 구하고 받는다
- "죄송합니다. 다른 전화 좀 받겠습니다. 잠시만 기다려 주시겠습니까?"

■ 운전 중이나 다른 업무 중으로 길게 통화할 수 없을 때
- 상황을 말한 후 통화 가능한 시간을 말하고 양해를 구한다.
- "제가 운전 중인데요. 0분 후에 전화드려도 괜찮으시겠습니까?"

■ 휴대폰으로 걸 때
- 첫응대 : "안녕하세요? 000입니다." "지금 통화 괜찮으십니까?"

■ 휴대폰 부재 중 전화를 확인하고 전화하는 경우
- 상대방 미확인한 경우 : "저는 000인데요. 혹시 1234번으로 전화하셨습니까?"
- 상대방 확인의 경우 : "안녕하세요? 000 입니다. 제가 회의 중이어서 전화를 못받았습니다."

■ 상대방의 목소리가 작거나 주변이 시끄러운 경우
- "지금 통화 괜찮으십니까? ~건으로 전화드렸는데 다시 전화 드릴까요?"

■ 다른 사람의 휴대폰을 받아줄 경우
- "네, 000 씨 휴대폰입니다."

(2) 휴대폰 매너

- 휴대폰도 일반전화기 통화와 마찬가지로 공손한 어투로 바르게 통화한다.
- 공공장소에서는 휴대폰을 매너 모드로 전환한다.
- 지하철이나 버스, 열차에서는 가능한 휴대폰 사용을 금한다.
- 수업시간, 회의시간, 영화관, 공연장 등에서는 휴대폰을 반드시 끈다.
- 공공장소에서 급한 용무인 경우 조용히 간단하게 통화한다.
- 통화할때는 전화 받는 사람이 통화가 가능한지부터 확인한 후 통화한다.
- 문자메시지를 보낼 때 발신자 이름을 반드시 적어 보내도록 한다.
- 카메라폰을 이용할 경우 상대방의 인권과 사생활을 침해하지 않는지 생각한 후 양해를 구하고 찍는다.
- 공공장소에서 휴대폰 음악을 듣거나 게임을 할 땐 이어폰을 꽂고 듣는다.
- 사용시에는 항상 나보단 남을 먼저 생각해야 한다.
- 상대방이 자리를 비웠을 때 휴대폰이 울릴 경우 이성관계일 경우에는 오해 사는 일이 없도록 조심해야 한다.
- 다른 사람의 휴대폰은 가능한 한 빌려 쓰지 않아야 하며, 사정이 긴박하여 빌려 쓸 경우 양해를 충분히 구하고 사용해야 한다.
- 운전 중 휴대폰 사용은 범법행위이므로 사용해서는 안된다.
- 병원과 항공기 이용시 휴대폰 사용은 기기 오작동을 불러일으켜 신각한 피해를 입힐 수 있으므로 조심해야 한다.

2. 전화서비스 예절

1) 표정과 음성

음성은 표정과 밀접한 관계가 있다고 한다. 표정이 밝으면 음성도 덩달아 경쾌해진다는 것이다.

얼굴에서만 표정을 느낄 수 있는 것은 아니라는 이 깨달음은 무척 중요한 것이다. 상대방 얼굴이 보이지 않는다고 전화기에 대고 아무 표정도 없이 퉁명스럽게 말을 한다면 자신의 이미지는 당장에 실추되고 말 것이다. 전화로는 이쪽의 기분이 조금 과장되게 전달되는 경향이 있으므로 평소보다 목소리의 톤을 경쾌하게 들리도록 약간 높이는 것이 좋다. 밝고 상쾌한 첫 음성을 들으면 전화 받는 사람의 기분도 덩달아 밝아질 것이다.

전화 받을 때 한 가지 재미있는 요령이 있다. "위스키"라고 발음하고 입모양을 그대로 유지하면서 "안녕하십니까?" 또는 "여보세요……"로 첫 응답을 하면 명랑한 음성으로 말할 수 있다.

2) 바른자세, 아름다운 목소리

전화통화는 비록 얼굴은 보이지 않지만 전화 목소리 하나만으로도 상대방은 전화 받은 사람의 지적 수준이나 현재의 심리상태를 파악하려고 한다는 사실을 잊어서는 안 된다. 편하고 방만한 자세로 전화를 받다가 상대방이 중요한 사람일 경우에는 얼른 자세를 고쳐 앉아 목소리를 가다듬는 경우가 있다. 하지만 이미 상대에게는 이쪽의 무성의한 목소리가 전달된 뒤이다. 의자에 등을 비스듬히 기대고 앉아 있다거나 흐트러진 자세로 전화를 받으면 목소리조차도 그렇게 된다.

결국 본인이야 본심이든 아니든 상대방은 무성의하고 자세가 바르지 못하다는 느낌을 받게 된다. 자신의 이미지가 손상 당한 것이다. 그리고 전화하고 있는 모습을 고객이나 동료들이 지켜보고 있다는 사실을 알아야 한다.

아름다운 음성은 바른 자세에서 비롯된다. 상대방이 누구이든 송수화기를 들기 전에 일단 자세부터 바로 한 뒤, 맑고 밝은 목소리로 친절하게 전화를 받아야 한다.

3) 전화 속의 여유

전화는 벨이 2번 이상 울리기 전에 받는 것이 옳다. 하지만 다급한 상황이 아니라면 한 번 정도 울리고 나서 받는 것이 좋다. 상대방에게도 통화할 마음의 준비가 필요하기 때문이다.

그러나 부득이 신호음이 네 번 이상 울린 다음에 전화를 받았을 경우에는 "늦게 받아서 죄송합니다. ○○여행사 외국인여행부 김○○입니다"라는 식으로 사과의 말을 덧붙이면 상대방의 짜증스럽넌 기분이 곧 부드럽게 풀어질 것이다.

통화가 끝난 뒤에 전화를 끊는 순서는 원래 고객, 상사, 건 사람이 먼저 끊는 것이 옳지만 이삼 초 정도 기다리는 것이 올바른 태도이다. 통화가 끝나기 무섭게 '딸깍' 하고 끊는 소리가 들리면 누구나 일단은 불쾌해지기 때문이다.

전화를 건 사람이나 전화를 받은 사람은 다 같이 통화를 끝낸 뒤 이삼 초 정도 여유를 두고 나서 전화를 끊는 공손한 태도를 익혀야 된다.

4) 자기를 소개하는 전화

가는 말이 고와야 오는 말이 곱다는 속담은 전화통화에도 그대로 적용된다. 이쪽의 태도가 예의 바르면 상대방도 공손해 지는 것이다.

상대방이 자기를 밝히지도 않으면서 다짜고짜로 "전화 받는 사람 누구예요?"라고 묻는다면 불쾌해지기 마련이다.

신분이나 직위에 관계없이 전화를 건 쪽에서 먼저 자신이 누구인지를 밝히는 것은 기본적인 예의이다. 특히 상대방의 신분을 확인하고자 할 때와 고객과의 통화에서는 더욱 그렇다. 설사 전화를 건 사람의 직위가 높더라도 "객실부 김○○ 부장인데 최 과장 자리에 있습니까?"라는 식으로 먼저 자신의 신분을 밝혀야 한다.

5) 마음을 읽는 응대

부재 중인 사람을 찾는 전화가 걸려 올 경우가 있다.

"여보세요? 식음료부 최 부장님 부탁합니다."

"최 부장님 자리에 안 계신데요?"

"그럼 언제쯤 돌아오십니까?"

"삼십 분쯤 뒤에 돌아오실 겁니다."

"실례지만, 메모 좀 남겨 주시겠습니까?"

"그러시지요."

뭔가 잘못되었거나 빠져 있는 통화내용이다.

"최 부장님은 지금 잠시 외출하셨습니다. 삼십 분 뒤에 돌아오실 예정인데요, 혹시 전하실 말씀이 있으십니까?"

이렇게 상대방의 마음을 읽고 적극적인 태도로 임해야 상대방은 서비스교육이 잘된 회사라고 생각한다.

무심코 지나치기 쉬운 전화응대 태도 한 가지가 자신과 회사의 이미지를 결정할 수도 있고, 거래를 성사시키는 데 영향을 끼칠 수도 있다.

6) 상대방을 배려하는 성의있는 응대

아무리 바쁜 일이 있더라도 다급한 기색이 드러나게 응대를 하면 상대방은 무성의하고 불쾌한 느낌을 받는다. 심지어 전화 받을 시간조차 없다는 식으로 "지금 자리에 없습니다. 조금 후에 다시 거십시오." -찰카닥- 하는 무례한 응대는 어렵게 확보할 수 있었던 고객을 놓치게 된다는 사실을 알아야 한다.

일방적이고 뭔가에 쫓기는 듯한 다급한 태도는 그 사람뿐만 아니라, 그가 속한 회사의 질서나 교육 정도까지도 짐작하게 한다.

전화를 할 때는 바로 눈앞에 고객을 마주한 채로 중요한 대화를 나누고 있다는 생각이 필요하다.

7) 윗사람의 전화 말씨

윗사람에게서 전화를 받다 보면 무턱대고 "난데……" 한다던가, "김 차장 좀 바꿔"하는 경우가 있다.

전화를 건 쪽이 아무리 높은 사람일지라도 우선은 상대방에게 자기가 누구인지를 밝혀야 한다. 즉, 직급이 낮은 직원일지라도 반말을 삼가는 것이 기본적인 예의이다.

"나 박 부장인데, 김 차장 자리에 있어요?"하는 정도로는 해야 한다.

부하직원은 상사를 무의식중에 닮아 가는 법이다.

8) 전화통화 중에 내방객이 있을 경우

전화를 받는 도중에 내방객이 오게 되면 일단은 전화를 받으면서라도 일어나서 목례로 예를 표하고 전화는 간단하게 끝내는 것이 옳다. 급한 용무로 통화를 계속해야 할 경우에는 내방객에게 양해의 말을 한 후 될 수 있으면 빨리 통화를 마치도록 한다.

시간과 수고를 들어 직접 찾아온 사람에게 최대한으로 빨리 응대하는 것이 올바른 응대 방법이다.

3. 친절한 전화응대 실제 사례

1) 서울 H호텔의 '스마일 온더 라인'

(1) 스마일 온더 라인(Smile on the line) 운동

서울 H호텔이 실시하고 있는 전화예절운동이 '스마일 온더 라인' 운동이다. '미소짓는 바른 자세로 전화통화를 하자' 는 의미이다. 친절한 마음가짐과 미소짓는 바른 자세가 고객에게 고품질의 전화 서비스를 제공하는 방법이기 때문이다.

H호텔에서는 또한 '전화받는 표정이 예뻐야 말도 예쁘게 나온다' 는 기본전제아래 호텔측은 통화시 표정을 살필 수 있는 포켓사이즈의 손거울 1천개를 제작해 전 직원에게 지급했다.

(2) 전화 받는 10가지 매너

'스마일 온더 라인' 이 내놓은 전화 받는 10가지 매너는 다음과 같다.

① 메모지와 필기도구를 항상 준비해 둔다.

② 전화는 왼손으로 받는다.

③ 벨이 세 번 울리기 전에 받는다.

〈표 2-15-5〉 상황에 따른 적절한 응대방법

고 객	응 대 방 법
여보세요?	네.(×) 네, 말씀하세요.(×) 네, 인사부입니다.(○) 네, 인사부입니다. 무엇을 도와드릴까요?(○○)
안녕하세요?	네.(×) 네, 말씀하세요.(×) 네, 안녕하십니까?(○) 네, 안녕하십니까? 무엇을 도와드릴까요(○○)
수고하십니다.	무응답(×) 네.(×) 감사합니다.(○) 감사합니다. 무엇을 도와드릴까요?(○○)
거기 00죠? 00 맞죠?	네.(×) 네, 맞습니다.(×) 네 그렇습니다.(×) 네, 00입니다.(○) 네, 00입니다. 무엇을 도와드릴까요?(○○)
감사합니다.	네.(×) 네. 감사합니다.(○) 네, 전화주셔서 감사합니다.(○○) 네. 이용해 주셔서 감사합니다.(○○)
기다리게 할 때	잠깐만요.(×) 잠시만요.(×) 죄송합니다. 잠시 기다려 주시겠습니까?(○) 죄송합니다. 잠시 기다려 주시면 도와드리겠습니다.(○)
다른 곳으로 전화를 연결할 때	잠시만 기다려 주십시오(주시겠습니까). 000로 연결해 드리겠습니다. 감사합니다.(○)
대답할 때	네, 그렇습니다.(○) 네, 잘 알겠습니다.(○)
기다리게 했던 전화를 다시 받을 때	네, 그런데요?(×) 네, 말씀하세요.(×) 기다리시게 해서 죄송합니다.(○)
이름을 물을 때	성함은요?(×) 실례지만 존함이 어떻게 되십니까?(○) 실례지만 존함을 말씀해 주시겠습니까?(○○)
말을 전할 때	누구시라고 전해드릴까요?(×) 전하실 말씀이 있으십니까?(○) 메모(×), 말씀(○) 전해드리겠습니다.
안들릴 때	네? 여보세요?(×) 죄송합니다. 다시 한번 말씀해 주시겠습니까?(○)
전화를 끊을 때	감사합니다.(○) 전화주셔서 감사합니다.(○○) 이용해 주셔서 감사합니다.(○○)

④ '미소 띤 음성' 으로 인사말 소속 이름 순으로 첫인사를 한다.

⑤ 첫인사 때 목소리의 높이는 '솔' 음을 유지한다.

⑥ 통화 중이어서 고객을 기다리게 할 경우에는 반드시 사과의 말을 한다.

⑦ 다른 번호로 돌릴 경우에는 다음과 같이 설명한 뒤 연결한다. "혹시 연결도중 끊어지면 ○○○-○○○○번으로 전화해 주시기 바랍니다. 감사합니다."

⑧ 전화를 끝낼 때에는 반드시 '감사합니다' 라고 인사한다.

⑨ 고객이 먼저 끊은 것을 확인한 뒤 수화기를 내려 놓는다.

⑩ 고객에게 자신의 전화번호를 안내할 경우 꼭 직통번호를 알려준다.

2) H자동차서비스의 '해피콜'

최근 서울 H자동차서비스 S사업소를 찾아 자동차의 변속기를 교체했던 회사원은 며칠 뒤 직장으로 걸려온 전화를 받고 매우 기분이 상쾌해 졌다. "며칠 전 정비하신 부분에 이상은 없으십니까. 문제가 있으면 곧장 연락 주십시오."하는 친절한 전화를 받은 때문이다.

지난해 말부터 '그린서비스' 운동을 벌이고 있는 H자동차서비스측의 '해피콜' 이었다. 애프터서비스를 받은 지 7일이내에 고객의 만족도를 확인하는 전화를 거는 것이다. S병원의 영안실에서도 이용한 사람들에게 일주일 뒤 전화해 만족 여부를 체크한다고 한다.

H자동차서비스 경영지원실장은 '90년대 들어 기업들이 추진해온 고객만족운동이 이익확대를 위한 것이었다. 하지만 지금의 IMF삭풍시기에 친절운동은 생존전략이라며, 마음에서 우러나오는 서비스만이 이런 시대에 기업의 생존을 보장받을 수 있다' 고 주장한다.

3) 텔레마케팅

(1) 텔레마케팅의 개념과 의의

텔레마케팅(tele-maketing)이란 'Telephone'과 'Maketing'의 합성어이다. 전화를 이용한 마케팅 활동을 전개하는 것이다. 이와 같은 텔레마케팅은 최근 기업의 새로운 마케팅 기법으로 등장했다.

텔레마케팅은 전화와 결합한 컴퓨터 기술을 바탕에 깔고 있다. 전화로 고객의 불만을 해소하고 새 고객을 찾아나서려면 고객에 대한 정보를 제이터베이스(DB)로 갖추고 있어야 한다. 따라서 정보화가 잘 된 기업일수록 텔레마케팅으로 큰 효과를 거둘 수 있다.

텔레마케팅 시장이 커지면서 전문화된 텔레마케팅 요원이 대거 필요하게 되었다. 세련된 전화매너와 상대방에게 호감을 주면서도 제품이나 서비스를 요령있게 설명하는 대화 기술을 요구한다. 관광서비스부문에서도 기존의 판촉요원과 함께 새로운 고급 서비스마케팅부문으로 떠오르고 있다.

(2) 관광기업의 텔레마케팅

관광 서비스기업에서 텔레마케팅은 고객의 욕구를 찾아 내고, 그에 적합한 상품을 개발하여 고객에게 판매하는 역할까지 수행한다. 콘도미니엄의 오너관리와 모집, 호텔의 연회 및 객실부문 고객관리와 신상품 소개 및 기획상품 판매 그리고 VIP회원 관리부문에서 활발하게 적용되고 있다. 여행업부문에서도 팩키지 상품에 대한 고객의 반응을 체크하고 판매량을 늘리는 일을 담당하기도 한다.

(3) 일반 서비스기업의 사례와 현황

국내에는 전문 텔레마케팅 요원이 최근 부쩍 늘어 1만명을 웃돈다. 텔레마케팅을 통한 상품판매도 10조원을 넘어설 것으로 추산된다. 한국통신 한국통신프리텔 한솔 PCS 등이 텔레마케팅 기법을 활용한 콜센테를 운용하고 있다. 조흥은행 국민은행 국민투자신탁 등 금융권에서도 전화상담센터를 두고 있다. 백화점이나 신용카드회사는 회사마다 수십명에서 수백명의 텔레마케팅 요원을 확보하고 있을 정도이다.

텔레마케팅을 대행해주는 전문회사도 등장했다. 나래텔서비스는 통신 컴퓨터

금융 유통 분야의 텔레마케팅을 대신해준다. 전화상담원 6백여명이 각 분야의 텔레마케팅에 나서고 있다.

최근에는 텔레마케팅협회도 설립되었다. 전문적인 텔레마케팅 요원을 육성하기 위한 교육에 적극 나설 계획이다.

관광서비스 상식

다이너스카드사의 텔레마케팅요원 '이○○'씨

신용카드 회사인 다이너스카드사의 고참 텔레마케팅 요원인 이○○씨 는 전화기를 이용해 하루 1백여명 이상의 고객을 만난다. 7년 경력의 이씨가 하는 일은 신용카드 고객을 대상으로 각종 보험을 소개하고 가입을 권유하는 것이다.

이씨는 출근하면 컴퓨터부터 켠다. 컴퓨터 모니터에 오는 전화해야 할 고객의 명단이 떠오른다. 고객이 평소 사무실에 있는 시간대는 물론 보험만료시기, 앞으로 계약조건, 고객의 기호 등 고객과 대화를 나누는데 필요한 정보가 표시된다. 이씨는 이 정보를 바탕으로 고객에게 전화를 걸고 새 고객을 확보한다.

다이너스카드에는 이씨와 같은 텔레마케팅 요원이 30여명 활동하고 있다. 이 회사의 텔레마케팅 요원이 전화를 걸어 실제 계약을 성사하는 비율은 평균 6~7%. 보험 영업사원이 사람을 일일이 만나 계약하는 것보다 2배 이상 높다고 한다.

[제3편]

관광 기초서비스

제13장 호텔객실 서비스
제14장 식음료 서비스
제15장 여행안내 서비스
제16장 항공 서비스

제13장 호텔객실 서비스

제1절 호텔객실 접객서비스

1. 예약 서비스

1) 예약 서비스의 의의

예약의 접수는 정확 · 간단 · 신속하여야 한다. 더욱 중요한 것은 예약 담당자가 접수된 예약사항을 예약카드에 정확히 기록하여야 하고 컴퓨터에 입력 또한 즉시 처리한 후, 고객에게 예약번호를 알려주어야 한다.

호텔에는 각양각색의 고객들이 각기 다른 사고방식과 여행형태, 국적을 갖고 있게 마련이다. 예약의 접수는 기본 원칙에 의거 처리되지만, 까다로운 고객이나 VIP, 신혼부부 또는 특별히 축하하여야 할 고객과 특별한 서비스를 주문하는 고객 등 다양하기 때문에 세세히 처리하여야 한다.

특히 대부분의 예약은 전화에 의해 접수하게 되는 데 바른 전화접수 서비스 매너로 정확하게 처리하여 고객에게 불평이 생기지 않도록 주의해야 한다.

2) 객실 예약접수시 주요사항

① 투숙객명, 인원, 국적

② 도착일자 및 시간

③ 투숙객이 이용하는 교통수단

④ 출발일
⑤ 객실의 종류, 수
⑥ 객실요금
⑦ 예약자명, 회사명, 연락처
⑧ 지불방법
⑨ 외국인의 경우 여권번호

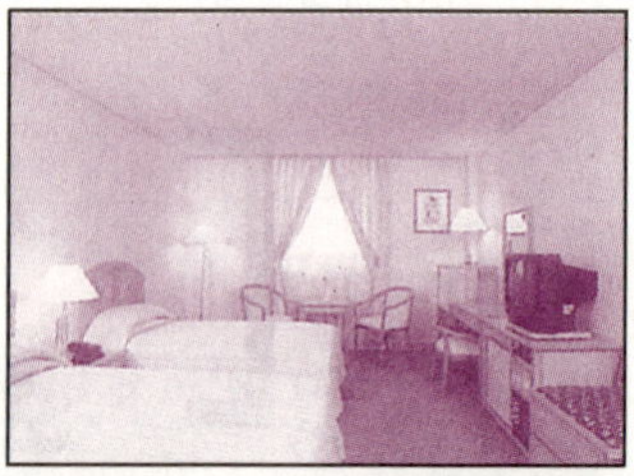

3) FIT 예약 서비스

① 고객의 이름과 국적을 확인 후 입력한다.
② 고객의 주소를 확인후 입력한다.
③ 고객의 전화번호를 '국가번호-지역번호-전화번호' 순으로 접수한다.
④ 만약 고객이 기업, 정부기관을 대표하는 사람이라면 기업명이나 기관명, 주소와 전화번호를 확인 입력한다.
⑤ 휴양지호텔인 경우 일부의 호텔에서는 어린이를 동반한 가족의 예약시에 어린이의 나이도 기재한다.
⑥ 고객의 예상 도착시간이 채크인시간 이전이나 예약이 종료된 후에 도착하려고 계획한다면 룸 크럭은 즉시 호텔의 정책을 고객에게 설명해야 한다.
⑦ 어린이 침대나 특정 객실의 요구와 같은 기타 요구사항을 접수한후 입력한다.
⑧ 고객을 대신해서 다른 사람이 예약을 한다면 예약처의 연락처를 확인하여 입력한다.
⑨ 기타 필요한 정보(특별 서비스, 이용 교통편, 고객의 특징)를 확인 후 입력한다.

4) 단체(Group) 예약처리 서비스

(1) 집회 및 회의 단체

① 단체의 성격, 이전에 호텔에 투숙했을 때의 기록, 취소확률, No show률 등

을 파악한다.

② 해당 단체의 예약담당자를 정하여 행사진행 책임자와 모든 일을 처리해 나간다.

③ 단체나 소그룹이 미팅장소를 요구하게 되면 호텔내 해당부서에 협조를 요청해 고객들의 불편이 없도록 조치한다.

④ 회의가 이루어지기 전에는 주기적으로 예약된 객실상황과 투숙예정상황에 대한 정보를 행사진행 책임자와 교환한다.

(2) 여행사 단체

① 관광단체는 거의 모두가 숙박, 교통, 식사 및 그 이외의 모든 것을 포함하여 계약을 한다.

② 여행사에서 단체고객을 예약할 때는 그 단체의 이전 이용기록을 확인하여 예약실패를 최소화해야 한다.

(3) 기타 업무

① 단체예약의 경우에는 예약 조정상황을 확인하고 날짜, 희망 객실수, 여행목적, 지불조건 등을 확인한다.

② 회사지불이나 개인단체의 지불이 후불일 경우에는 모두 여신부의 후불지급 승인을 득한 후 접수 처리한다.

③ 국내, 국외를 불문하고 서신에 의한 예약신청이나 문의에 대해서는 수신한 서신 및 답신한 사본을 모두 철하여 보관한다.

④ 객실번호나 객실의 위치를 VIP이외에는 확약해 주지 않는다.

5) 예약의 일반원칙

① 예약접수는 컴퓨터로 하는 것은 원칙으로 하되, 예약카드 정리도 병행한다.

② 서면예약의 회답은 접수후 2일 이내에 처리해야 한다.

③ 단체취급은 15인 이상으로 한다. 단, 쌍방의 합의하에 인원을 조정할 수도 있

다. 비수기 및 성수기에는 호텔측과 여행시간의 합의하에 단체인원수의 결정이 이루어질 수도 있다.

④ 여행사는 단체투숙 1주일 전에 객실기본료의 10%를 호텔측에 지불하고 전체요금은 청구한 날부터 20일 이내에 지불해야 한다.

⑤ 할인은 단체에 있어서 객실기본요금의 10~15% 범위 내에서 쌍방의 합의에 의해 결정하고 수수료(commission)는 할인 객실요금의 10%로 한다.

⑥ 외국인에 한하여 15인 이상 1인 무료로 객실을 제공한다.

⑦ 예약취소요금은 아래와 같다.

- 개인 : 숙박 15일전~1일전 취소시 객실요금의 20%, 숙박당일 취소시 객실요금의 80%를 적용한다.
- 단체 : 숙박 15일전~2일전까지 취소시 객실요금의 20%, 숙박전일 취소시 30%, 숙박당일 취소시 80%를 적용한다.

2. 프론트 서비스

1) 등록카드 정리 및 객실배정 서비스

(1) 야근조의 등록카드 정리

① 다음날 투숙예정 고객의 등록카드를 프린트 한다.

② 단체의 경우, 단체별로 따로 모아둔다.

③ 단체 예약에 대한 Movement를 함께 붙여 놓는다.

(2) 오전조의 객실배정

① 예약조건의 방을 미리 배정해야 되는 객실은 미리 Assign 해 놓는다.

② 단체는 가능한 한 같은 층으로 객실을 배정한다.

③ 일본 고객과 여성고객에 대한 방 배정은 좀 더 신경써서 하도록 한다. 여성고객에게는 절대로 Connecting Room을 배정하지 않도록 하고, 일본인 고객

의 경우는 욕조가 없는 방의 배정은 불가피한 경우가 아니면 하지 않는다.

④ 팩스나 우편물이 고객보다 전에 도착된 것이 있는지 확인하고 고객이 체크인 할 때 바로 전달할 수 있도록 Holding 돼 있는 것을 확인한다.

(3) 오후조의 객실배정

① 미리 배정된 객실 중에서 아직 체크아웃 하지 않았거나 연장된 방이 있을때는 즉시 다른 객실을 배정한다.

② 미리 배정된 객실의 입실 예정시간과 그 객실고객의 퇴숙시간이 비슷한 경우는 객실을 정돈할 수 있는 시간적 여유가 없기 때문에 고객이 원했던 객실이라도 바꿔야 한다.

2) 투숙서비스

(1) 단체 투숙절차(Check-in Service)

① 단체고객이 도착하면 먼저 가이드(guide)나 예약된 고객의 수와 실제 도착한 단체고객의 수를 확인하고 아울러서 예약사항을 재 확인하고 그 다음에 객실배정에 들어간다.

② 가이드가 Rooming List를 가져왔을 경우는 리스트에 객실번호를 적고 2부를 복사해서 한부는 Master Follo에 또 한부는 Group File에 보관한다. 단체고객의 Rooming List에는 반드시 고객 모두의 주소, 여권번호, 생년월일이 적혀 있어야만 한다.

③ 후불 계약조건인 경우는 리스트에 가이드 성명과 전화번호를 적는다.

④ 선불 계약인 경우는 먼저 Credit Card나 현금을 받고 객실키를 가이드에게 준다.

⑤ 식사가 포함된 단체는 키 봉투

속에 있는 식권을 고객들이 다시 확인하도록 한다.

⑥ R/L가 없는 단체인 경우, 여권 내에 소지하고 있는 출입국 카드를 복사해서 리스트대용으로 사용한다.

⑦ 객실배정이 끝난 후에는 벨맨에게 짐을 방으로 운반하도록 하고, 식권을 사용할 식당과 시간, 위치에 대해 고객 혹은 가이드에게 설명해 준다.

⑧ 그외 고객이 필요로 하는 질문에 답변을 한다.(외국으로의 전화방법, 객실대 객실 통화요령, 환전, 호텔 주변에 대한 간단한 설명 등)

【컴퓨터처리 절차】

① Front 화면의 3번 Group check in으로 들어 간다. 반드시 예약된 인원과 객실 숫자를 먼저 재확인한 후에 컴퓨터로 단체 C/IN을 한다.

② Enter task3, Group의 Code를 Data란에 넣고 Enter key를 누른다.

③ Group의 약자인 'H' 를 넣고 Enter key를 누른다.

④ 맨 왼쪽에 있는 빈칸에 Yes의 약자 'Y' 를 모두 넣고 Enter key를 누른다.

⑤ 객실이 Vacant ready가 되어 있지 않은 경우는 'Cmd 10' 의 키를 누르고 Housekeeping Dirty로 나온 방을 연락해서 재확인 하도록 한다.

(2) 개인고객의 투숙서비스

① 체크인을 원하는지 묻고 등록카드에 고객의 성명, 주소, 여권번호 등의 기재를 정중히 요청한다.

- Good morning / afternoon / evening sir?
- Would you like to check in?
- May I have your sir name, please?
- Mr. Smith! Welcome to ○○○ Hotel.

② 고객이 등록카드에 기재하는 동안 컴퓨터로 고객의 방을 찾아서 적당한 객실을 배정해서 체크인시킨 후 키를 빼서 Key packet에 넣는다.

- Would you please write down your home address, passport number and signature on this card?

③ 등록이 끝나면 고객의 지불방법을 묻고, 크레디트 카드의 지불인 경우는 고객에게 Imprint 할 것을 요청하고 Copy한 것은 등록카드에 같이 붙여 놓는다.

④ 등록카드에는 고객을 C/IN 시킨 근무자의 서명을 반드시 하고 고객이 등록한 것을 다시 확인하도록 해서 나중에 빠진 것을 발견하고 고객을 다시 부르지 않도록 한다.

⑤ 고객의 퇴숙일자를 다시 확인하여 ○표를 그 위에 한다.

⑥ 고객에게 즐거운 체류가 될 것을 말하고 키가 들어있는 Packet을 고객 혹은 벨맨이 바로 고객 뒤에서 기다리고 있을 경우 벨맨에게 키를 주고 고객을 안내하도록 한다.

⑦ 고객에게 짐의 숫자가 맞는지 확인한 후 객실로 가도록 한다.

【컴퓨터 처리절차】

① Front 화면에서 2번 Check in으로 들어간다.

② 2번 밑에 고객의 Sie Name의 Alphabet 3자 정도로 넣고 Enter key를 누른다.

③ 객실이 미리 배정돼 있는 방은 Credit란에 Cash의 머리자 'H'를 넣고 Enter key를 누르면 Check in이 된다.

④ CHECK IN 화면에 'DIRTY'가 나오면 바로 House keeping에 전화를 해서 청소유무를 확인하고 청소가 됐다고 하면 Cmd 10 키를 눌러서 Check in 시킨다.

⑤ 객실이 잡혀 있지 않은 경우는 Rm. search key를 누르고 고객에 적당한 객실이 나오면 객실번호를 넣고 Enter key를 친다.

⑥ Check in 화면에서 CREDIT CODE에 'H'를 넣고 Enter key를 치면 Check in이 된다.

(3) Executive Club고객의 투숙서비스

① Executive Club의 Lounge에서 Express check in도 가능하다.

② E. X. Club의 고객에게는 라운지의 위치와 이용시간 등의 안내를 등록시 간단하게 설명한다.

③ 라운지가 위치한 층에 머물기를 원하는 고객에게 방 배정을 하지 못했을 경우는 가능한한 다음날이라도 방을 옮길수 있도록 조치한다. 그렇게도 못할 경우는 고객에게 정중히 사과하고 다음부터는 고객이 원하는 층으로 객실을 배정할 것을 약속한다. 그 내용을 Notice를 해서 다음에 방을 배정하더라도 실수하지 않도록 한다.

④ 라운지가 있는 층이 아닌 Executive Floor 고객에게는 반드시 라운지의 위치를 알려준다.

(4) VIP 고객의 투숙서비스

① VIP 고객의 항공기 도착시간을 확인한 후 입숙 예정시간에 Concierge가 고객서비스를 할 수 있도록 한다.

② Housekeeping에 전화를 해서 VIP 고객의 객실정돈이 잘 되었는가를 재확인 해둔다.

③ VIP 고객이 도착하게 되면 정중히 인사하고 Concierge가 고객을 객실로 모신 후 객실에서 등록 받도록 한다.

④ 고객이 객실로 간후, 벨맨에게 고객의 짐을 올리도록 한다.

⑤ 컴퓨터에는 VIP 고객을 C/IN 시키고, 등록카드 상의 내용은 Concierge가 카드를 가지고 온 다음 입력 시킨다.

⑥ VIP 고객의 도착시 부서 책임자에게 즉시 알려서, Concierge와 함께 고객응대를 하여야 하나, 사정상 그렇게 하지 못하였을때는 나중이라도 VIP 고객에 대한 도착시간을 부서장에게 보고하여야 한다.

(5) 단골고객의 투숙서비스

① 단골로 오는 고객은 객실이 Overbooking이 되어 있지 않는 한, 미리 방을

배정해 둔다.

② 고객이 항상 선호하는 객실을 제공할 수 없을 때는 그 중에시도 고객의 선호에 가까운 객실을 배정한다. 고객이 피곤해 보일 경우 가장 중요한 것은 최대한 빨리 고객을 투숙시켜서 객실로 올라가도록 하는 것이다.

③ 고객이 도착하면 이름을 불러서 따뜻한 인사를 보낸다.

④ 등록카드를 고객에게 보여주고 미리 입력돼서 Print 돼 있는 고객의 주소가 정확한가 확인하고 그대로인 경우는 고객의 여권번호와 서명을 받고 크레디트 카드를 Imprint 하고 Key를 바로 내주어서 빠른시간내에 입숙시키도록 한다.

⑤ 고객의 주소, 여권번호, 회사가 바뀌었을 경우는 다시 등록을 받고 컴퓨터의 Guest History로 가서 고객의 바뀐 내용을 입력한다. 다음에는 고쳐진 내용이 바로 예약시 P/UP 될 수 있도록 한다.

(6) Walk in Guest 투숙서비스

① Front 화면에서 2번을 누르고 Enter key를 친다.

② WALK IN 화면이 나오면 고객의 퇴숙일자, 객실 Type, 고객수, 객실요금, 요금의 코드, 고객의 SIR NAME, 이름을 입력시키고 Room Serch 화면으로 들어가서 객실을 찾아서 배정하고 CREDIT CARD, HISTORY, PASSPORT#, VISA#(생년월일 입력), NO TAX의 여부, NEW, COUNTRY CODE(고객의 국적, 예약된 곳)을 넣는다.

③ 마지막으로 Special란에는 WALK IN의 머리글자인 'WI' 를 입력해 넣는다.

3) 투숙 중의 고객서비스

(1) 객실에서의 서비스 요청전화

① 객실내의 소모품이나 전열기구의 고장으로 인한 전화의 경우와 즉시 하우스키핑에 연락해서 바로 교체할 수 있도록 한다.

② 항공기의 예약확인, 시내관광 등에 관한 문의전화의 경우 – Concierge

Desk에 직원이 있을 경우는 즉시 연결해 주고, Concierge가 곧 객실로 연락하겠다고 답해주며 메모를 남기도록 한다.

③ 후론트에 고객이 직접 와서 문의하면 항공기의 경우는 항공기의 이름, 출발일, 시간 등을 메모해서 Concierge에게 주도록 한다. 관광안내의 경우는 Concierge Desk 의자에 고객을 잠시 기다리게 한 다음 바로 Concierge를 부르도록 한다.

④ Morning Call 요청 전화의 경우 - 고객이 원하는 시간을 듣고 객실번호와 모닝콜 요청시간을 재확인한 후 교환에게 알려준다.

⑤ 고객이 외출하면서 행선지를 남기려고 할 경우 - 컴퓨터의 전화 화면으로 들어가서 고객의 방번호나 성으로 입력 시킨후 해당되는 번호를 넣고 Cmd 11의 Gst location에 고객의 행선지를 넣고 Enter key를 누른다.

⑥ 마사지 요청 전화의 경우 - House keeping으로 연결해 준다.

(2) 영업장을 묻는 고객의 경우

① 투숙객이 아니더라도 호텔에 있는 외래객(外來客)은 모두 고객이다.

② 영업장을 묻는 고객에게는 정확한 위치와 가는 방법을 알려주도록 한다.

③ 예약없이 식사하러 온 고객이면 바로 식당으로 안내하지 말고, 먼저 전화를 걸어서 예약하지 않은 고객에게 식탁이 준비될 수 있는지 먼저 알아본 다음 고객을 안내한다.

④ Lobby나 업장 근처를 걷고 있을때 식당을 묻는 고객이 있다면 아주 긴급한 상황이 아니라면 고객을 원하는 식당까지 직접 안내한다.

(3) 투숙객의 퇴숙일자 연기

① 객실이 여유가 있는 경우 - 바로 고객의 투숙일자를 원하는 날로 연기해 주고 Registeration Card상의 퇴숙날자도 바꾸어 놓는다.

② 객실 예약이 Overbooking이 되어서 객실 여유가 없는 경우와 No show를 예상하고도 객실이 모자라는 경우는 퇴숙일의 연기가 불가능하니 다른 호텔

로 예약을 해드리겠다고 말하고 정중히 사과를 한다.

(4) 장기체류 고객의 특별한 요구

한달이상 체류하는 고객이 주말에 여행을 가고, 방을 Keep 하지만 객실료를 내지 않기를 원할 경우에는 먼저 상급자나 당직 지배인에게 상의해서 결정하도록 한다.

(5) 고객이 갑자기 병이 났을때

양호실에 먼저 연락해서 객실 환자의 상대를 파악하도록 한후 당직 지배인에게 연락해서 후속 조치를 취한다.

(6) Meeting Room을 원할 경우

Executive Club에 묵고 있는 고객은 라운지로 연락해서 고객이 원하는 날자와 시간에 Lounge Meeting Room 사용이 가능하면 예약을 하고 일반층의 고객은 비즈니스 센터를 안내하여 도움을 받도록 한다.

4) 퇴숙서비스

(1) 개인고객의 퇴숙서비스

① 퇴숙 절차를 위해 접근하는 고객에게 30° 정도 허리를 굽혀 인사한다.

② 표정은 항상 밝고 사연스런 미소를 띄우도록 한다.

③ 객실 키를 받고 단말기 CASHIER 화면에서 '3' Check out을 ENTER TASK에 넣고 ENTER DATA에 객실번호를 넣고 Enter를 누른다.

④ Mini bar 품목을 사용한 게 있으면 계산하여 Charge 한다.

⑤ Print 되어 나온 Folio의 양쪽 절취선을 절취하여 볼펜과 함께 고객에게 드린다.

⑥ 고객이 Folio를 점검하는 동안 고객등록카드를 찾아 놓는다. 신용카드로 계산할 경우 등록카드에 붙여 있으니 따로 Slip을 떼어서 준비해 놓는다.

⑦ 신용카드 금액란에 금액을 적고 고객의 서명을 받는다.

⑧ 단말기 CHECK-OUT 화면에서 'TRN' 란에 Credit card code를 넣고 Reference 란에 Slip number를 넣고 amount 란에 금액을 넣고 'Field-' 키를 누르고 Comment 란에 Card 번호와 유효기간을 넣고 엔터를 누른다.

⑨ 고객 내역서가 잔액이 -0-인 마지막 장을 프린트해 주거나 'PAID' 도장을 찍고 고객용 Card slip과 내역서를 함께 CHECK-OUT 봉투에 넣어 드린다.

⑩ 고객의 짐이 내려 왔는지 공항세 쿠폰은 구입했는지 공항까지 교통수단은 준비가 되었는지 확인하여 쿠폰판매 및 벨맨에게 알려 짐을 내리도록 통보한다.

⑪ 환송인사를 한다.

(2) 단체 고객의 퇴숙서비스

① 단체 고객의 경우도 개인고객의 출숙서비스 절차와 비슷하다.

② 단체는 개인 지불 계정과 여행사 지불 계정 두가지로 나누어진다. 조건에 따라서 계정이 분류 되지만 대부분의 경우 객실료 또는 객실료 및 조식은 여행사 지불이고 그외의 비용은 본인이 지불하게 된다.

③ 조식이 여행사 지불인 경우 간혹 개인 지불 계정에 청구되는 수가 있다. 이 경우 확인하여 여행사 지불계정으로 옮겨 주어야 한다.

④ 단체 퇴숙시에는 각 개인지불이 모두 완료 되었는지 확인후 여행사 가이드와 여행사 지불 금액을 정산한다. 그러나 후불이 가능한 여행사는 금액 확인과 가이드 서명, 단체 번호를 내역서에 적어서 여신부(與信部)에 넘긴다.

(3) Voucher payment 퇴숙서비스

Voucher payment 퇴숙의 경우 항상 Voucher payment 계정을 먼저 Check-out 시키면서 개인이 지불해야 할 금액이 잘못 Charge 되었는가 확인하여 조치를 취해야 한다.

가) **객실료 지불용 바우쳐** : 객실료를 제외한 모든 비용을 개인에게 지불받고 객실 계정은 고객에게 받은 바우쳐와 내역서를 여신부에 보낸다.

나) **객실료+조식 지불용 바우쳐** : 객실료와 조식을 제외한 모든 비용을 개인에게

지불받고 객실 계정은 고객에게 받은 바우처와 내역서를 여신부에 보낸다.

다) 모든 비용 지불용 바우쳐 : 모든 비용이 바우쳐로 지불될 경우는 내역서에 서명만 받고 영업장에서 발생된 Bill과 내역서, 바우쳐를 함께 여신부로 보낸다.

(4) 회사지불 퇴숙서비스

① 모든 비용을 회사에서 지불하는 경우로 사전준비가 되어 있어야 한다.

② 예약시 후불 처리 준비가 되었거나 투숙 중 회사에서 Fax.로 후불처리 요구가 된후 Credit Manager의 승인하에 가능하다.

(5) Express 퇴숙서비스

① Express 퇴숙서비스는 VIP, Executive club guest, Express Check-out을 원하는 고객에게 준비하여 준다.

② 투숙시 혹은 퇴숙 전 신용카드를 Imprint 하여야 하고 등록카드에 주소가 정확해야 한다.

③ 퇴숙 전날 객실료가 포함된 고객내역서를 Express Check-out 봉투에 넣는다. 이 때, 반드시 고객의 신용카드 유효기간과 이름을 재확인 해야 한다.

④ Express Check-out 봉투는 오전 5시전에 객실 문밑으로 넣어 준다.

⑤ 고객이 떠난 후 신용카드 Slip에 총 금액을 적고 CASHIER 화면에서 금액을 빼주고 등록카드와 Express Check-out 봉투, 업장 Bill을 함께 여신부로 보낸다.

3. 현관서비스

현관서비스(Uniformed service)는 현관접객서비스와 같은 의미이다. 현관서비스의 총괄 책임자는 Front office manager)이다. 호텔에 따라 현관서비스 지배인, 현관안내지배인, Concierge, Chief poter, Bell captain 등으로 부르고 있다.

주요 업무는 현관과 로비부문에서 발생되는 고객서비스를 제공하는 것이다.

1) 현관서비스 지배인의 업무

① 부하직원을 관리 감독한다.

② 책크룸의 정리(비치대장과 현재고상황의 확인 및 조사) 상태를 점검 및 감독한다.

③ 호텔현관의 청소상태를 관리한다.

④ 반입 수하물대장을 검사한다.

⑤ 비정상적인 고객의 동태를 파악하여 사고를 미연에 방지한다.

⑥ 도선장, 공항, 역 등지로 짐의 운반과 도착 및 출발시간 등을 알려 충분한 사전준비를 한다

⑦ 교통수단의 티켓과 극장, 오락실, 유흥장 등의 입장권 및 예약 편의 제공한다.

⑧ 승하차시 또는 짐의 운반시 노인이나 어린이에 대해서는 각별한 주의가 필요하다.

2) Bellman의 접객서비스

(1) 입숙서비스

① 벨맨은 고객을 후론트 데스크나 객실까지 안내하고 객실사용법을 설명하여 호텔이용에 불편함이 없도록 돕고, 투숙 중에도 고객의 심부름을 하는 등 고객과 직접 접촉하여 봉사하는 것이 주업무이므로 복장 및 태도 등이 깨끗하고 제반 업무수칙에 어긋남이 없어야 한다.

② 현관에서 대기하고 있다가 고객이 도착하면 신속하게 접근하여 영접인사를 하며, 고객의 짐을 받아들고 후론트 데스크로 안내한다.

③ 고객의 짐이 많을 경우에는 짐수레에 싣고 조심하여 운반하도록 하는 것이 좋다.

④ 사진기 · 정밀기기 등은 카트에 싣지 말고, 고객 자신이 갖고 확인해 주어야

한다.

⑤ 자동차에서 짐을 내려 실을 경우에는 짐의 숫자를 정확히 확인해 주어야 한다.

⑥ 고객이 후론트 데스크에서 숙박등록을 하는 동안 가벼운 짐이면 손에 들고 뒤쪽에 서서 룸 크럭의 안내지시를 기다린다.

⑦ 짐을 짐수레에 운반하여 왔을 때는 다른 고객의 왕래에 불편이 없도록 하여 고객이 보이는 가까운 곳에 놓아 두고 지켜서야 한다.

⑧ 룸 크럭으로부터 객실안내지시를 받고 키를 수령하면 손에 들 수 있는 가방이나 짐은 고객용 엘리베이터에 같이 동행하여 객실까지 안내하면 되고 짐수레일 경우에는 키를 고객에게 건네 주어 고객은 고객용 엘리베이터를 이용하게 하고 벨맨은 직원용 엘리베이터를 이용해야 한다.

⑨ 엘리베이터는 고객을 먼저 타게 하고 엘리베이터 안에서는 출구를 향하여 선다. 목적지에 멈추면 고객을 먼저 내리게 한다. 부득이 자기가 먼저 내려야 할 경우에는 한발 먼저 나아가 고객을 맞이한 다음 객실로 안내하여야 한다.

⑩ 객실 앞에 도착하면 객실번호를 확인하고 노크한 후 객실문을 열어 우선 실내등을 켠 다음 고객을 먼저 들어가도록 한다.

⑪ 수하물은 Luggage stand에 놓고 전등 스위치가 있는 장소를 설명하면서 전등의 작동을 확인한다.

⑫ 텔레비젼, 에어콘, 전화사용법, 개인금고 이용법 등의 객실사용 설명을 한 다음 다른 용무가 없는지 물어 본 뒤 조용히 문을 닫고 퇴실한다.

⑬ 벨맨의 보고사항 : 짐이 없이 투숙하는 고객, 이상한 언동을 하는 고객, 이상한 물건을 소지한 고객, 혼자 투숙하는 여성고객, 객실에 대한 고객의 만족여부, 객실정비상태가 불량한 객실 등

(2) 퇴숙서비스

① 고객으로부터 직접 전화를 받거나 Concierge manager나 Bell captain,

Room clerk 등으로부터 짐을 내려오라는 지시를 받으면 벨맨은 신속히 객실로 올라간다.

② 객실번호를 확인하고 짐의 수량을 확인하여 짐이 많으면 짐수레를 갖고 가야 한다.

③ 수하물의 숫자와 잊은 물건이 없는지를 확인하고 로비로 짐을 내린다. 이 때 고객이 곧바로 출발하지 않을 경우는 Baggage tag에 기록하고 고객의 수하물에 부착하여 Check room에 보관한다.

④ 고객을 Front cashier에게 인도하여 대금을 지불하도록 유도한다.

⑤ 잠시 후에 출발예정인 고객의 짐은 Baggage net를 씌워 놓고, 상당한 시간 경과 후 출발할 고객의 수하물은 Check room의 선반에 정리하여 보관한다.

⑥ 수하물만 객실에서 운반해 내고 고객이 객실에 남아 있을 경우는 Luggage tag을 사용하여 출발시간을 물어 필요사항을 양단에 기입한 수 하단을 짤라 고객에게 내어준다.

⑦ 수하물을 찾으러 왔을 경우에는 객실 키의 반납 여부, 계산 여부 등을 확인한 후에 짐을 내주어야 한다.

(3) 객실변경 서비스

① 객실 변경 서비스는 재실 중과 외출 중의 두 가지 경우이다.

② 투숙 중인 고객의 객실을 변경할 경우 Room clerk으로부터 룸 체인지 지시를 받으면 짐이 많을 경우는 짐수레를 갖고 가서 객실의 화물을 새로운 객실로 옮긴다. 이 때 욕실 · 옷장 · 서랍 속 등 구석구석을 잘 살펴 물건이 빠지지 않도록 주의해야 한다.

③ 새로운 객실에 짐을 옮기면 옮기기 전 객실에 있었던 상태로 진열해 놓아야 한다.

④ 가능한 한 고객과 같이 입회하여 업무를 수행하는 것이 가장 이상적이다.

(4) 단체 투숙서비스

① 단체가 도착하면 인솔자나 Guide를 Group coordinator desk로 안내한다.

② 단체 데스크에서 투숙절차가 끝나면 객실로 안내한다.

③ 안내할 때 귀중품이나 파손되기 쉬운 물건을 고객 자신이 들고 가도록 유도한다.

④ 수하물에 Name tag이 부착되어 있는 경우 버스에서 짐을 내려 로비까지 운반하여 수량을 확인한 다음 Round luggage tag을 전부 부착한다.

⑤ 단체 데스크로부터 객실배정이 완료된 단체투숙객명단을 받아 수하물에 부착된 이름을 찾아 Luggage tag에 객실번호를 기재한다.

⑥ 수하물이 그리 많지 않은 소형단체의 경우는 Luggage tag을 부착하지 않고 짐수레에 짐을 싣고 바로 객실층으로 올라가 고객에게 자신의 짐을 확인시켜 쉽게 전달하는 것이 좋다.

⑦ 대형단체가 예약되어 있을 때는 짐만 화물차로 미리 들어오는 경우가 있다. 이 때 벨맨은 정확한 수화물 수량을 파악하여 동행한 여행사 직원이나 화물자동차 운전자에게 확인하고 수하물 인수증을 발급해야 한다. 여행사 측으로부터 객실을 배정하여 객실에 고객이 도착하기 전에 넣어 달라는 요청이 있을 때는 미리 넣어 주어야 하고, 대부분 Lobby에 진열해 놓았다가 단체객들이 도착하여 각자 자신의 짐을 확인한 후 고객들이 개별적으로 짐을 들고 객실로 올라가는 경우가 많다.

(5) 단체 퇴숙서비스

① 단체의 Baggage down 시간을 정확히 지켜 짐을 내려와야 한다. 이를 Baggage collection이라고도 한다.

② 각 객실에서 수거한 짐의 수량을 정확하게 확인하여 기록하고 로비의 일정한 장소에 비치하여 망을 씌우거나 버스에 싣는다.

③ Baggage down 시간인데도 복도에 짐이 나와있지 않으면 문을 노크하여 짐을 운반하러 왔음을 알리고 짐을 꺼내야 한다.

④ 체크 인과 아웃시 항상 짐의 수량을 인솔자 혹은 안내원에게 확인해 주어야 한다.

⑤ 단체가 출발하기 전에 열쇠의 회수 및 계산이 전부 끝났는지를 확인해야 한다.

(6) 호텔 인포메이션 서비스

벨맨은 모든 고객에게 호텔내의 시설, 연회행사, 객실, 식당, 아케이드 부대영업장 등의 장소를 정확하게 안내할 수 있어야 한다.

각 식당에 대해서는 식당의 특색과 영업시간에 대해서도 안내할 수 있어야 한다. 연회 · 세미나, 기타 행사에 대해서도 연회부서로부터 행사일람표가 배부되어 오므로 그것을 보고 간략히 암기해 두었다가 신속한 안내가 이루어져야 한다. 결국 벨맨은 Information clerk의 업무도 대행한다.

(7) 로비관리 서비스

① 로비의 정리 · 정돈

- 재떨이의 청소 및 정리
- 테이블 및 의자의 정돈
- 현관유리 및 도어 청소
- 공중전화 및 구내전화(house phone)대의 정리정돈
- 분실물의 접수
- 엘리베이터의 청소 및 작동 상태 점검
- 벨데스크의 정리정돈
- 신문판매대 및 팜플렛 비치대의 정리정돈
- 로비 바닥의 이물질 및 휴지제거

② 로비의 질서유지

다음과 같은 행위자는 주의를 주고 통제하여 품위 있는 로비의 분위기를 유지시켜야 한다.

- 잠옷이나 슬리퍼 차림으로 로비를 배회하는 행위

- 로비로 음식물을 들고 들어와서 먹는 행위
- 로비에서 개인휴대용 라디오를 청취하는 행위
- 로비에서의 상품판매 행위
- 로비 소파에서 앉아 졸거나 잠자는 행위
- 장화나 골프화 등을 신고 로비에 들어오는 행위
- 비에 젖은 우산을 그냥 들고 들어오는 행위
- 어린 아이들이 떠들면서 뛰어 다니는 행위
- 큰소리로 떠드는 행위
- 복장이나 언행이 다른 고객에게 혐오감을 주는 행위
- 동물을 데리고 들어오는 행위
- 정신질환자, 전염병자, 거지 등의 접근

(8) 기타 서비스

① Paging 서비스

고객을 찾아주는 서비스를 말한다. 그 방법은 다음과 같다.

- Paging board를 이용하는 방법
- 고객의 이름을 호출하는 방식
- 실내방송으로 호출하는 방식
- Computerized Paging Display를 이용하는 방식

② Pick up 서비스

공항이나 역 또는 터미널 등에 나가 고객을 영접하고 안내하여 호텔에 투숙시키는 서비스를 말한다.

③ Messenger 서비스

- 고객의 물건이나 서류 등을 시내의 지정된 장소에 전달하거나 수령해 오는 일
- 고객의 항공권, 승차권, 관람권 등을 구입해 오는 일
- 하물의 발송 등의 호텔외부에 대한 고객의 심부름 서비스

④ Delivery 서비스

- 객실에 우편물이나 물건의 배달
- 투숙객에게 알리는 안내문 배포
- VIP객실에 신문의 배달

⑤ Check room 서비스

Check room은 고객의 휴대품이나 수하물을 보관하는 장소를 말한다. 벨맨은 고객의 휴대품이나 수하물 보관 서비스를 제공한다.

⑥ 기타 만국기의 게양 및 강하 관리

(9) 벨맨이 지원 및 대행하는 업무

① concierge

② door man

③ poter

④ page boy

⑤ elevator

⑥ check room attendent(checker)

⑦ greeter

⑧ messenger boy

⑨ information clerk

3) 도어맨의 접객서비스

(1) 도착고객의 영접

도어 맨(door man)은 정문 앞에 위치하여 호텔에 도착하는 고객의 자동차문을 열어주고 닫아주는 일을 한다. 이 때 고객의 하차를 돕는다든가, 손가방 등의 소지품을 받아 주고 벨맨에게 신호하여 고객이 도착하였음을 알린다. 이 때 도어 맨은 자동차 안을 다시 확인하여 고객의 짐이나 기타 소지품을 놓고 내리지 않았는가를 살핀다. 짐을 차에서 내려 벨맨에게 넘길 때에는 반복하여 짐의 숫자를 확인시킨다. 차에서 내린 고객은 벨맨에게 안내하도록 하고 다시 다음 도착고객을 영접하기 위해 정위치에 선다.

(2) 고객편이를 위한 안내

고객이 자동차 여행이나 관광을 원하면 안내원으로서의 친절한 설명을 잊지 말아야 한다. 중요한 공공건물의 주차시설, 극장, 기타 공연장, 접근도로, 시내지리, 주요 관광지 등에 충분한 지식을 갖고 있어야 한다.

(3) 정문의 질서유지

도어 맨은 현관의 정문 주변에 어떤 장애물의 방치도 허용해서는 안된다. 또한 호텔의 정숙과 품위를 손상시키는 사람들의 출입을 통제해야 한다. 언동이 수상한 고객에 대해서는 즉시 상사에게 보고하여야 한다. 택시기사, 거지, 잡상인 등의 출입도 통제하여야 한다.

(4) 정문의 주차정리

어떤 차량이라도 일정한 시간 이상 정문 앞에 주차하는 행위를 허용해서는 안된다. 항상 뒤에 들어 올 자동차의 편의를 위해 즉각 정리시켜야 한다.

(5) 호텔 주차장의 관리

연회나 세미나행사 등으로 일시에 많은 차량이 붐빌 때는 어느 때보다 기민한 동작으로 업무를 처리해야 한다. 고객이 승용차를 정확히 주차하도록 주차장을 안내하고, 주차 서비스요원도 잘 관리하여 고객서비스에 불편이 없도록 해야 한다.

(6) 출입문의 개폐관리

호텔의 현관출입문에 들어서는 고객은 그 출입문의 성질을 잘 모르기 때문에 자칫 잘못 여닫다 보면 고객이 부상을 당할 우려가 있다. 이 점을 감안하여 도어 맨은 항상 고객의 출입을 관찰하고 문을 여닫는 데 신경을 써야 한다. 그리고 어린이들이 회전문에서 노는 것도 방지해야 한다.

(7) 출발고객의 영송

고객이 출발하고자 호텔정문을 나서면 정중히 인사하고 운전수가 있는 경우에는 차량호출 서비스를 제공하고, 현관에 대기시켜 달라는 자가운전자의 경우는 신속하게 정문에 대기시켜 주어 친절한 서비스를 제공해야 한다.

출발하는 고객의 경우 남겨진 짐이 없는지 다시 한번 살피고 차문을 닫을 때는 조심성 있게 한다.

4) Clock Room Attendent 서비스

Clock room은 Check room, Baggage room, Luggage room, Poter room이라고도 칭하며 고객의 휴대품이나 수하물을 보관하는 장소를 말한다.

설치된 장소에 따라서 로비 채크 룸, 연회 채크 룸, 레스토랑 채크 룸 등으로 부른다.

체크 룸에는 손가방, 외투, 모자, 우산, 트렁크, 골프백 등이 맡겨진다. 이들을 보관해 주는 서비스를 제공해 주기 위해서는 옷걸이, 상자, 선반, Baggage tag이 준비되어 있어야 한다. 주요 서비스업무는 다음과 같다.

① 수하물의 내용별 보관

② 꼬리표의 확인 후 물건의 불출

③ 외형으로 파악하기 어려운 물건은 고객의 입회하에 확인 보관

④ 부정 인출의 방지에 대한 노력

⑤ 단체고객의 물건 보관에 대한 편의 제공

⑥ 분실물의 보고 및 처리

제2절 호텔객실 관리서비스

1. 하우스키핑

호텔에서 하우스키핑 서비스란 객실관리, 객실정비, 객실부문에서 제공되는 제반 서비스를 말한다.

하우스키핑 서비스는 객실 그 자체가 호텔의 중요한 상품의 하나이기 때문에 품질관리의 입장에서 객실정비의 업무가 중심이 된다. 일반적인 서비스업무는 다음과 같다.

① 객실의 청소

② 객실의 설비 · 가구 · 비품류의 정비

③ 객실용의 린넨류 · 소모품류의 관리

④ Laundry service

⑤ Lost & Found service

⑥ 공공구역의 청소

호텔의 하우스키핑은 호텔의 주상품인 객실상품의 생산 내지는 유지관리의 기능을 갖고 있다. 따라서 호텔의 재산관리와 비용절감을 위해 노력해야 하며, 또한 수준 높은 객실상품의 생산에 최선을 다해야 한다. 하우스키핑의 중요성은 다음과 같다.

① 호텔수익의 증대에 영향을 미친다.

② 호텔운영경비(원가)의 절감에 영향을 미친다.

③ 호텔재산을 관리한다.

④ 호텔상품의 생산 및 창조부문을 담당한다.

2. 세탁실 서비스

① 고객의 세탁물 접수시에는 주머니 속에 귀중품이나 기타 물건이 들어 있는지 확인해야 한다.

② 각종의 세탁물을 접수할 때는 담배불 구멍, 찢어진 곳 등이 발견되면 고객에게 즉시 통보하여 확인한 후 세탁한다.

③ 세탁의뢰전표는 철하여 보관하고, 고객으로부터 문의가 있을 시 즉시 응답할 수 있도록 한다.

④ 세탁물의 분실 · 오손 등의 사고발생시에는 자세한 내용을 확인한 후 즉시 상급자에게 보고하고 변상조치해야 한다.

⑤ 배상방법은 국제관례에 따라 세탁요금의 15배를 계산하여 고객에게 지불한다.

제14장 식음료 서비스

제1절 식당의 기초서비스

일반적으로 식당서비스는 고객에 대한 식음료 판매행위와 그에 따른 모든 물적, 인적 서비스를 제공하는 환대행위라고 할 수 있다. 이러한 식당서비스는 고객의 기호와 취향에따라 필요욕구가 달라지므로 기계문명(자동화 시스템)을 활용할 수 없는 특수성을 지녔다고 볼 수 있다. 일상적인 인적서비스도 고객에게 항상 새롭게 부각될 수 있는 요인을 찾아 지속적인 개발 및 개선이 이루어져야 하며, 또한 수요창출의 극대화에 주력하고 고객의 욕구충족을 위한 최상의 서비스상품을 구비하여 제공하여야 한다.

1. 식당 예약서비스

예약은 고객이 계획하고 있는 행사를 차질없이 진행하기 위해 식당과 약속을 하는 것이므로, 예약 담당자는 고객의 모든 요구사항을 정확히 접수하여 철저한 사전 준비와 효율적인 서비스로 고객에게 즐거움과 만족을 주도록 최선을 다해야 한다.

1) 예약접수 서비스

① 행사일자, 시간, 인원수, 회사명, 예약자 성명(주최자, 주빈 성명), 연락처 등을 확인한 수 기재한다.
② 장소(room), 또는 테이블과 좌석배치를 결정한다.
③ 예약접수대장에 기재사항을 정확히 기재한다.
④ 특별한 요구사항(사진, 꽃, 케이크, 텐트카드, 안내문, 테이블 메뉴 등) 또는 준비사항 유무를 확인한다.
⑤ 예약사항을 반복 확인한다.
⑥ 취소 통보 접수(최소한 하루 전에 통보)시에 취소자 성함, 취소 일자, 시간, 연락처를 확인한 후 기재한다.
⑦ 통신 매개체나 서신 예약시 즉시 접수 통보하도록 조치한다.

2) 예약접수시 유의사항

① 예약접수시 기재누락, 숫자착오(10은 열, 11은 열하나 등으로 사용함이 좋음) 등으로 고객의 손실은 물론 식당의 명예가 실추되지 않도록 정확하게 업무를 처리해야 한다.
② 예약된 장소 또는 테이블은 행사 예정시간으로부터 1시간 이상 경과되면 상황에 따라 다른 고객에게 판매할 수 있게 한다. 그러나 이런 점에 대해서는 예약시에 반드시 예약자에게 알려야 한다.

2. 고객영접 및 환송서비스

고객의 영접과 안내는 식당 지배인과 그리트리스(greetress) 등이 담당한다. 영접 담당자는 항상 식당 입구에서 단정한 자세로 대기하고, 고객이 입장하면 미소 띤 얼굴과 다정한 자세로 접근하여 정중히 고객을 맞이하며, 환송할 때까지 다음과 같은 절차에 의하여 접객 서비스에 임한다.

1) 영 접

① 미소 띤 얼굴로써 공손한 인사와 아울러 명랑한 인사말로 고객을 맞이한다.

② 예약고객인 경우 사전에 성명, 예약사항을 숙지하여 영접시 성명(○회장님, ○사장님 등)을 불러줌으로써 고객으로 하여금 친밀감을 갖도록 하며, 예약에 따른 장소, 테이블 및 모든 준비사항 등을 확인한다.

③ 예약고객이 아닌 경우 먼저 인원수를 물어 본 후 고객이 원하는 장소 또는 테이블의 가능 여부를 확인하고, 고객이 만족할 수 있는 자리로 최대한 수용하도록 한다. 그렇지 못할 경우 양해를 구하고 가능한 장소 또는 테이블로 유도한다.

④ 테이블이 없을 경우는 정중히 양해를 구하고 대기실(waiting room) 또는 칵테일 코너로 안내하고, 사용 가능한 시간을 알려준다. 아울러 대기자 명단에 기록한 후, 자리가 마련되면 순서에 입각하여 차례대로 좌석을 배정한다.

2) 테이블 안내(배정)요령

① 테이블 안내는 고객의 특성을 잘 파악하여 적절한 곳으로 배정한다.

② 외국인의 경우는 식당 중앙이나 다른 고객에게 잘 보이는 곳으로 배정한다.

③ 노약자와 신체가 부자유스러운 고객은 출입이 용이하도록 입구 가까운 쪽으로 안내한다.

④ 젊은 남녀 고객과 혼자 온 고객은 전망이 좋은 창가 쪽으로 배정하여 조용하고 안정된 분위기를 제공하도록 한다.

⑤ 단체고객인 경우에는 식당 분위기가 산만해지고 다른 고객에게 불쾌감을 초래할 우료가 많으므로 구석진 곳 또는 다른 고객에게 방해가 되지 않도록 분리된 장소로 안내하도록 한다.

⑥ 저명인사 및 남의 시선을 주목받을 수 있는 고객은 다른 고객의 이목에 신경이 쓰이지 않는 곳으로 안내한다.

⑦ 다른 고객을 기다리는 고객은 입구쪽이 잘 보이는 곳으로 안내한다.

⑧ 매우 고급스럽게 치장한 중년부인은 남들에게 자랑하고싶은 욕구를 충족시켜주기 위해 가장 눈에 잘 띄는 테이블로 안내한다.

3) 고객안내 서비스

① 지정된 장소로 안내할때 손바닥은 펴고 손등이 아래로 오도록하여 방향을 제시한다.

② 고객의 통행에 방해가 되지 않도록 고객의 우측 2~3보 전방에서 고객과 보조를 같이 하며 자리로 안내한다.

③ 안내 담당자는 호텔 내의 모든 정보를 항상 숙지하여 고객의 문의에 즉시 답변할 수 있도록 항상 준비하고 있어야 한다.

4) 착석 보조

① 고객이 자리에 앉기 쉽게 두 손으로 의자 등받이를 잡아 가볍게 빼고, 앉을 때 두 손과 한쪽 무릎을 사용하여 살며시 밀어준다.

② 착석 순서는 노약자, 어린이, 지체부자유자 또는 여성 순으로 앉도록 돕고, 호스트(host : 주빈)가 마지막으로 착석하도록 돕는다.

③ 착석이 끝나면 테이블 담당자에게 인계하고 즐거운 시간이 되기를 바란다는 정중한 인사를 한 후 제 위치로 돌아온다.

5) 환송 서비스

① 접객 담당자는 고객이 일어날 때 즉시 의자를 빼주고 테이블 주위에 빠뜨린 물건이 없는지 확인한다.

② 고객이 떠날 때는 "이용해 주셔서 감사합니다."라고 감사의 인사를 하며, 출구 쪽을 향해 방향을 제시하고 정중히 배웅한다.

③ 환송 담당자는 고객 퇴장시 계산을 신속하게 할 수 있도록 계산대(cashier)로 안내하고, 감사의 인사말과 접객의 평가, 만족도를 확인하고 재방문을 요청한다.

3. 음식 주문받기 서비스

1) 주문의 의의

주문(order taking)이란 품명, 수량, 모양, 크기 등을 일러주고 제작 의뢰하는 것을 의미한다. 식당에서 주문이란 고객의 기호와 취향에 맞게 판매 가능한 상품을 제공하기 위한 고객과의 계약행위라고 할 수 있다. 따라서 서비스요원들은 주문 접수에 필요한 충분한 상품지식과 세련된 판매기법을 습득하여야 한다. 효과적인 상품선전과 적극적인 판매활동을 할 수 있는 자세도 갖추어야 한다. 고객이 만족한 주문을 할 수 있도록 항상 적극적으로 고객을 도와야 한다.

2) 주문 담당자의 필수조건

① 고객에게 상품(요리, 음료)을 팔기 전에 자신을 팔아야 한다.

② 항상 미소 띤 얼굴로써 서비스와 친절을 판다는 것을 잊어서는 안된다.

③ 가격을 파는 것이 아니라 가치를 팔아야 한다.

④ 분위기를 함께 팔아야 한다.

3) 주문 절차

① 메뉴는 고객의 우측에서 주고, 주문 받을 때는 고객의 좌측에 위치하는 게 원칙이지만, 유동적일 수도 있다.

② 항상 메모용지와 볼펜을 지참하여 즉시 주문 내용을 받아 적는다.

③ 주문 기록은 통일된 약자(abbreviation)로 정확히 기재하며 반드시 복창하여 확인한다.

④ 주문받을 때는 양발을 모으고 양팔은 겨드랑이에 자연스럽게 붙이며, 양손은 주문서와 볼펜을 쥐고 가슴 앞으로하여 허리를 15도 정도 숙이고 고객의 좌측에서 얼굴을 주시하며 공손히 주문 받는다.

⑤ 고객의 특별한 주문 요청이 있을 경우 주방과 신속히 연락하여 가능 여부를 확인한 후 주문을 결정한다.

⑥ 시간이 오래 걸리는 요리는 주문 받을 때 반드시 소요시간을 일러주어야 한다.

⑦ 요리 주문이 끝나면 음료메뉴를 고객의 우측에서 제시한다.

⑧ 음료는 주로 주문된 주요리에 잘 어울리는 품목으로 권유하여 주문 받는다.

⑨ 주요리(main dish) 식사가 끝나면 후식 주문과 음료 주문을 받는다.

⑩ 주문이 끝나면 감사의 표시로 정중하게 인사한 후 물러난다.

4) 메뉴 추천요령

① 상품 추천을 하기 전에 가능한 한 고객의 유형을 신속히 파악하여 고객으로 하여금 구매의욕을 유발시킬 수 있도록 자신의 능력을 발휘해야 한다.

② 고객의 주문 여하에 따라서 그날의 매상이 결정된다는 생각 하에 사전에 추천하기로 결정한 상품을 집중적이고 효과적으로 설명하여 이윤증대에 기여해야 한다.

③ 고객으로부터 고가품을 강매하는 인상을 주어서는 안되므로 고객의 입장과 식당의 매상을 유념하여 가장 합리적인 주문이 이루어지도록 추천해야 한다.

④ 추천상품은 주로 그날의 특별요리, 새로 입하된 식자재 메뉴, 수익성이 높고

재고가 풍부한 상품, 특별행사 메뉴 등이 주종을 이루며 이런 상품들이 수익 증대에 크게 기여한다.

⑤ 단골 고객인 경우 사전에 기호를 암기하여 고객의 기호에 맞는 추천으로 고정고객과의 호의적인 관계 유지를 돈독히 한다. 또한 고객관리 자료카드를 기록 유지하여 고객 이용시 항상 만족한 서비스가 되도록 한다.

⑥ 음료 주문과 추가 주문은 매출증진과 이윤증대에 지대한 영향을 주므로 적극적인 자세로 추천 판매하도록 한다.

5) 주문받을 때의 유의사항

① 서비스요원은 영업 전에 주방과 긴밀한 연락으로 판매품목 중의 품절상품 및 그 날의 특별요리를 숙지하여 주문시에 착오가 없도록 한다.

② 메뉴(차림표)는 식당의 얼굴이므로 소중하고 깨끗이 취급해야 하며, 고객에게 제시하기 전에 이상 유무를 확인한다.

③ 메뉴 설명시 고객이 이해하고 힘든 전문용어를 사용해서는 안된다.

④ 메뉴 설명시에 절대 손가락으로 가리켜선 안된다. 손을 펴서 손바닥이 위로 오도록하여 메뉴품명을 가리킨다.

⑤ 주문서 작성시 날짜, 식탁번호, 고객수, 담당자 고유번호, 요리품명, 수량, 변동가격, 단가, 특별주문 내용 등이 틀리지 않도록 정확히 기록한다. 또한 요리와 음료는 각기 따로 작성해야 하고 되도록 정정 또는 이중 기입을 해서는 안된다.

⑥ 주문은 확실하게 받아야 되기 때문에 고객으로부터 주문내용을 확인하면서 주문서에 기재한다. 주문이 끝난 후에는 반복하여 주문 내용을 확인한다.

⑦ 육류 주문시 굽는 정도, 계란 주문시 익히는 정도, 샐러드 드레싱 종류 등 고객의 기호에 맞게 선택하도록 반드시 물어 보고 주문서에 정확히 기입하여 주방에 건네준다.

⑧ 주문받을 때는 메뉴 구성의 순서대로 주문 받도록 하며, 고객의 특징 또는 번호를 표기함으로써 정확한 서브를 할 수 있도록 한다.

4. 식음료 서비스

1) 접객서비스의 기본절차

① 서비스요원들은 접객 서비스에 임할 때 반드시 순서를 염두에 두어 효율적으로 일을 처리해야 한다.

② 서브 순서는 주문받을 때와 동일하게 시계 도는 방향으로 숙녀, 고령자, 상위 직위자, 호스티스(hostess), 호스트(host) 순으로 행한다.

③ 서비스 시에 서비스요원들은 주문된 요리의 준비되는 시간, 주방에서 테이블까지 운반할 때 걸리는 시간 등을 확인한다. 고객이 요리를 기다리거나 또는 서비스요원을 찾는 일이 없도록 신속하게 요리를 서브하여 즐거운 식사가 이루어지도록 해야 한다.

④ 제공된 요리에 빠진 것이 없는지 여부와 고객이 무엇을 요구하려는 기색이 없는가를 확인하기 위해 고객에게 접근하여 "요리는 어떻습니까? 그밖에 더 필요하신 것은 없으십니까?" 라고 정중히 물어 본다. 고객 기호파악 및 요구사항의 신속한 처리로 만족한 식사가 되도록 서비스요원들은 최선을 다해야 한다.

2) 식음료 서빙수칙

① 식음료 서브(serve)시에는 양발의 간격을 25~30㎝ 정도 벌리고 무릎을 구부려 높낮이를 조절한다.

② 요리를 서브하기 전에 고객의 주문내용에 따라 요리에 맞는 기물로 테이블 셋팅(table setting)을 고친다.

③ 식음료를 서브할 때는 고객의 우측에서 오른손으로 제공하며, 빵과 요리에 따른 Sauce, Salad Dressing을 제공할 때와 Platter Service 시는 고객의 좌측에서 Showing한 후에 서브하는 것이 원칙이다.

④ 식음료를 서브할 때는 반드시 "주문하신 ○○또는 ○○요리 올려 드리겠습니다. 맛있게 드십시오." 라고 정중히 말한다.

⑤ 식음료를 서브할 때와 치울 때는 Tray 또는 접시가 절대로 고객의 머리 위를 스쳐 지나가서는 안된다.

⑥ 접시를 쥘 때는 엄지손가락이 접시의 테(plate rim) 안쪽으로 들어가지 않도록 쥔다.

⑦ 무늬나 식당 마크가 들어 있는 접시 또는 그릇은 무늬나 마크가 고객의 정면으로 되도록 한다. 접시를 놓을 때는 테이블 끝에서 약 2㎝ 정도 안쪽으로 살며시 놓는다.

⑧ 서비스요원이 고객의 테이블 앞에서 직접 조리해야 하는 요리일 때는 고객의 취향을 물어 본 후 고객의 기호에 맞게 조리한다.

⑨ 고객이 다 먹고 난 빈 식기를 치울 때는 오른손으로 손가락을 완전히 편 채 식기를 가리키며 "맛있게 드셨습니까? 물려 드릴까요? 또는 물려도 되겠습니까?" 라고 반드시 고객에게 물어 본 후에 치운다.

⑩ 기물을 다룰 때는 절대 소음이 나지 않도록 취급해야 한다.

3) 음료 서빙

(1) Ice Water Serving

① 물을 따르기 전에 반드시 Water Pitcher 표면에 묻어 있는 물방울이 흘러 내리지 않도록 Arm Towel로 닦아내어 테이블이나 고객의 옷에 물방울이 떨어지지 않도록 한다.

② 물을 따를 때는 고객의 우측에서 오른손으로 Water Glass에 7부 정도 따른다. 고객이 퇴장할 때까지 물은 7부를 유지하도록 한다.

③ 물을 따를 때 물주전자가 글레스에 닿지 않도록 2㎝ 정도 높은 위치에서 따른다.

④ 물을 따를 때는 글레스를 손으로 들고 따라서는 안된다.

(2) Beverage Serving

① 글레스(glass)는 위생상 반드시 1/3하단 쪽을 손끝으로 가볍게 쥐어야 한다.

② 테이블에 글레스를 놓을 때는 소리가 나선 안되며, 놓은 후에는 고객 앞으로 1㎝ 정도 살며시 밀어 주며 "주문하신 000입니다. 맛있게 드십시오."라고 말한다. 모든 식기는 테이블에 놓을 때 이와 같은 방법으로 한다.

③ 칵테일(cocktail) 서브시에는 Muddler를 글레스에 꽂아서 서브한다.

④ Table Cloth를 사용하지 않는 테이블에 음료 글레스를 놓을 때는 Coaster 또는 Cocktail Napkin을 깔고 서브한다.

(3) Beer Serving

① 맥주와 맥주 글레스는 반드시 차갑게 보관된 것을 사용한다.

② 맥주를 따를 때는 넘치지 않게 글레스의 7부 정도 채우고 나머지 3부는 거품이 솟아오르도록 하는 것이 가장 이상적인 방법이다.

③ 맥주를 따를 때는 맥주병이 글레스에 닿지 않도록 1~2㎝ 정도 간격을 두고 따르도록 한다.

④ 글레스에 채우고 남은 맥주병은 상표가 고객 앞으로 향하도록하여 맥주 글레스 위쪽에 놓는다.

(4) Wine Serving

① White Wine은 글레스에 2/3정도, Red Wine은 1/2정도 글레스에 채우고 고객이 손수 따라 마시는 일이 없도록 한다. 와인은 서브가 끝날 때까지 이 양을 유지하도록 해야 한다.

② 와인을 따를 때는 Table Cloth에 와인 방울이 떨어지지 않도록 조심해서 따르고 난 후 병을 세울 때는 병목을 왼쪽으로 자연스럽게 틀어 올리면서 세운

다. 다음 서브를 위해 병 입구에 맺힌 와인이 흘러내리지 않도록 Arm Towel로 살짝 닦는다.

③ 와인을 따를 때 글레스에 와인병이 닿지 않도록 조심해서 서브하고 글레스를 쥘 때는 밑부분인 Stem 하단 쪽을 쥐도록 한다.

4) 음식 서빙

① 뜨거운 요리는 뜨겁게, 차가운 요리는 차게 서브해야 한다.

② 뜨거운 요리는 뜨거운 식기에, 차가운 요리는 차가운 식기에 담아서 서브해야 한다.

③ 뜨거운 요리를 서브할 때는 고객에게 뜨겁다는 것을 상기시켜 주의를 요하도록 한다.

④ 요리에 적합한 Sauce를 서브한다.

⑤ 기본 Table Sauce는 사전에 Service Station 또는 Side Table에 준비하여 고객이 요구할 때는 즉시 제공토록 한다. 서브하기 전에 마개를 열어 병입구가 깨끗한지 확인한 후 상표가 고객 앞으로 향하도록 하여 고객 우측 가까운 곳에 놓는다.

⑥ 생선요리를 서브할 때는 Side Dish로 Fresh Wedge Lemon 또는 Half Lemon을 같이 제공한다.

⑦ 생선요리 서브시에는 요리가 머리와 꼬리부분으로 구분할 수 있는 모양일 때는 고객의 정면에서 머리는 왼쪽으로 꼬리부분은 오른쪽으로 향하고 배부분이 앞쪽으로 향하도록 놓는다.

⑧ 식사가 끝나기 전에 이쑤시개 포장지의 마크가 한쪽으로 일치되도록 Toothpick Holder에 가지런히 담아 테이블에 놓는다.

5) 빈 접시 빼기와 테이블 치우기

① 고객이 다 드신 빈 접시를 치울 때는 큰 접시부터 작은 접시 순으로 같은 크

기의 접시를 통일해서 빼고, 작은 식기는 츄레이를 사용해서 뺀다.

② 고객이 남긴 음식과 기물(spoon, fork, knife)들을 분리하여 한 접시에 모을 때는 고객에게 보이지 않도록 고객 뒤쪽으로 물러나서 한다. 또한 소음이 나지 않도록 Service Napkin으로 덮어서 치운다. 정리한 기물은 즉시 주방으로 옮겨 세척할 수 있도록 한다.

③ 후식을 서브하기 위해서는 Water glass를 제외한 불필요한 기물이 테이블에 남아 있지 않도록 한다.

④ 주요리(main dish) 코스가 끝나고 후식이 서브되기 전에 Crumb Sweeper, Crumb Brush를 사용하여 테이블 위의 빵부스러기 등을 깨끗이 정리한다.

⑤ 테이블 위를 Crumbing하기 전에 고객에게 먼저 양해를 구한 후 방해가 되지 않도록 고객의 좌측에서 조심스럽게 한다.

⑥ Table Cloth가 Sauce, 음식찌꺼기 등으로 지저분할 때는 깨끗이 치우든지 Napkin으로 깔아 준다.

6) 커피 · 차 서빙

① 커피 컵은 Coffer Cup Warmer에 넣어 사전에 뜨겁게 데워야 한다. 밑받침은 컵이 미끄러지지 않도록 Doily를 깔아서 셋팅한다.

② 커피 컵은 고객의 우측에서 손잡이가 오른쪽으로 향하도록 물컵 아래 쪽에 놓아 드리며, Tea Spoon은 컵의 앞부분에 손잡이와 평행되게 얹어 놓는다.

③ 깨끗이 준비된 Sugar Bowl, Creamer의 양이 충분한지 확인한 후 손잡이가 고객쪽으로 향하도록하여 고객이 쉽게 집을 수 있는 위치에 셋팅한다.

④ 커피 서브의 온도는 80℃ 정도가 좋으며 컵의 8부 정도 채운다.

⑤ 고객이 커피를 다 마실즈음에 더 마실건지 물어 보고, 원하면 더 서브한다.

⑥ 커피크림은 항상 냉장고에 보관하여 차갑고 신선한 것을 사용해야 하며, 서브하기 전에는 반드시 이상유무를 확인한다.

⑦ Ice Cooffee 또는 Ice Tea는 Tail Glass에 적당히 얼음(ice cube)을 넣고 차게 식힌 커피 또는 티를 글래스에 7부 정도 따른 후 Straw와 Sugar Syrup

을 같이 서브하며, 아이스 티에는 반드시 Sliced Lemon을 같이 서브한다.

⑧ 티를 서브할 때는 Cocktail Pick에 끼운 레몬 조각 2쪽 또는 뜨거운 Tea Bag을 넣어서 Pot 채로 서브하거나, 티백을 포트에 넣지 않고 서브할 때는 뜨거운 물과 티백을 따로 서브한다.

5. 계산 및 기타 서비스

1) Billing Service

① 계산(Billing)은 캐셔 데스크에서 이루어지는 것이 원칙이나, 테이블에서 고객이 요구할 때는 계산서(bill)를 갖다 준다.

② 고객에게 계산을 받기 전에 계산서의 기재사항(테이블 번호, 고객수, 금액, 품목 등)을 확인한다.

③ 계산서는 반드시 Bill Holder에 끼워서 보여주며 영수증과 거스름 돈은 준비된 봉투에 넣어 Chit Tray에 담아 공손히 전달한다.

④ 고객이 수표로 지불할 때는 수표 뒷면에 고객의 성함, 연락처 등을 반드시 기재한 후 받도록 한다.

⑤ 신용카드로 계산시 자동발급시스템을 활용한다.

⑥ 후불로 할 때는 고객의 주민등록증 확인과 명함 등을 받아 지배인에게 보고한다. 후불로 처리할 때는 계산서에 서명을 받고 가격을 말하며 영수증은 주지 않는다. 또한 Information Charge 용지에 기재사항을 정확히 기입하여 계산서와 같이 캐셔에게 인계한다.

⑦ 객실 이용객이 후불을 요청할 경우에는 고객의 Room Key와 Room Number를 확인하고 Full Name과 사인을 정확히 받도록 한다. 기재가 끝나면 계산서의 거래명세서를 고객에게 준다.

2) Restaurant Paging Service

Paging Service란 고객간의 만남을 이루게 해 주는 서비스이다. 고객이 고객을 찾아 달라고 요청할 경우 또는 전화상으로 통화를 원할 경우 고객을 찾아주는 것이다. Paging Board에 찾는 사람의 성명을 정확히 기재하여 레스토랑을 돌면서 고객을 호출하게 된다. Computerized Paging Display가 설치된 식당에서는 찾는 사람의 성명을 입력시켜 고객간의 만남을 이루게 해준다.

① 원래는 Paging Boy가 따로 있지만 대체적으로 Greetress가 이를 수행하며, 단정한 걸음걸이로 고객이 쉽게 볼 수 있도록 Paging Board의 손잡이가 가슴 위 높이 정도 위치하는 것이 적당하다.

② 통화를 원하는 고객이 지루함을 느끼지 않도록 빠른 시간 내에 찾는 고객이 있는지 여부를 확인해 준다.

③ 단골 고객이나 이름을 알고 있는 고객 또는 저명인사인 경우에는 직접 고객에게 알려 안내를 신속히 한다.

3) Restaurant Lost & Found Service

① 고객의 분실물 신고가 있을 때는 이를 지배인에게 보고하고 분실 당시의 시간, 장소, 상황 등을 구체적으로 확인한다.

② 분실물이 즉시 발견되지 않을 때는 추후 연락을 취할 수 있도록 고객의 연락처를 받아둔다.

③ 분실물을 발견시 지배인에게 보고하고 고객과 연결이 곧바로 되면 즉시 알려, 전달되도록 조치한다.

④ 고객과의 연락이 불가능할 때는 지배인실에 연락하여 습득물 신고와 함께 분실물을 당직실에 맡기도록 한다.

⑤ 습득물은 규정된 장소에 보관해야 하며, 습득한 장소, 시간, 발견자 등을 정확히 기록하여야 한다. 고객이 찾아갈 경우에도 본인의 분실물 여부를 확인 대조하여 차후 혼란스러운 일이 발생되지 않도록 세심히 다루어야 한다.

제2절 와인 및 샴페인 서비스

1. 와인 서비스

와인(wine) 담당 접객원은 와인 리스트를 이용하여 요리에 잘 어울리는 와인을 권유하고 주문을 받게 되며 고객의 의향을 묻고난 후 서브하는데 와인 서비스가 능숙하게 이루어 진다면 많은 고객들은 시간이 허락하는 범위내에서 한병 더 원하게 될 것이다. 와인 서비스의 절차와 방법은 다음과 같다.

ⓐ 주문된 와인은 와인셀러(wine sellar)로부터 적정온도의 것으로 조심스럽게 식탁으로 운반해야 한다.

ⓑ 냉각된 와인은 얼음을 담은 쿨러(cooler)에 넣어서 호스트의 우측에 스탠드를 놓고 그 위에 올려 놓는다.

ⓒ 주문된 와인병의 상표를 호스트에게 보이며 확인 시킨다.

ⓓ 코르크 마개는 능숙하고 쇼(show)적인 요소가 가미된 동작으로 열며, 숙련도가 요구된다.

ⓔ 와인 오프닝의 첫 단계는 병목을 둘러 싼 호일(foil)을 나이프를 이용하여 밑부분을 조심스럽게 도려낸다.

ⓕ 벗겨진 코르크 위에 곰팡이가 피었을 경우에는 깨끗한 서비스 타올로 코르크와 병 주둥이를 닦아낸다.

ⓖ 와인 스크루를 코르크 중앙에 수직으로 틀어 꽂는다.

ⓗ 왼손으로 병을 잡고 오른손으로 서서히 코르크를 뽑아 낸 다음 깨끗한 서비스 타올로 다시 병입구를 닦아낸다.

ⓘ 포도주가 닿은 부분의 코르크마개를 접객원이 먼저 냄새를 맡아본 후 이상이 없다고 생각되면 호스트의 우측 상단에 포도주가 닿은 부분을 위로 향하게 해서 놓는다.

ⓙ 호스트가 한 번 더 냄새를 맡고 나서 코르크에 이상이 없다고 할 때에 서브하는 테크닉에 들어간다.

ⓚ 고객이 와인의 상표를 볼 수 있도록 와인병을 잡는다.

ⓛ 냉각된 와인은 병이 손에서 미끄러지는 것과 와인이 흘러 내리는 것을 방지하기 위하여 서비스 타올로 감싸서 제공할 수도 있다.

ⓜ 고객의 오른쪽 뒤에서 오른손을 사용하여 바른자세로 서브한다.

ⓝ 적포도주는 바구니를 사용하며, 불안하다고 생각될 때는 양손으로 서브하여도 무방하다.

ⓞ 고객의 수가 많을 때는 호스트에게 먼저, 남 · 여일 때에는 남자에게 먼저 시음하도록 해야 한다.

ⓟ 시음은 정량의 1/4정도 제공한다. 시음하는 동안 호스트가 상표를 볼 수 있도록하고, 시음 후 좋다는 의향을 표시하면 시계도는 방향으로 와인을 서브한다.

ⓠ 와인을 서브할 때에는 병입이 글래스에 닿지 않도록 글래스에서 약 2.5㎝ 정도 위에서 한다.

ⓡ 글래스를 손으로 들거나 잡고 따르는 것은 좋지 않으며 언제나 식탁 위에 놓고 따라야 한다.

ⓢ 서브하는 와인의 양은 글래스에 가득 부어서는 절대 안되며 3~4온스 정도(와인글래스의 1/2)가 좋다.

ⓣ 와인을 서브하고 난 다음 와인 방울이 식탁위에 떨어지지 않도록 병을 약간 비틀어(병의 1/4 정도) 들어 올린다.

ⓤ 와인 서브가 한차례 끝난 후 적포도주의 경우에는 바구니에 담은 채로 식탁 위에 호스트가 상표를 볼 수 있도록 놓아 두며, 백포도주인 경우에는 와인 쿨러에 담고 서비스 타올을 그위에 걸쳐 놓는다.

ⓥ 쿨러에는 와인병의 어깨 정도를 덮을 수 있도록 물과 얼음을 섞어 채워 놓는다.

ⓦ 글래스가 비었을 때는 접객원이 다시 따라 줄 수 있도록 고객의 식탁에 주의를 기울여야 한다.

2. 샴페인 서비스

샴페인(champagne)은 테이블 와인 가운데 White Wine의 일종으로 주로 축배주로 사용되는 발포성 와인(sparkling wine)이다.

샴페인의 서비스 방법은 다음과 같이 이루어진다.

ⓐ 오프닝은 와인과 마찬가지로 고객 앞에서 한다.

ⓑ 서브할 때의 적정온도는 백포도주와 같으며 잘 냉각된 차가운 샴페인 글래스에 서브한다.

ⓒ 서브의 첫 단계는 병의 Showing이며, 고객이 확인한 후 오프닝작업에 들어간다.

ⓓ 샴페인의 코르크 마개는 탄산가스의 압력 때문에 철망으로 씌워져 있다.

ⓔ 샴페인을 운반할 때는 심하게 흔들리지 않도록 주의한다.

ⓕ 병목을 둘러싼 호일을 벗겨낸다.

ⓖ 왼손의 엄지 손가락으로 철사망의 코르크 위를 누르고 오른손으로 철사고리를 왼쪽으로 풀어 철사망을 벗겨낸다.

ⓗ 병은 45° 가량 기울이고 왼손의 엄지와 둘째 손가락을 사용하여 서서히 위로 밀어 올리며, 오른손으로는 병을 좌우로 약간씩 돌려가며 뺀다.

ⓘ 코르크 마개가 튀어 나가거나 소리가 너무 크지 않도록 코르크를 단단히 잡아준다.

ⓙ 호스드에게 시음시켜서 맛의 확인을 받는다.

ⓚ 서비스 순서는 와인과 마찬가지이며 먼저 주빈에게 글래스의 1/3 정도를 따라서 거품을 가라 앉히고 재차 1/2 내지 3/4 정도를 서브한다.

ⓛ 서브방법은 백포도주와 동일하다

제15장 여행안내 서비스

제1절 카운터 서비스

1. 카운터 서비스의 의의

여행을 가고자 하는 관광객들은 여행사의 카운터 종사원과 첫 면담을 시작하게 된다. 면담 후 고객은 자신이 원했던 여행스케줄과 가장 적합한 여행상품을 구매하거나 또는 일정을 구성하게 된다.

여행의 출발점이 여행사의 카운터에서 비롯되기 때문에 카운터 서비스는 아주 중요하다. 불특정 다수의 관광객을 대상으로 영업을 하고 있는 여행사로서는 제일선의 영업소, 그 가운데 특히 카운터서비스는 여행업의 간판이요 얼굴의 역할을 하고 있다할 것이다.

여행업계에 처음으로 발을 들여 놓게되는 신입사원의 대부분은 카운터서비스업무가 최초로 경험하는 업무이다. 또한 입사 후 거의 모든 사원이 한 번쯤은 카운터 업무를 경험하게 된다.

부형적인 여행상품을 취급하는 여행사에 있어서 카운터는 판매장소임과 동시에 상품의 선시장이며 예약권이라는 형태를 띤 여행상품의 인도장소이기도 하다. 카운터의 내부에는 여러 가지 여행정보나 각종 컴퓨터의 예약단말기가 배치되어 있고, 교통 · 숙박시설의 쿠폰을 즉석에서 판매할 수 있게 되어 있다.

여행자측에서 볼 때 여행업자의 주요기능, 즉 여행정보의 제공, 예약, 쿠폰 발행

등의 기능은 모두 카운터를 중심으로 배치되어 있는 것이다.

2. 카운터 서비스의 내용

① 열차 · 전세버스 · 항공기 · 선박 등 교통편의 예약, 승차권 · 항공권 · 승선권 등의 발매 서비스

② 여관 · 호텔 · 콘도 등 숙박시설의 예약, 숙박쿠폰의 발매 서비스

③ 교통편 · 숙박지 등을 결합한 여행수배, 여행여정의 작성 서비스

④ 여행업자가 주최하는 패키지투어의 접수 등의 서비스

⑤ 관광객에게 여행과 관련된 모든 정보를 제공해주는 서비스

3. 카운터 서비스요원의 자세

카운터서비스는 여행사의 가장 기본이 되는 서비스를 제공해주는 것이다. 신속하고 친절하게 정보를 제공하여 고객의 욕구를 충족시키는 것이 가장 중요하다.

카운터서비스요원은 마음가짐과 표정, 몸가짐, 인사, 대기 및 전화응대 기법을 올바르게 실행하고 또한 고객의 불평에 신속하게 대응하여야 한다. 카운터업무가 여행사의 얼굴이라는 점을 명심하고 고객에게 좋은 이미지를 줄 수 있도록 매사에 정성을 다해야 한다.

제2절 수배 서비스

1. 수배업무의 중요성

수배업무는 고객의 신청에 따라 희망하는 운송 및 숙박 등의 기관에 대해 각각의 예약을 행하여 여행에 필요한 제반요소를 확보하고 이들을 조합해서 하나의 여행상품을 만들어내는 업무이다. 이를 간략하게 표현하면 다음 두 가지 내용으로 요약할 수 있다.

첫째, 수배는 여행상품을 만드는 제조공정의 심장부문이다.

수배는 여행상품의 주문품을 요망대로 완성하기 위하여 그 재료나 부속품을 구매(사입)하는 업무이다.

둘째, 판매촉진의 밑바탕이 된다.

올바른 수배를 하는 것은 판매를 촉진하는 요인이 되며 이것을 주로 조성하는 수배업무가 판매촉진을 뒷받침하는 근간이 된다.

2. 수배업무의 기본

수배업무에 관한 기본은 다음 3가지로 요약할 수 있다.

첫째, 고객의 희망을 정확히 이해한다.

이는 고객의 희망사항에 대해 확실한 자료에 근거하여 확인할 수 있는 실력을 키워야 한다. 전세계의 항공기, 선박, 철도의 복잡한 노선, 전세계의 숙박시설 및 그 관련시설에 관한 내용에 대해서 어떤 자료를 참고로 하면 좋을 것인가 하는 지시 및 확인이 필요하다.

둘째, 고객이 희망하는 관광공급자에게 정확히 연락한다.

전항의 내용은 고객과의 연락인 반면에 관광공급자와의 연락은 전문가 사이의 업무이다. 그러므로 전문가간에 사용되는 전문용어 및 일의 순서를 빨리 몸에 익혀야 한다.

셋째, 수배의 진행사항을 정확히 기록한다.

수배는 전화에 의한 예약의뢰가 대부분을 차지하고 있으므로 정확히 기록하는 것이 그만큼 중요하다. 이기록에 의거해서 모든 업무가 진행되기 때문에 타직원이 보더라도 쉽게 알 수 있도록 정해진 방법으로 기록하는 습관이 필요하다.

3. 수배업무의 원칙

수배서비스의 원칙은 정확 · 신속 · 경비절감 · 적절 · 확인 등으로 이루어진다.

1) 정 확

① 수배서류의 기입 사항을 정확히 기록한다.

② 자기 판단에 의한 독단적인 수배를 피해야한다.

③ 빠른 말을 피하고 정확하고 전달가능하게 언어를 사용해야 한다.

2) 신 속

① 수배의 순서를 정한다.

② 수배서류를 보류해 놓지 말고 즉시 처리한다.

③ 통신시설과 사전구매상품을 적절히 활용한다.

④ 회답이 늦어지는 것은 반드시 중간보고를 행한다.

3) 경비절감

① 수배는 경제적으로 코스트를 낮출 수 있는 방향으로 이루어져야 한다.

② 수배단계를 줄이거나 신속히 업무를 수행하여 인건비 및 시간을 절약한다.

4) 적 절

① 고객의 희망에 맞는 적절한 수배가 되도록 한다.

② 첫번째 희망뿐만 아니라 제2, 제3의 희망도 충실히 수배해야 한다.

5) 확 인

① 수배업무의 실시중에 복창이행을 실시하여 내용을 확인하도록 한다.

② 연도, 계절, 임시변동이 발생할 수 있으므로 태리프, 시간표를 확인하도록 한다.

③ 고객의 신청서를 면전 또는 전화예약시 다시한번 확인하여 틀림이 없도록 해야 한다.

제3절 통역안내 서비스

통역안내원은 외국인관광객을 국내에서 안내하는 자로서, 외국인 단체관광객을 인솔하고 있는 투어리더 동행의 단체객, 또는 투어리더가 없는 단체객을 안내하게 된다. 특히 후자의 경우에는 활동영역 및 업무내용이 전자보다 훨씬 광범위하고 책임이 매우 무겁다.

1. 통역안내원의 마음가짐

1) 국민의 대표자라는 사실을 자각

관광객이 짧은 체재기간 중 접촉할 수 있는 우리나라 사람은 그리 많지 않다. 따라서 관광객은 안내원을 통하여 우리나라 국민성 등을 평가하게 된다. 안내원의 자세 여하에 따라 관광객들이 한국인에게 대하여 갖는 인식이 좌우되므로 안내원은 항상 국민을 대표하는 한국인이라는 긍지를 잊지 말아야 한다. 또한 민간외교의 제일선에서 한국인으로서의 태도를 갖추고 외국관광객을 안내하며 참다운 한국의 모습을 널리 소개하여 국제간의 친선도모에 이바지하고 있다는 자부심을 갖고 일에 임해야 한다.

2) 성실하고 성의있는 행동

아무리 어학에 능하다 할지라도 마음속에 성실성이 없다면 고객으로부터 신뢰를 받을 수 없다. 결국 안내원이 고객으로부터 신뢰를 받기 위해서는 열과 성을 다하는 성실한 태도가 최상임을 새삼 인식하고 항상 성의있게 고객을 대해야만 한다.

3) 세심성과 치밀성

안내를 함에 있어서 아무리 세심하다 해도 지나칠 것이 없다. 접객업에서 '좋은 서비스' 다 라는 평은 사소한 것들의 누적이라 말할 수 있다. 또한 여행상품이 숙박, 교통, 식사, 관광 등 여러 가지 복합된 상품임에 비추어 각 부문을 얼마나 세밀하고 치밀하게 조화시키느냐에 따라 상품의 가치가 달라지며 이 조화의 성패는 안내원이 얼마나 세심하고 치밀한가에 달려있는 것이다.

4) 애교와 친절

안내원은 자기 취미로 하는 것이 아니라 고객에게 대가를 받고 안내라는 서비스를 제공하고 있는 것을 잊어서는 안된다. 아무리 개인적인 사정으로 불쾌한 일이 있다 하더라도 내색하지 않는 수양이 필요하다. 애교있고 친절한 마음씨는 천성이라고도 하지만 노력해서 명랑한 기분으로 고객들에게 불안감을 끼치지 않고 호감을 주도록 하는 마음씨가 중요하다.

2. 복장 및 태도

1) 몸단장 및 복장

몸은 자주 목욕하여 깨끗하게 할 것이며 복장은 사치하게 할 필요는 없으나 잘 세탁하여 늘 청결해야 한다. 특히 주의해야 할 점은 다음과 같다.

(1) 구취에 주의

담배나 식사 후는 필히 양치질을 해야 한다.

(2) 두발, 손톱

머리는 늘 빗질을 하고 비듬을 없게 하며 수염 및 손톱을 매일 깎아야 한다.

(3) 복 장

옷은 솔로 잘 손질하며 바지에 주름을 세운다. 색깔은 너무 화려한 것은 피하고 장신구를 부착해서는 안된다.

(4) 화 장

화장은 검소하게 해야 하며 좋은 인상을 주게 해야 한다. 립스틱과 매니큐어 및 향수는 자연스러운 것으로 해야 하며 지나친 화장은 절대 금물이다.

2) 언행 및 태도

안내원의 언행 및 태도는 많은 인상을 남기게 하며 고객에게 좋은 인상을 주었을 때 그 고객은 단골고객이 되는 것이다. 호주머니에 손을 넣은 채로 고객을 응대하거나 끽연하거나 고객과 너무 친근하게 친구와 같이 대해서는 안된다.

안내원이 고객을 상대할 때 항상

① 쾌활한 웃음으로

② 친절하고 협조적으로

③ 신속하고 인내심 있게

④ 성실하고 예의바르게

⑤ 신뢰성 있고 능률적으로 대한다는 것을 명심해야만 한다.

3. 안내 방법

안내원의 생명은 안내기술에 있다. 다시 말해서 짜임새 있고 요령있는 안내법을 몸에 익혀 언제나 자신을 갖고 안내에 임할 수 있어야 한다. 그러나 관광객을 안내함에 있어서 가장 조심해야 할 것은 사람마다 각자의 개성이 있으므로 자기 나름대로의 독특한 안내스타일이 있을 것이나 자기의 개성만을 생각해서 개인적인 판단과 주관이 지나쳐서는 안된다. 즉, 주관이 지나치게 되면 안내의 내용이 즉흥적인 것이 되기 쉽다.

물론 안내를 하다보면 돌발적인 사태가 발생되고 또 그런 때에는 즉흥적인 유머의 기치로써 대처해 나가야 할 때도 많다. 그러나 안내원은 관광객을 안내함에 있어서 항상 미리 연구하고 준비된 안내방법을 익히고 있지 않으면 안된다. 환언하면 이미 작성되어져 있는 통일된 내용에 의거해서 안내해야 한다는 것이다.

4. 안내시의 유의점

외국인을 안내할 때 유의할 점은 다음과 같다.

① 민족적 긍지와 국민감정을 자극하는 설명은 피해야 한다.

② 이미 결정된 일정은 꼭 지키는 것을 원칙으로 해야 한다

③ 한국의 지리, 역사는 물론 기후, 풍속, 문화, 미술 등 모든 분야에 대한 연구

를 게을리하지 말고 특히 외국인에게 알맞게 정리해서 설명해야 한다.

④ 고객에 대해 고정관념을 가져서는 안 된다. 즉 관광객마다 개성, 취미 기타 모든 것을 잘 고려하여 고객에게 적당한 안내를 해야 한다.

⑤ 쓸데없는 다변은 삼가해야 하나 그렇다고 해서 설명을 게을리해서 고객이 지루한 느낌을 갖게 해서는 안 된다.

⑥ 역사적 내용을 설명할 때는 상대국의 연대와 비교해서 고객의 이해를 도와야 한다.

⑦ 안내시 타이밍에 주의해야 한다. 설명하고자 하는 곳을 지나쳐 버리는 일이 없도록 해야 한다.

⑧ 고객으로부터 의뢰받은 것은 틀림없이 그 결과를 고객에게 알려 주어야 한다.

이상 몇 가지 유의점을 들었으나 이외에도 주의하지 않으면 안될 유의사항이 많다. Lady First 등 에티켓에도 주의를 하지 않으면 안되며 특히 안내원에게 부여된 임무 이외의 행위를 함으로써 안내원의 품위를 손상시키는 일이 있어서는 안 된다.

5. 통역안내 서비스의 수행요령

1) 사전 준비

안내원은 단체를 담당하게 되면 확정통보서를 잘 검토하여 모든 수배사항을 확인하지 않으면 안 된다. 단체객의 예약 재확인은 대략 다음사항을 체크하지 않으면 안 된다.

(1) 호 텔

도착할 인원수에 따른 객실수, 객실의 종류 및 호텔식사 포함여부를 체크해야 한다.

(2) 교 통

수배된 차의 회사명, 차종류, 배차시간, 항공기 도착시간 및 편명을 확인하고 일정중 국내선 및 기차가 포함될 경우 고객이 탈 날짜와 시간, 항공편 열차번호, 필요한 티켓 수의 확인, 예약상태의 재확인을 해야 한다.

(3) 하 물

단체의 짐을 운반할 트럭의 배차 필요성 및 필요시 수배상황을 확인 해야 한다.

(4) 식당 및 야간관광(Night Tour)

식사의 종류, 야간관광의 장소 및 예약상태를 재확인해 두어야 한다.

이상의 수배사항들을 확인하고 나면 또 여행조건서를 확인하여 무엇무엇이 요금에 포함되어 있으며 무엇이 고객의 개인지불인가 명확히 알아두어야 한다.

또 고객이 도착하는 당일에는 고객을 맞을 준비로써

① 개인에게 나눠줄 일정표를 준비한다.

② 안내에 필요한 책자 및 지도 등을 준비한다.

③ 충분한 경비는 준비되어 있는가 다시 확인한다.

④ 해당 항공사 카운터에 문의해서 도착시간을 확인해 둔다.

⑤ 버스와 트럭운전수와 시간 및 주차장소 등을 약속해 놓는다.

⑥ 항공기가 도착하면 절대로 입국자 대합실을 떠나지 말아야 한다.

2) 입국시

① 단체가 나오면 우선 투어리더를 그전부터 잘 알고 있는 것처럼 친숙하게 대할 것이며 고객에게 투어리더가 한국에 처음 온다고 하는 이야기를 해서는 안된다.

② 투어리더에게 고객수와 화물의 개수를 물어서 확인한다.

③ 대기중인 운전사에게 고객들이 기다리는 장소로 차를 가져오게 한다.

④ 버스 탈 곳으로 고객들을 인도한다.

⑤ 문 옆에 서서 고객이 차타는 것을 도와주고 고객 수를 센다.

⑥ 투어리더에게 일정표를 주고 일정을 확인받는다.

⑦ 고객이 다 타고나면 짐의 수를 다시 확인한다.

⑧ 투어리더에게 마이크를 주고 먼저 인사할 기회를 줄 것이며, 그가 인사말을 하지 않으면 안내원이 먼저 하도록 한다.

3) 투어리더와의 관계

투어리더는 관광객과 아주 밀접한 사이여서 관광객이 가장 원하는 것이 무엇인가를 잘 알고 있다. 안내원은 한국에 대해서 단체를 안내 하는데 투어리더에게 협조를 해주는 것이지 이 단체가 우리의 단체가 아니고 투어리더의 단체라는 것을 명심하고 단체를 상악하려고 해서는 안된다. 투어리더는 각자 자기 나름대로 단체를 운영하고자 한다. 만일 투어리더가 모든 일을 일임한다면 이처럼 좋은 일은 없지만 대개의 경우 투어리더는 자기 스스로 모든 일을 주관하고자 하므로 안내원은 투어리더가 하는 일에 간섭하지 말고 융통성있게 투어리더가 원하는 일에 협조해야 한다. 안내원은 우선

① 투어리더의 입장을 항상 도와야 하며 또 우리가 그를 중요시하고 있다는 것을 인식시켜야 한다.

② 관광객에게 그가 한국 사정에 대해 잘 알고 있고 관광객이 고국에 돌아갈 때까지 안전하고 유쾌한 여행을 안내할 수 있는 유능한 투어리더임을 소개한다.

③ 일정에 대한 수배가 완료되었다는 것과 기타 필요사항을 잘 설명 해주어 그를 안심시키고 그의 의견에 협조함으로써 그와 가까워져야 한다.

④ 안내원은 고객의 의견이 있다해도 임의대로 정해진 일정이나 수배사항을 변경해서는 안된다. 고객의 요청이 있을시는 우선 투어리더에게 알려 그의 지시를 따라 행동해야만 한다.

⑤ 투어리더가 옳지 못한 일을 했다고 해서 고객 앞에서는 절대 의견충돌을 해서는 안되며 그런 일이 발생할 경우는 단둘이 있을 때 그의 기분이 상하지 않게 충분히 설명하여 납득시켜야만 한다.

⑥ 일정 중 자유시간일지라도 안내원은 투어리더의 양해를 받아 임의관광

(optional tour)을 판매해야 한다.

대개 이상의 사항에 주의 하면 투어리더도 안내원에게 적극 협조하게 되고 결과적으로 고객들에게도 칭찬을 받게 되어 원만한 안내가 이루어질 것이다.

4) 관광안내 요령

① 먼저 자기가 담당한 단원의 명단을 빨리 기억하고 고객의 유형을 분별해야 한다. 침착한 사람인지 급한 사람인지, 사치한 여행자인지 아닌지, 직업은 무엇인지 등 고객의 구성 요소를 파악해야 한다.

② 모든 고객에게 공평을 기하고 기분에 맞는 고객이라고 해서 특별 대우를 해서는 안된다. 고객 중에는 안내원을 독점하고자 하는 고객이 있으나 그 수에 넘어가서는 안된다. 단지 그런 경우 상대의 기분을 상하지 않게 주의해야 한다.

③ 쇼핑, 식사 등을 위하여 하차 해산시에는 자기 시계와 고객이 시계를 확인하여 몇 시 몇 분에 발차한다는 것과 주차장의 위치도 확실히 알려주어야 한다.

④ 만일 특정관광사항에 대한 설명이 없고 긴 침묵시간이 생길 때에는 적당한 화제를 준비하여 고객이 지루함을 느끼지 않게 하여야 한다.

⑤ 식사시간에 대해서는 호텔이나 식당의 책임자와 사전에 식사시간 및 고객의 인원과 좌석배정 등을 타협해 두어야 한다.

⑥ 호텔의 객실 할당은 투어리더와 상의하여 고객들의 불평이 없도록 한다.

⑦ 운전사와 긴밀한 협조가 필요하나 운전사와의 대화는 될 수 있는 한 삼가야 한다.

⑧ 관광안내설명은 전반적인 내용을 미리 준비하여 철저하게 행한다.

⑨ 자동차로 역을 향하여 가는 경우 운전사에게 미리 기차의 발차시각을 알려주고 충분한 시간을 가져야 하나 시간이 너무 남아돌게 해서는 안 된다.

⑩ 짐이 대단히 많은 경우 도착역에 용달차의 수배 등을 미리 연락해야 한다.

⑪ 쇼핑을 할 경우 고객이 구매한 물건에는 미리 꼬리표를 준비하여 처음부터 이름을 써 붙이는 것이 좋다.

5) 임의관광의 판매

임의관광(optional tour)이란 이미 작성된 일정에 들어있지 않은 투어를 말하며 기회있을 때마다 임의관광상품을 판매함으로써 여행사의 수입증대를 꾀할 수 있으며 이는 또 관광객에게는 더 좋은 관광여정을 즐길 수 있도록 해주는 것이 된다. 임의관광상품에는 파티, 골프, 나이트 클럽, 사냥 등이 있으며 판매요령은 다음과 같다.

① 일정을 체크하여 자유시간이 얼마나 있는지 알아본다.

② 투어리더에게 임의관광상품의 판매를 제의, 양해를 구한다.

③ 관광객 전원이 안내원의 말을 듣고 있는 버스 안에서 판매하는 것이 제일 좋으며 고객에게 임의관광상품을 제안할 때는 고객이 흥미를 느낄 수 있게 간단한 내용을 소개한다.

④ 임의관광상품의 가격, 소요시간, 교통편 등에 대한 의문이 없도록 상세히 설명한다.

⑤ 참가하고 싶어하는 고객에게는 지불할 요금을 준비하도록 조언하고 참가인원을 확정지어 곧 수배를 시작한다.

6) 쇼핑 안내

한국을 방문하는 외래관광객은 한국 고유의 토산품에 많은 관심을 갖고 있어, 토산품 판매가 관광달러 획득과 한국 고유의 풍습 및 산물을 외국에 소개한다는 일석이조의 효과를 기둘 수 있다. 그러나 일부 몰지각한 업자나 통역안내원의 불미한 행동으로 인해 국가 위신을 손상케하고 한국관광의 이미지를 흐리게 하는 일이 간혹 발생하고 있다. 통역안내원은 토산품 쇼핑안내의 중요성을 잘 인식하고 쇼핑안내시 다음 사항들을 주의해야만 된다.

① 상품의 품질과 가격을 신용할 수 있는 공신력 있는 점포에 안내해야 한다.

② 관광객이 쇼핑을 할 때는 어디까지나 그들의 의사를 따라야 한다.

③ 관광객이 자기가 필요로 하지 않는 물품의 상담에 관여해서는 안 된다.

④ 관광객이 자기가 사고자 하는 물품에 대해 의견을 물어왔을 때도 관광객의

기분을 돋구어주도록 할 것이며, 절대로 좋다 나쁘다 등의 비판을 해서는 안 된다.

7) 출국 및 출국 후

단체가 정해진 일정을 끝내고 출국하게 되는 날 안내원은 다음 사항을 주의해야 한다.

① 2회 이상 출국 항공편의 시간을 체크해야 한다.

② 출국시간 최소 3시간 전에는 호텔을 출발하여 2시간 전에는 공항에 도착해야만 한다.

③ 투어리더로부터 바우처(voucher)나 서비스 오더(service order)를 받고 기타 사항이 없는가 상의하여야 한다.

④ 고객에게 각자의 짐을 재확인시킨다.

⑤ 공항세가 포함되어 있지 않은 경우 공항세를 징수한다.

⑥ 원화가 남은 고객은 공항의 은행에서 교환할 수 있게 조치한다.

⑦ 출국순서를 자세히 설명할 것이며 출국카드를 확인한다.

⑧ 항공사 카운터에 투어리더와 함께 가서 수속을 마친 후 고객들에게 탑승권 및 수하물 영수증을 나누어 준다.

⑨ 고객들에게 관광중 고객의 협조에 대해 감사를 표하고 고객들과의 관광이 아주 유쾌하고 영광된 것이었다고 하는 인사를 해야 한다.

이상으로 고객이 출국하게 되면 안내원은 즉시 안내보고서를 작성하여 안내경비를 청산해야 한다. 안내보고서에는 여정 및 여행조건의 변경사항 등 실제 안내한 모든 사항이 빠짐없이 기록되어야 한다.

8) 항공기 연발시

① 투어리더에게 즉시 알리고 이에 대처할 다른 수배를 관광객에게 어떻게 전할 것인가를 협의하여야 한다.

② 투어리더에게 다음 도착국의 호텔이나 여행사에 연발에 관한 소식을 전하기를 원하는가, 다음 나라 방문시에 수배사항을 변경할 것인가를 물어 본다.

③ 언발하는 시간 동안 호텔이나 식사 혹은 다른 관광을 할 때 항공사가 이를 부담하는지 알아본다.

④ 출발이 곧 가능하다면 확정 출발시간을 확인한다.

⑤ 고객에게 연발한다는 보고를 할 때는 과장해서 설명하지 말고 진지한 태도로 항공사에서 전해들은 사실 그대로를 전한다.

⑥ 만일 고객이 호텔이나 가족에게 이 연발에 관한 메시지를 전하라고 부탁하면 이를 정확히 전해주어야 한다. 항공사는 이런 전보나 연락을 즉시 서비스하여 준다.

⑦ 모든 일이 완전히 해결될 때까지 투어리더와 함께 있어야 한다.

제4절 국외여행 인솔서비스

1. 투어리더의 기초지식

1) 투어리더의 의미

투어를 인솔하는 자를 일반적으로 '첨승원(tour conductor)' 또는 '안내원(tour guide)' 이라 부른다. 또한 투어 에스코트(tour es-cort), 투어리더라 불리우기도 한다. 여기서는 '투어리더' 로 통칭해서 사용한다.

투어리더는 단체관광이나 개인관광시 동행하여 계획된 현지일정의 원활한 진행은 물론, 관광객에게 적절한 조언을 하므로써 관광을 보다 기쁘게 하며 궁극적으로 관광객이 원하는 것을 획득하도록 관광을 연출하는 자를 말한다. 최근에 관광연출가(tour director)라 일컫는 이유가 여기에 있다. 투어리더는 대개 관광형태에 따라 국내, 국외(통역)로 구분하여 그 역할을 담당한다.

2) 투어리더의 종류

두 사람 이상의 리더가 한 단체에 따라갈 때 총괄책임자를 Chief Leader, 다른 자를 Sub Leader라고 한다. 실습(견습)을 겸한 조수입장으로 따라 가는 사람을 Assistant 또는 Baggage Mater라고 한다.

이것은 주로 관광객의 짐(baggage)관리를 담당하는 경우가 많기 때문이다. 이와 같은 리더를 관광회사와의 관계에서 본다면 대략 다음과 같은 종류로 구분된다.

(1) 관광회사의 일반사원

관광회사에 소속되어 있으면서 평소에는 사내의 여러 업무를 담당하고 있으나 투어가 발생하면 회사의 지명에 의해서 리더업무를 담당한다. 숫자상으로 이와 같은 형태가 가장 많다.

(2) 투어리더 전문사원

리더로서 단체에 따라가는 것을 본업으로 하고 있는 사원을 말한다. 물론 투어가 없을 때는 사내의 여러 가지 업무에 종사하기도 한다. 전문리더를 보유하고 있는 곳은 주로 대형회사로서 그 수는 그다지 많지 않다.

(3) 촉탁리더

상근사원이 아니고 촉탁과 같은 형태로서 투어가 발생할 때만 리더로서 업무를 담당하는 사람을 말한다. 보수는 일당을 원칙으로 하고 있다. 그러나 사정에 따라서는 월간 또는 연간의 최저수입을 보장받는 경우도 있지만 어디까지나 월급제는 아니다. 패키지투어를 운영하고 있는 대형회사에서는 이와 같은 종류의 리더를 많이 확보하고 있다.

(4) 프리리더

어느 관광회사이건 간에 투어가 발생하여 리더의 의뢰요청이 있을 때 그 업무를 담당하는 사람을 말한다. 한가지 중요한 것은 프리의 여부는 리더와 관광회사와의 내부관계에 지나지 않기 때문에 비단 프리리더(free leader)라 하더라도 일단 리더 업무의 계약이 성립하고부터는 그 투어에 관한 관광객에 대해서는 관광회사의 식원과 똑같은 업무를 지닌다는 점이다.

외국의 경우를 보면 프리리더를 각 관광회사에 주선하는 것을 영업 내용으로 하고 있는 회사도 있다.

3) 매니저로서의 직책

(1) 투어의 진행과 내용관리

관광회사는 투어에 참가하는 관광객과 관광계약을 체결한다. 그 내용은 여정, 관광조건 및 약관으로 관광회사와 관광객과의 일반적인 약속이라고 할 수 있다. 여정과 관광조건은 투어 종류마다 상이한 것이며 말하자면 그 투어의 실체라고 말할 수 있다.

리더란 결정된 내용의 투어를 관광객에게 제공함에 있어 현장의 최종 책임자인 것이다. 리더직책의 근본은 바로 여기에 있다.

구체적으로 말하면 무엇보다도 먼저 투어를 예정대로 진행시키지 않으면 안된다. 한걸음 앞서 교통기관의 예약 재확인 해야 하며 단체의 당일행동에 대하여 면밀한 계획을 수립하고 여정에 맞게 원만한 투어를 진행해 가야 한다.

천재, 사고, 파업 등 불가항력적인 변수로 만부득이 여정을 변경지 않으면 안 될 때는 원래의 여정에 가장 가까운 것을 관광객에게 제공하는 등 상황에 따른 최선책을 강구해 나가야만 한다. 그 다음으로 투어의 내용 혹은 품질의 확보라는 문제가 있다.

예컨데 '목욕탕이 있는 호텔의 개실' 이라고 명시되어 있으면 확실하게 목욕탕이 있는 객실이 관광객에게 제공될 수 있도록 현장에서 관리하는 것이 투어리더의 직무라고 하겠다.

(2) 투어 경비지출의 관리

투어비용은 사전에 면밀한 원가계산에 의해서 결정되어 있으며, 또한 투어실시

전에 호텔이라든지 현지대리점에서 제공되는 서비스 등은 사전에 관광회사의 관계담당자가 예산과 합당하도록 수배를 완료하고 있으므로, 투어리더는 투어가 예정대로 진행될 수 있도록 철저히 관리를 해나가면서 자연적으로 그때그때 파생되는 필요한 경비를 지출해 가면 되므로 경비지출 관리는 비교적 용이하다고 할 수가 있다.

관광업이 영리를 목적으로 하고 있는 한 투어는 언제나 상업적인 측면에서 검토되어야 할 것이다.

따라서 투어리더는 언제나 원가의식을 가지고 투어의 경비지출을 예산범위 내에서 집행하도록 노력할 필요가 있다. 이와 같은 면에서 리더의 수완은 비상사태가 발생하였을 때의 그 대응책에서 가장 잘 나타난다고 할 수 있다.

그러므로 다음과 같은 점에 대해서는 그 내용에까지 깊이 관여하고 검토해서 관리에 철저를 기해야 할 것이다.

호텔을 출발할 때 Master-Bill(단체 전체에 대한 청구서)에 사인을 요청받았을 때 관광객 개인지불분(예컨대 국제전화비, 세탁비 등)이 잘못 포함되어 있지 않는가, 객실수라든지 식사의 횟수에 잘못이 없는지 등에 대해서 철저한 검토를 하지 않으면 안된다.

또한 현지 관광대리점에서 여정에 포함되어 있지 않은 서비스를 제공하려고 할 때는 그것이 계약한 사항으로서 무료인가 그렇지 않고 계약 외의 사항으로 예산외의 추가지출을 해야 할 것인가를 확인해야만 한다. 이와 같은 사항들에 대해서는 투어리더가 현장에서 즉각 이의를 제기해서 그때그때 바로 잡지 않으면 모두가 회사에서 인정한 것으로 간주되어 나중에 가서 그 비용을 청구했을 때 회사에서는 어쩔 수 없이 지불하지 않으면 안되는 결과를 초래한다.

또한 투어리더는 여정이나 관광조건에 결정된 대로 서비스가 제공되지 않았을 때는 호텔이라든지 현지 관광업자(대리점)와 협의해서 그것이 정당하게 제공될 수 있도록 시정하지 않으면 안 된다.

투어리더의 실책으로 항공기를 놓쳤을 경우는 물론, 불의의 천재, 사고, 파업 등에 직면했을 때 그 대책을 신속히 강구하지 못한다든지 혹은 그 대책이 졸렬하였기 대문에 필요 이상으로 대폭적인 변경을 하지 않을 수 없을 경우, 자연적으로 본의 아닌 경비지출이 뒤따를 것이고 따라서 예산초과라는 결과를 초래하게 될 것이다.

투어리더는 회사로부터 일정액의 자금(예비비)을 수령해서 현장에서 직접 그것을 지출해 감으로써 투어를 진행시킨다. 금액상으로 큰 것은 투어리더의 현금지불에 의한 식사의 제공이다. 요금이 비교적 저렴하면서도 식사의 질이 훌륭하고 분위기도 좋아 관광객이 만족할 만한 곳을 찾는다는 것은 투어리더가 창조적인 의욕을 발휘할 수 있는 귀중한 기회라고 하겠다.

그 이외에는 적당하다고 생각되는 기회가 있을 때 적절한 팁을 줌으로써 투어의 진행성과를 보다 앙양시키는 기지도 필요한 것이다.

투어리더가 현금지출하는 경비는 투어금액의 경비에서 본다면 그 비율은 극히 낮은 것이지만 그것의 사용방법을 잘 하느냐 못하느냐에 따라 관광객이 투어에서 받는 인상과 성과에는 커다란 차이가 있는 것이다.

(3) 회사를 대표하는 입장

일단 한국을 출발하면 투어참가객에 대한 회사측의 사람은 투어리더 한 사람밖에 없다. 어떠한 불만이나 요구사항이 있을 때는 투어리더에게 말하는 이외의 다른 방도가 없다.

이와 같은 의미로 볼 때 관광도중에 투어리더는 회사의 전 책임을 있다고 하겠으며, 따라서 투어리더는 그에 상응하는 자각과 결의를 가지지 않으면 안된다. 물론 상법상의 의미라고 할 수는 없지만 투어리더란 현장에 있어서 회사의 대표자라고 봐야만 한다.

투어 중에는 관광객의 비난이나 불만을 자아내게 하는 여러 가지 사태가 일어나게 마련이다. 물론 그와 같은 대부분은 투어리더 자신의 잘못에서 기인하는 것은 아니다. 일반적으로 회사의 판매담당자, 수배 담당사, 혹은 회사에서 위임한 현지 관광대리점이나 호텔 등의 실수에 기인되는 경우가 많다. 이런 경우 리더는 "이것은 나의 잘못이 아니다. 나도 사실은 피해자다. 회사의 담당자나 현지 관광대리점이 잘못한 것이다"라고 말하면서 책임을 회피하고 싶겠지만 그러면 투어리더로서의 자격상실이다.

회사 담당자의 잘못이나 현지 관광대리업자의 잘못도 모두 자기 자신의 잘못으로 받아들이고 관광객에게 진심으로 사과해야 함은 무론 그 현장에서 취할 수 있는 최선의 대책을 강구해서 사태의 해결에 혼신의 노력을 기울이지 않으면 안된다.

외국제도에 있는 촉탁 혹은 프리리더는 자칫 잘못하면 이런 점에 있어서의 자각이 결여되어 있는 경향이 없지 않다. 관광객과 동조해서 해당 관광회사나 담당자를 공박하고 자신은 아무 잘못도 없다는 것을 내세우고자 한다.

그러나 여기서 중요한 것은 "촉탁이다, 프리리더다"하는 것은 투어 개인과 회사와의 내부관계에 지나지 않는다는 것이다. 따라서 일단 투어리더 계약을 맺은 이상 그 투어에 대해서는 사원과 같은 입장이라는 것이다.

이유불문하고 관광객의 항의를 현장에서 성실하게 받아들여 그해결을 위해 동분서주하는 리더의 충실한 자세가 관광객의 눈에 비칠 때 설령 그 문제가 원만하게 해결되지 않거나 또는 최선책이 아니더라도 관광객 입장에서는 오히려 투어리더의 노고에 고마움을 나타낼 것이다. 관광비용의 일부 환불이라는 문제가 발생했을 때는 환불 그 자체는 원칙적으로 귀국 후에 하는 것이 바람직하다. 왜냐하면 적시에 정확한 금액의 산출이 곤란하기 때문이다. 사용처와 금액이 명확히 되어 있는 것, 예컨대 단체로 식사를 할 수가 없어 부득이 개인지불로 식사를 하지 않을 수 없을 때 가급적 빨리, 가능하면 사전에 해당 식사대 상당액을 현금으로 관광객에게 나눠주는 것이 서로가 편리하다.

별다른 사태가 일어나지 않더라도 투어리더는 항상 회사를 대표하고 있다는 것을 명심해야 한다. 그렇게 함으로써 투어리더의 언동은 자연적으로 신중해지며 또한 열의에 가득차 있게 되고 나아가서는 관광객의 신뢰를 얻게 되어 장차의 관광상품 판매에까지 바람직한 영향을 미치게 될 것이다.

(4) 본사와의 연락

투어리더도 회사가 현장까지 연장하고 있는 유기적 통일체의 일원이라고 할 수 있다. 통신수단이 발달한 현대에 있어서는 현장에서 어떠한 중대한 변경사항이나 또는 변태지출 등을 하지 않으면 안 되는 급한 사태가 일어났을 때는 가능한 한 빨리 본사와 연결해서 현장에서의 상황과 응급조치를 보고함과 동시에 본사의 지시를 받지 않으면 안 된다.

그러나 사태가 아주 긴박해서 도저히 그와 같은 절차를 밟을 시간적인 여유가 없을 때는 우선 최선책을 강구하는 것이 현명한 처사이며 그와 같이 조치한 연후에는 국제전화 또는 팩시밀리로 간략하게 결과를 보고하도록 하여야 한다.

2. 투어리더의 직책

1) 관광객의 신뢰를 얻기 위한 요건

투어리더가 신뢰를 얻기 위한 요령을 정리하면 다음과 같다.

(1) 업무지식

업무에 대한 풍부하고 완벽한 지식을 가지고 있으면 어떠한 경우에 있어서도 투어리더는 그에 적합한 조치나 판단을 할 수가 있다. 그와 같은 조치나 판단을 하게 된 이유를 관광객에게 설명하는 데도 우선 설득력이 뒤따른다.

관광객의 조치나 판단이 옳다고 받아들여질 때 투어리더의 업무지식에 전폭적인 신뢰를 하기 마련이다. 이와 반대로 업무지식이 빈약하면 여러 가지 실수가 나올 뿐만 아니라 투어리더 자신도 매사에 자신이 없어지고 따라서 관광객의 신뢰를 기대하기란 대단히 힘들게 되는 것이다.

(2) 계획의 합리성

관광의 개요는 여정표에 의해서 결정되어 있다고는 하지만 그것은 어디까지나 하나의 골격에 지나지 않는다. "몇 시에 일어나서 몇 시에 출발하고 어느 곳을 관광하고"와 같은 세부적인 계획을 매일매일 치밀하게 세우는 것은 투어리더 개인의 역량에 속한다.

투어리더 업무란 매일 매시가 상황판단, 계획수립, 실행의 연속이라고 해도 과언이 아니다. 리더가 수립하는 계획이 훌륭하면 행동의 무리나 시간적인 허비가 없고 따라서 관광객은 몸과 마음이 아주 편안한 상태에서 관광을 즐길 수가 있을 뿐만 아니라 한정된 기간내에 충분한 성과를 얻을 수가 있다.

(3) 관광객의 의견 반영

관광 중 선택의 여지가 있는 사항에 대해서는 가능한 한 관광객의 의견이나 요구사항을 참작해서 투어리더의 계획일정에 반영하도록 해야한다. 저녁식사를 몇 시에 할 것인가, 관광코스 A 또는 B를 추가해서 관광할 수 있는데 어느 쪽을 선택할 것인가, 낮 또는 밤의 자유시간에 모두 함께 행동해야 할 것인가, 또 그렇게 할 때 어디로 갈 것인가 등 관광객의 의견이나 요구사항을 참작할 수 있는 기회는 얼마든지 있는 것이다.

또한 예측하지 못한 사태가 발생해서 그 대응책에 몇 가지의 선택이 있을 때는 관광객과 의논해야 한다.

투어리더는 우선 상황을 설명하고 사태에 대처할 수 있는 몇 가지의 방안과 각 방안의 이해득실에 대해서도 설명을 가미한 다음 일단 관광객의 토론에 의한 선택을 기다려 본다.

그 때 투어리더가 최선이라고 생각되는 대응책이 있으면 그 이유를 설명해서 참고하도록 한다.

물론 최종적으로는 전문가인 투어리더가 최선책이라고 생각되는 방향으로 귀결되는 것이 통례이긴 하지만 이와 같은 과정을 통해서 수립된 계획에 대해서는 관광객의 절대적인 협력을 얻을 수 있을 뿐만 아니라, 완료하고 난 뒤에도 관광객으로부터 어떤 불만이나 불평이 나오지 않는다.

(4) 관광객의 이익보호

투어리더는 관광객의 이익과 안전을 보호해야 할 책임이 있다. 계약 내용과 일치되는 충실한 서비스가 제공되고 있는가, 그렇지 못한가를 감독해야 하는 직책도 관광객의 이익보호와 관계 있다고 봐야 한다. 그 이외에도 외국사정에 어둡거나 혹은 언어가 잘 통하지 않는다는 등의 이유 때문에 관광객은 언제나 불이익 혹은 피해를 입은 위험에 놓여 있는 것이다.

버스 안에서는 마이크를 사용하는 기회를 이용해서 관광객들에게 적절한 주의를 촉구하거나 관광객의 행동 하나하나에 대해서도 항상 보호자의 입장에서 주의를 기울이고 있으면 자연적으로 관광객의 신뢰가 두터워져서 단체관광객은 무리없이 원활하게 움직일 수 있게 된다.

(5) 냉정한 태도와 결단성있는 행동

투어리더는 언제 어느 곳에서도 짐작성을 잃어서는 안 된다. 심적으로 불안과 초조감에 쌓여 있더라도 겉으로는 투어리더가 안정된 태도를 취하고 있으면 혼란이 일어나지 않으며, 최선의 해결책을 강구할 수 있는 여유가 생길 것이다. 그렇게 하고 나서 정보를 수집하고 대책을 강구한 연후에 관광객과 차분히 의논해서 방침을 결정하고 그것을 과감히 실천해가야 한다. 그렇게 하고 나서 정보를 수집하고 대책을 강구한 연후에 관광객과 차분히 의논해서 방침을 결정하고 그것을 과감히 실천해가야 한다. 투어리더의 그와 같은 침착성과 결단성은 관광객에게 커다란 힘으로 작용하여 각자가 지니고 있는 지혜와 능력을 최대한으로 발휘케 해서 협동단결의 효과를 가져오게 한다.

2) 지시전달의 명확성

관광객이 집합시간에 늦는다든지 집합장소를 잘못 알았다든지 또는 투어가 진행되는 동안의 단체 이동시, 관광객 중 어떤 사람이 행방불명이 된다든지 하는 일들은 이 모두가 투어리더의 지시가 관광객 전원에게 명확하게 전달되지 못했다는 사실로 봐야 할 것이다.

제한된 관광일수 내에 이것도 하고 싶고 저것도 보고 싶다는 벅찬 의욕 때문에 관광객 본인은 자신들이 의식하고 있는 이상으로 심신이 피로해져 있다. 본국에 있을 때보다도 주의력이나 기억력이 현저히 저하되어 있는 상태라는 것을 감안해야 할 것이다.

따라서 관광객에게 구두전달사항이 있을 때는 이와 같은 점을 고려해서 천천히 그리고 알기 쉽게 말해야 하고 특히 요점에 대해서는 최소한 3회 정도 반복해서 말하는 것이 바람직하다.

그리고 그날그날의 시간별 일정이나 특별 유의사항은 가능하면 하루 전에 발표함과 동시에 로비에도 게시해 두고 당일 아침에 다시 한 번 버스 안에서 확인을 철저히 해야 할 것이다.

제16장 항공 서비스

제1절 항공 예약서비스

1. 예약직원 준수사항

1) 전화 응대요령

① 고객의 말을 끝까지 경청한 후 응대한다.

② 항상 고객의 입장에서 생각하고 이해한다. 상대방의 수준(연령 · 성별)에 맞는 적절한 용어를 사용한다.

③ 언어 사용할 때 긍정형 및 청유형을 사용한다.
"자리 없습니다." → "만석입니다만, ○○시는 어떠십니까?"
"전화번호를 주십시오." → "연락처는 어떻게 되십니까?"

④ 반토막 말을 사용하지 않는다.
"잠깐만요," → "잠깐만 기다려 주시겠습니까?"

⑤ 속어, 은어, 불손한 언어를 사용하지 않는다

⑥ 전문용어, 외래어, 약어를 사용하지 않는다.
상대방이 누구냐에 따라 부분적으로 사용한다.(대리점 직원)

⑦ 아는 범위 내에서 최대한 성실한 답변을 한다.
예약준비를 철저하게 한 상태에서 예약접수를 받는다.
예약 관련 변동사항이나 추가 사항을 숙지하고, 예약 관련 자료(Hand

Book/Time Table/요금표)를 준비한다.

⑧ 본의 아니게 오래 기다리게 하는 경우.

"오래 기다리시게 해서 죄송합니다."라고 사과한 후에 응대한다.

⑨ 용건이 끝난 후 상대방이 수화기를 놓는 것을 확인한 다음에 조용히 내려 놓는다. 던지듯이 '꽝꽝' 소리를 내는 것은 불쾌감을 일으킨다.

2) 전화연락 요령

① 용건을 사전에 정리한 후에 통화한다.

② 상대방이 나오면 자신을 밝힌 후 용건을 말한다.

③ 용건이 끝났음을 확인한다.

④ 수화기를 조용히 내려놓는다.

3) 관련부서로 연결요령

① 모르는 내용을 문의하는 경우 시간이 오래 걸리는 사항은 콜백 서비스를 한다.

② 고객이 원하는 내용을 정확히 파악하여 정확한 해당부서나 담당자에게 연결해 준다.

③ 절대로 고객의 문의 사항을 이리 저리로 넘기지 않는다. 정확하고 성의 있게 안내해야 한다 .

2. 개인여객 예약접수

1) 첫인사

전화는 밝은 인사말과 함께 반드시 성명을 밝힌다.

가능하면 벨이 세 번 울리기 전에 받는다.

"안녕하십니까? 신한국항공 예약과 ○○○입니다."

2) 목적지, 여행일자, 등급 확인

"언제 어디로 여행하실 예정이십니까?"

"어떤 등급의 좌석으로 예약해 드릴까요?"

편도만 예약하는 경우 Return 예약 유도.

만석시 대체편으로 유도하거나 대기자 신청을 받는다.

자사(自社) 카드 소지여부를 확인한 후 Shell PNR을 이용하여 신속히 예약처리를 한다.

"고객 혹시 신한국 카드를 가지고 계십니까?"

3) 승객성명(인원) 및 등급 확인

"몇 분이십니까? 성함을 말씀해 주시겠습니까?"

고객의 성명은 여권이나 항공권과 동일해야 한다.

4) 티켓 소지 여부 확인

"고객, 항공권은 구입하셨습니까? ㅇㅇ일까지 미구입시엔 자동해약이 되실 수 있습니다. 이용에 차질이 없으시기 바랍니다."

예) 3OSI KE AUTO CNXL INFO TO OOO X 25 JUN

5) 연락처 및 예약자성명

연락처가 있는 경우 "고객, 죄송합니다만 새롭게 추가될 사항이 있을 수 있사오니 여행하시기에 앞서 다시 한 번 연락을 주십시오."

3. 항공안내방송 서비스

항공 여행객들에 대한 안내방송은 표준 방송 안내문에 준하여 한국어, 영어방송을 하며 한국어 방송을 먼저 한다.

1) 탑승수속 안내

국제선 출발 2시간전, 국내선 출발 1시간전에 방송하여야 한다.

"안내말씀 드리겠습니다. ○○시 ○○분 출발예정인 ○○항공 ○○편 ○○행 항공기에 탑승하실 여행자께서는 항공권과 수하물을 소지하시고 수속 카운터에서 좌석배정을 받으신 뒤에, 소지하신 수하물은 수하물 카운터에 맡겨주시기 바랍니다. 감사합니다."

2) 보안수속 안내

출발 20~30분전에 방송하여야 한다.

"○○로 여행하시는 고객 여러분께 안내말씀 드리겠습니다. ○○시 ○○분 출발예정인 ○○항공 ○○편 ○○행 항공기에 탑승하실 여행자께서는 여권과 여행신고서, 항공권을 소지하시고 출발 탑승구에서 보안수속을 받아주시기 바랍니다. 감사합니다."

3) 보안수속 Final call 안내

출발 10분전에 방송하여야 한다.

"○○로 여행하시는 고객여러분께 마지막 탑승 안내말씀 드리겠습니다. ○○시 ○○분 출발예정인 ○○항공 ○○편 ○○행 항공기에 탑승하실 여행자께서는 지금 곧 출발탑승구에서 보안수속을 마치시고 탑승하여 주시기 바랍니다. 감사합니다."

4) 지연시간 확정 안내

"○○로 여행하시는 고객 여러분께 죄송한 안내말씀 드리겠습니다. ○○시 ○○분 출발예정이었던 ○○항공 ○○편 ○○행 항공기는 ○○로 인하여 정시로부터 ○○시간 ○○분 지연되어 ○○시 ○○분에 출발 예정이오니 대단히 죄송하오나 이점 널리 양해하여 주시기 바랍니다. 감사합니다."

5) 지연시간 미확정 안내

"○○로 여행하시는 고객 여러분께 죄송한 안내말씀 드리겠습니다. ○○시 ○○분 출발예정이었던 ○○항공 ○○편 ○○행 항공기는 ○○로 인하여 예정시간보다 다소 지연될 예정이오니 대단히 죄송하오나 이점 널리 양해하여 주시기 바랍니다. 정확한 출발시간은 빠른 시간 내에(○○분 후에) 알려드리겠습니다."

6) 결항 안내

"○○로 여행하시려던 고객 여러분께 죄송한 안내말씀 드리겠습니다. ○○시 ○○분 출발예정이던 ○○항공 ○○편 ○○행 항공기는 ○○로 인하여 운항이 취소되었사오니 대단히 죄송하오나 이점 널리 양해하여 주시기 바랍니다. 감사합니다."

7) 재예약 안내

"○○로 여행하시는 고객 여러분께 죄송한 안내말씀 드리겠습니다.

○○시 ○○분 출발예정이던 ○○항공 ○○편 ○○행 항공기는 ○○로 인하여 운항이 취소되었사오니 이점 널리 양해해 주시기 바라오며, 항공기의 재예약을 원하시는 여행자께서는 안내 카운터로 오셔서 문의해 주시기 바랍니다. 감사합니다."

8) 도착 안내

"마중나오신 고객 여러분께 도착 안내말씀 드리겠습니다. ○○항공 ○○편 ○○로부터의 항공기가 방금 도착되었습니다. 감사합니다."

9) 지연도착시간 확정 안내

"마중나오신 고객 여러분께 도착 안내말씀 드리겠습니다. ○○시 ○○분 도착예정이었던 ○○항공 ○○편 ○○로부터의 항공기는 ○○로 인하여 정시보다 ○○시간 ○○분이 지연되어 ○○시 ○○분에 도착예정이오니 대단히 죄송하오나 이 점 널리 양해하여 주시기 바랍니다. 감사합니다."

10) 지연도착 미정

"마중나오신 고객 여러분께 죄송한 안내말씀 드리겠습니다.

○○시 ○○분 도착예정이었던 ○○항공 ○○편 ○○로부커의 항공기는 ○○로 인하여 정시보다 ○○시간 ○○분이 지연되어 ○○시 ○○분에 도착 예정이오니 대단히 죄송하오나 이점 널리 양해하여 주시기 바랍니다. 감사합니다."

11) 임시착륙 안내

"마중나오신 고객 여러분께 죄송한 안내말씀 드리겠습니다. ○○시 ○○분 도착 예정이었던 ○○항공 ○○편 ○○로부터의 항공기는 ○○로 인하여 정시보다 다소 지연도착 예정이오니 대단히 죄송하오나 이점 널리 양해하여 주시기 바라오며, 정확한 도착시간은 빠른 시간내에 알려드리겠습니다. 감사합니다."

12) 호출 안내

"고객을 찾습니다. 고객가운데 ○○에서 오신 ○○○분 계시면 ○○항공사 안내카운터로 와 주시기 바랍니다. 감사합니다."

(13) 분실 안내

"○○에서 ○○을 습득하신 분 계시면 ○○항공 안내카운터로 와 주시기 바랍니다."

14) 습득물 안내

"안내말씀 드리겠습니다. ○○항공에서 ○○을 보관하고 있사오니 ○○을 분실하신 고객 계시면 ○○항공 안내카운터로 오셔서 물건을 찾아가 주시기 바랍니다.

감사합니다."

제2절 항공 접객서비스

1. 접객 태도

1) 마음가짐

① 성실한 마음으로 고객을 맞이할 준비를 갖춘다.

② 회사를 대표하고 있다는 마음가짐으로 임한다.

③ 자신의 습관적인 나쁜 버릇은 의식적으로 고치도록 노력한다.

④ 모든 상황을 고객의 입장에서 이해하도록 노력한다.

⑤ 실수를 했을 경우 즉시 사과한다.

2) 표 정

① 응대시는 항상 미소를 짓는다.

② 눈을 크게 뜨고 찡그리지 않는다.

③ 입술 양끝이 위로 향하도록 노력하여 친근감을 보여준다.

④ 웃을 때는 큰소리를 내지 말고 치아가 보이도록 활짝 웃는다.

⑤ 상대가 복수인 경우에는 시선을 균등히 주도록 한다.

3) 태 도

① 앉은 자세가 꾸부정하지 않도록 의자를 바짝 테이블 쪽에 당겨서 허리가 곧게 유지되도록 하며 등받이에 기대지 않는다.

② 지나친 어깨 움직임이나 손짓을 하면서 대화를 하지 않는다.

③ 서있을 때는 손을 자연스럽게 내리며 앉아 있을 때는 두 손을 양 무릎 위에 가볍게 올려 놓는다. 메모를 할 필요가 있을 때는 테이블 위에 두 손을 올려 놓고 필기구를 들고 대화한다.

④ 방향을 가리킬 때는 다섯 손가락을 가볍게 펴 모아 손바닥 전체를 비스듬히 위로 향하게 안내한다.

⑤ 필기구를 만지작 거리거나 손위에 올려 놓고 빙글빙글 돌리지 않도록 한다.

⑥ 서 있을 때는 양발에 고루 균형을 주며, 앉아 있을 때는 다리를 포개는 일이 없이 두 발을 가볍게 바닥에 놓고 다리와 무릎을 흔들지 않는다.

⑦ 서서 대화를 하는 경우 고객과의 거리는 1.2m 이내가 유지되도록 한다.

⑧ 노인이나 어린이의 경우 손이나 팔꿈치, 어깨 등을 가볍게 부추켜 친근감이 유지되도록 한다.

2. 항공사 직원의 복장

1) 공 통

① 제복과 사복을 혼착하지 않는다.

② 구두는 흑색 또는 진한 갈색으로 한다.

③ 지나치게 굽이 높거나 특이한 것은 삼가한다.

2) 남자직원의 복장

① 넥타이 끝이 혁대 버클 상단에 닿게 길이를 조절한다.

② 옆머리는 귀를 덮지 않는다.

③ 뒷머리는 와이셔츠의 깃을 덮지 않는다.

3) 여자직원의 복장

① 스타킹은 살색으로 하고 무늬형 · 그물형 · 유색 스타킹은 착용하지 않는다.

② 지상 근무 중에는 부츠사용을 금한다.

③ 앞머리는 눈을 덮지 않는다.

④ 요란한 헤어스타일이나 지나친 퍼머는 삼간다.

⑤ 염색이나 탈색은 않는다.

⑥ 화장은 밝고 청결하게 한다.

⑦ 립스틱은 건강하고 밝은 색을 택한다.

⑧ 귀걸이는 착용하지 않는다.

3. 인 사

1) 인사요령

① 인사는 항상 서서 한다.

② 인사는 고객이 2-3보 앞에 도달했을 때 한다.

③ 마지막 인사는 고객이 일을 마치고 일어섰거나 뒤돌아 서기 전에 한다.

④ 인사를 할 때는 양발을 모으고 곧은 자세를 취한다.

⑤ 인사하기 전에 먼저 상대의 눈을 본다.

⑥ 손은 양 옆에 붙인다.

⑦ 숙일 때 보다 조금 느린 속도로 몸을 일으킨다.

⑧ 친한 사이, 통로, 엘리베이터 안에서는 15° 정도 기울인다.

⑨ 고객 접대, 일반적인 인사는 30° 정도를 기울인다.

⑩ 감사, 사과, 요청 등의 경우는 45° 정도를 기울인다.

2) 인사의 말씨

① 고객을 맞이할 때

"안녕하십니까? 어서 오십시오."

② 머뭇거리는 고객에게

"안녕하십니까? 무엇을 도와 드릴까요?"

③ 전송할 때

"감사합니다. 안녕히 가십시오"

④ 자리를 뜰 때

"죄송합니다. 잠시만 기다려 주십시오."

⑤ 자리에 돌아왔을 때

"오래 기다리셨습니다. 죄송합니다."

3) 서류 · 항공권 등을 주고받을 때

① 반드시 양손을 가지런히 하여 손끝이 아니라 손바닥으로 받는다.

② 드릴 때는 고객 쪽에서 볼 때 바르게 하여 왼 손으로 오른 손을 받치고 공손하게 드린다.

③ "감사합니다"와 같은 인사말을 곁들인다.

4. 항공서비스요원의 대화예절

1) 고객과 대화할 때의 매너

① 상대방의 말을 가로 막지 말고 끝까지 경청한다.

② 상대방의 수준에 맞는 말을 사용한다.

③ 명령식보다는 의뢰식으로 표현한다.

(기다려 주십시오 → 기다려 주시겠습니까?)

④ 부정형보다는 긍정형으로 표현한다.

⑤ 속어나 천한 말은 사용하지 않는다.

⑥ 전문용어, 외래어, 약어는 가능한 사용하지 않는다.

2) 바람직한 호칭 · 지칭

① 1인칭 : 저, 저희

② 2인칭 : 고객, 선생님

③ 3인칭 : 저분, 저고객

④ 자기회사 : 저희 회사, 저희 항공사

⑤ 부부 : 두 분

⑥ 동반자 : 같이 오신 분, 동행하신 분

⑦ 남편 : 바깥 어른

⑧ 처 : 부인, 사모님

⑨ 아이 : 아드님, 따님

⑩ 직장 : 근무처

5. 항공서비스요원의 전화예절

1) 전화를 받을 때

① 전화를 건 사람에게 여유를 주기 위하여 벨이 두 번 울릴 때 받는 것이 가장 좋으며 세 번을 넘기지 말아야 한다.

② 수화기는 왼손, 필기구는 오른 손에 들고 바른 자세를 취한다.

③ 회사의 규정대로 인사를 한다.

"안녕하십니까? ○○항공 발권부 최○○입니다."

"안녕하십니까? 예약부 최○○입니다."

④ 상대방을 확인한다.

⑤ 간단한 인사말을 한 후 용건을 경청한다.

⑥ 상호 용건이 끝났음을 확인한다.

⑦ 상대방이 수화기를 놓는 것을 확인한 후 가볍게 내려놓는다.

2) 전화를 걸 때

① 전화를 걸기 전에는 용건을 메모하여 정리하고 상대방의 번호를 확인한다.

② 수화기를 왼손에 들고 발신음을 확인한 후 오른손 인지 끝으로 부드럽게 버튼을 누른다.

③ 외국인의 경우에는 반드시 상대방 이름의 철자(spelling)를 확인한다.

④ 상대방이 나오면 자신을 밝힌 후 상대방을 확인한다.

⑤ 간단한 인사말을 한 후 용건을 이야기 한다.

⑥ 용건이 끝났음을 확인한다.

⑦ 상대방이 수화기를 놓는 것을 확인한 후 가볍게 수화기를 내려 놓는다.

3) 통 화

① 표준어를 사용한다.

② 고객과 대화시 연령, 신분에 구별없이 반드시 경어를 사용한다.

③ 또박또박 명확하게 발음하고 특히 말끝을 분명히 한다.

④ 음량을 조절하여 통화하여야 하며 큰 소리를 사용하여 주위 사람들을 불쾌하게 하거나 상대방에게 나쁜 감정이 들지 않게 한다.

⑤ 음폭을 조절하여 통화하여야 하며 탁한 소리가 나지 않도록 한다.

⑥ 음질을 조절하여 통화하여야 하며 탁한 소리가 나지 않도록 한다.

⑦ 음색은 각 개인의 개성을 나타내는 요소로서 직원 각자가 녹음기를 이용하여 듣기 좋은 음색이 발성되도록 훈련한다.

⑧ 말의 속도는 통화의 내용을 이해하는 데 가장 중요한 역할을 하므로 천천히 발음한다.

⑨ 외래어나 전문용어를 사용하지 않도록 하며 부득이 사용해야 하는 경우에는 그 내용을 풀어 설명을 보충한다.
⑩ 대화시 문장은 완전한 형식의 문장을 사용하여야 하며 "잠깐만요"와 같은 반토막 말을 사용해서는 안된다.
⑪ 명랑하고 상냥한 음성으로 통화하며 바쁘다고 서두르는 대화나 피곤함, 또는 짜증을 느끼게 하는 목소리는 금한다.
⑫ 상대방의 이야기를 가로 막지 않는다.
⑬ 내용의 핵심을 가장 염두에 두며 중요한 내용은 반드시 메모를 한다.
⑭ 통화를 중단시켜야 할 경우 상대방에게 충분한 양해를 구하여야 한다.
⑮ 통화 도중 제3자와의 대화가 필요시 대화 내용이 상대방에게 들리지 않도록 한다.

4) 전화기 사용시 유의사항

① 입과 송화기 사이는 5~10㎝ 간격을 둔다.
② Hook를 난폭하게 누르지 않는다.
③ 전화기는 바닥에 떨어지지 않도록 안전한 곳에 둔다.
④ 전화선이 꼬이지 않게 한다.
⑤ 항상 청결하게 한다.

● 제3절 항공 고객응대

1. 고객유형별 응대방법

1) 잘난 체하는 고객

(1) 특 징

- 자기를 과시하고 싶은 마음을 솔직히 노출한다.
- 전문용어를 사용하고 싶어하는 등 티를 낸다.
- 회사의 고위간부와의 친분관계를 과시한다.
- 직성이 풀리면 오히려 솔직한 면이 나타나 기분좋게 협력한다.

(2) 응대요령

- 거역하지 말고 마음껏 뽐내게 한다.
- 아니꼽다 하여 절대 맞부딪치거나 무시하지 않는다.

(3) 대화의 예

고객 : 이 표좀 하나 바꿔주시오. 원래 LA까지 DIRECT로 가려고 했는데 일본에 있는 친구가 좀 들르라고 해서 동경을 들러 보려고 하는거요. 혹시 바꾸는 데 어려운 점 있으면 얘기하시오. JAL 본사에 아는 사람이 많으니까 당신께 전화를 하라고 할까? 금방 되겠소?

직원 : 미국에서 구입하셨군요. 항상 저희 ㅇㅇ항공을 이용해 주셔서 감사합니다. 이 항공권 구입시 이미 말씀들으셨겠지만 적용된 운임의 규정상 일본 경유시는 25불의 추가 운임을 지불하시면 됩니다. 먼저 예약을 해드릴까요?

2) 성급한 고객

(1) 특 징

- 계속 행동하기를 좋아하며 안절부절 한다.
- 특히 비즈니스맨에 많으며 쉽게 흥분하거나 과격해질 우려가 있다.

(2) 응대요령

- 말은 시원시원하게 행동은 민첩하게 한다.
- 일이 늦어질 것 같을 때는 정중히 사과하여 사전 양해를 구한다.

• 고객의 장점(용모, 복장, 기타)을 찾아 치켜 세운다.

(3) 대화의 예

• **고객** : 아니 본론만 얘기해서 내일 오전까지 예약이 확정되는거요? 안되는거요?

• **직원** : 다시 한번 더 독촉 전문을 보내겠습니다. 그리고 원하시는 항공편의 예약이 되지 않을 경우를 대비해서 이구간의 대체편에는 예약을 요청해 놓겠습니다.

관광서비스 상식

○○○○항공의 '색동 서비스 교육'

① 참신한 서비스
언제나 신선함을 잃지 않는 새로운 마음으로 고객을 모신다.

② 정성어린 서비스
눈에 보이지 않는 작은 일까지도 한국적인 미덕이 몸에서 배어나는 세심한 배려와 친절로 고객을 모신다.

③ 상냥한 서비스
마음에서 우러나오는 맑고 환한 미소와 항상 상냥한 모습으로 고객을 모신다.

④ 고급스런 서비스
기내식과 작은 비품, 행동에까지도 품격을 생각하는 최고급 정성으로 고객을 모신다.

3) 신경질적인 고객

(1) 특징

• 아무것도 아닌 일에 매우 신경을 쓴다.

• 매사에 짜증이므로 인내가 요구되는 고객이다.

(2) 응대 요령

• 말씨나 태도에 조심하여 상대의 불만을 제거하도록 배려한다.

• 불필요한 대화를 줄이고 신속히 조치한다.

(3) 대화의 예

고객 : 벌써 앞 자리가 다 나갔단 말이야? 이제 수속이 시작된 것 같은데……

직원 : 죄송합니다. 좌석이 마음에 드시지 않는다면 남아있는 좌석 중에서 다시 한번 찾아보겠습니다.

4) 말 많은 고객

(1) 특징

- 회사 서비스의 내용, 응대 등에 말이 많고 거친 태도를 취한다.

(2) 응대요령

- 말문을 막지 말고 끝까지 경청한다.
- 이쪽 사정을 있는 그대로 간명하게 설명한다.
- 상대의 페이스에 말려들지 않는다.

(3) 대화의 예

고객 : 아니 ○○항공은 요즈음 서비스가 많이 좋아졌다고 하는데 물어 볼 때마다 서로 대답이 틀리니 어떻게 된거요? 내가 본사에 아는 사람이 많아서 전화를 해봤는데 전화 받는 여직원이 10kg 정도 초과되는 것은 별 문제가 안되니까 이야기만 잘하면 무료로 실을 수가 있다고 했는데 당신은 무조건 안된다고 하니, 서비스가 엉망이구먼!

직원 : 고객 정말 죄송합니다. 고객의 짐을 무료로 실어 드린다면 규정에 어긋나는 일입니다. 또 초과요금 지불규정은 모든 항공사가 동일하게 적용하는 규정입니다. 너무 융통성이 없는 것 같지만 이해해 주시고 10kg 초과분 70＄을 지불해 주시면 감사하겠습니다.

5) 의심 많은 고객

(1) 특 징

- 이것저것 캐묻고 자기 자신이 이해되기까지 질문을 계속한다.

(2) 응대요령

- 자신감 있는 태도로 간결 명확하게 설명한다.
- 애매한 설명은 물론 너무 자세한 설명이나 친절도 의심의 대상이 된다.

(3) 대화의 예

직원 : 예약 잘되었습니다. 안녕히 다녀오십시오.

고객 : 저 혹시 공항에서 안 된다면 어떡하죠? 미안하지만 전화를 한번 더 해주시고 아는 사람 소개 좀 부탁합니다.

직원 : 염려하지 마십시오. 보시다시피 저희 컴퓨터에 선생님의 예약상황이 자세히 수록되어 있고 공항 담당자가 특별히 신경쓰도록 전문을 보내겠습니다.

6) 자신감 없는 고객

(1) 특 징

- 마음 속의 생각을 주저하여 확실히 말하지 못한다.
- 여행에 익숙치 못하거나 특별한 서비스에 익숙치 않다.

(2) 응대요령

- 안내 단계에서부터 적극적이고 친절히 대한다.
- 자신감을 북돋아 주는 대화를 한다.

(3) 대화의 예

고객 : LA 공항 좀 잘아는 직원 없어요? 초행이 돼서… 얘기를 들으니까 엄청나게 크다던데……

직원 : 여기 LA 공항 안내도가 있으니 걱정마십시오. LA공항에 내리시면 국제선공항청사에서 약도를 따라 ㅇㅇ청사로 가셔서 ㅇㅇ항공사로 갈아타시면 됩니다.

7) 깐깐한 고객

(1) 특 징

- 별로 말이 없으나 잘못은 꼭 짚고 넘어간다.
- 예의는 밝은 편이며 직원에게 깍듯이 대한다.
- 자존심이 강하다.

(2) 응대요령

- 정중하고 친절히 대해준다.
- 잘못을 지적할 때는 반론을 펴지 말고 "지적해 주셔서 감사합니다."하고 받아들이는 자세를 보인다.

(3) 대화의 예

고객 : 전화해 보면 없다고 하고 실제로 비행기를 타보면 좌석이 비어 있을 때가 있는데 어떻게 된 일이오?

직원 : 지적해 주셔서 감사합니다. 예약 고객 중에서 안나오시는 분이 계셔서 이런 일이 종종 발생합니다. 앞으로 여행일정 변경여부를 사전에 철저히 확인해서 계속 시정해 나가겠습니다.

8) 난폭한 고객

(1) 특 징

이 유형의 고객은 말투가 거칠고 행동도 거들먹스럽고 부주의하다. 분주스럽게 매표소를 돌아다니거나 요란하게 떠들고 상품에 대한 문의를 할 때도 자칫 대든다는 오해를 받기 쉽게 말을 한다.

(2) 응대요령

- 공손하되 비굴한 자세를 취하지 않는다.
- 고객의 높은 음성, 무례한 태도에 대하여도 차분히 응대한다.

(3) 대화의 예

고객 : 야 승무원, 내가 말야 벌써 두 번씩이나 맥주 좀 갖다달라고 했는데, 이거 왜이래. 넥타이 안 맸다고 사람 깔보는 거야.

직원 : 죄송합니다. 곧 바로 갖다드리겠습니다. 잠시만 기다려주십시오.

9) 고집쟁이형 고객

(1) 특 징

- 다른 사람의 말은 잘 듣지 않으려 하고 질문을 해도 대답을 들으려고 하는 것이 아니라 자기의 말만 하려고 한다.
- 설득당하는 것을 자존심이 상한다고 생각하고 혼자서 옳다고 주장하는 편이다.

(2) 응대요령

- 고객의 이야기를 주의깊게 경청한다.
- 때때로 동감을 표시하면서 정중하게 잘못된 부분을 지적한다.(Yes, But)

(3) 대화의 예

고객 : 내가 ○○항공에 아는 사람이 많아서 전화를 해봤는데 분명히 마일리지 카드 소지하면 10kg 정도 초과되는 조그만 짐은 아무 문제가 없다고 했는데, 아니 당신은 피스니 뭐니하면서 안된다고 하니, 규정도 왔다갔다, 서

비스도 엉망이구먼!

직원 : 10kg까지 초과를 허용하는 것은 고객 아시는 대로입니다. 다만 미국여행을 하실 때는 수하물 개수에도 제한이 있기 때문에 간혹 미주 여행하시는 분들이 혼돈하시기도 합니다. 웬만하면 개수를 줄이시고 조그만 것은 휴대하시면 어떻겠습니까?

2. 항공 불만고객 응대

1) 불만고객응대의 기본요령

① 최초의 응대가 가장 중요하다. 먼저 고객의 불만에 대하여 "죄송합니다"라는 사과의 뜻을 표시한다.

② 고객의 이야기를 끝까지 잘 들어야 하며, 도중에 말을 가로 막는다든가 변명의 말을 하지 않도록 하며 고객의 문제와 걱정하는 점에 대하여 성실한 태도로써 관심을 표시하여야 한다.

③ 고객이 원하는 바가 무엇인지를 정확히 파악해야 한다. 부분 환불인지, 특별한 제도적 조처를 요구하는 것인지 등.

④ 고객과 말다툼이 될 소지가 있거나 이미 화가나 있는 고객의 경우에는 우선 조용한 곳(예, 사무실내 소파)으로 안내하며 대화는 가능한 한 톤을 낮춰서 상대방의 감정이 가라앉도록 한다.(상사로 하여금 응대토록 부탁하는 것도 한 방법이다.)

⑤ 군중심리 내지 선동적인 언사를 사용할 기미가 보이는 승객은 다른 승객과 분리시키는 것이 중요하다.

⑥ 끝까지 거절해야 할 경우에는 직접적인 표현을 삼가고 우회적인 말을 사용하여 감정의 대립을 완화한다. 즉 "안됩니다" 대신 "죄송합니다. 그렇게 하기가 어렵습니다."로 바꾸어 표현하고 가능한 대안을 제시한다. 항상 고객 의견에 대하여 감사하다는 인사를 잊지 말아야 한다.

⑦ 고객 불만의 원인이 타 부서의 실수에 기인하더라도 책임을 전가하지 말고 적극적으로 문제해결의 노력을 보여 주어야 한다. 책임 주체가 회사인지 고객인지 판별키 어려운 경우 고객의 입장에서 문제해결을 위해 최대한 노력한다.
⑧ 될 수 있다면 소송을 피해야 한다. 이기든 지든 소송은 회사의 이미지에 손상을 끼친다.

2) 항공고객 불만처리시의 유의사항

(1) 우리의 잘못인 경우

① 최초의 응대가 중요하다. 처음부터 불만사항을 제대로 접수하여 처리하면 별 문제없이 일단락 되나, 접수방법이 좋지 않으면 고객을 노하게 만든다. 뿐만 아니라 작은 불만을 크게 확대시키는 꼴이 되어 해결이 어려워지기도 한다.
② 고객의 불만사유가 정당할 때는 우리의 잘못을 솔직히 시인하고 고객의 입장에서 빨리 성의있는 태도를 보여야 한다. 따지거나 이 핑계 저 핑계로 변명하다가는 고객의 화를 돋을 뿐이다.
③ 사과란 그 자리를 피하기 위한 수단이 아니라 우리의 잘못을 즉각 인정하고 고객의 손해를 보상해 주는 일이다.
④ 이와 관련하여 특히 주목해야 할 점은 우리들 모두는 각자 우리 항공사를 대표하고 있다는 점이다.
⑤ 그 잘못이 자신의 지점이나 부문의 실수가 아니라고 하여 다른 누군가에게 잘못을 전가하고 상황을 모면하려고 하는 "핑퐁치기"야말로 고객을 가장 분노하게 한다는 사실을 잊어서는 안된다.

(2) 고객에게 원인이 있는 경우

① 오해나 계약조건 규정 등의 이유로 불만사항이 발생한 경우로서 그 내용이 사리에 맞지 않는다 해도 우리에겐 잘못이 없다는 고자세로 나가서는 안된다.
② 오히려 세심한 주의를 기울여 오해를 풀어주는 진지한 태도가 필요하다.
③ 오해의 원인이 고객에 대한 정보제공이 제대로 안되서인지 단순한 착각인지,

고객의 입장에서 불만의 요소를 생각해보고 대응책을 세우는 것도 필요하다.

④ 고객에게 문제가 있는 경우라도 우선 상대방의 이야기를 잘 들어줄 수 있도록 다음과 같은 경청태도를 익혀두어야 한다.

- 고객이 무엇이든지 전부 이야기할 수 있도록 한다.
- 고객이 말하는 도중에는 절대로 변명하지 않는다.
- 고객의 잘못은 간접적으로 지적한다.
- 덮어놓고 반격하지 않는다.
- 고객이 빠져 나갈 길을 터주고 자존심이 상하지 않도록 배려한다.

관광서비스 상식

○○항공 여객 운송서비스 모토

① 밝은 표정
- 화목한 팀워크를 조성시킨다.
- 영업장에서는 피곤하고 굳어있는 표정은 추방시킨다.
- 밝고 · 환한 미소와 함께 첫인사와 끝인사를 한다.

② 열린 마음
- 회사의 고객은 바로 나의 고객이라는 인식을 갖는다.
- 고객의 불편한 점과 요구사항에 대해 눈과 귀와 마음을 기울인다.
- 고객의 불만시에 바로 사과하는 자세를 지닌다.

③ 친절한 응대
- 정중하고 친절한 언어를 사용한다.(one stop service)
- 고객의 요구사항에 대해 적극적인 해결로 대한다.

3) 항공고객 불평불만 처리

① 겸허하게 감정을 누그러뜨리고 한발 양보하는 자세로 대처한다.

- 고객이 까다롭다, 트집을 잡는다는 등의 선입관은 버린다.
- 건성으로 듣거나, 좌우를 살피는 불성실한 태도, 부주의한 자세는 버린다. 늘 겸허하고 성의 있는 태도로 고객을 맞아야 한다.
- 고객의 불평에 관심을 나타낸다.

- 고객의 불평, 불만의 전후사정 등 전반적인 사항을 이해한다.
- 불평하는 사항을 메모하면 더욱 성의있게 보인다.

② 정확한 원인을 판단하고 분석한다.

- 불평불만의 중심문제, 그 핵심이 어디에 있는가를 찾는다.

③ 불평불만은 즉시 신속하게 처리한다.

- 그 일이 자기 권한 내의 일이면 곧 해결해 주는 것을 원칙으로 한다.
- 동료나 상사의 권한이면 그 책임자에게 인계한다.
- 해결이 빠를수록 미래의 고정고객화에 도움이 된다.

④ 성의있게 해결책을 알려준다.

- 상대고객이 공격적이거나 예민하게 반응할 수 없도록 부드러운 말로 성의를 다해 설명한다.
- 권한 외의 일일 경우 그 조치사항을 분명히 알려준다.

⑤ 적극적으로 해결한 다음 그 결과를 검토한다.

- 불평불만하는 고객의 반응을 읽는다.

● 제4절 객실 서비스

항공 서비스란 안전성, 정시성, 안락성, 고속성, 편리성, 수요충족의 여섯 가지로 집약될 수 있으며 이중 객실서비스가 맡고 있는 역할은 주로 안락성과 안전성에 있다고 할 수 있다.

1. 수석사무장 및 선임사무장

항공은 팀제로 승무원을 운영 관리하고 있고 그 관리를 하는 사무장을 팀장이라 불리운다. 객실 승무원에 대한 실질적인 책임자이다.

2. 사무장 및 보조사무장

팀내에서 부팀장의 임무를 수행하며 팀장을 보좌 국세선 점보기 이외에 국내선 기종 들에서는 객실 전체의 총괄책임자로 근무한다.

3. 남승무원과 여승무원

승객에 대한 서비스, 긴급시 승객의 안전한 탈출, 대피를 유도한다. 객실 승무원의 제일 우선으로 하는 임무는 승객의 안전이라 할 수 있다.

관광서비스 상식

세계 최고의 서비스를 자랑하는 싱가포르 항공

과감한 투자와 직원 교육을 바탕으로 매년 항공, 여행 전문잡지가 선정하는 올해 최고의 항공사 상위순위에서 빠지는 일이 거의 없는 항공사가 바로 싱가포르항공사다.

요즘 해외여행을 종종 한다는 사람들 사이에서는 무성의한 서비스에다가 출발, 도착시간을 밥먹듯이 어기는 미국항공사나 음식맛이 맞지않고 서비스가 그만그만한 동남아의 항공사 대신에 깔끔한 서비스에 안전도가 높은 싱가포르항공사를 선호하는 사람들이 많아지고 있다.

그러면 비결은 무엇인가? 생선이나 고기류의 기내식, 헤드폰, 무료 음료수 제공 등은 이제 대부분의 항공사들이 제공하고 있는 서비스지만 실은 싱가포르 항공이 세계 항공업계 최초로 실시했던 서비스이다. 그뿐 아니라 싱가포르 걸로 불리우는 여승무원들의 친절한 서비스와 미소는 전세계 여행객들에게 소문이 나있다.

싱가포르항공 승객들은 음료수를 주문할 때 고개를 들거나 목소리를 높일 필요가 없다. 싱가포르걸이 바싹 다가와 무릎을 굽힌 채 주문을 받기 때문이다. 혹시 술에 취한 승객이 계속 위스키를 주문할 경우라도 미소를 잃지 않고 위스키 제공속도를 점차 늦추며 말을 붙여 술에서 깨도록 유도한다. 싱가포르항공이 자랑하는 최상의 서비스는 승무원 교육에 대한 과감한 투자에서 비롯된다.

새로 입사한 싱가포르걸들의 교육기간은 세계의 다른 항공사들보다 2배나 긴 4개월, 걷는 법, 말하는 법, 화장술, 나라별 사회관습 이해 등 3개월간의 본사훈련을 마치면 1개월 동안은 기내연수를 받는다. 1인당 교육투자비가 싱가포르 달러로 3천 달러 정도이다.

또한 항공기 평균 사용연수가 가장 짧은 항공사로도 정평이 나 있다. 현재 보유하고 있는 항공기의 평균기령은 4년 11개월밖에 되지 않는다. 기령이 낮으면 그만큼 연료효율이 높고 정비비용도 최소화 할 수 있을 뿐 아니라 장거리 논스톱 비행이 가능하며 승객들에게도 신뢰를 준다는 게 경영진의 생각이다.

[참고문헌]

1. 국내 문헌

강남국, "호텔서비스 상품이 경영에 미치는 영향", 경기대학교 대학원 박사학위논문, 1993

고객관리 종합매뉴얼, 우리자동차판매(주), 1995

고객만족도조사 결과분석, 현대자동차서비스(주) 판매기획부, 1996

고객사랑 실천의 길, 현대자동차, 1994

고객상담 매뉴얼, 한성생명 소비자보호팀, 1998

김경욱, 서비스는 이렇게 하라, 우아당, 1992

김근종, 호텔메니저가 되는 길, 기문사, 1997

대명직원 교육자료, 대명산, 1997

관광동인회, 테이블 매너와 그 이론, 형설출판사, 1997

기업 CS연구팀, 이것이 고객서비스이다, 현대미디어, 1994

김기민 편역, "비즈니스 기본룰 114, PHP연구소 지음, 행담, 1995

김대권, 호텔 서비스 품질에 대한 소비자의 평가에 관한 연구, 동국대학교 대학원 박사학위청구논문, 1994

김도형 옮김, 입사 1년 이내에 일류사원이 되자, 사카가와 사키오 지음, 청조사, 1997

김문수 편저, 직장인의 자기정복, 혜진서관, 1995

김석환, 비즈니스 매너, 미나카와 스미오 지음, 한국경제신문사, 1996

김성혁, 관광마케팅론, 대왕사, 1997

______, 관광서비스, 백산출판사, 1997

______, 서비스경영론, 대왕사, 1993

______, 최신서비스산업론, 형설출판사, 1997

김세광, 매너도 경쟁력이다, 한뜻, 1997

김영국, "호텔 식음료 부문서비스의 친절도 측정 : 서비스 모델 연출기법의 적용", 한국관광학회, 관광학연구, 통권 19호, 1995. 2

김영운 옮김, 프로 비즈니스맨의 감각 10, 토머스 셜먼 지음, 현대미디어, 1996

______, 프로 비즈니스맨의 21C 성공조건, 리처드 앤더슨 외 지음, 1996

김진익, 순간의 고객감동 비결, 깊은 사랑, 1996
김충호, 현대서비스론, 형설출판사 1991
김한권, 성공하는 직장인의 53가지 예절, 조선일보사, 1997
김홍순 옮김, 당신의 이미지가 성공을 부른다, E.월러 지음, 문조사, 1995
날마다 친절서비스, 오리진, 1997
남상민, 예절학, 박영사, 1997
대한항공 서비스 아카데미 교육자료, 1998
동아연감, 동아일보사, 1997
맹태균, 직장여성의 매너와 에티켓, 녹원출판사, 1991
메아리리더 양성과정, 흥국생명, 1997
민경례, 멋과 매너, 대왕사 1997
박금철, 비서학개론, 형설출판사, 1997
박기홍, "한국적 관광서비스 개발에 관한 연구", 한양관광논총, 1993
박재린 · 김갑수, 현대비서학, 무역경영사, 1997
서근석, 알기쉬운 국제매너, 고려서적(주), 1997
서기원 편역, 세일즈 황제의 대화 테크닉, 조 지라드 외 지음, 현대미디어, 1995
서비스매뉴얼, 대한항공, 1998
서비스경영지침, 아시아나항공 1997
서지원, 서지원의 1분 에티켓, 한뜻, 1997
소중한 만남, 현대자동차서비스(주), 1997
손대현, 기분좋은 사회 서비스의 연출, 일신사, 1993
아시아나 항공교육관 교육자료, 1998
안녕하세요 해피콜입니다. 주식회사 대우자판, 1998
염규운, 직장예절, 미래문화사, 1995
오미숙 옮김, 휴먼웨어의 호텔학, 일신사, 1995
오성환 · 김용상, 비서학 이론?실무, 도서출판 두남, 1997
오정환, 서비스산업론, 기문사, 1997
우리말큰사전, 한글학회, 어문각, 1995
원융희, 매너소프트, 백산출판사, 1997
______, 술, 술을 다스려라 성공할 것이다, 기문사, 1997

______, 술 · 멋 · 맛, 기문사, 1997
웨스틴 조선호텔 서울 업무매뉴얼, 1998
유희수 옮김, 매너의 역사, 로버트 엘리아스 지음, 신서원, 1995
이경민 옮김, 성공을 성취하려면 습관을 정복하라, 아냐 야스오 지음, 삼성서적, 1995
이선희, 호텔서비스마케팅론, 기문사, 1995
이수광, "호텔 서비스 품질과 고객만족?구매의도의 상관싱에 관한 연구", 한국관광학회, 관광학연구, 통권 24호, 1997. 8
이순철, 서비스기업의 경영전략, 삼성경제연구소, 1997
이운화 옮김, 편역직장생활과 매너, 일본근대중소기업 지음, 유풍출판사, 1987
이은정, 헤어칼럼, 머리에도 표정이 있다. 김영사, 1995
이응백 · 이주행, 말을 어떻게 할 것인가, 현대문학, 1993
이청림, 예절, 진설당, 1992
이희승, 국어대사전, 민중서림, 1996
임동학, 성공하는 고객만족 40, 도서출판 책과 길, 1995
작은 실천 큰 만족, 현대자동차서비스(주), 1996
장윤현 편저, 예절이 경쟁력이다. 21세기북스, 1995
전원재 옮김, 고객서비스의 신화, 베시 샌더스 지음, 미래미디어, 1997
정연아, 성공하는 사람에겐 표정이 있다. 명진출판, 1997
정찬종, 서비스마케팅론, 백산출판사, 1990
______, 서비스산업론, 백산출판사, 1995
정현우 옮김, 샐리의 성공비결 150, 나카가와 아키히코 지음, 자유시대사, 1996
조남재 옮김, 고객 만족 실전의 50가지 이이디어, 폴 팀 지음, 삶과 꿈, 1995
조두옥 편저, 성공하는 사람들의 이미지 만들기 10가지 방법, 로버트 슐러 지음, 삼성서적, 1996
조용규 편저, 프로 비즈니스맨이 갖추어야 할 처세 250선, 中村昌男 지음, 삼성서적, 1995
지철규, 21세기 국제매너, Dr. Martin Chi 지음, 해난터, 1994
진정욱 외 2명, 신바람 직장에티켓, 도서출판 벤처북, 1997
차길수, 서비스기업의 인간관계관리, 대왕사, 1997

_____, "물리적 서비스환경과 서비스요원이 소비자 구매후 평가에 미치는 영향", 한국관광학회, 관광학연구, 통권 20호, 1995. 9
채서묵, 관광서비스개론, 대왕사, 1996
최동열, 호텔연회관리, 백산출판사, 1997
코리아 리서치 센터 옮김, 충성고객 이렇게 만든다, 질 그리핀 지음, 세종서적, 1997
코코샤넬비서학교 편, 비서실무론, 백산출판사, 1997
편집부 편, 직장생활 완전정복, 도서출판 함께, 1991
하헌국, "가족기능과 직무환경이 고객서비스 담당요원의 직무만족도에 미치는 영향에 관한 연구", 한국관광학회, 관광학연구, 통권 23호, 1997. 2
한국언어문화원 편역, 이미지 파워, 로버트 L. 슈크 지음, 창우사, 1994
항공 서비스매뉴얼, 대한항공 1998
항공 서비스매뉴얼, 아시아나항공 1998
현선아 옮김, 샐러리맨 처세 포인트 40, 와타나베 토시야 지음, 서울문화사, 1996
호텔서비스연구, 한국관광공사 경주관광교육원, 1991
홍순이, 비서실무실습, 학문사, 1996
ASIAN TOP SERVICE교육 프로그램, 아시아나항공, 1998
CS 실천합시다, 현대자동차서비스(주) 판매기획부, 1995

2. 국외 문헌

A.M.A. Committ on Definitions, *A Glossary of Marketing Terms*, Chicago : 1963
Albrecht, K., *Service Within : Solving the Middle Management Leadership Crisis*, Business one Irwin, 1990
Bateson, John E.G, "Why we Need Service Marketing", *Conceptual and Theoretical Developments in Marketing*, Chicago : Ferrell, O.C. A.M.A., 1979
Bessom, Richard M. "Unique Aspect of Marketing Services", *Arizona Business*, Nov. 1973

Betsy, A. Sanders, *Fabled Service*, Pfeiffer and Company, 1994.

Bitner, M.J., "Evaluating Service Encounters; The Effects of Physical Surroundings and Employee Responses", *Journal of Marketing*, Vol. 54, Jan. 1990

Blois, K.J., "The Marketing of Services: An Approach", *European Journal of Marketing*, Vol. 8, No. 2, Sum. 1974

Booms, B.H. and M.J. Bitner, "Marketing Strategies and Organization Structures for Service Firms", J. Donnelly and W.R. George eds., *Marketing of Services*, Chicago : American Marketing Association, 1981

Carmen, Janes M, and Erie Langeard, "Growth Strategies of Service Firms", *Strategic Management Journal*, Jan~Mar. 1980

Carol, A. King, *Organizational Characteristics, Service Encounters and Guest Satisfaction in Hotels*, New York.

Czepiel, John A, Managing Customer Satisfaction in Consumer Service Businesses, Report No. 80~109, Cambridge MA : Marketing Science Institute, 1980.

Giarini, O., "Notes on the Concept of Service Quality and Economic Value". in S.W. Brown, et als., Service *Quality : Multidisciplinary and Multinational erspectices*, Lexington, MA: Lexington, 1990

Gronroos, Christian, "Internal Marketing-Theory and Practice", Thomas M. Block, Gergory D. Upah, and Valaric A. Zeithaml eds., Services *Marketing in a Changing Environment*, Chicago: AMA, 1985

Holt, N C.L., "The Relation Between Individual Vocational Need and Work Environment Reinforcers in the sample of Food Service Workers", Ph. D. Dissertation, University of Minnesota, 1984

Johnston, R., "The Determinants of Service Quality: Satisfiers & Dissatisfiers", *International Journal of Service Industry Management*, 1995

Kotler, P., Principles of Marketing, 3nd ed., Englewook Cliffs, NewJersey: Prentice-Hall, Inc., 1986

Lovelock, C., "What Type of Service Are You Offering?" *Product Plus*, McGraw- Hill, 1994a, b.

Lewis, Robert C. and Bernard H. Booms, "The Marketing of Service Quarlity, in Emerging Perspectives on Service Marketing", Berry, G. Shostack, and G. Upan, eds. *American Marketing*, Chicago. 1983

Martin, William B., "Defining What Quality Service is for you", *The Cornell H.R.A. Quarterly*, Feb. 1986

Parasuraman, A., Zeithaml & L.L. Berry, "SERVQUAL: A Multiple-Item Scale for Marketing Consumer Perception of Service Quality", *Journal of Retailing*, Vol. 64, Spring 1988

_____, Zeithaml & L.L. Berry, "Refinement and Reassessment of the SERVQUAL Scale", *Journal of Retailing*, Vol. 67, 1994

Pittle, R.O., "Product Quality: Who Decided?", In Proceedings: 30th Annual Conference Council of Customer Interest, Atlant : Georgio, 1984

Rathmell, J.M., "Why is meant by Services?", *Journal of Marketing*, Oct. 1966

Raymond, P. Fisk, Patriya S. Tansuhal and James G. Haonmas, "Assessing the Services marketing Literature", *Creatiry in Services Marketing*, 1986

Regan, W.J., "The Service Revolution", *Journal of Marketing*, July 1963

Sasser, W.E., R.P. Olsen and D.D. Wyckoff, "Services in the United States Economy", *Management of Service Operations* : Text, Cases, and Readings, Allyn and Bacon, 1987a, b. c.

Say, J. B., *Traite Deconomie Politique*, 1993

Schneider, B. and D.E. Bowen, "Meeting Customer Expectations", *Winning the Service Game*, Harvard Business School Press, 1995

Shostack, S.L., "Breaking free from Product Marketing", *Journal of Marketing*, 1977

Smith, Donald I., *Project Hospitality; Six Year Summary*, Washington State Univ., PULLMAN, WASHINGTON: 1992

Stanton, W.J., *Fundamental of Marketing*, 7th ed., New York, McGraw-Hill Bool Co., 1984

Uhl, K.P. and G.D. Upah, "The Marketing of Services: Why and How is it different?", *Research in Marketing*, Vol. 6, Sum, 1974

United States, Department of Commerce Technology Administration, The Malcolm Baldridge National Quality Award, 1995

Walker, D., Customer First: A Strategy for Quality Service, Gower, Aldershot, 1990, *Webster's New World College Dictionary*, 3rd ed., Macmillan, Inc, 1997

Zeithamal, Valariea A, A. Parasuraman and Leonard L. Berry, "Problems and Strategies in Services Marketing", *Journal of Marketing*, 1985

Zeithmal, V.A., "How consumer evaluatation processes differ between goods and services", J. Domelly and W. George eds., *Marketing of Service*, AMA, 1981

Zeithmal, Valarie A., "Consumer Perception of Price, Quality and Value: A Means-End Synthesis of Evidence", *Journal of Marketing*, July 1988

野村 清, サーピス産業の發想と戰略, 東京: (株)傳統, 1983

淺井慶郎, サーピス業のマーケテイソグ, 淺井清水 論著, 同文館, 1985

林周二 編, 企業のイメーヅ戰略, 同庚: 다이아본느社, 19C1

[사항 색인]

[ㅇ]

■ 저자 약력

- (현) 시강정보대학 관광계열 교수
- 호텔롯데, 신안비치호텔, 무등산온천관광호텔 근무
- (현) 관광호텔 등급심사위원
- (현) 관광식당 심의위원
- (현) 관광종사원 자격시험 필기문제 출제위원 및 면접위원

■ 저 서

- 1995, 호텔연회관리, 백산출판사
- 1998, 관광서비스론, 기문사
- 1999, 관광법규, 기문사(공저)
- 2000, 신호텔경영학, 대왕사(공저)
- 2001, 식음료경영실무, 대왕사
- 2005, 호텔경영의이해, 대왕사

관광서비스

1998년 8월 22일 초 판 발행
2008년 1월 21일 2판 1쇄 발행
2015년 8월 31일 2판 6쇄 발행

저 자 최 풍 열
발행인 한 의 환
발행처 도서출판 **기 문 사**
등 록 1978. 8. 9. NO. 6-0637
주 소 서울시 동대문구 안암로 50-1(용두동) 홍신빌딩 3층
전 화 02) 2265-7214 / 922-8662~8663
팩 스 02) 922-8772

homepage : www.kimoonsa.co.kr
e-mail : book@kimoonsa.co.kr

ISBN : 978-89-7723-337-9 93900

정가 : 20,000원